Kieler Studien · Kiel Studies 321

Horst Siebert (Herausgeber)

Institut für Weltwirtschaft an der Universität Kiel

Springer
Berlin
Heidelberg
New York
Hongkong
London
Mailand
Paris
Tokio

Henning Klodt et al.

Die neue Ökonomie: Erscheinungsformen, Ursachen und Auswirkungen

Eine Heinz Nixdorf Studie

Autoren:
Claudia M. Buch, Björn Christensen, Erich Gundlach,
Ralph P. Heinrich, Jörn Kleinert, Henning Klodt,
Daniel Piazolo, Katharina Sailer, Jürgen Stehn

 Springer

Prof. Dr. Henning Klodt
Institut für Weltwirtschaft
Abteilung Wachstum, Strukturwandel und
internationale Arbeitsteilung
D-24100 Kiel
h.klodt@ifw.uni-kiel.de

ISSN 0340-6989

ISBN 3-540-00342-8 Springer-Verlag Berlin Heidelberg New York

Bibliografische Information Der Deutschen Bibliothek
Die Deutsche Bibliothek verzeichnet diese Publikation in der Deutschen Nationalbibliografie;
detaillierte bibliografische Daten sind im Internet über <http://dnb.ddb.de> abrufbar.

Springer-Verlag Berlin Heidelberg New York
ein Unternehmen der BertelsmannSpringer Science+Business Media GmbH

http://www.springer.de

© Springer-Verlag Berlin Heidelberg 2003
Printed in Germany

Umschlag-Gestaltung: Erich Kirchner, Heidelberg

SPIN 10907139   42/2202-5 4 3 2 1 0 – Gedruckt auf säurefreiem Papier

Vorwort

Die neue Ökonomie lebt – trotz des Scheiterns vieler Dot.coms und trotz des Platzens der spekulativen Blase an den Aktienmärkten. Nach dem Ende des Mythos einer von allen Gesetzmäßigkeiten losgelösten und unbegrenzt wachsenden Wirtschaft geht es darum, was geblieben ist und was kommen wird.

Geblieben sind die modernen Informations- und Kommunikationstechnologien – allen voran das Internet –, die ein immenses Potential für die Schaffung neuer Märkte und die Umwälzung traditioneller Produktionsstrukturen in sich bergen. Ist auch vom ursprünglichen Pioniergeist der neuen Ökonomie etwas geblieben, und hat er möglicherweise schon längst die vermeintlich alte Ökonomie infiziert? Sind mit den Dot.gones auch ihre innovativen Geschäftsmodelle untergegangen, oder warten sie nur darauf, auf eine solidere Basis gestellt zu werden? Wie tief ist die Umstrukturierung in den traditionellen Wirtschaftsbereichen bereits fortgeschritten und wo führt sie hin?

Dies sind Fragen, die in der vorliegenden Studie ausgelotet werden. Hiermit legt das Institut für Weltwirtschaft seinen Abschlussbericht zu einem gleichnamigen Forschungsprojekt vor, das von der Heinz Nixdorf Stiftung gefördert und finanziell unterstützt wurde.

Die Studie ist eine Gemeinschaftsarbeit mit folgender Aufgabenteilung: Im Kapitel 2 waren Erich Gundlach für Abschnitt 2.3 und Jörn Kleinert für Abschnitt 2.4 verantwortlich. Im Kapitel 3 waren Katharina Sailer für Abschnitt 3.1, Claudia M. Buch und Ralph Heinrich für Abschnitt 3.2 und Björn Christensen für Abschnitt 3.3 zuständig. Für Kapitel 4 wurden Abschnitt 4.1 von Katharina Sailer, Abschnitt 4.2 von Jürgen Stehn und Abschnitt 4.3 von Daniel Piazolo beigetragen. Der Schlussteil 5 sowie die Abschnitte 2.1 und 2.2 wurden geschrieben von Henning Klodt, der auch für die Projektleitung verantwortlich war. Die Autoren danken allen Mitarbeiterinnen und Mitarbeitern, die sie bei den Schreib- und Rechenarbeiten tatkräftig unterstützt haben, insbesondere Rita Halbfas und Kirsten Lade. Dank auch an Ilse Büxenstein-Gaspar, Kerstin Stark und Korinna Werner-Schwarz für die redaktionelle Bearbeitung des Manuskripts.

Kiel, im Januar 2003   Horst Siebert

Inhaltsverzeichnis

Verzeichnis der Tabellen

Verzeichnis der Abbildungen und Kästen

Verzeichnis der Abkürzungen

ABS	Asset-Backed Securities
BDSG	Bundesdatenschutzgesetz
BITKOM	Bundesverband Informationswirtschaft, Telekommunikation und neue Medien
BMWi	Bundesministerium für Wirtschaft
BVerfGE	Bundesverfassungsgericht
BZA	Bundesverband Zeitarbeit Personal-Dienstleistungen
B2B	Business to Business
B2C	Business to Consumer
DAX	Deutscher Aktienindex
EASDAQ	European Association of Securities Dealers Automated Quotations
GfK	Gesellschaft für Konsumforschung
IAB	Institut für Arbeitsmarkt- und Berufsforschung der Bundesanstalt für Arbeit
ISP	Internet Service Provider
IT	Informations- und Kommunikationstechnologien
MHP	Multimedia Home Platform
NASDAQ	National Association of Securities Dealers Automated Quotations
NEMAX	Aktienindex des Frankfurter Neuen Marktes
OECD	Organisation for Economic Cooperation and Development
SOEP	Sozio-oekonomisches Panel
TDDSG	Teledienstedatenschutzgesetz
TDG	Teledienstegesetz
WITHVAT	Withholding Value-Added Tax
WTO	World Trade Organization (Welthandelsorganisation)

Zeichen in Tabellen

.	Daten nicht verfügbar
–	Angabe von Daten nicht sinnvoll oder nicht vorgesehen

1 Einführung

Die Weltwirtschaft befindet sich in einer Umbruchphase, deren Bedeutung durchaus an die industriellen Revolutionen früherer Jahrhunderte heranreicht. Die industrielle Ökonomie geht über in eine „neue Ökonomie", die durch Erzeugung, Verarbeitung und Verbreitung von Information geprägt ist. Da Information als Wirtschaftsgut eine Reihe von Eigenschaften aufweist, die sich grundlegend von denen traditioneller Wirtschaftsgüter unterscheidet, werden sich die Markt- und Wettbewerbsstrukturen und in ihrem Gefolge auch die institutionellen Regeln der Marktwirtschaft grundlegend wandeln. Das ist die zentrale Hypothese dieser Studie.

Die Strukturen der neuen Ökonomie sind bislang erst in Ansätzen erkennbar, aber es ist abzusehen, dass sie die Unternehmen, die Arbeitskräfte und die Wirtschaftspolitik vor völlig neue Herausforderungen stellen wird. Genau wie bei den industriellen Revolutionen vollzieht sich der Übergang zur neuen Ökonomie nicht mit einem Schlag, sondern mit unterschiedlicher Geschwindigkeit in verschiedenen Wirtschaftsbereichen und Regionen. Anders als damals wird die neue Ökonomie aber nicht auf einen kleinen Kreis hoch entwickelter Länder beschränkt bleiben, sondern letztlich die gesamte Weltwirtschaft erfassen. Die Positionen von Unternehmen und ganzen Volkswirtschaften in der internationalen Arbeitsteilung werden sich damit völlig anders definieren; der Wettbewerb wird endgültig und unumkehrbar zum globalen Wettbewerb.

Ausgangspunkt der Analyse ist die Frage, ob die neue Ökonomie schon heute erkennbare Spuren im inter- und intrasektoralen Strukturwandel sowie im Produktivitätswachstum hinterlassen hat (Kapitel 2). Der ungewöhnlich lange und kräftige Wirtschaftsaufschwung in den Vereinigten Staaten galt vielen Beobachtern bis vor wenigen Jahren noch als Ergebnis einer Entfesselung von Produktivkräften, geweckt durch die neuen Informations- und Kommunikationstechnologien (IT). In dieser Studie wird analysiert, ob die neue Ökonomie auf der Makroebene überhaupt angemessen statistisch erfassbar ist und ob die euphorischen Erwartungen, die sich nicht zuletzt in den Börsenkursen niederschlugen, eine rationale Basis hatten.

Zuverlässiger erkennbar sind die Spuren der neuen Ökonomie auf der Mikroebene, etwa in den Veränderungen der Unternehmensstrukturen. Während das hierarchisch strukturierte Großunternehmen das Leitbild der traditionellen Ökonomie darstellt, ist das neue Leitbild gekennzeichnet durch flach organisierte Netzwerke, deren einzelne Elemente auf ihre jeweilige Kernkompetenz spezialisiert sind. Verschiedene Stufen des Produktionsprozesses lassen sich sowohl organisatorisch als auch geographisch immer leichter entkoppeln, so dass Unternehmen in hoch entwickelten Ländern immer mehr zum „tower of information" werden, während die physische Produktion zu „contract manufacturers" an kostengünstigere Standorte verlagert werden kann. In dieser Studie wird gezeigt, dass daraus jedoch keineswegs eine Tendenz zur Abnahme der Unternehmenskonzentration folgt, denn in der neuen Ökonomie entstehen vielfältige neue Ursachen für Größenvorteile.

Nicht nur in den Produktions- und Organisationsstrukturen, sondern auch in den Marktstrategien zeichnet sich ein tiefgreifender Wandel ab (Kapitel 3). Wo Netzwerke dominieren, werden die Unternehmen bereit sein müssen, Anfangsverluste hinzunehmen, um den raschen Aufbau eines großen Netzwerks von Nutzern zu fördern. Darüber hinaus lässt sich das Gut Information oftmals nur dann mit Gewinn vermarkten, wenn es an ein anderes Gut gekoppelt ist. Da Information schließlich ein Erfahrungsgut darstellt, das vor dem Kauf nicht inspiziert werden kann, wird die Zahlungsbereitschaft der Kunden stark von der Reputation der Anbieter beeinflusst. Die Industrieökonomik bietet für diese Studie die Basis, auf der die nötigen (und teilweise bereits erfolgten) Innovationen der Unternehmen auf Märkten für Informationsgüter sowie auf elektronischen Märkten analysiert werden.

Wie im weiteren Verlauf des Kapitels 3 herausgearbeitet wird, sind innovative Wettbewerbsstrategien auch von den Banken gefordert, denn ihr wirtschaftliches Umfeld wird wie kaum ein anderes von den modernen Informationstechnologien verändert. Gezeigt wird, dass die Banken dabei nicht nur die Konkurrenz spezialisierter Finanzdienstleister fürchten müssen, sondern in manchen Bereichen selbst neue komparative Vorteile erlangen.

Schließlich sind als Spiegelbild in den Veränderungen der Marktstrukturen weitreichende Veränderungen in der Arbeitswelt zu erwarten. Der abhängig Beschäftigte mit Dienstvertrag wird mehr und mehr ersetzt werden durch den eigenverantwortlichen Teamarbeiter mit Werkvertrag. Mit anderen Worten: Der Arbeitnehmer wird zum Humankapitalunternehmer. Im letzten Abschnitt des Kapitels 3 stehen die Veränderungen in den Qualifikationsanforderungen sowie der Arbeitsorganisation im Mittelpunkt.

In Kapitel 4 wird analysiert, ob und inwieweit sich die Aufgaben des Staates in der Wirtschaft verändern, wobei es zum einen um den angemessenen Rechts- und Regulierungsrahmen auf nationaler und internationaler Ebene, zum anderen um sozial- und steuerpolitische Fragen geht. Neue Herausforderungen liegen dabei nicht nur auf der nationalen, sondern auch auf der internationalen und supranationalen Ebene, wobei insbesondere die Probleme der Besteuerung des elektronischen Handels ungelöst sind.

Internationale Regelwerke gewinnen auch auf der Produktebene an Bedeutung. Der freie Welthandel mit netzwerkabhängigen Produkten ist auf einheitliche Normen und Standards angewiesen. Nicht immer kann darauf vertraut werden, dass sich diese Standards automatisch im Marktprozess herausbilden; und nicht immer ist auszuschließen, dass die Normensetzung industriepolitisch missbraucht wird. Zum Abschluss des Kapitels 4 wird dargestellt, inwieweit auch in der Welthandelsordnung der offene Netzzugang in den Blick genommen werden muss, wenn die weltweite Ausschöpfung der Produktionspotentiale der neuen Ökonomie nicht behindert werden soll. Die Kernaussagen der Studie werden in Kapitel 5 perspektivisch zusammengefasst.

Diese Studie ist der Schlussstein eines längerfristigen Projekts, das von der Heinz Nixdorf Stiftung gefördert wurde und in dessen Rahmen zahlreiche Einzelbeiträge entstanden sowie mehrere Konferenzen und Workshops durchgeführt wurden. All diese Arbeiten haben diese Studie maßgeblich beeinflusst. Einen Überblick über die Projektergebnisse bieten Anhang 1 sowie die Internetseite *http://www.uni-kiel.de/ifw/projects/neweco.htm.* So wie der Weg in die neue Ökonomie nicht abgeschlossen ist, so sind allerdings auch die Arbeiten der Autorinnen und Autoren zu diesem Thema nicht als abgeschlossen anzusehen.

2 Produktionsstrukturen im Umbruch

2.1 Vom „Hype" zum Börsenkater

Zum Ende der neunziger Jahre wurden die Potentiale der neuen Ökonomie geradezu euphorisch gepriesen. Insbesondere in den Vereinigten Staaten galt die „fabulous decade" (Blinder und Yellen 2001) als Vorbote eines goldenen Zeitalters. Bezeichnend dafür ist der Bericht des Council of Economic Advisers aus dem Jahre 2000, der das Ende von Arbeitslosigkeit und Inflation sowie den Anbruch ungebremsten Wachstums in Aussicht stellte (Abbildung 1). Diese Euphorie ist verflogen.

Abbildung 1: Neue Ökonomie und Wirtschaftsentwicklung in den Vereinigten Staaten 1991–2000

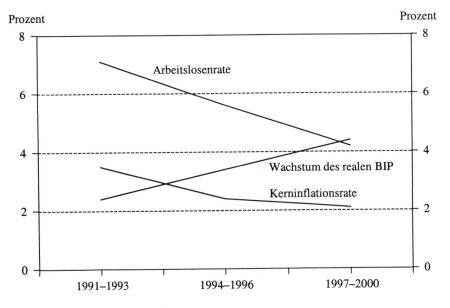

Quelle: Council of Economic Advisers (2001: 19).

Abbildung 2: NEMAX, DAX und NASDAQ im Vergleich 1998–2001

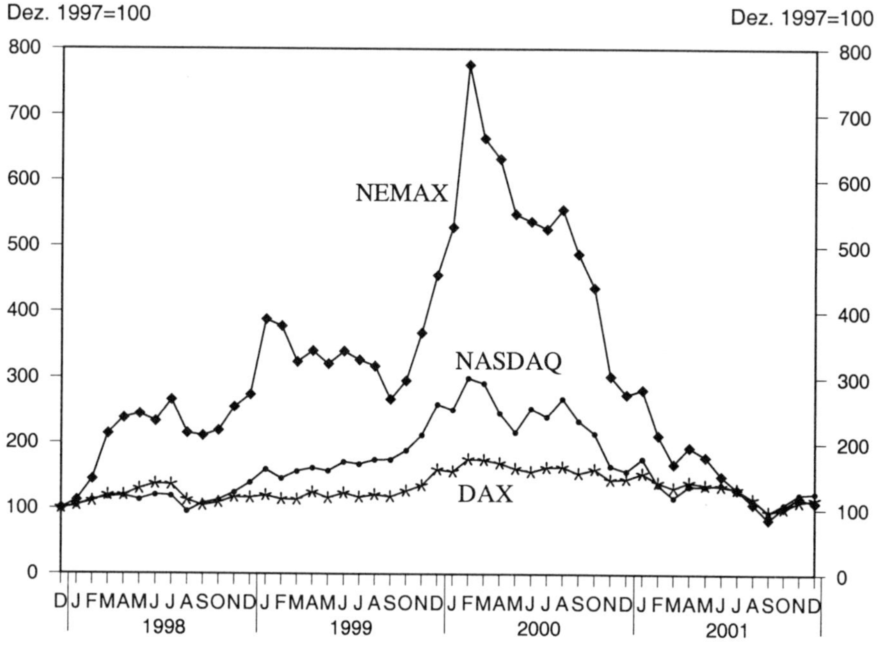

Dez. 1997=100   Dez. 1997=100

Quelle: Deutsche Börse AG (lfd. Jgg.).

Besonders ausgeprägt war die Euphorie an der Börse, wo die Kurse an den neuen Märkten im Zuge des „Hype" in schwindelnde Höhen getrieben wurden (Abbildung 2). Zeitweilig war beispielsweise Yahoo, eine Internet-Suchmaschine mit rund 1 000 Mitarbeitern, an der Börse höher bewertet als Unternehmen wie Boeing oder Daimler-Chrysler, deren Beschäftigtenzahlen um das 200fache bzw. 500fache höher liegen. Die Dot.coms der neuen Ökonomie verhießen den Weg zu schnellem Reichtum, auf dem man nicht auf tragfähige Geschäftsmodelle, angemessene Kurs-Gewinn-Relationen, positive Cashflows und andere Relikte aus der alten Ökonomie zu achten brauchte. In den Augen vieler Anleger schien es an den neuen Märkten nur Chancen und keine Risiken zu geben. Neuemissionen waren regelmäßig überzeichnet – zur Freude der Emittenten und Emissionsbanken und zunächst auch der Anleger, da die Erstnotierungen an den Börsen meist deutlich über den Emissionskursen lagen.

Im Nachhinein ist man immer klüger, doch es fragt sich, wie es zu derart starken Kursausschlägen kommen konnte. Eine mögliche Erklärung könnte in dem relativ geringen Marktvolumen der neuen Märkte und der Struktur der Anleger liegen. Im Zuge der „Dienstmädchen-Hausse" investierten vor allem kleinere Privatanleger an den neuen Märkten, während institutionelle Anleger nur schwach vertreten waren. Institutionelle Anleger spielen aber bei der Dämpfung von Kursausschlägen eine zentrale Rolle, da sie in Zeiten starker Kursanstiege oftmals als „Shortseller" auftreten, die durch Leerverkäufe auf Termin von längerfristig wieder sinkenden Kursen profitieren wollen. Für derartige Leerverkäufe sind sie allerdings darauf angewiesen, entsprechende Aktienpakete zur Verfügung gestellt zu bekommen; und das Sammeln derartiger Pakete scheitert bei einer Vielzahl privater Kleinanleger an prohibitiv hohen Transaktionskosten.

Auf diese Weise blieben die Optimisten zunächst unter sich. So nährte jede Kurssteigerung die Hoffnung auf weitere Kurssteigerungen und die spekulative Blase blähte sich auf. Dies galt insbesondere für den neuen Markt, dessen geringeres Volumen noch weniger Handlungsmöglichkeiten für institutionelle Shortseller bot als die NASDAQ (National Association of Securities Dealers Automated Quotations). Dementsprechend waren die Kursausschläge am neuen Markt auch deutlich ausgeprägter als an der NASDAQ.

Die Wende setzte ein, als für mehrere Neuemissionen die Haltefristen der Emissionsbanken ausliefen und diese die hohen Kurse für Gewinnmitnahmen nutzten. Als die Kurse zu bröckeln begannen, schlug der Optimismus in Pessimismus um, und wieder waren die privaten Kleinanleger weitgehend unter sich. Als dann auch noch erste Dot.coms liquidiert werden mussten, fand der Kurssturz keinen Halt mehr. Die Enttäuschung der Anleger war so groß, dass schließlich sogar der gesamte neue Markt zur Disposition gestellt wurde. Ab März 2003 wird seine Rolle an der Deutschen Börse weitgehend vom neu geschaffenen TecDax übernommen (Frankfurter Allgemeine Zeitung 2002b).

Wie ist die spekulative Phase an den neuen Märkten aus volkswirtschaftlicher Sicht zu beurteilen? Zunächst einmal steht jedem Käufer überbewerteter Aktien stets auch ein Verkäufer gegenüber. Kursgewinne und Kursverluste enthalten damit eine starke Umverteilungskomponente, die volkswirtschaftlich neutral zu beurteilen ist (Motto: „Ihr Geld ist nicht weg – es hat jetzt nur ein anderer"). Soweit die Kapitalzuflüsse allerdings dazu genutzt wurden, unrentable Investitionen zu tätigen, die bei weniger üppigem Mittelzufluss unterblieben wären, hat die spekulative Blase auch volkswirtschaftlich zur Kapitalvernichtung beigetragen.

Schwieriger zu beurteilen, aber aus volkswirtschaftlicher Sicht nicht weniger wichtig, sind die Konsequenzen der spekulativen Blase für die Funktionsfähigkeit der Venture-Capital-Märkte. Im Vergleich zu den Vereinigten Staaten und Großbritannien waren die Venture-Capital-Märkte in Kontinentaleuropa lange Zeit nur schwach entwickelt. Dadurch waren insbesondere technologieorientierte Unternehmensgründungen in ihrer Entfaltung behindert, da sie es schwer hatten, das Problem der Kreditrationierung zu überwinden. Mit der Gründung des neuen

Tabelle 1: Venture-Capital-Investitionen in Europa und Nordamerika 1990–1999 (Mill. Euro)[a]

	1990	1991	1992	1993	1994	1995	1996	1997	1998	1999
Frankreich	890	1 070	1 020	930	1 110	850	870	1 210	1 710	2 700
Deutschland	620	670	690	650	820	670	710	1 280	1 870	3 010
Vereinigtes Königreich	2 220	1 920	1 970	1 730	2 350	2 630	2 900	4 190	6 500	10 360
Europa insgesamt	4 510	5 100	4 990	4 240	5 450	5 370	6 400	8 990	13 100	22 450
Vereinigte Staaten	3 200	2 310	4 070	4 370	4 200	4 380	7 610	11 760	16 020	41 220

[a]Deflationierung mit Verbraucherpreisindex.

Quelle: Schertler (2001).

Marktes in Deutschland im Jahr 1997 verbesserten sich die Exit-Optionen für Venture-Capital-Gesellschaften ganz entscheidend, und zeitgleich mit dem Aufblühen des neuen Markts kam es zu einer schubartigen Expansion des Venture-Capital-Marktes. Eine vergleichbare Entwicklung vollzog sich in Frankreich nach der Gründung des Nouveau Marché im Jahr 1996 (Tabelle 1).

Venture-Capital-Gesellschaften, die auf Dauer erfolgreich sein wollen, müssen sich einerseits auf bestimmte Branchen und Technologiefelder spezialisieren, um nicht nur Kapital, sondern auch unternehmerische Expertise in die jungen Unternehmen einbringen zu können. Andererseits müssen sie sich an vielen Unternehmen beteiligen, um ihr Risiko zu streuen. Beide Bedingungen zugleich lassen sich nur erfüllen, wenn die Venture-Capital-Märkte eine gewisse kritische Masse aufweisen. Diese kritische Masse wurde in Deutschland in den späten neunziger Jahren überwunden (Schertler und Stolpe 2000). Mit dem Platzen der spekulativen Blase kam es auch unter den Venture-Capital-Gesellschaften zu einer Reinigungskrise, doch ob dabei nur die Spreu vom Weizen getrennt wurde oder ob das Marktvolumen insgesamt wieder unter die kritische Masse abgesunken ist, lässt sich noch nicht abschließend beurteilen, zumal die in Tabelle 1 präsentierten Zahlen nur bis zum Jahr 1999 reichen.

Ein Indiz dafür, dass es nach 1999 deutlich bergab gegangen sein dürfte, liefert allerdings der Einbruch bei den Neuemissionen an den neuen Märkten. Er hat ohne Zweifel auch das Marktvolumen im gesamten Venture-Capital-Bereich nach unten gedrückt (Tabelle 2).[1]

---

[1] AIM bezeichnet den im Juni 1995 gegründeten „Alternative Investment Market". Der EASDAQ (European Association of Securities Dealers Automated Quotations), der im November 1996 als gesamteuropäischer Markt gegründet wurde, wird auch als NASDAQ Europe bezeichnet.

Tabelle 2: Neuemissionen an den neuen Märkten an verschiedenen europäischen Börsen 1995–2001 (Anzahl)

	1995	1996	1997	1998	1999	2000	2001
AIM, London	11	45	42	31	56	194	73
EASDAQ, Brüssel	–	4	15	16	16	7	...
Le Nouveau Marché, Paris	–	18	20	43	55	26	...
Neuer Markt, Frankfurt am Main	–	–	13	39	138	135	10

Quelle: Schertler (2001).

Bei der volkswirtschaftlichen Beurteilung der spekulativen Blase sollte schließlich nicht übersehen werden, dass die Goldgräberstimmung der späten neunziger Jahre Raum gegeben hat für vielfältige Experimente, wie in der neuen Ökonomie Geld zu verdienen ist. Viele Dot.coms traten mit innovativen Geschäftsmodellen auf den Markt, und viele dieser Modelle sind gescheitert. Doch jedes Scheitern hat das Wissen darüber, wo nachhaltige Wachstums- und Beschäftigungspotentiale liegen, vergrößert – und sei es auch nur im Ausschlussverfahren. So mussten manche kleineren Anbieter leidvoll erfahren, wie wichtig der Wettbewerbsfaktor Reputation im elektronischen Handel ist und wie schwer es namenlose Anbieter gerade in der neuen Ökonomie haben (ausführlicher dazu Klodt 2002). Andere mussten tatenlos zusehen, wie die tragfähigen Elemente ihrer Geschäftsmodelle von etablierten Unternehmen der alten Ökonomie adaptiert wurden, während ihnen selbst der Markterfolg versagt blieb. Und alle gemeinsam mussten die Erfahrung machen, dass letztlich nur das Geld der Kunden und nicht das der Anleger den Geschäftserfolg garantiert.

In diesem Sinne haben sich die Dot.coms als wertvolle Spurensucher erwiesen, die manche innovativen Wege in die neue Ökonomie aufgespürt haben, die ohne die Liquiditätsschwemme der spekulativen Blase wahrscheinlich erst sehr viel später und auch zögerlicher begangen worden wären. Dieser Trial-and-Error-Prozess hat viele Opfer gekostet, aber er hat einen Wettbewerb als Entdeckungsverfahren (Hayek 1968) initiiert, der hohen volkswirtschaftlichen Nutzen stiftet, ohne dass dieser Nutzen exakt in Euro und Cent zu beziffern wäre.

So wie die spekulative Blase an den neuen Märkten und die daran geknüpften Erwartungen an den Aufbruch in ein goldenes Zeitalter ohne Zweifel weit überzogen waren, so überzogen ist die Katerstimmung nach ihrem Platzen. Es war von vornherein verfehlt, die neue Ökonomie als reines Börsenphänomen zu interpretieren. So nachvollziehbar die Reaktion enttäuschter Anleger auch sein mag, so sehr geht sie in die Irre. In hoch entwickelten Ländern – und nicht nur dort – vollzieht sich derzeit ein grundlegender Wandel in den Wirtschaftsstrukturen, dessen Bedeutung weit über kurzfristige Börsenschwankungen hinaus geht.

Déjà vu: Spekulative Blasen und technologische Durchbrüche im Eisenbahnwesen[a]

> *„Der Erfinder der Lokomotive wurde gewiss einst vom Fuhrhalter verspottet, bis dieser sah, dass die Eisenbahn sogar Pferde transportieren kann."*
> *Mahatma Gandhi*

1. Im frühen 19. Jahrhundert war die Skepsis gegenüber der Eisenbahn erheblich. So befürchtete der konservative Staatstheoretiker und Publizist Karl Ludwig Haller 1850, dass ein „allgemeines Vagabundentum" durch die neue Form der Mobilität entstehen würde, während der Ökonom Cancrin 1845 in der Eisenbahn nicht mehr als „eine abnehmende Luxusmode" sah. Pragmatischer war ein einfacher Müller, der einen Prozess gegen den Bau einer Eisenbahntrasse neben seiner Mühle anstrengte, weil er den Verlust von Wind durch den Zugverkehr erwartete.

   Doch gab es nicht nur verbale Vorbehalte, sondern auch manche Alternativvorschläge. So wurde eine schlittschuhbahnähnliche Eisentrasse zwischen Nürnberg und Fürth angedacht, auf der Personen mit fettgeschmierten Gleitschuhen verkehren sollten. Der Vorteil lag nach Leucks, dem Erfinder dieser Bahn, in der uneingeschränkten individuellen Bewegungsfreiheit, da ein Fahren in einem Wagen dem Menschen zuwider sei.

   Mit ähnlich grundsätzlicher Kritik wurde bis vor einigen Jahren auch das Internet konfrontiert – es erschien absurd, ein Buch online zu bestellen, da ein Kunde beim Kauf eines Buches vorher in diesem blättern wolle.

2. Die deutschen Einzelstaaten hielten sich zunächst fast vollständig aus dem Bau der ersten Eisenbahnverbindungen heraus. Die meisten Strecken wurden mit privatem Risikokapital finanziert. Das neuartige Verkehrsmittel warf schon bald hohe Gewinne ab, die eine regelrechte Goldgräberstimmung auslösten. Nun wurde nicht jede zusätzliche Trasse mehr nach wirtschaftlichen Gesichtspunkten gewählt, und so kam es gegen Mitte des 19. Jahrhunderts zu zahlreichen Pleiten von Eisenbahnunternehmen, bei denen viele Aktionäre ihr Hab und Gut verloren – die spekulative Blase war geplatzt.

3. Trotz der Börsenkrise war diese Phase der Eisenbahngeschichte ähnlich wie bei der neuen Ökonomie von kontinuierlich steigenden Nutzerzahlen gekennzeichnet. Realwirtschaftlich ging es mit der Eisenbahn stetig bergauf und das Platzen der spekulativen Blase hatte nur zu einer Marktbereinigung geführt – genau wie in der neuen Ökonomie.

4. Der Zusammenbruch einzelner Eisenbahnunternehmen führte zu einer Konzentration auf dem Eisenbahnmarkt, der auch ein Umdenken in Bezug auf den Nutzen der Eisenbahntrassen hervorrief. Die lange von dem deutschen Nationalökonomen Friedrich List (1789–1846) geforderte Zusammenlegung der unzähligen Bahnstrecken zu einem Netz fand erst ab 1850 statt. Dabei erschlossen sich nochmals gewaltige Wachstumspotentiale, da völlig neue Städteverbindungen möglich wurden. Auch dies gleicht der Entwicklung bei den Informationstechnologien, deren volles Potential sich erst durch die Vernetzung erschließt.

5. Während in den Anfangsjahren der Eisenbahn der Personenverkehr im Vordergrund der wirtschaftlichen Nutzung stand (B2C), besann man sich gegen Mitte des 19. Jahrhunderts darauf, dass die Idee von schienengebundenen Verkehrsmitteln ursprünglich aus dem Bergbau herrührte. Und dort waren Vorleistungsgüter transportiert worden, nicht Konsumenten (B2B). So kam es nach einem langsamen Abflauen der Wachstumsraten beim Personenverkehr zu einem zweiten Boom der Eisenbahn, der den ersten bei Weitem überflügeln sollte. Während sich die Einnahmen der deutschen Eisenbahnen im Personenverkehr von 1850 bis 1869 nur noch verachtfachten, wuchsen die Einnahmen aus dem Frachtverkehr im gleichen Zeitraum auf das 21fache und überstiegen den Umsatz aus dem Personenverkehr schließlich um das 2½fache. Auch bei der privaten Nutzung des Internets gewinnt B2B gegenüber B2C immer mehr an Bedeutung.

6. Der massive Rückgang der Transportkosten löste weitreichende Umbrüche in den Produktionsstrukturen anderer Wirtschaftsbereiche aus. Während vor der Eisenbahnzeit eine industrielle Verarbeitung von Rohstoffen fast ausschließlich am Ort des Abbaus stattfand, konnten die Rohstoffe nun zu entfernteren und kostengünstigeren Produktionsstandorten gebracht werden. Dieses führte zur industriellen Erschließung peripherer Regionen, die vorher nicht an der wirtschaftlichen Entwicklung teilgenommen hatten. Auf diese Weise wurde ein kräftiger Produktivitätsschub in der Wirtschaft ausgelöst und die Unterschiede im Wohlstand von Regionen verringerten sich erheblich.

[a]Hintergrundinformationen zu diesem Text finden sich unter anderem in Voigt (1965) und Laaser (1991).

2.2   Ein neues Paradigma: Information als universales Wirtschaftsgut

Wer die volkswirtschaftliche Bedeutung des Strukturwandels zur neuen Ökonomie erfassen will, muss über den Tellerrand des aktuellen Börsengeschehens hinausschauen. Aus struktureller Sicht manifestiert sich der Übergang zur neuen Ökonomie in dem Vordringen von Informationsgütern in praktisch alle Wirtschaftsbereiche, und zwar sowohl auf der Input- als auch auf der Outputseite der Produktion. Die neue Ökonomie kann damit definiert werden als eine Wirtschaft, die durch Erzeugung, Verarbeitung und Verbreitung von Information geprägt ist. Im Gegensatz zur „alten" Ökonomie, in der vor allem materielle Industriegüter produziert werden, sind die Güter der neuen Ökonomie überwiegend immaterieller Natur. Weitgehende Synonyme sind die Informationsökonomie, die wissensbasierte Ökonomie, die virtuelle Ökonomie oder die schwerelose Ökonomie, während die Internet-Ökonomie oder die e-conomy nach dieser Definition Teilbereiche der neuen Ökonomie darstellen. Die Kategorien der neuen und alten Ökonomie sind als Idealtypen zu verstehen, die sich in der Realität nicht isoliert voneinander beobachten lassen. In hoch entwickelten Volkswirtschaften sind materielle und immaterielle Wirtschaftsgüter untrennbar miteinander verwoben.

Der Übergang zur neuen Ökonomie ist mit einem sektoralen Strukturwandel verbunden, wobei jene Branchen an Boden gewinnen, die sich die neuen Informations- und Kommunikationstechnologien besonders intensiv zunutze machen. Wer die neue Ökonomie jedoch als rein sektorspezifisches Phänomen interpretiert, greift entschieden zu kurz. Auch in den traditionellen Wirtschaftsbereichen stellen Informationsgüter einen immer wichtigeren Inputfaktor dar, und der Informationsgehalt der Endprodukte steigt. Manuelle Tätigkeiten und physische Inputfaktoren verlieren durchweg an Bedeutung, während immaterielle Faktoren wichtiger werden. Beim Übergang zur neuen Ökonomie geht es also nicht primär darum, dass alte Branchen von neuen verdrängt werden, sondern es geht um die Verdrängung traditioneller Produkte durch informationsintensive Produkte, die zwar in verschiedenen Branchen unterschiedlich stark ausgeprägt sein mag, aber letztlich alle Bereiche der Wirtschaft erfasst. Im Zuge dieses Strukturwandels kommt es zu tief greifenden Umbrüchen in der Wirtschaft, aber nicht in der Wirtschaftstheorie. „Technology changes. Economic laws do not" (Shapiro und Varian 1998: 2).[2]

Aus rein sektorspezifischer Sicht ist die neue Ökonomie nach wie vor eher klein. Wenn man nur jene Branchen berücksichtigt, die Geräte und Anlagen der IT herstellen und vertreiben oder die Kommunikationsdienstleistungen anbieten, erbringt sie in Deutschland etwa 6 Prozent des Bruttoinlandsprodukts und beschäftigt 3 Prozent aller Arbeitskräfte; das sind rund 1,2 Mill. Personen (Tabelle 3). In dieser Größenordnung liegen auch die Angaben von BITKOM (2001), jenem Verband, der rund 1 200 Unternehmen aus dem IT-Bereich repräsentiert: Er meldet ein Beschäftigungsvolumen der angeschlossenen Unternehmen von rund 800 000 Arbeitskräften. Deutlich niedriger sind dagegen die Angaben von Roland Berger, der lediglich die Beschäftigtenzahlen der am neuen Markt gelisteten Unternehmen erfasst (BMWi 2001). Diese Zahlen liegen für die Jahresmitte 2001 bei 186 000 Arbeitskräften.

Versteht man unter dem Strukturwandel zur neuen Ökonomie dagegen einen produktionstechnischen Wandel, der durch das Vordringen von Informationsgütern in praktisch alle Bereiche der Wirtschaft geprägt ist, kann man durchaus zum Eindruck gelangen, dass wir schon seit langem in der neuen Ökonomie angekommen sind. Kaum eine Branche und kaum ein Arbeitsplatz ist heute noch ohne den Einsatz moderner IT vorstellbar, und diese Entwicklung ist noch längst nicht an ihrem Ende angelangt (Klodt 2001b).

---

2   Wenig überzeugend erscheint es beispielsweise, wenn Kelly (1998: 55) meint, in der neuen Ökonomie seien die Angebotskurven negativ und die Nachfragekurven positiv geneigt.

Tabelle 3: Wertschöpfungs- und Beschäftigungsanteil des IT-Sektors[a] an der Gesamtwirtschaft in ausgewählten Ländern 1997 (Prozent)

	Anteil des IT-Sektors am Bruttoinlandsprodukt	Anteil des IT-Sektors an allen Erwerbstätigen
Deutschland	6,1	3,1
Vereinigte Staaten	8,7	3,9
Japan	5,8	3,4
Großbritannien	8,4	4,8
Frankreich	5,3	4,0
Italien	5,8	3,5
Schweden	9,3	6,3
EU	6,4[b]	3,9[c]
OECD	7,4[d]	3,6[e]

[a]Zur Definition des IT-Sektors vgl. OECD (2000c: 7). – [b]Ohne Dänemark, Griechenland, Irland, Luxemburg und Spanien. – [c]Ohne Griechenland, Luxemburg und Spanien. – [d]Berechnet für 18 Länder, für die Daten zur Verfügung standen (OECD 2000c: 33). – [e]Berechnet für 24 Länder, für die Daten zur Verfügung standen (OECD 2000c: 32).

Quelle: Christensen (2001a: 7).

Einen Ansatzpunkt, wie dieser Strukturwandel statistisch erfasst werden kann, bietet die im Mikrozensus ausgewiesene Aufgliederung der Erwerbstätigen nach ihrem ausgeübten Beruf. Sie macht deutlich, dass informationsverarbeitende Tätigkeiten schon seit den späten siebziger Jahren stetig an Gewicht gewonnen haben und heute in der deutschen Wirtschaft insgesamt bereits rund 43 Prozent aller Tätigkeiten ausmachen (Abbildung 3).[3] Wichtiger als das Niveau, das auch von der definitorischen Abgrenzung informationsverarbeitender Berufe abhängt, ist allerdings die Veränderung im Zeitverlauf, die einen deutlich positiven Trend aufweist. Dieser Strukturwandel ist keineswegs auf den Dienstleistungssektor beschränkt, sondern zeigt sich ebenfalls, wenn auch auf niedrigerem Niveau, im industriellen Sektor, der damit kaum noch als Refugium der alten Ökonomie betrachtet werden kann. Nach diesen Daten ist der Übergang zur neuen Ökonomie kein schockartiges Ereignis, das sich auf die Mitte der neunziger Jahre datieren ließe, sondern ein lang anhaltender Prozess, dessen Einzelschritte kaum merklich erscheinen mögen. Über die Jahre und Jahrzehnte gerechnet führt er jedoch zu einer fundamentalen Umwälzung der Produktionsstrukturen in der Gesamtwirtschaft.

---

3   Zu vergleichbaren Ergebnissen kommt Dostal (2000b) anhand von Erhebungen des Bundesinstituts für Berufsbildung und des Instituts für Arbeitsmarkt- und Berufsforschung der Bundesanstalt für Arbeit (IAB) für die Jahre 1992 und 1999.

Abbildung 3: Anteil der Erwerbstätigen in informationsverarbeitenden Berufen[a] an allen Erwerbstätigen in Westdeutschland 1978–2000

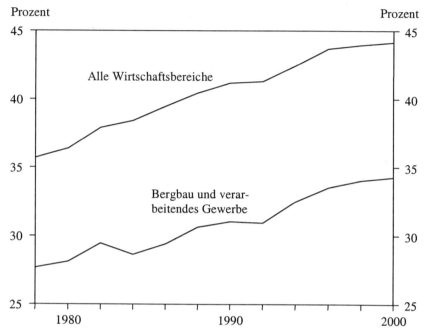

[a]Tatsächlich ausgeübter Beruf.

Quelle: Klodt (2002).

Die neue Ökonomie wird derzeit vor allem von den Informations- und Kommunikationstechnologien vorangetrieben (Siebert 2000). Sie eröffnen den Zugang zu nahezu jeder Art von Information in nahezu unbegrenzter Geschwindigkeit an nahezu jedem Ort der Erde. Information ist damit zu einem preiswerten und reichlich verfügbaren Wirtschaftsfaktor geworden; und es ist die logische Folge dieser veränderten Knappheiten, dass Information in allen Bereichen der Wirtschaft immer intensiver genutzt wird.

Eine vergleichbare Entwicklung vollzog sich vor rund zweihundert Jahren, als knappe und teure Energie aus menschlicher und tierischer Muskelkraft ersetzt wurde durch fossile Energie, die aus Kohle gewonnen und mit Hilfe der Dampfmaschine in mechanische Energie umgewandelt werden konnte.[4] Im Gefolge

---

4   Nach Wrigley (1988) stellt die energetische Nutzung der Kohle sogar den entscheidenden Motor der industriellen Revolution dar. Diese Sicht erscheint allerdings

dieses technischen Wandels nahm die Energieintensität der Produktion schubartig zu. Alte Wirtschaftszweige wandelten ihr Gesicht, neue Wirtschaftszweige entstanden, und die industrielle Revolution brach sich Bahn. Es erscheint keineswegs ausgeschlossen, dass die Weltwirtschaft gegenwärtig in einer ähnlichen Umbruchphase steht, wie sie die (aus heutiger Sicht alten) Industrieländer vor zwei Jahrhunderten durchlaufen haben.

Im Zuge dieser Entwicklung ändern sich auch die relativen Knappheiten von Produktionsfaktoren: In der Agrargesellschaft war Boden der knappe und Arbeit der reichliche Faktor. Mit dem Übergang zur Industriegesellschaft verlor Boden seine zentrale Bedeutung. Sachkapital wurde zum neuen knappen Faktor, der mit dem reichlich gewordenen Faktor Energie kombiniert wurde. Entsprechend verlagerte sich wirtschaftlicher Reichtum von den Großgrundbesitzern zu den Schlotbaronen.

In der neuen Ökonomie ist Information der reichliche Faktor. Als entscheidender knapper Faktor dürfte sich das Humankapital erweisen, d.h. die nicht beliebig vermehrbare Fähigkeit, Information in Wissen zu verwandeln. Sachkapital dagegen verliert an Bedeutung, ohne allerdings völlig zu verschwinden (Abbildung 4). So wie die Industriegesellschaft nicht ohne den Faktor Boden auskam, so wird auch in der neuen Ökonomie weiterhin Sachkapital benötigt – aber seine relative Bedeutung geht zurück. Wird sich damit der wirtschaftliche Reichtum zu den Intellektuellen verlagern? Damit ist wohl eher nicht zu rechnen.

Die zentrale Basisinnovation, auf der der gegenwärtige technologische Wandel aufbaut, ist ohne Zweifel die Mikroelektronik. Zwar liegen ihre Anfänge bereits weit in der Vergangenheit (erster Transistor im Jahr 1948; erster integrierter Schaltkreis 1970), aber erst in jüngerer Zeit diffundiert die Mikroelektronik in vielfältige neue Anwendungen hinein, insbesondere im IT-Bereich. Der prägende Einfluss, den diese Technologien auf den wirtschaftlichen Strukturwandel ausüben, rührt vor allem von der immensen Breite ihrer Einsatzmöglichkeiten her. Es gibt heute kaum noch einen Wirtschaftszweig, der ohne mikroelektronische Komponenten auskommt. Und das Potential scheint, wie die stürmische Entwicklung des Internets zeigt, noch längst nicht ausgeschöpft zu sein.

Quah (1999) vertritt die Position, dass auch die Biotechnologie zur Querschnittstechnologie mit weit über Branchengrenzen hinausreichendem Einsatzspektrum heranreifen könnte. Diese Einschätzung wird durchaus von einigen Naturwissenschaftlern geteilt, etwa von Rodney Brooks, dem Direktor des MIT-Instituts für künstliche Intelligenz (Brooks 2002). Der Strukturwandel zur neuen Ökonomie würde damit von zwei Basisinnovationen vorangetrieben, die im historischen Vergleich gesehen durchaus die Chance bieten könnten, einen kräftigen, lang anhaltenden Wachstums- und Produktivitätsschub auszulösen.

---

als verengt, da sie die Bedeutung vielfältiger anderer Technologien unterschätzt (vgl. z.B. Landes 1968, 1998).

Abbildung 4: Paradigmenwechsel: von der alten zur neuen Ökonomie

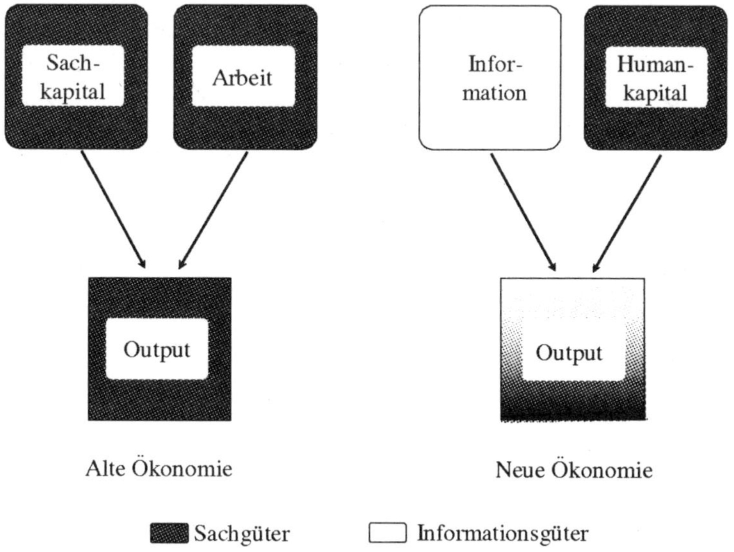

Quelle: Klodt (2001b).

Diese Sicht ist illustriert in Abbildung 5, die – in der Tradition von Joseph A. Schumpeter – lange Wellen wirtschaftlichen Wachstums in Beziehung setzt zu diskontinuierlich auftretenden Basisinnovationen. Die in der Abbildung aufgeführten Basisinnovationen stellen eine Auswahl dar, die vor allem der Illustration dienen sollen. Schumpeter (1939) identifizierte den industriellen, den bürgerlichen und den neomerkantilen Kondratieff. Hinzu gekommen sind seitdem der vierte Kondratieff, der von der industriellen Massenproduktion getrieben wurde, sowie der fünfte Kondratieff, an dessen Beginn wir möglicherweise heute stehen.

Eine exponierte Gegenposition zu dieser Sichtweise nimmt Gordon (2000) ein. Er meint, dass es das Internet als Basisinnovation nicht mit den Basisinnovationen der ersten und zweiten industriellen Revolution aufnehmen könne und daher auch keinen neuen Kondratieff-Zyklus auslösen würde. Er gründet seine Skepsis zunächst einmal darauf, dass die zweite industrielle Revolution auf insgesamt fünf Basisinnovationen aufbaute und nicht nur auf einer (Elektrizität, Verbrennungsmotor, Petrochemie, Unterhaltungs- und Informationstechnologien, fließendes Wasser und Sanitäranlagen). Diese Argumentation überzeugt allerdings nicht. Denn erstens geht Gordon recht großzügig mit der historischen Einordnung der von ihm angeführten Basisinnovationen um, und zweitens ver-

Abbildung 5: Kondratieff-Zyklen ab 1782

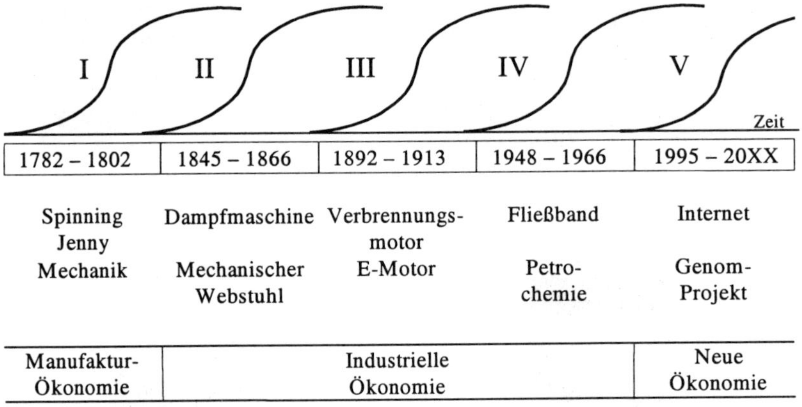

1782 – 1802	1845 – 1866	1892 – 1913	1948 – 1966	1995 – 20XX
Spinning Jenny	Dampfmaschine	Verbrennungs-motor	Fließband	Internet
Mechanik	Mechanischer Webstuhl	E-Motor	Petro-chemie	Genom-Projekt

Manufaktur-Ökonomie	Industrielle Ökonomie	Neue Ökonomie

Quelle: Klodt (2001b).

engt er die neue Ökonomie auf das Internet, während andere IT und auch die Biotechnologie völlig unberücksichtigt bleiben.

Das zweite Argument von Gordon lautet, dass die neue Ökonomie auf eine Hand voll informationsintensiver Branchen beschränkt sei, während die industriellen Revolutionen früherer Jahrhunderte letztlich die gesamte Wirtschaft erfasst hätten. Hier wird übersehen, dass die ersten beiden Kondratieff-Zyklen zunächst auf die Textilindustrie konzentriert waren und erst allmählich auf andere Wirtschaftszweige übergriffen. Es könnte durchaus argumentiert werden, dass der Querschnittscharakter moderner IT denjenigen der Dampfmaschine oder des Elektromotors sogar noch übertrifft, weil sie wesentlich rascher und umfassender in viele Wirtschaftsbereiche diffundieren als die Basistechnologien früherer Jahrhunderte (vgl. z.B. die Beiträge in Helpman 1999).

Gordons drittes Argument bezieht sich auf den Vergleich der aktuellen Produktivitätsentwicklung mit derjenigen früherer Jahrzehnte. Demnach sei der Produktivitätsfortschritt heute zwar deutlich höher als im Gefolge der ersten industriellen Revolution, doch im Vergleich zur zweiten industriellen Revolution nur geringfügig höher und nach Eliminierung zyklischer Effekte sogar niedriger. Hier reibt sich der Leser endgültig verwundert die Augen: Wenn die wirtschaftlichen Auswirkungen der neuen Ökonomie tatsächlich „nur" so groß wären wie die der ersten industriellen Revolution, so wäre das doch immerhin eine Umwälzung, die nicht als historische Marginalie abzutun ist.

Insgesamt führt kein Weg an der Einsicht vorbei, dass fundamentale Trendwenden immer erst im Rückblick und nie aus der Gegenwart heraus zuverlässig diagnostiziert werden können. Eine Wachstums- und Produktivitätseuphorie in Bezug auf die neue Ökonomie wäre derzeit ebenso wenig fundiert wie ein völliges Ignorieren neu eröffneter Potentiale. Doch letztlich kommt es darauf auch gar nicht an. Vorstellbar wäre sogar, dass der Übergang von der alten zur neuen Ökonomie vorübergehend nicht zu einem gesamtwirtschaftlichen Produktivitätsschub, sondern zu einem Produktivitätsrückgang führt, da möglicherweise erst alte Wirtschaftsstrukturen wegbrechen müssen, bevor sich neue Strukturen entfalten können. Gleichwohl lohnt ein näherer Blick auf die wirtschaftswissenschaftliche Diskussion um die Produktivitätseffekte der neuen Ökonomie, zumal sie deutlich macht, wie sich der strukturelle Umbruch konkret vollzieht und welche Fallstricke bei der Interpretation der gesamtwirtschaftlichen Daten zu beachten sind.

2.3 Makroökonomisches Produktivitätswachstum in der neuen Ökonomie: Empirischer Anspruch und methodische Unzulänglichkeiten

2.3.1 Die neue Ökonomie als Wachstumsbeschleuniger

Aus gesamtwirtschaftlicher Sicht richtet sich an die neue Ökonomie die Hoffnung auf ein dauerhaft höheres Wirtschaftswachstum. Rein theoretisch gibt es für diese Hoffnung ein gutes Argument. Die neue Ökonomie scheint in zunehmendem Maße Güter zu produzieren, deren erstmalige Herstellung zwar hohe Fixkosten verursacht, deren weitere Produktion aber mit stark fallenden Durchschnittskosten einhergeht. Als Beispiel mag die Produktion einer speziellen Software dienen, bei der die eigentliche Entwicklung einen hohen Aufwand erfordert, während die weitere Verbreitung zu praktisch vernachlässigbaren Reproduktionskosten erfolgen kann.

Wenn solche Güter für die gesamtwirtschaftliche Produktion wichtiger werden, wenn also ihr Wertschöpfungsanteil steigt, dann könnte damit auch die Wachstumsrate einer Volkswirtschaft steigen. Statt mit zunehmender Produktion in abnehmende Grenzerträge hinein zu laufen, verspricht die neue Ökonomie ein dauerhaft höheres Wachstumstempo aufgrund eines zunehmenden Gewichts von Informationsgütern. Um beispielsweise die Produktion eines Stahlwerks zu verdoppeln, benötigt man in der Regel ein zweites Stahlwerk; um die Produktion eines Softwareunternehmens zu verdoppeln, benötigt man im Grenzfall lediglich einen Mausklick. Diese potentielle Ressourcenersparnis könnte zur Beschleunigung des Wirtschaftswachstums in der neuen Ökonomie führen.

Neben der Ressourcenersparnis könnte die neue Ökonomie auch deshalb das Wachstum beschleunigen, weil ihre dominierenden Technologien in Bezug auf den Faktor Arbeit eher komplementär als substitutiv wirken dürften. Die prägenden Technologien im Zeitalter der Industrialisierung – Elektrizität und Verbrennungsmotor – bewirkten eine immense Vervielfachung von physischer Kraft und damit eine Sachkapitalintensivierung der Volkswirtschaft. Die prägenden Technologien des beginnenden Informationszeitalters – Mikroelektronik und Personalcomputer – bewirken zusammen eine immense Vervielfachung der jederzeit verfügbaren Informationen und damit eine Wissensintensivierung der Volkswirtschaft. Ein wesentlicher Unterschied zwischen den jeweils dominierenden Technologien scheint darin zu bestehen, dass die Sachkapitalintensivierung in erster Linie ein Prozess ist, bei dem menschliche physische Kraft substituiert wird. Die Wissensintensivierung scheint eher ein Prozess zu sein, bei dem das menschliche Innovationsvermögen eine sich selbst verstärkende komplementäre Rolle spielt.

Die zunehmende Bedeutung von Informations- und Kommunikationstechnologien und die damit einhergehende wissensbasierte Produktion in den führenden Industrieländern werden folgerichtig gemeinhin als die wesentlichen Faktoren betrachtet, die für die erwarteten Wachstumseffekte der neuen Ökonomie sorgen könnten. Ein struktureller Wandel hin zu einer wissensintensiven Gesellschaft setzt nicht notwendigerweise bewährte ökonomische Gesetzmäßigkeiten außer Kraft, wie das gegen Ende des letzten Konjunkturzyklus manchmal etwas vorschnell behauptet wurde. Aber ein langfristig gesehen höheres Wachstumstempo als in der Vergangenheit aufgrund des Vordringens der IT liegt durchaus im Bereich des Vorstellbaren. Mit einem dauerhaft höheren gesamtwirtschaftlichen Wachstum könnten auch Einkommen und Beschäftigung schneller steigen als in der Vergangenheit, und zwar ohne dass es dabei zu inflationären Wirkungen kommen müsste. Diese Perspektive verdeutlicht vielleicht am ehesten, weshalb die neue Ökonomie gegen Ende der neunziger Jahre zum beherrschenden Wirtschaftsthema wurde.

Zumindest in den Vereinigten Staaten, dem nach wie vor führenden Industrieland, scheint die neue Ökonomie inzwischen Wirklichkeit geworden zu sein. Insbesondere seit Mitte der neunziger Jahre lässt sich eine starke Zunahme im Wachstum der Arbeitsproduktivität beobachten, hier dargestellt als die Veränderung des Sozialprodukts im Vergleich zur Veränderung des in Stunden gemessenen Arbeitseinsatzes (Abbildung 6, linke Skala). Auch die enttäuschende Wirtschaftsentwicklung des Jahres 2001 kann diesen Befund nicht wesentlich erschüttern. Zwar ist das Wachstum des Sozialprodukts im Verlauf des Jahres 2001 zum Erliegen gekommen, das Wachstum der Arbeitsproduktivität ist derzeit aber höher als in der vergleichbaren konjunkturellen Situation des Jahres 1991. Hinzu kommt, dass die Aktienmärkte trotz des scharfen Einbruchs insbesondere bei den Technologiewerten im Verlauf der letzten beiden Jahre immer noch auf einem

Niveau sind, dass rund dreimal so hoch ist wie zu Anfang der neunziger Jahre (Abbildung 6, rechte Skala). Bliebe es bei diesem Kursniveau, dann würden die Aktienmärkte offenkundig ein wesentlich höheres Produktivitätswachstum als in der Vergangenheit antizipieren. Ob die Aktienmärkte damit richtig liegen, ist eine offene Frage. Die konjunkturelle Wachstumsschwäche des Jahres 2001 sollte umgekehrt allerdings auch nicht voreilig als Abgesang auf die neue Ökonomie missdeutet werden.

Abbildung 6: Produktivitätswachstum[a] und Aktienkurse[b] in den Vereinigten Staaten 1994–2001

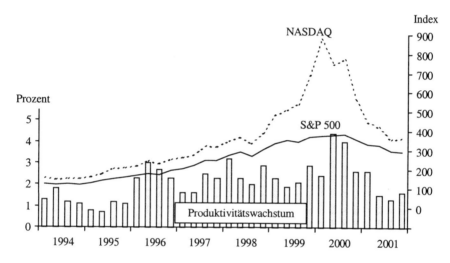

[a]Sozialprodukt (im Unternehmenssektor ohne Landwirtschaft) je Arbeitseinsatz in Stunden, Veränderungsrate gegenüber dem Vorquartal, auf Jahresraten umgerechnet (linke Skala). – [b]Indexwerte für Vierteljahresendstände, 1991=100 (rechte Skala); NASDAQ: Index für Technologiewerte; S&P500: Standard and Poor's Index für 500 führende Industriewerte.

Quelle: Bureau of Labor Statistics (2000a); National Association of Securities Dealers (2002).

Gleichzeitig bleibt natürlich zu fragen, ob sich hinter dem beobachteten schnelleren Produktivitätswachstum in den Vereinigten Staaten seit Mitte der neunziger Jahre tatsächlich eine fundamentale strukturelle Veränderung verbirgt oder ob nicht auch andere Faktoren eine wesentliche Rolle gespielt haben könnten, wie etwa rein statistische Phänomene oder zyklische Komponenten. Genauso muss gefragt werden, um wie viel denn das Produktivitätswachstum einer

Volkswirtschaft auf Dauer zunehmen müsste, um eine fundamental höhere Aktienbewertung zu rechtfertigen. Diese Überlegungen führen schließlich zu der Frage, welches Produktivitätswachstum denn eigentlich als langfristige Wachstumsrate einer Volkswirtschaft betrachtet werden kann.

Eine höhere Wachstumsrate der Arbeitsproduktivität könnte beispielsweise das Ergebnis erhöhter Investitionen in Sachkapital sein, wie sie ja gerade in der neuen Ökonomie als Folge einer umfassenden Modernisierung des Kapitalstocks mit Informations- und Kommunikationstechnologien zu erwarten wären. Umgekehrt könnte eine deutliche Zunahme der Kapitalproduktivität die direkte Folge verlängerter Arbeitszeiten oder einer Beschäftigungsexpansion sein. Allerdings lassen sich weder ein steigendes Arbeitsangebot noch eine zunehmende Investitionsquote auf Dauer aufrechterhalten. Wenn die neue Ökonomie tatsächlich ein höheres Wachstumstempo als in der Vergangenheit erzeugt, dann müsste sich demnach auch eine höhere Rate des technischen Fortschritts als in der Vergangenheit nachweisen lassen.

Im folgenden Abschnitt 2.3.2 wird der quantitative Zusammenhang zwischen dem langfristigen Produktivitätswachstum einer Volkswirtschaft in Form der Veränderungsrate des technischen Fortschritts und dem durchschnittlichen Niveau der Aktienbewertung untersucht. Der Ausgangspunkt ist dabei, dass eine höhere durchschnittliche Aktienbewertung ein höheres antizipiertes Produktivitätswachstum als in der Vergangenheit widerspiegeln sollte. Dauerhaft höhere Aktienkurse könnten demnach die empirische Relevanz der neuen Ökonomie für ein dauerhaft höheres Wirtschaftswachstum signalisieren.

Diesen theoretischen Überlegungen wird in Abschnitt 2.3.3 gegenübergestellt, ob und wie sich das Produktivitätswachstum in einer Reihe von Industrieländern seit Mitte der neunziger Jahre verändert hat. Im Mittelpunkt steht dabei die Entwicklung in den Vereinigten Staaten, die eine Vorreiter-Rolle für die neue Ökonomie zu spielen scheinen. Die vorliegenden empirischen Befunde für die Vereinigten Staaten deuten in der Tat darauf hin, dass sich die Rate des technischen Fortschritts dort seit Mitte der neunziger Jahre trendmäßig erhöht hat. Aufgrund methodischen Ungenauigkeiten, die sich zwangsläufig bei jeder Zerlegung des beobachteten Produktivitätswachstums in die beiden konstituierenden Komponenten Faktorakkumulation und technischer Fortschritt ergeben, muss aber offen bleiben, in welchem Ausmaß sich die Rate des technischen Fortschritts erhöht hat. Dabei wird deutlich, dass es grundsätzlich unmöglich ist, die durch den technischen Fortschritt bedingte langfristige Wachstumsrate einer Volkswirtschaft oder gar ihre Veränderung empirisch eindeutig zu bestimmen.

Diese methodischen Unzulänglichkeiten verhindern, dass man den theoretischen Zusammenhang zwischen Produktivitätswachstum und Aktienbewertung empirisch einwandfrei nachzeichnen kann. Zum einen können aus theoretischer Sicht bereits geringe Veränderungen im Produktivitätswachstum zu fundamentalen Änderungen bei der Aktienbewertung führen; zum anderen könnte sich statt des Tempos auch die Richtung des technischen Fortschritts in der neuen Öko-nomie geändert haben. Insgesamt muss also offen bleiben, in welchem Ausmaß sich die langfristige volkswirtschaftliche Wachstumsrate in jüngster Zeit erhöht hat.

Solange man über die Richtung des technischen Fortschritts nichts genaues wissen kann, lässt sich nicht zweifelsfrei klären, welches Niveau der Aktien-bewertungen mit einer beobachteten Veränderung des Produktivitätswachstums vereinbar ist. Dieser eher agnostische Befund besagt für sich genommen aber keineswegs, dass es für die neue Ökonomie auf der makroökonomischen Ebene nur wenig empirische Relevanz gibt. Die neue Ökonomie kann vielmehr längst makroökonomische Realität sein, ohne dass man dies mit den herkömmlichen methodischen Konzepten entdecken könnte.

2.3.2   Aktienmärkte und Produktivitätswachstum

Die Aktienmärkte in den meisten Industrieländern sind auch nach den deutlichen Korrekturen im Verlauf der letzten beiden Jahre immer noch auf einem Niveau, das deutlich höher liegt als zu Anfang der neunziger Jahre. Für ein höheres Kurs-niveau können zwei plausible Gründe angeführt werden: Investoren könnten die Risikoprämie für das Halten von Aktien verringert haben, weil Aktien länger-fristig gesehen einen höheren Ertrag erbracht haben als weniger riskante finan-zielle Anlageformen; oder Investoren erwarten steigende Aktienerträge aufgrund eines höheren Wirtschaftswachstums in der neuen Ökonomie.

Für eine Volkswirtschaft ist insgesamt zu vermuten, dass die Aktienerträge sich im Durchschnitt ebenso wie die Reallöhne mehr oder weniger im Gleich-klang mit der gesamtwirtschaftlichen Wachstumsrate bewegen. Wenn das nicht so wäre, müssten sich die volkswirtschaftlichen Verteilungsquoten, also die Lohnquote und die Gewinnquote, im Verlauf des Wachstums systematisch än-dern. Da die Verteilungsquoten in allen Industrieländern aber mehr oder weniger konstant sind, kann man umgekehrt schließen, dass sich die Aktienerträge (und die Reallöhne) im Durchschnitt in der Tat in etwa mit der Rate des gesamt-wirtschaftlichen Wachstums verändern. Unter dieser Voraussetzung lässt sich aus einem Vergleich der durchschnittlichen historischen Aktienkurse mit dem aktuellen Kurs die von den Aktienmärkten antizipierte volkswirtschaftliche Wachstumsrate herleiten.

Diese Überlegung folgt aus der einfachen Regel, nach der sich der Gegen-wartswert und damit der Preis einer Aktie bestimmt als

(1) $p = Div \cdot \dfrac{1}{r + \beta - g}$,

wobei p der Preis einer Aktie, *Div* der Aktienertrag, r der Realzins, β eine Risikoprämie und g die risikofreie langfristige Veränderungsrate des Aktienertrags ist, die im Durchschnitt für alle Aktien der volkswirtschaftlichen Wachstumsrate entsprechen sollte. Bei einem Realzins von 6 Prozent und ohne die Berücksichtigung des Risikofaktors ist demnach das Versprechen, für immer eine konstante Dividende von 6 Euro zu zahlen, heute 100 Euro wert. Wenn die Dividende aber aufgrund des wirtschaftlichen Wachstums kontinuierlich steigen kann, dann folgt ein höherer Aktienkurs als in einer Situation ohne Wachstum. Bei einer Zunahme der Dividende von 3 Prozentpunkten pro Jahr würde also beispielsweise der Aktienkurs unter sonst gleichen Bedingungen auf 200 Euro steigen. Substantielle Veränderungen im Kursniveau von breiten Aktienindizes können somit unter Umständen als Ergebnis eines veränderten volkswirtschaftlichen Wachstumstempos gedeutet werden, so wie es bereits in Abbildung 6 angedeutet wurde.

Um diesen Zusammenhang auch quantitativ fassbar machen zu können, empfiehlt sich eine Normierung des Aktienkurses mit dem Unternehmensgewinn (je Aktie). Damit können Kurssteigerungen eliminiert werden, die von einer Zunahme des allgemeinen Preisniveaus verursacht werden, und außerdem können mit diesem Ansatz die Aktienbewertungen über Ländergrenzen hinweg direkt verglichen werden. Teilt man somit beide Seiten von Gleichung (1) durch den Unternehmensertrag je Aktie (e), folgt für das Kurs-Gewinn-Verhältnis

(2) $p / e = \dfrac{Div}{e} \dfrac{1}{r + \beta - g}$.

Diese Darstellung weist neben der Deflationierung einen weiteren Vorteil auf. Anders als für einzelne Aktien kann man für eine Volkswirtschaft nämlich von einem mehr oder weniger konstanten Verhältnis von Aktienertrag zu Unternehmensertrag (*Div/e*) ausgehen. Eine systematisch im Vergleich zum Unternehmensertrag steigende Ausschüttung würde beispielsweise implizieren, dass die Investitionen des Unternehmens sinken müssten. Ein solcher Trend lässt sich für den Durchschnitt aller Unternehmen aber nicht beobachten. In den Industrieländern scheint vielmehr der Anteil der Investitionen am Sozialprodukt mittelfristig relativ stabil zu sein. Von daher bietet es sich an, das Verhältnis *Div/e* näherungsweise als volkswirtschaftliche Konstante zu betrachten.

Auch das Kurs-Gewinn-Verhältnis schien bis zum Ende der achtziger Jahre in den Vereinigten Staaten zwar heftige Ausschläge, aber keinen eindeutigen Trend aufzuweisen. Ein im Durchschnitt konstantes Kurs-Gewinn-Verhältnis ist mit einer im Durchschnitt konstanten Wachstumsrate vereinbar, so wie sie in der Tat im langfristigen Mittel für die Vereinigten Staaten zu beobachten ist. Gegen Ende der neunziger Jahre hatte sich das Kurs-Gewinn-Verhältnis für einen Index von 500 führenden Industriewerten allerdings mehr als verdoppelt (Abbildung 7), und zu Beginn des Jahres 2002 liegt es immer noch rund 75 Prozent über seinem historischen Mittelwert von rund 15. Bleibt es bei der Vermutung, dass *Div/e* für die Volkswirtschaft eine Konstante ist, dann kann ein solcher Befund nach Gleichung (2) rein formal mit einer höheren zukünftigen Wachstumsrate der Aktienerträge (einer höheren zukünftigen volkswirtschaftliche Wachstumsrate) oder mit einer niedrigeren Risikoprämie für Aktien erklärt werden.

Abbildung 7: Kurs-Gewinn-Verhältnis[a] in den Vereinigten Staaten 1943–2001

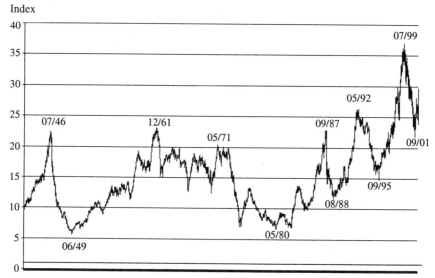

[a]Standard and Poor's Index der 500 führenden Industriewerte.

Quelle: Lowrisk.com (2002).

Eine dauerhaft niedrigere Risikoprämie für das Halten von Aktien ist aus volkswirtschaftlicher Sicht allerdings nur schwer zu begründen. Zwar haben Aktien in der langen Frist im Durchschnitt höhere Erträge abgeworfen als weniger riskante Anlageformen, aber diese Tatsache reflektiert lediglich, dass der Aktienerwerb mehrheitlich für riskant gehalten wurde und deshalb die Aktienerträge entsprechend hoch waren. Wenn Investoren vermehrt auf den Aktienerwerb setzen, weil sie das Risiko aufgrund des historischen Befundes für weniger wichtig erachten, dann wird zwangsläufig der Anteil spekulativer Engagements zunehmen. Die Volatilität der Kurse – und damit die Risikoprämie – müssten als Ergebnis eines solchen Verhaltens somit zunehmen. Die Annahme einer verringerten Risikoprämie für den Aktienerwerb führt für sich genommen wieder zum Ausgangspunkt zurück. Ein gesamtwirtschaftlich dauerhaft höheres Kursniveau erklären kann sie nicht, weil die Risikoannahme nicht unabhängig vom Gesamtvolumen der Aktieninvestitionen getroffen werden kann (Krugman 1999).

Ein höheres relatives Kursniveau muss deshalb mit dem wichtigsten makroökonomischen Versprechen der neuen Ökonomie erklärt werden: einem höheren Tempo des Wirtschaftswachstums. Ob sich das derzeit beobachtete Kursniveau als langfristig stabil erweisen wird, ist selbstverständlich eine offene Frage. Zumindest als Gedankenexperiment kann aber untersucht werden, welche Wachstumsbeschleunigung denn bei einem Anstieg des Kurs-Gewinn-Verhältnisses in der Größenordnung von etwa 75 Prozent von den Aktienmärkten antizipiert wird. Umgekehrt könnte die Größenordnung der erwarteten Wachstumsrate im Prinzip auch einen Hinweis darauf geben, ob das derzeit herrschende Kurs-Gewinn-Verhältnis auf Dauer als realistisch zu betrachten ist.

Geht man beispielsweise von einer langfristigen realen Wachstumsrate der Volkswirtschaft von 1 Prozent aus, wie sie für die Vereinigten Staaten für den Zeitraum 1981–1995 ermittelt wurde (siehe dazu im Detail Abschnitt 2.3.4), bleibt es bei einem konstanten Realzins von 6 Prozent und nimmt man eine konstante Risikoprämie von 2 Prozent an, dann impliziert ein Anstieg des Kurs-Gewinn-Verhältnisses um 75 Prozent bei einem konstanten Verhältnis von *Div/e* nach Gleichung (2) ein um 3 Prozentpunkte höheres Wirtschaftswachstum (Tabelle 4). Das würde in diesem Fall einer Vervierfachung der Wachstumsrate entsprechen. Wenn man stattdessen für die Ausgangssituation eine höhere langfristige Wachstumsrate von 2 Prozent ansetzt, wie sie in etwa für die Vereinigten Staaten für das gesamte zwanzigste Jahrhundert ermittelt wurde, folgt unter sonst gleichen Bedingungen bei einem Anstieg des Kurs-Gewinn-Verhältnisses um 75 Prozent ein um 2,6 Prozentpunkte höheres Wachstum. Senkt man darüber hinaus die konstante Risikoprämie auf 1 Prozent, so folgt aus dem erhöhten Kurs-Gewinn-Verhältnis ein um 2,2 Prozentpunkte höheres Wachstum. Ob sich eine Beschleunigung des Wachstums in der Größenordnung von 2–3 Prozentpunkten als nachhaltig erweisen kann, muss bei allem Enthusiasmus für die neue Ökonomie nach aller historischen Erfahrung stark bezweifelt werden.

Demnach kann ein Kurs-Gewinn-Verhältnis in der Nähe von 25 nicht als ein langfristig stabiles Gleichgewichtsniveau betrachtet werden. Dies gilt vor allem auch deshalb, weil bei den bisherigen Überlegungen von einem konstanten Real zins ausgegangen wurde. Wachstumstheoretische Überlegungen besagen demge-

Tabelle 4: Ein höheres Kurs-Gewinn-Verhältnis als Indikator für eine höhere Wachstumsrate bei konstantem Realzins

Ein Anstieg des Kurs-Gewinn-Verhältnisses um 75 Prozent impliziert nach Gleichung (2) einen Anstieg der Wachstumsrate um:
3,0 Prozentpunkte gegenüber einer Ausgangssituation mit $g_0 = 0,01$ $\beta = 0,02$ $r = 0,06$
2,6 Prozentpunkte gegenüber einer Ausgangssituation mit $g_0 = 0,02$ $\beta = 0,02$ $r = 0,06$
2,2 Prozentpunkte gegenüber einer Ausgangssituation mit $g_0 = 0,02$ $\beta = 0,01$ $r = 0,06$

genüber, dass der Realzins eine endogene Variable ist. Nach der neoklassischen Wachstumstheorie hängt der Realzins unter anderem auch von der Wachstumsrate ab (Barro und Sala-i-Martin 1995):

$$(3) \qquad r = \rho + g / \sigma,$$

wobei ρ für die Zeitpräferenzrate und σ für die intertemporale Elastizität des Konsums stehen. Ein höheres Wachstum geht mit einem höheren Realzins einher. Letzteres konterkariert den positiven Zusammenhang zwischen Kurs-Gewinn-Verhältnis und Wachstumsrate. Die offene Frage ist somit, ob letztlich der Wachstums- oder der Zinseffekt die Veränderung des Kurs-Gewinn-Verhältnisses dominiert.

Wenn man Gleichung (3) in Gleichung (2) einsetzt wird deutlich, dass ein gestiegenes Kurs-Gewinn-Verhältnis nur dann mit einer gestiegenen (erwarteten) Wachstumsrate begründet werden kann, wenn die intertemporale Substitutionselastizität σ größer als 1 ist:

$$(4) \qquad p / e = \frac{Div}{e} \frac{1}{\rho + \beta - g(1 - 1/\sigma)} \; .$$

Als Standardparameter werden in der Literatur eine Zeitpräferenzrate von 2 Prozent und eine intertemporale Substitutionselastizität von 0,5 benutzt, so dass ein höheres Wirtschaftswachstum ohne kompensierende Effekte bei anderen Parametern zu einem niedrigeren und nicht zu einem höheren Kurs-Gewinn-Verhältnis führen müsste. Mit einer Standardparametrisierung und einer Zunahme des Wachstums von 1 Prozent auf 3 Prozent würde man beispielsweise nach Gleichung (4) ein um rund 30 Prozent niedrigeres Kurs-Gewinn-Verhältnis erhalten.

Tabelle 5: Ein höheres Kurs-Gewinn-Verhältnis als Indikator für eine höhere Wachstumsrate bei endogenem Realzins

Ein Anstieg des Kurs-Gewinn-Verhältnisses um 75 Prozent impliziert nach Gleichung (4) einen Anstieg der Wachstumsrate um:
18,4 Prozentpunkte gegenüber einer Ausgangssituation mit $g_0 = 0,01$ $\beta = 0,02$ $\sigma = 1,1$
18,0 Prozentpunkte gegenüber einer Ausgangssituation mit $g_0 = 0,02$ $\beta = 0,02$ $\sigma = 1,1$
13,3 Prozentpunkte gegenüber einer Ausgangssituation mit $g_0 = 0,02$ $\beta = 0,01$ $\sigma = 1,1$

Der negative Zusammenhang zwischen Wachstumsrate und Kurs-Gewinn-Verhältnis hängt entscheidend von der Parametrisierung der intertemporalen Substitutionselastizität ab. Im Grenzfall einer intertemporalen Substitutionselastizität von 1 würde ein höheres Wirtschaftswachstum das Kurs-Gewinn-Verhältnis weder negativ noch positiv beeinflussen. In Ermangelung direkter makroökonomischer Schätzungen könnte man zumindest für den Fall reicher Industrieländer eine intertemporale Substitutionselastizität von mehr als 1 mit den mikroökonomischen empirischen Ergebnissen von Ogaki and Atkeson (1997) begründen, die auf einen positiven Zusammenhang zwischen der Vermögenshöhe und der Substitutionselastizität hinweisen. Auch aus wachstumstheoretischer Sicht erscheint eine Substitutionselastizität von mehr als 1 zumindest als ein denkbarer Grenzfall. Barro et al. (1995) zeigen beispielsweise, dass die in der Literatur üblichen Standardannahmen für eine Reihe von Technologie- und Präferenzparametern eine gesamtwirtschaftliche Sparquote von rund 40 Prozent implizieren. Wenn man bedenkt, dass die der Sparquote gegenüberstehende Investitionsquote neben dem Sach- auch das Humankapital beinhaltet, dann erscheint auch eine Sparquote von rund 50 Prozent nicht von vornherein als völlig abwegig. Eine solche Sparquote würde sich unter sonst gleichen Umständen bei einer intertemporalen Substitutionselastizität von 1,1 ergeben. Für eine Wachstumsrate von 1 (2) Prozent erhält man mit dieser Substitutionselastizität einen Realzins von 2,9 (3,8) Prozent, was ebenfalls in einen plausiblen Bereich fällt.

Bei dieser Konstellation würde ein Anstieg des Kurs-Gewinn-Verhältnisses um 75 Prozent je nach entsprechender Parametrisierung einen Anstieg des Wirtschaftswachstums zwischen 18,4 und 13,3 Prozentpunkten implizieren (Tabelle 5). Eine solche Größenordnung in der Beschleunigung des Wirtschaftswachstums ist nicht vorstellbar. Wenn man alternative Parameterkonstellationen wählt, ändern sich natürlich die implizierten Wachstumsraten. Letztlich bleibt es aber bei dem Ergebnis, dass sich ein Anstieg des Kurs-Gewinn-Verhältnisses von

75 Prozent bei halbwegs plausiblen Parameterkonstellationen nicht einmal annäherungsweise mit höheren Wachstumsraten erklären lässt. Die Aktienbewertung am Ende des Jahres 2001 mit einem Kurs-Gewinn-Verhältnis in der Nähe von 25 basiert somit offenkundig nach wie vor auf weit überzogenen Wachstumserwartungen, die die neue Ökonomie keinesfalls wird erfüllen können. Um die Relevanz der neuen Ökonomie für ein höheres volkswirtschaftliches Wachstumstempo als in der Vergangenheit beurteilen zu können, bleibt somit allein eine detaillierte empirische Analyse des aktuellen Wachstumstrends.

2.3.3   Empirische Analysen des Produktivitätswachstums

Die jüngsten Debatten zur empirischen Relevanz der neuen Ökonomie haben sich hauptsächlich damit beschäftigt, ob die Arbeitsproduktivität, gemessen als Sozialprodukt je Arbeitsvolumen, in den letzten Jahren schneller gewachsen ist als in der Vergangenheit und wie eine solche Entwicklung gegebenenfalls zu interpretieren wäre. Der bisher vorliegende empirische Befund bestätigt, wie schon eingangs erwähnt, dass sich das Wachstum der Arbeitsproduktivität in den Vereinigten Staaten seit Mitte der neunziger Jahre gegenüber dem Zeitraum 1981–1995 beschleunigt hat. Dies gilt auch nach der Abschwächung des Wachstums des Sozialprodukts in den Jahren 2000 und 2001. In den meisten europäischen Industrieländern und auch in Japan kann man eine solche Beschleunigung des Produktivitätswachstums nicht beobachten (Tabelle 6), was zum Teil daran liegen mag, dass das Niveau des Produktivitätswachstums in diesen Ländern bis Mitte der neunziger Jahre höher war als in den Vereinigten Staaten. In diesen Ländern ist die Arbeitsproduktivität seit Mitte der neunziger Jahre langsamer gewachsen als im Vergleichszeitraum 1981–1995. Eine vergleichbare Beschleunigung des Produktivitätswachstums hat nur Australien vorzuweisen, wobei dort Privatisierung und Deregulierung in Sektoren wie Handel und Bauwirtschaft eine wesentlich wichtigere Rolle zu spielen scheinen als die IT der neuen Ökonomie (Gruen und Stevens 2000).

Damit sind die Vereinigten Staaten bislang offenbar das einzige größere Industrieland, für das sich die von der neuen Ökonomie erwartete Beschleunigung des gesamtwirtschaftlichen Produktivitätswachstums empirisch nachweisen lässt. Ob sich die jüngste Beschleunigung auf ein Niveau von durchschnittlich rund 2,3 Prozent pro Jahr langfristig gesehen als stabil erweisen wird, kann selbstverständlich nicht zuverlässig vorhergesagt werden. Aber ein ähnlich hohes Produktivitätswachstum wie das derzeitige lässt sich auch für den Zeitraum 1950–1973 feststellen (Tabelle 6), so dass zumindest mittelfristig ein um rund 1,1 Prozentpunkte höheres Wachstum der Arbeitsproduktivität als in der Vergangenheit nicht als völlig unplausibel gelten kann. Im längerfristigen Vergleich fällt dem-

Tabelle 6: Produktivitätswachstum im internationalen und intertemporalen Vergleich

	Veränderungsrate der Arbeitsproduktivität[a] (Prozent)		Veränderung des Produktivitätswachstums (Prozentpunkte)	
	Gesamtwirtschaft	VG[b]	Gesamtwirtschaft	VG[b]
	1996–1999	1950–1973	1996–2000	1996–1999 versus 1981–1995	1996–2000 versus 1981–1995
Vereinigte Staaten	2,30[c]	2,5	5,46	1,11[d]	2,35
Frankreich	1,61	5,1	5,07	–1,34	1,32
Deutschland	2,14	6,0	3,01	–0,12[e]	–[f]
Italien	0,67	–	1,43	–1,82	–1,78
Japan	2,07	7,7	3,38	–0,96	–0,49
Vereinigtes Königreich	1,47	3,2	2,98	–1,26	–1,45
Australien	3,12	–	–	1,53	–
Dänemark	0,86	–	–	–2,13	–
Finnland	3,10	–	–	–0,77	–
Irland	3,96	–	–	–0,76	–
Niederlande	0,35	4,4	2,07[g]	–2,88	–1,07
Schweden	1,96	–	4,84	0,20	1,08

[a]Arbeitsproduktivität gemessen als reales Sozialprodukt je Arbeitsvolumen. – [b]Verarbeitendes Gewerbe. – [c]1996–2001 (einschl. drittes Quartal). – [d]1996–2001 versus 1981–1995. – [e]1996–1999 versus 1992–1995. – [f]Für das ehemalige Westdeutschland 1996–1998 versus 1981–1995: 2,58 Prozentpunkte. – [g]1996–1999.

Quelle: Gust and Marquez (2000); Maddison (1987); Bureau of Labor Statistics (2002a, 2002b).

gegenüber auf, dass das derzeitige Tempo des Produktivitätswachstums in den anderen großen Industrieländern deutlich hinter dem Produktivitätswachstum der Vergangenheit zurückbleibt.

Ein differenzierteres Bild zeigt sich im internationalen Vergleich für das verarbeitende Gewerbe, für das aktuellere und möglicherweise auch verlässlichere Daten zur Stundenproduktivität vorliegen. Neben den Vereinigten Staaten weisen auch Frankreich und Schweden im verarbeitenden Gewerbe seit Mitte der neunziger Jahre ein deutlich stärkeres Produktivitätswachstum als in der Vergangenheit auf. Zumindest für Westdeutschland scheint sich ansatzweise eine ähnliche Entwicklung abzuzeichnen. Demgegenüber fällt insbesondere das aktuelle Produktivitätswachstum im verarbeitende Gewerbe Italiens enttäuschend aus. Diese Daten relativieren in gewisser Weise die These, dass die neue Ökonomie in Europa noch keine Spuren hinterlassen hat. Die offenkundige Vorreiterrolle der Vereinigten Staaten in der neuen Ökonomie bleibt davon jedoch unberührt.

Ein entscheidender Punkt bei der Diskussion um die empirische Relevanz der neuen Ökonomie betrifft die Frage, ob die tatsächliche Wertschöpfung und der tatsächliche Faktoreinsatz mit Hilfe der konventionellen statistischen Verfahren hinreichend genau erfasst werden. Einerseits könnte die Wertschöpfung wegen des immateriellen Charakters vieler neuer wissensintensiver Produkte und auch wegen einer raschen Qualitätsverbesserung etablierter Produkte unterschätzt werden. Andererseits könnten aber auch der tatsächlich geleistete Faktoreinsatz unterschätzt werden, und zwar insbesondere die geleisteten Arbeitsstunden im wissensintensiven Dienstleistungsbereich. Demzufolge könnte das Produktivitätswachstum unterzeichnet werden, wenn die Wertschöpfung unterschätzt wird, und es könnte überzeichnet werden, wenn die geleisteten Arbeitsstunden hoch qualifizierter Mitarbeiter nicht angemessen erfasst werden. Zumindest für die Vereinigten Staaten scheinen aber beide denkbaren Effekte nicht sonderlich ins Gewicht zu fallen, wie Gust und Marquez (2000) betonen.

Weitgehend unstrittig ist in der Literatur, dass die Produktion von Computern erheblich zur Produktivitätsbeschleunigung in den Vereinigten Staaten beigetragen hat. Weniger klar ist, ob auch der zunehmende Gebrauch von Computern und IT zur Produktivitätsbeschleunigung beigetragen hat. Oliner und Sichel (2000) finden in ihrer empirischen Studie für die amerikanische Wirtschaft, dass die Produktion von Computern und der Gebrauch von IT zusammengenommen für etwa zwei Drittel der Produktivitätsbeschleunigung verantwortlich sein könnten. Gordon (2000) gelangt zu einer wesentlich skeptischeren Einschätzung, weil er den Einfluss zyklischer Komponenten auf das Trendwachstum der Arbeitsproduktivität stärker gewichtet. Allerdings bestreitet auch Gordon nicht (mehr), dass die Beschleunigung des Produktivitätswachstums nicht allein auf die Produktion von Computern zurückgeführt werden kann. Die optimistischste Einschätzung stammt von Jorgenson und Stiroh (2000) (siehe auch Jorgenson 2002). Ihre empirischen Ergebnisse deuten darauf hin, dass die IT tatsächlich die treibende Kraft hinter der jüngsten Produktivitätsbeschleunigung sind. Der zunehmende Gebrauch von IT scheint sich somit, zumindest in den Vereinigten Staaten, erstmals positiv in den Produktivitätsstatistiken bemerkbar zu machen.

Grundsätzlich kann sich das Wachstum der Arbeitsproduktivität nur aus zwei Gründen beschleunigt haben. Entweder hat auch die Kapitalakkumulation zugenommen, wie das bei einer umfassenden Modernisierung des Kapitalstocks mit IT zu erwarten wäre, oder das Tempo des technischen Fortschritts hat sich erhöht. Dabei kann natürlich auch eine schnellere Kapitalakkumulation gleichzeitig das Ergebnis eines schnelleren technischen Fortschritts sein. Direkt beobachten kann man leider nur die Kapitalakkumulation oder ihre Veränderung, nicht aber den technischen Fortschritt. Dieses Dilemma ist in der empirischen Forschung seit langem bekannt, in den jüngsten Debatten zur Relevanz der neuen Ökonomie aber geflissentlich übersehen worden.

Die konzeptionelle Unterscheidung zwischen Kapitalakkumulation und technischem Fortschritt ist aus einem einfachen Grund wichtig. Eine schnellere Kapitalakkumulation wird in der Regel nur ein vorübergehend schnelleres Produktivitätswachstum hervorrufen, ein schnellerer technischer Fortschritt kann aber ein dauerhaft höheres Produktivitätswachstum begründen. Das im historischen Vergleich einzigartig hohe Produktivitätswachstum der Vereinigten Staaten im zwanzigsten Jahrhundert wird beispielsweise von den meisten Wirtschaftshistorikern mit einem höheren Tempo des technischen Fortschritts begründet. Nach dem Zeitalter der Industrialisierung könnte so gesehen vielleicht auch das kommende Informationszeitalter einen Wachstumsschub auslösen.

Demgegenüber könnte eine schnellere Kapitalakkumulation nur dann ein dauerhaft höheres Produktivitätswachstum hervorrufen, wenn es nicht zu abnehmenden Grenzerträgen der Kapitalakkumulation kommt. Aus theoretischer Sicht ist es durchaus denkbar, dass es gerade bei der Wissensakkumulation nicht zu abnehmenden, sondern zu konstanten oder sogar zu steigenden Grenzerträgen kommt. Ob dies aber auch für die Akkumulation von Sach- und Humankapital gilt, darf bezweifelt werden. Aus empirischer Sicht gibt es dafür bislang keine überzeugenden Belege. Die These eines dauerhaft höheren Produktivitätswachstums kann von daher nur mit dem empirischen Nachweis eines schnelleren technischen Fortschritts als in der Vergangenheit gestützt werden.

Das methodische Problem eines solchen Nachweises besteht darin, dass die Rate des technischen Fortschritts in empirischen Studien nicht direkt beobachtet, sondern immer nur als Restgröße gemessen werden kann, die sich als Differenz zwischen der Veränderungsrate der Arbeitsproduktivität und der gewichteten Veränderungsrate der Kapitalakkumulation ergibt. Selbst wenn man einmal annimmt, dass die Kapitaldaten (einschließlich Humankapital) den Faktoreinsatz exakt abbilden, muss die Höhe der so ermittelten Rate des technischen Fortschritts rein definitionsgemäß immer vom gewählten Gewichtungsschema abhängen. In der empirischen Literatur zum sogenannten „growth accounting" wird das in der Regel benutzte Gewichtungsschema nicht weiter hinterfragt. Bei identischen Ausgangsdaten für Arbeitsproduktivität und Faktorakkumulation kann man aber mit einem theoretisch mindestens ebenso plausiblen alternativen Gewichtungsschema ein quantitativ substantiell anderes Ergebnis für die Rate des technischen Fortschritts erhalten. Abbildung 8 versucht zu erklären, warum das so ist.

Die beiden Produktionspunkte *A* und *B* stellen beobachtbare Kombinationen von Arbeitsproduktivität *y* (Output je Arbeitsvolumen) und Kapitalintensität *k* (Kapitalstock je Arbeitsvolumen) dar. Die Kapitalproduktivität *y/k* sei in beiden Punkten konstant, so wie das näherungsweise der Zeitreihenevidenz für Industrieländer entspricht. Eine im Zeitablauf weitgehend konstante Kapitalproduktivität impliziert, dass beide Punkte zumindest näherungsweise auf einer Geraden

Abbildung 8: Stilisierte Fakten des Produktivitätswachstums

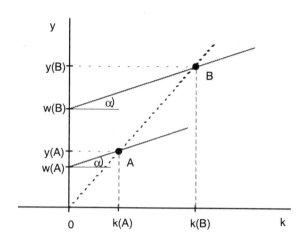

durch den Ursprung liegen müssen, denn die Steigung einer solchen Geraden entspricht dem Verhältnis von *y* zu *k*. Wenn die Punkte *A* und *B* aber auf einer Geraden liegen, dann müssen sie bei abnehmenden Grenzerträgen der Produktionsfaktoren nicht auf einer gemeinsamen Produktionsfunktion liegen.

Diese Interpretation wird durch zwei weitere empirische Fakten gestützt. Zunächst sind die funktionalen Verteilungsquoten, also die Anteile der Faktoren Kapital und Arbeit am Sozialprodukt, im Verlauf des wirtschaftlichen Wachstums in den Industrieländern weitgehend konstant geblieben (Maddison 1987; Gust and Marquez 2000). Bei konstanten funktionalen Verteilungsquoten müssen das Verhältnis zwischen Reallohn *w* und Arbeitsproduktivität *y* (sowie das Verhältnis zwischen Ertragsrate des Kapitals und Kapitalproduktivität) konstant bleiben. In Abbildung 8 beträgt das konstante Verhältnis von *w* zu *y* 70 Prozent, was in etwa dem empirischen Wert der Lohnquote in den Industrieländern entspricht.

Weiterhin folgt aus einer konstanten Kapitalproduktivität und konstanten Verteilungsquoten, dass die Ertragsrate des Kapitals *r* in den Industrieländern im langfristigen Durchschnitt ebenfalls mehr oder weniger konstant geblieben sein muss. Da die Ertragsrate des Kapitals aus theoretischer Sicht der Steigung einer Tangenten an die Produktionsfunktion entspricht, folgt

(5) $r = \tan\alpha = \overline{wy}/k,$

wobei $\overline{wy}$ die Strecke zwischen *w* und *y* darstellt. Somit gilt

(6) $r \cdot k = \overline{wy}.$

Da sich das gesamte Faktoreinkommen zu

(7) $y = r \cdot k + w,$

aufaddieren muss, folgt aus dem Einsetzen von (6) in (7), dass w auf einer Tangente zur Produktionsfunktion liegen muss. Da dies sowohl für den Produktionspunkt A als auch für den Produktionspunkt B gilt, müssen die beiden Punkte bei abnehmenden Grenzerträgen auf verschiedenen Produktionsfunktionen liegen.

Die empirische Frage ist jetzt, wie eine beobachtete Zunahme der Arbeitsproduktivität von $y(A)$ nach $y(B)$ erklärt werden kann. Eine Verschiebung der Produktionsfunktion, so wie sie die theoretische Analyse impliziert, kann zwar als technischer Fortschritt interpretiert, aber nicht direkt beobachtet werden. Beobachtet werden kann neben der Zunahme von y nur die Zunahme der Kapitalintensität von $k(A)$ nach $k(B)$. Ohne zusätzliche Annahmen über die Art der Verschiebung der Produktionsfunktion, d.h. über den Faktorbias des technischen Fortschritts, muss an dieser Stelle also offen bleiben, welchen Anteil die Zunahme der Faktorakkumulation im Vergleich zum technischen Fortschritt an der Zunahme der Arbeitsproduktivität hat.

Verschiebt sich die Produktionsfunktion beispielsweise vertikal nach oben, also bei einer konstanten Kapitalintensität, dann muss die höhere Arbeitsproduktivität $y(B)$ zum Teil auch das Ergebnis der Zunahme von k sein, denn der neue Gleichgewichtspunkt kann ohne die zusätzliche Bewegung auf der Produktionsfunktion nicht erreicht werden. Eine solche Interpretation basiert auf der Annahme eines Hicks-neutralen technischen Fortschritts. Wenn sich die Produktionsfunktion aber entlang der Ursprungsgeraden verschiebt, also bei einer konstanten Kapitalproduktivität, dann ist der Anstieg der Arbeitsproduktivität (und der dann endogene Anstieg der Kapitalintensität) einzig und allein das Ergebnis des technischen Fortschritts. Eine solche Interpretation basiert auf der Annahme eines Harrod-neutralen technischen Fortschritts.

Theoretisch lässt sich zeigen, dass bei einer Cobb-Douglas-Produktionsfunktion, wie sie auch die jüngsten empirischen Produktivitätsanalysen dominiert, beide Fortschrittsannahmen mit einem Wachstumsgleichgewicht vereinbar sind. Die beiden unterschiedlichen Annahmen führen aber zwangsläufig zu unterschiedlichen empirischen Ergebnissen hinsichtlich der Rate des technischen Fortschritts. Bei identischen empirischen Veränderungsraten für Arbeitsproduktivität und Kapitalintensität wird man somit zu unterschiedlichen Ergebnissen für die Rate des technischen Fortschritts gelangen, je nachdem welche Annahme über die Art des technischen Fortschritts als Gewichtungsschema benutzt wird. Diese A-priori-Annahme über die Art des technischen Fortschritts bestimmt wiederum, wie das Gewichtungsschema aussieht, mit dem die empirische Rate des technischen Fortschritts als Residualgröße ermittelt wird. Was als empirische Rate des technischen Fortschritts ausgewiesen wird, hängt also immer von der benutzten Annahme über die Art des technischen Fortschritts ab. Diese Zusammenhänge sind keineswegs neu (Nelson 1973), werden aber in der empirischen Produktivitätsliteratur regelmäßig ignoriert.

Im Prinzip lässt sich das methodische Identifikationsproblem für die empirische Analyse dadurch auflösen, dass das Gewichtungsschema nicht a priori aufgrund theoretischer Überlegungen vorgegeben, sondern mit Hilfe ökonometrischer Methoden geschätzt wird. Allerdings würde eine solche Lösung in der Praxis schnell an statistischen Problemen scheitern (Hulten 2000). Ökonometrische Verfahren benötigen in der Regel ebenfalls A-priori-Restriktionen, um die theoretische Konsistenz der geschätzten Parameterwerte zu garantieren, was wiederum Debatten über die empirische Robustheit alternativer Restriktionen nach sich ziehen müsste. Hinzu kämen bei ökonometrischen Verfahren natürlich sofort Fragen nach der Stabilität nichtlinearerer Schätzverfahren, die man für flexible Funktionsformen benötigte. Schließlich würde die mögliche Endogenität des Sach- und Humankapitals tendenziell zu (nach oben) verzerrten Parameterschätzungen führen. Deshalb ist es kein Zufall, dass die empirische Produktivitätsliteratur von nichtparametrischen Verfahren dominiert wird.

Für den Nachweis der empirischen Relevanz der neuen Ökonomie kommt es entscheidend auf die Größenordnung der Rate des technischen Fortschritts an, denn nur eine höhere Rate des technischen Fortschritts als in der Vergangenheit kann als eine dauerhaft stabile volkswirtschaftliche Wachstumsrate gelten. Zu fragen ist deshalb, wie sich die Größenordnung der bisher in der Literatur diskutierten empirischen Ergebnisse zur Beschleunigung des Produktivitätswachstums verändert, wenn man theoretisch begründete alternative Annahmen über die Art des technischen Fortschritts betrachtet. Darüber hinaus gilt es auch zu fragen, ob die neue Ökonomie lediglich auf eine Beschleunigung des bisher herrschenden technischen Fortschritts hinausläuft oder aber auf einem im Vergleich zum Industriezeitalter ganz andersartigen technischen Fortschritt basiert.

2.3.4 Die quantitative Relevanz des Identifikationsproblems in der empirischen Produktivitätsanalyse

Wie bereits gezeigt besteht das grundsätzliche Identifikationsproblem der empirischen Produktivitätsanalyse darin, einen beobachteten Anstieg der Arbeitsproduktivität in die beiden potentiellen Komponenten Faktorakkumulation und technischer Fortschritt aufzuspalten. Im Sinne von Abbildung 8 besteht also die wesentliche methodische Frage darin, wie eine Produktionsfunktion durch den Punkt *A* in Richtung auf eine Produktionsfunktion durch den Punkt *B* verschoben werden kann. Die neoklassische Wachstumstheorie hat eine eindeutige Antwort auf diese Frage: Wenn die Produktionsfunktion von allgemeiner Form ist, dann kann nur ein Harrod-neutraler technischer Fortschritt bei den gegebenen stilisierten Fakten für Kapitalproduktivität, Verteilungsquoten und Ertragsraten ein Wachstumsgleichgewicht gewährleisten. Demnach müsste die Produktionsfunktion entlang der Ursprungsgeraden verschoben werden.

Bei einer Cobb-Douglas-Produktionsfunktion würde sich wegen der impliziten Substitutionselastizität von 1 allerdings auch dann ein neues Wachstumsgleichgewicht ergeben, wenn die Produktionsfunktion vertikal verschoben wird, wenn also Hicks-neutraler technischer Fortschritt angenommen wird. Da die empirische Forschung ganz überwiegend mit Cobb-Douglas-Produktionsfunktionen arbeitet, hilft die ökonomische Theorie hier nicht unbedingt weiter. Die Annahme eines Hicks-neutralen technischen Fortschritts ist vermutlich einfach deshalb so populär, weil sie intuitiv plausibler erscheint als die Annahme eines Harrod-neutralen technischen Fortschritts.

Aus konzeptioneller Sicht besagt die Annahme eines Hicks-neutralen technischen Fortschritts, dass sich die Produktionsfunktion bei konstanter Kapitalintensität nach oben verschiebt, und zwar ohne dass sich dabei die Faktorpreisrelation *w/r* ändert. Eine solche Verschiebung ist in Abbildung 9 als Bewegung von *A* nach *A'* dargestellt. Hicks-neutraler technischer Fortschritt ist gleichbedeutend mit einem proportionalen Anstieg von Kapital und Arbeit und somit sowohl arbeits- als auch kapitalvermehrend. Rein sprachlich passt diese Eigenschaft sehr gut zum Begriff eines neutralen technischen Fortschritts. Tatsächlich bezieht sich

Abbildung 9: Die Hicks-Interpretation des Produktivitätswachstums

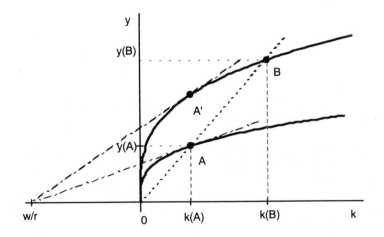

das Neutralitätskonzept des technischen Fortschritts aber nicht auf einen möglichen Faktorbias zugunsten von Arbeit oder Kapital, sondern auf den empirischen Befund konstanter Verteilungsquoten.

Aus quantitativer Sicht lässt sich die Annnahme eines Hicks-neutralen technischen Fortschritts für eine Cobb-Douglas-Produktionsfunktion darstellen als

$$(8) \qquad Y = A_{Hicks} K^{\alpha} L^{(1-\alpha)} \,,$$

mit Y als Output, K als Kapital, L als Arbeit und A_{Hicks} als Hicks-neutrale Technologie, die annahmegemäß mit konstanter Rate wächst. Wenn alle Variablen durch den Faktor Arbeit geteilt werden, was durch kleine Buchstaben angezeigt wird, folgt in Veränderungsraten ausgedrückt

$$(9) \qquad \Delta y = \Delta A_{Hicks} + \alpha \Delta k \,.$$

Gleichung (9) ist die Standardformel für die empirische Zerlegung des Produktivitätswachstums in seine beiden fundamentalen Komponenten. Dabei steht der Term $\alpha \Delta k$ für die gewichtete Zunahme der Faktorakkumulation („capital deepening") und der Term ΔA_{Hicks} für die Rate des technischen Fortschritts („multifactor productivity growth"). Letztere ergibt sich empirisch als Differenz aus dem Produktivitätswachstum und der mit einer Gewinnquote (α) gewichteten Zunahme der Kapitalintensität. Für die Vereinigten Staaten würde man mit dieser Gleichung beispielsweise ermitteln, dass der technische Fortschritt für rund 1,9 Prozentpunkte des durchschnittlichen jährlichen Produktivitätswachstums (Veränderung von Output je Arbeitsstunde) von 2,4 Prozent im Zeitraum 1996–2001 verantwortlich ist, wenn man zur Vereinfachung eine Gewinnquote von einem Drittel annimmt. Die gewichtet Faktorakkumulation kann demgegenüber lediglich etwa 0,5 Prozentpunkte des Produktivitätswachstums erklären, denn die mit der Gewinnquote zu gewichtende durchschnittliche jährliche Zunahme der Kapitalintensität betrug rund 1,5 Prozent. Demnach würden rund 80 Prozent des beobachteten Produktivitätswachstums in den Vereinigten Staaten auf technischen Fortschritt zurückzuführen sein.

Dieses Ergebnis liegt nahe bei dem Befund der ersten jemals durchgeführten empirischen Produktivitätsstudie für die Vereinigten Staaten (Solow 1957). Danach waren sogar etwas mehr als 80 Prozent des durchschnittlichen Produktivitätswachstums im Zeitraum 1909–1949 auf Hicks-neutralen technischen Fortschritt zurückzuführen. In zahlreichen folgenden Studien wurde mit Hilfe verschiedener Ergänzungen von Gleichung (9) versucht, den Beitrag der Residualgröße technischer Fortschritt zu verringern. Eine solche Strategie ist zwar naheliegend, solange die Residualgröße als Maß der Unwissenheit („measure of ignorance") betrachtet wird, aber nicht ohne Ironie. Aus wachstumstheoretischer Perspektive sollte der Beitrag des technischen Fortschritts zum langfristigen Produk-

Abbildung 10: Die Harrod-Interpretation des Produktivitätswachstums

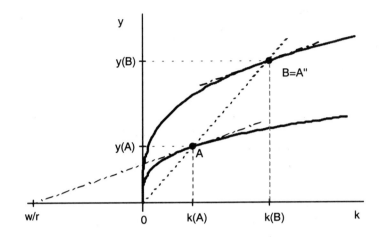

tivitätswachstum bei den gegebenen stilisierten Fakten nämlich eher bei 100 Prozent als unter 80 Prozent liegen. Wenn Solow das in seiner bahnbrechenden wachstumstheoretischen Arbeit benutzte Konzept des Harrod-neutralen technischen Fortschritts (Solow 1956) auch zur empirischen Produktivitätsanalyse benutzt hätte, wäre in der Tat ein Beitrag des technischen Fortschritts zum Produktivitätswachstum der Vereinigten Staaten in der Nähe von 100 Prozent ermittelt worden.

Harrod-neutraler technischer Fortschritt ist definiert als eine Verschiebung der Produktionsfunktion bei konstanter Kapitalproduktivität, und zwar ohne dass sich dabei die Ertragsrate des Kapitals ändert. Eine solche Verschiebung ist in Abbildung 10 als Bewegung von *A* nach *A″* = *B* dargestellt. Harrod-neutraler technischer Fortschritt ist arbeitsvermehrend, d.h., er wirkt wie eine Zunahme des Faktors Arbeit. Umgangssprachlich hat sich für diese Eigenschaft des technischen Fortschritts der Begriff „arbeitssparend" eingebürgert, weil derselbe Output dank des technischen Fortschritts mit immer weniger Arbeitskräften produziert werden kann.

Abgesehen von diesen sprachlichen Feinheiten bleibt festzuhalten, dass sich bei Harrod-neutralem technischem Fortschritt die Kapitalintensität anpassen muss, um die Verschiebung der Produktionsfunktion entlang einer konstanten Kapitalproduktivität zu gewährleisten. Nach dieser Interpretation reflektieren langfristige Änderungen der Kapitalintensität, anders als im Fall des Hicks-neutralen technischen Fortschritts, lediglich Anpassungen an den technischen Fortschritt. Deshalb sollten sie bei der empirischen Analyse auch nur als Konsequenz des technischen Fortschritts betrachtet und nicht als eigenständiger Beitrag zum langfristigen Produktivitätswachstum gewichtet werden.

Der quantitative Unterschied zwischen Hicks- und Harrod-Neutralität in der Komponentenzerlegung des Produktivitätswachstums wird deutlich, wenn man wie in Gleichung (8) von einer Cobb-Douglas-Produktionsfunktion ausgeht, statt eines kapital- und arbeitsvermehrenden technischen Fortschritts (Hicks) jetzt aber einen lediglich arbeitsvermehrenden technischen Fortschritt (Harrod) modelliert:

$$(10) \quad Y = K^{\alpha} \left(A_{Harrod} L \right)^{(1-\alpha)}.$$

Aus Gleichung (10) folgt in Veränderungsraten

$$(11.1) \quad \Delta y = \Delta A_{Harrod} + \frac{\alpha}{(1-\alpha)} \Delta(k/y) \quad \text{beziehungsweise}$$

$$(11.2) \quad \Delta y = (1-\alpha)\Delta A_{Harrod} + \alpha \Delta k.$$

Aus Gleichung (9) und Gleichung (11.2) folgt dann

$$(12) \quad \Delta A_{Harrod} = \frac{1}{(1-\alpha)} \Delta A_{Hicks}.$$

Damit wird klar, dass die Annahme der Harrod-Neutralität rein definitionsgemäß zu einer höheren empirischen Rate des technischen Fortschritts führen muss als die Annahme der Hicks-Neutralität. Bei einer empirischen Gewinnquote von einem Drittel besagt Gleichung (12) beispielsweise, dass eine mit der Annahme der Hicks-Neutralität ermittelte Rate des technischen Fortschritts von 1,9 Prozent, wie in den Vereinigten Staaten im Zeitraum 1996–2001, gleichzusetzen ist mit einer Harrod-neutralen Rate des technischen Fortschritts von rund 2,9 Prozent. Danach würde die Rate des technischen Fortschritts rund 20 Prozent über der Rate des Produktivitätswachstums liegen. Nach dieser Interpretation hat die Faktorakkumulation in den Vereinigten Staaten im Zeitraum 1996–2001 nicht schnell genug zugenommen, um das vom (Harrod-neutralen) technischen Fortschritt vorgegebene Potentialwachstum vollständig auszuschöpfen.

Die alternativen Interpretationen eines gegebenen Produktivitätswachstums belegen, dass die für die langfristige Entwicklung einer Volkswirtschaft maßgebliche Rate des technischen Fortschritts empirisch nicht eindeutig bestimmt werden kann. Bei Hicks-Neutralität muss sie in jedem Fall kleiner sein als die beobachtete Rate des Produktivitätswachstums; bei Harrod-Neutralität kann sie auch größer sein als die beobachtete Rate des Produktivitätswachstums. Wie groß die empirisch ermittelte Rate des technischen Fortschritts ist, hängt also davon ab, welche Annahme über den Faktorbias des technischen Fortschritts für plausibel

Abbildung 11: Die Solow-Interpretation des Produktivitätswachstums

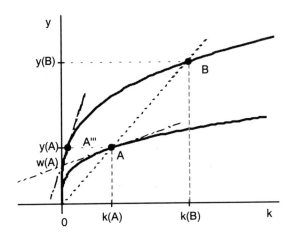

gehalten wird. Am Beispiel der Vereinigten Staaten zeigt sich, dass die unterschiedlichen Technologieannahmen quantitativ relevant sind: Bei einer langfristigen Wachstumsrate von 1,9 Prozent verdoppelt sich der Output in 36 Jahren, bei einer Wachstumsrate von 2,9 Prozent verdoppelt er sich in 24 Jahren.

Dabei gibt es neben der Hicks- und der Harrod-Neutralität noch ein weiteres Konzept des technischen Fortschritts, dass eine Verschiebung der Produktionsfunktion bei konstanter funktionaler Einkommensverteilung erlaubt. Dieses dritte Konzept eines neutralen technischen Fortschritts basiert auf der Idee, dass eine konstante Einkommensverteilung entweder als konstantes Verhältnis von relativen Faktorpreisen und Kapitalintensität (Hicks), als konstantes Verhältnis von Ertragsrate des Kapitals und Kapitalproduktivität (Harrod) oder aber als konstantes Verhältnis von Reallohn und Arbeitsproduktivität definiert werden kann. Die letzte Definition wird für das Konzept eines sogenannten Solow-neutralen technischen Fortschritts benutzt. Dieses Konzept des technischen Fortschritts impliziert wiederum eine andere Art der Verschiebung der Produktionsfunktion, nämlich entlang einer konstanten Arbeitsproduktivität bei gleichzeitig konstantem Reallohn. Eine solche Verschiebung ist in Abbildung 11 als Bewegung von A nach A''' dargestellt. In der empirischen Analyse hat die Annahme eines Solow-neutralen technischen Fortschritts bislang so gut wie keine Rolle gespielt. Boskin und Lau (2000) haben aber jüngst mit Hilfe einer Meta-Produktionsfunktion für die G7-Länder im Zeitraum 1960–1997 ermittelt, dass eine, wie sie es nennen, „verallgemeinerte Solow-Neutralität" ein plausibles empirisches Konzept für den technischen Fortschritt zu sein scheint.

Da die Annahme der Solow-Neutralität eine alternative Verschiebung der Produktionsfunktion impliziert, muss sie folgerichtig in der empirischen Produktivitätsanalyse zu einer anderen Gewichtung von technischem Fortschritt und Faktorakkumulation als bei Hicks- und Harrod-Neutralität führen. Solow-neutraler technischer Fortschritt ist kapitalvermehrend, d.h., er wirkt wie eine Zunahme des Faktors Kapital. Solow-neutraler technischer Fortschritt bewirkt also für sich genommen eine Verringerung der Kapitalintensität, um so bei wachsendem Kapitalstock eine konstante Kapitalproduktivität aufrechtzuerhalten. Nach diesem Konzept könnte also die Kapitalintensität wegen des technischen Fortschritts sinken, ohne dass dies zu einer niedrigeren Arbeitsproduktivität führen würde. Im Ergebnis müsste Solow-neutraler technischer Fortschritt deshalb stets mit einer höheren Rate zunehmen als die Arbeitsproduktivität, zumindest so lange wie sich die betrachtete Volkswirtschaft in der Nähe eines Wachstumsgleichgewichts befindet.

Solow-neutraler technischer Fortschritt kann in einer Cobb-Douglas-Produktionsfunktion modelliert werden als

$$(13) \quad Y = \left(K A_{Solow} \right)^{\alpha} L^{(1-\alpha)},$$

so dass sich für Veränderungsraten

$$(14) \quad \Delta y = \alpha \Delta A_{Solow} + \alpha \Delta k$$

ergibt. Damit folgt die jeweilige Gewichtung des technischen Fortschritts für die drei Neutralitätskonzepte als

$$(15) \quad \Delta A_{Solow} = \frac{(1-\alpha)}{\alpha} \Delta A_{Harrod} = \frac{1}{\alpha} \Delta A_{Hicks}.$$

Mit einer Gewinnquote von einem Drittel erhält der technische Fortschritt in der empirischen Produktivitätsanalyse somit bei Solow-Neutralität ein doppelt so starkes Gewicht wie bei Harrod-Neutralität und ein dreimal so starkes Gewicht wie bei Hicks-Neutralität. Für den oben besprochenen Fall der Vereinigten Staaten mit einem Produktivitätswachstum von 2,4 Prozent und einer Rate des Hicks-neutralen technischen Fortschritts von 1,9 Prozent (einer Rate des Harrod-neutralen technischen Fortschritt von 2,9 Prozent) würde sich hier demnach eine Rate des Solow-neutralen technischen Fortschritts in Höhe von 5,7 Prozent ergeben, was rund 260 Prozent des beobachteten Produktivitätswachstums entspricht.

Insgesamt betrachtet sollen die alternativen Berechnungen der Rate des technischen Fortschritts die methodischen Probleme verdeutlichen, die mit dem Einsatz parametrischer Verfahren in der empirischen Produktivitätsanalyse einhergehen. Die Wachstumstheorie identifiziert nur für den Fall einer allgemeinen Produktionsfunktion die Harrod-Neutralität als das überlegene Konzept. Die Literatur zur empirischen Produktivitätsanalyse basiert dagegen im Wesentlichen auf der Annahme der Hicks-Neutralität.[5] Jüngste ökonometrische Ergebnisse scheinen wiederum die Annahme der Solow-Neutralität zu stützen. Da die spezifischen faktorvermehrenden Eigenschaften des technischen Fortschritts mit den bislang bekannten Methoden nicht eindeutig identifiziert werden können, müssen sie bei den in der empirischen Literatur dominierenden parametrischen Verfahren als Restriktion a priori vorgegeben werden. Wenn man aber die eigentlich gesuchte Zielvariable, die Rate des technischen Fortschritts, nicht eindeutig identifizieren kann, dann fehlt allen Versuchen, im Zuge der neuen Ökonomie eine empirische Veränderung dieser Variablen nachzuweisen, eine entscheidende methodische Grundlage.

2.3.5   Die makroökonomische Relevanz der neuen Ökonomie

Gerade die Debatte über die makroökonomische Relevanz der neuen Ökonomie müsste die Identifikationsproblematik empirischer Produktivitätsanalysen eigentlich stärker ins Blickfeld rücken. Wenn man, gestützt auf den Beobachtungszeitraum 1996–2001, mit identischen Ausgangsdaten je nach Technologieannahme zu dem Ergebnis kommen kann, dass die potentielle langfristige Wachstumsrate der Vereinigten Staaten irgendwo zwischen 1,9 und 5,7 Prozent liegen kann, dann erscheinen die derzeit der neuen Ökonomie zugeschriebenen Veränderungen des langfristigen Wachstumstempos im Bereich von etwa einem Prozentpunkt für sich genommen als wenig aussagefähig. Hinzu kommt, dass bislang in der empirischen Literatur nicht erörtert wurde, ob die neue Ökonomie tatsächlich lediglich eine Beschleunigung des bisher herrschenden technischen Fortschritts verursacht oder ob sie nicht auch einen anderen Faktorbias des technischen Fortschritts hervorbringen könnte.

Empirisch belegen lässt sich eine solche These wegen des grundsätzlichen Identifikationsproblems nicht. Wenn aber schon regelmäßig von einer neuen Ökonomie gesprochen wird, dann erscheint die bisher in der empirischen Literatur benutzte Identifikationsannahme eines unveränderten Hicks-neutralen technischen Fortschritts nicht unbedingt als überzeugend. Eine Simulation der Größenordnung der jeweiligen potentiellen Wachstumsveränderung in Abhängigkeit von alternativen Neutralitätsannahmen kann verdeutlichen, wie fragwürdig Über-

---

5   Siehe Barro (1999) für einen aktuellen Überblick zum Stand der Forschung über empirische Produktivitätsanalysen. Die bereits erwähnten Papiere von Oliner und Sichel (2000), Gordon (2000) sowie Jorgensen and Stiroh (2000) benutzen Hicks-Neutralität als Identifikationsannahme. Demgegenüber schlagen Klenow und Rodriguez-Clare (1997) vor, Harrod-Neutralität als Identifikationsannahme zu benutzen.

legungen zu einem höheren Wachstumstempo in der neuen Ökonomie sein können, die das Identifikationsproblem schlicht ignorieren. Ausgangspunkt für die verschiedenen Simulationen sei wiederum der Befund für die Vereinigten Staaten, die ein Produktivitätswachstum von 1,2 Prozent für den Zeitraum 1981–1995 (Tabelle 6 in Abschnitt 2.3.3) und von 2,4 Prozent für den Zeitraum 1996–2001 aufweisen (Bureau of Labor Statistics 2002b).

Hinter dem beobachteten Anstieg des Produktivitätswachstums verbirgt sich eine Zunahme des Hicks-neutralen technischen Fortschritts von durchschnittlich 1 Prozent im Zeitraum 1981–1995 (Gust und Marquez 2000) auf 1,9 Prozent im Zeitraum 1996–2001 (Tabelle 7). Wie in Abschnitt 2.3.4 dargelegt, folgt aus diesem Befund eine Zunahme des Harrod-neutralen technischen Fortschritts von 1,5 auf 2,9 Prozent sowie eine Zunahme des Solow-neutralen technischen Fortschritts von 3 auf 5,7 Prozent. Je nach Neutralitätskonzept hat man es also bei Annahme eines konstanten Neutralitätskonzepts mit einer Zunahme der langfristigen volkswirtschaftlichen Wachstumsrate zwischen 0,9 und 2,7 Prozentpunkten zu tun.

Die Spannweite dieses Befundes lässt sich mühelos weiter vergrößern, wenn man postuliert, dass sich der Faktorbias des technischen Fortschritts beim Übergang zur neuen Ökonomie geändert hat. Wenn der technische Fortschritt beispielsweise statt kapital- und arbeitsvermehrend (Hicks-neutral), wie bislang in empirischen Produktivitätsanalysen immer angenommen, jetzt kapitalvermehrend (Solow-neutral) ist, dann hätte sich die langfristige Wachstumsrate der Vereinigten Staaten um 4,7 Prozentpunkte erhöht. Falls der technische Fortschritt aber umgekehrt vormals kapitalvermehrend war und jetzt sowohl kapital- als auch arbeitsvermehrend ist (Solow versus Hicks), dann hätte sich trotz einer Zu-

Tabelle 7: Die Veränderung der Rate des technischen Fortschritts in Abhängigkeit von alternativen Identifikationsannahmen in den Vereinigten Staaten 1996–2001 versus 1981–1995

	Rate des technischen Fortschritts		
Identifikationsannahme	1981–1995	1996–2001	Differenz
Hicks	1,0	1,9	0,9
Harrod	1,5	2,9	1,4
Solow	3,0	5,7	2,7
Hicks versus Harrod	1,0	2,9	1,9
Hicks versus Solow	1,0	5,7	4,7
Harrod versus Hicks	1,5	1,9	0,4
Harrod versus Solow	1,5	5,7	4,2
Solow versus Hicks	3,0	1,9	−1,1
Solow versus Harrod	3,0	2,9	−0,1

nahme in der Rate der Arbeitsproduktivität um 1,1 Prozentpunkte (Tabelle 6 in Abschnitt 2.3.3) die langfristige Wachstumsrate der Vereinigten Staaten um 1,1 Prozentpunkte verringert. Alle anderen potentiellen Möglichkeiten einer Änderung im Faktorbias des technischen Fortschritts führen zu Veränderungen in der langfristigen Wachstumsrate, die zwischen diesen Extremen liegen.

Diese Simulationsergebnisse verdeutlichen, dass sich über die makroökonomische Relevanz der neuen Ökonomie trefflich streiten lässt, ohne dass man dabei zu einem eindeutigen Urteil kommen könnte. Die empirische Evidenz zum Produktivitätswachstum deutet zwar, wie insbesondere im Fall der Vereinigten Staaten, auf eine trendmäßige Zunahme hin, aber eine höhere Rate der Arbeitsproduktivität als in der Vergangenheit heißt für sich genommen nicht, dass sich auch die langfristige volkswirtschaftliche Wachstumsrate in gleichem Umfang verändert hat. Wie Tabelle 7 zeigt, kann die volkswirtschaftliche Wachstumsrate selbst bei einer Zunahme der Arbeitsproduktivität weitgehend konstant bleiben oder gar abnehmen. Gleichzeitig lässt sich für die neue Ökonomie, die allein schon vom Namen her auf einen fundamentalen Wechsel der ökonomischen Rahmenbedingen schließen lässt, nicht ausschließen, dass sich die potentielle volkswirtschaftliche Wachstumsrate mindestens so stark erhöht hat wie die Rate der Arbeitsproduktivität.

Solange wie das Identifikationsproblem in der empirischen Produktivitätsanalyse nicht gelöst werden kann, müssen alle Aussagen über die makroökonomischen Wachstumswirkungen der neuen Ökonomie allerdings rein spekulativ bleiben. Nimmt man die Wachstumstheorie zur Richtschnur für Tendenzaussagen, dann kommt dem Konzept eines Harrod-neutralen technischen Fortschritts die größte Plausibilität zu, wobei offen bleiben muss, ob die neue Ökonomie nicht zu einer Veränderung im Faktorbias des technischen Fortschritts führt. Sieht man von dieser Möglichkeit einmal ab, dann hat die langfristige Wachstumsrate der Vereinigten Staaten seit Mitte der neunziger Jahre um einen halben Prozentpunkt stärker zugelegt, als das auf Basis der Hicks-Neutralität bisher in der Literatur diskutiert worden ist. Der eigentliche Nachweis für die empirische Relevanz der neuen Ökonomie kann aber wegen der diskutierten methodischen Probleme nicht von der makroökonomischen Analyse kommen. Mikroökonomische Analysen versprechen ein klareres Bild.

2.4   Unternehmensstrukturen in der neuen Ökonomie

Es sind in erster Linie Unternehmen, die den Strukturwandel zur neuen Ökonomie vorangebracht haben und weiter voranbringen. Durch die ständigen Veränderungen, die sie im Streben nach effizienterem Wirtschaften und höherem Gewinn hervorbringen, ändern sie ihre eigenen Wettbewerbsbedingungen und die anderer immer wieder aufs Neue. Sie treiben die neue Ökonomie an genauso wie sie von ihr angetrieben werden. Sie nutzen dabei sowohl technische Innovationen als auch organisatorische Veränderungen, die zweite (oft vernachlässigte) wichtige Quelle des wirtschaftlichen Fortschritts.

In diesem Kapitel geht es um die Veränderungen in Unternehmensstrukturen, die in Wechselwirkung mit der neuen Ökonomie auftreten könnten. Der verstärkte Einsatz von Information und Wissen sowie die größere Bedeutung des Faktors Humankapital in der Produktion haben verschiedenste Einflüsse auf die komplexe Institution Unternehmen, so dass die Prognosen über die Entwicklung von Unternehmen vom völligem Verschwinden größerer Einheiten bis zur Dominanz einiger weniger Unternehmen reichen. So erwarten Malone und Lauenbacher (1999) ein projektbezogenes Netzwerk kleiner, temporär zusammen arbeitender Unternehmen als dominante Wirtschaftsform der Zukunft, während Pryor (2001) fragt: „Will most of us be working for giant enterprises by 2028?". Angesichts der riesigen Fusionswelle in der zweiten Hälfte der neunziger Jahre ist das keine übertriebene Frage.

Um die verschiedenen Einflüsse der neuen Ökonomie auf die Struktur von Unternehmen untersuchen zu können, werden im Folgenden drei verschiedene Ansätze der Theorie des Unternehmens herangezogen und jeweils die Veränderungen analysiert, die ein verstärkter Einsatz von Wissen, Technologie und Humankapital in der Produktion auf die Unternehmen haben. Die drei Ansätze werden parallel verfolgt, weil sich trotz großer Fortschritte in der Theorie des Unternehmens noch kein einheitliches Theoriegebäude herausgebildet hat.

Der erste Ansatz sieht das Unternehmen aus einer technologischen Sicht und erklärt Unternehmensgrößen mit Skalenerträgen und Verbundvorteilen. Dieser Ansatz hat eine lange Tradition in der Industrieökonomik (Baumol et al. 1982). Er kann effiziente Mindestgrößen der Produktion erklären, die durch die neue Ökonomie weitreichende Veränderungen erfahren werden. Als Erklärung für die Veränderung von Unternehmensstrukturen greift er jedoch zu kurz, da nicht klar ist, warum Größenvorteile innerhalb eines Unternehmens ausgebeutet werden und nicht auf vertraglicher Basis zwischen mehreren Unternehmen geteilt werden können. Ferner ist zweifelhaft, ob sich die Größe von Großunternehmen überhaupt mit effizienten Mindestgrößen erklären lässt.

Der zweite Ansatz sieht das Unternehmen als langfristigen Vertrag zwischen seinen Einheiten. Im Mittelpunkt steht Williamsons fundamentale Transformation einer vor dem Handel (ex ante) wettbewerblichen Situation, die sich nach einer spezifischen Investition (ex post) in ein bilaterales Monopol verändert (Williamson 1975). Diese Transformation stellt aber beide Vertragspartner vor das Problem gegenseitiger Abhängigkeit mit der Möglichkeit, dass der jeweils andere diese Situation ausnutzt. Das Zurückhalten von Investitionen (Hold-up-

Problem) kann die Folge sein, was beide Partner schlechter stellt. Ein langfristiger Vertrag beider Partner garantiert beiden ex post einen akzeptablen Erlös und fördert so spezifische Investitionen. Flexible Entwicklungs-, Produktions- und Vertriebsverfahren sind ein Kernstück der neuen Ökonomie, so dass die Spezifität einiger Investitionen sicherlich gefallen ist. Jedoch erfordert die neue Ökonomie mit ihrer stärkeren Bedeutung von Humankapital in anderen Bereichen stärkere Spezifität von Investitionen.

Auch diese Sichtweise hat aber wenig mit Unternehmen als einer rechtlichen Einheit zu tun, wie sie im Wirtschaftsleben auftreten. Die Grenzen des Unternehmens definiert dieser Ansatz so wenig wie der technologische. Ökonomisch integrierte Unternehmen, wie die eines japanischen Keiretsu, können dennoch rechtlich selbständige Einheiten sein. Auch der Umkehrschluss gilt: Nicht alle in einem Unternehmen verbundene Einheiten müssen ökonomisch integriert sein.

Der dritte Ansatz beruht auf der Unvollkommenheit von Verträgen. Dieser Ansatz ist in den letzten Jahren in den Mittelpunkt der Theorie des Unternehmens gerückt und scheint besser geeignet, die Grenzen der rechtlichen Einheit Unternehmen zu erklären. Danach ist das Unternehmen ein Instrument, Entscheidungen in Fällen zu ermöglichen, die ex ante nicht spezifiziert wurden (Grossman und Hart 1986). Der Eigentümer entscheidet dann, da ihm das Eigentum an Sachkapital auch Autorität über Angestellte gibt, da diese ohne das Sachkapital weniger produktiv wären. Auch dieser Theorie zufolge wäre die neue Ökonomie Quelle weitreichender Veränderungen in den Unternehmensstrukturen, da die Bedeutung von Humankapital relativ zum Sachkapital steigt, Humankapital aber nicht besessen werden kann.

Die drei Ansätze sind komplementär. Sie erklären jeweils einen anderen wichtigen Teil der Grenzen des Unternehmens. Selbst bei kompletter Ignorierung anderer wichtiger Teilansätze, wie der Erklärung der Trennung von Eigentum und Kontrolle oder der Diskussion interner Kapital- und Arbeitsmärkte, bleibt ein komplexes Bild. Die einzelnen Effekte der Wirkung der neuen Ökonomie auf Unternehmensstrukturen werden erklärt. Jedoch sind diese teilweise gegenläufig und ihre jeweilige Bedeutung lässt sich nicht abschätzen. Die Wirkungen sind für verschiedene Unternehmen in unterschiedlichen Wirtschaftszweigen auch sehr unterschiedlich. Es wird also auch weiterhin eine bunte Mischung großer und kleiner Unternehmen unterschiedlicher Unternehmenskulturen geben. So lässt sich für die Wirtschaft insgesamt denn auch keine eindeutige Tendenz zu einer zunehmenden oder abnehmenden Unternehmenskonzentration erkennen. Doch diese relative Konstanz im Aggregat sollte nicht über das Ausmaß der Umbrüche in einzelnen Unternehmen hinwegtäuschen (Tabelle 8).

Tabelle 8: Entwicklung der Unternehmenskonzentration im Bergbau und verarbeitenden Gewerbe[a] in Deutschland 1987–1997 (Prozent)

	Anteil der größten ... Unternehmen am Umsatz					
	3	6	10	25	50	100
1987[b]	8,3	11,9	16,0	24,9	31,0	37,4
1989[b]	7,9	11,6	15,7	24,3	30,1	36,4
1990[b]	7,9	11,7	15,6	24,1	29,6	35,4
1997[b]	5,8	9,2	13,1	22,3	29,2	36,2
1991	7,5	11,2	14,9	23,0	28,3	33,9
1993	7,2	10,9	14,5	22,1	27,5	32,7
1995	7,2	11,0	14,6	22,6	27,6	33,0
1997	8,2	12,4	16,5	24,6	29,2	34,6

[a]Einschließlich Gewinnung von Steinen und Erden. – [b]Alte Bundesländer.

Quelle: Monopolkommission (lfd. Jgg.).

2.4.1 Die technologische Sicht: Die optimale Größe von Produktionseinheiten

Skalenerträge und Verbundvorteile erlauben größeren Unternehmen eine größere Effizienz als den infinitizimal kleinen „Unternehmen" des vollständigen Wettbewerbs. Größere Produktionsmengen ermöglichen die Wahl einer besseren Technologie. In kürzerer Zeit können sich Investitionen amortisieren. Arbeitern und Angestellten bieten sich größere Möglichkeiten der Spezialisierung in größeren Einheiten. Mit dieser Art der Effizienzsteigerung beginnt schon Adam Smith's „Wohlstand der Nation" (Smith [1776] 1976).

Von einem Set verfügbarer Technologien können Unternehmen ihre bevorzugte Technologie T wählen. T steht dabei für eine Vielzahl von möglichen Kombinationen verschiedener Mengen x von r Einsatzfaktoren und verschiedenen Produktionsmengen y. Der Vektor möglicher Produktionsmengen y wird aus einem Set $N = \{1, 2, ..., n\}$ gewählt. Die Technologie kann dann mit $T = \{(x, y): y$ kann mit x produziert werden$\}$ beschrieben werden. Im Ein-Produkt-Fall lässt sich die Technologie T direkt mit der Produktionsfunktion $y = f(x)$ in Verbindung bringen $y = f(x): T = \{(x, y): y \leq f(x)\}$ (Panzar 1989). Unter der Annahme, dass sich die Unternehmen auf den Märkten für Einsatzfaktoren wie

Preisnehmer verhalten,[6] kann ihre Technologiewahl leichter mittels der Kostenfunktion beschrieben werden.

(16) $C(y,w) = \min_{x}\{wx : (x,y)\in T\} = wx^*(y,w)$

mit $x^*(y,w)$ als effizientem, die Kosten minimierendem Vektor von Einsatzfaktoren für den Produktionsmengenvektor y, wenn die Faktorpreise durch w
gegeben sind. Nach Panzar and Willig (1977) weist die in (16) gegebene
Technologie (lokale) Skalenerträge an der Stelle $(x,y)\in T$ auf, wenn es ein
$\gamma > 1$ und ein $\sigma > 1$ gibt, für die gilt

(17) $(\lambda x, \lambda^\gamma y)\in T$ für $1 \le \lambda \le \sigma$.

Die Bedingung (17) ist für einen genau bezeichneten Punkt (x,y) bestimmt,
sie muss nicht für jeden Punkt (x,y) erfüllt sein. Die Höhe der Skalenerträge γ
kann für unterschiedliche Punkte (x,y) der Produktionsfunktion differieren. Darüber hinaus muss (17) nur in einer unendlich kleinen Umgebung von λ gelten.
Gleichung (18) gibt ein Beispiel einer Technologie eines Ein-Produkt-Unter-
nehmens, für die Gleichung (17) in einem bestimmten Bereich erfüllt ist. Sie
weist Skalenerträge für alle y in einem Intervall $(0 < y \le q)$ auf. Zur Vereinfachung wird angenommen, dass die Kostenfunktion mit Ausnahme einer Produktionsmenge von null zweifach differenzierbar und stetig ist. Die Grenzkosten
seien konstant. C' bezeichne die Grenzkosten im Intervall $(0 < y \le q)$ und C_q'
diejenigen für Produktionsmengen oberhalb der Kapazitätsgrenze $y > q$. Ferner
gelte $C' < C_q'$.

(18) $C(y) = \begin{cases} F(q) + \int_0^q C'(x)dx + \int_q^y C_q'(x)dx & \text{für} \quad y > q \\ F(q) + \int_0^y C'(x)dx & \text{für} \quad 0 < y \le q \\ 0 & \text{für} \quad y = 0 \end{cases}$

$F(q)$ bezeichnet die Fixkosten der Produktion, die von der gewählten Kapazität
q abhängen. Die Wahl der optimalen Kapazität q kann sowohl von technischen
Parametern als auch von Nachfrageüberlegungen abhängen. Unternehmen, die
eine Technologie wie die in (18) beschriebene verwenden, erfreuen sich zunehmender Skalenerträge, solange ihre Produktionsmenge y die gewählte Kapazität q nicht übersteigt. Innerhalb dieses Bereichs führen zusätzliche Einsatzfakto-

---

[6] Das ist natürlich eine kritische Annahme. Da Marktmacht der Unternehmen auf den
Produktmärkten angenommen wurde, ist es nicht unproblematisch anzunehmen, dass
die Unternehmen sich auf den Faktormärkten wie Preisnehmer verhalten.

ren aufgrund der Fixkostendegression (Durchschnittskostenreduktion) zu überproportional höheren Produktionsmengen. $F(q)$ wird über mehr Mengeneinheiten y verteilt. Für Produktionsmengen oberhalb der Kapazitätsgrenze $y > q$ steigen die Durchschnittskosten wieder, da $C_q' > C'$ angenommen wurde (außerdem muss gelten, dass $C_q' - C'$ die Fixkostendegression übersteigt). Erklären lassen sich die höheren Grenzkosten mit Zuschlägen für Überstunden, mit neuen und kurzfristigen Verträgen für Rohmaterial und mit zusätzlicher technischer Ausrüstung, die gekauft oder geleast werden muss.

Die Durchschnittskosten sind strikt fallend für alle Produktionsmengen y im Intervall $(0 < y \leq q)$, sodass für dieses Intervall gilt: Aus $0 < y_1 < y_2$ folgt $C(y_2)/y_2 < C(y_1)/y_1$. Die Kostenfunktion ist strikt subadditiv im Intervall $(0 < y \leq q)$, denn

$$(19) \quad \sum_{i=1}^{n} C(y_i) > C\left(\sum_{i=1}^{n} y_i\right) \text{ für jedes } n\text{-Tuple der Produktionsmenge } y_1 \ldots < y_n.$$

Wenn Gleichung (19) gilt, ist es kosteneffizient, jede beliebige Produktionsmenge $y \leq q$ in einer Produktionseinheit herzustellen. Die Teilung der Produktion birgt zusätzliche Kosten.

Die Subadditivitätsbedingung (19) kann für das Mehr-Produkt-Unternehmen verallgemeinert werden. y bezeichne einen Produktionsmengenvektor $y = (y_1, y_2, \ldots, y_m)$ für die Produktionsmengen von m Produkten. Die Produktionsmengen jedes dieser Produkte liege unterhalb oder auf der Kapazitätsgrenze $(0 < y_j \leq q_j)$. Der Vektor der Kapazitäten sei mit $q = (q_1, q_2, \ldots, q_m)$ bezeichnet. Es gebe n verschiedene Möglichkeiten der Produktion von $y(y^1, y^2, \ldots, y^n)$. Die Kostenfunktion ist strikt subadditiv, wenn gilt

$$(20) \quad \sum_{i=1}^{n} C(y^i) > C\left(\sum_{i=1}^{n} y^i\right) \quad \text{für alle } y.$$

Hält die verallgemeinerte Subadditivitätsbedingung (19), ist es billiger, die Produktionsmengen des Vektors y in einem Unternehmen herzustellen, statt in zwei oder mehr Unternehmen. Die Aussage von Gleichung (18) beinhaltet, dass es effizient ist, die Produktionsmenge eines der m Produkte in nur einem Unternehmen herzustellen. Ungleichung (20) geht darüber hinaus, indem sie die Bedingung dafür angibt, dass es effizient ist, die ganze Produktionsmenge aller m Produkte in nur einem Unternehmen herzustellen. Sie liefert so auch die Bedingung für die Existenz von Verbundvorteilen („economies of scope"). Ein Beispiel für Verbundvorteile für einen Zwei-Produkt-Fall gibt Gleichung (21).

$$(21) \quad C(y) = C(y_1, y_2) = \begin{cases} F^{12}(q) + \int_0^{y_1} C_1'(x)dx + \int_0^{y_2} C_2'(x)dx \\ F^1(q_1) + \int_0^{y_1} C_1'(x)dx \\ F^2(q_2) + \int_0^{y_2} C_2'(x)dx \\ 0 \end{cases}$$

für $0 < y \le q$

für $0 < y_1 \le q_1,\ y_2 = 0$

für $0 < y_2 \le q_2,\ y_1 = 0$

für $y_1 = y_2 = 0$

Eine Technologie eines Zwei-Produkt-Unternehmens weist Verbundvorteile auf, wenn die Produktionskosten in einem Unternehmen $C(y_1, y_2)$ geringer sind als die Summe der Kosten der Produktion in zwei getrennten Unternehmen $C(y_1, 0)$ und $C(0, y_2)$. Die in (21) dargestellte Technologie ist somit durch Verbundvorteile gekennzeichnet, wenn gilt, dass die Fixkosten der gemeinsamen Produktion geringer sind als die Summe der Fixkosten in einer getrennten Produktion $F^{12} < F^1 + F^2$. Interpretiert man die Anzahl der Produkte m in die Anzahl der Werke um, die ein Ein-Produkt-Unternehmen hat, gibt die Technologie eine Bedingung für Skalenerträge durch den Verbund mehrerer Werke in einem Unternehmen. Ein Fixkostenblock G kann aus dieser Bedingung errechnet werden $F^{12} = G + F_p^1 + F_p^2$, der von beiden Werken (1,2) gemeinsam genutzt werden kann. G gibt die Fixkosten auf Unternehmensebene an, F_p^1 und F_p^2 die jeweiligen Fixkosten auf Werkebene. So eine Technologie wird häufig in Modellen multinationaler Unternehmen unterstellt (Markusen 1984; Brainard 1993; Markusen and Venables 1998).

Der größere Einsatz von Information und Wissen in der Produktion vergrößert tendenziell die Einheiten, in denen produziert wird. G umfasst die Einsatzfaktoren, die nicht rivalisierend in mehreren Produktionsstätten gleichzeitig eingesetzt werden können. Forschungs- und Entwicklungsergebnisse oder ein Markenname sind Beispiele dafür. Dabei handelt es sich um Informationsgüter. Sie weisen die Eigenschaft der Nicht-Rivalität im Konsum auf. Mit zunehmendem Einsatz dieser Güter in der Produktion steigt G, die Skalenerträge auf Unternehmensebene nehmen zu. In einer Welt differenzierter Güter ist die Bekanntheit eines Unternehmens von enormer Bedeutung, da sich mit dem Namen eine bestimmte Reputation bei Konsumenten verbindet. Einige Markennamen besitzen enormen Wert. Sie stellen wertvolle Assets dar, wie Tabelle 9 zeigt.

Ein guter Teil des Anstiegs des Wertes der Markennamen von 1995 bis 2000 mag von der inzwischen korrigierten Übertreibung am Aktienmarkt herrühren.

Tabelle 9: Wert ausgesuchter Markennamen 1995 und 2000 (Mrd. US-Dollar)

	1995	2000
Coca-Cola	39,0	72,5
Windows	11,7	70,0
IBM	17,1	52,0
Intel	9,7	39,0
Nokia	38,7	39,0

Quelle: Interbrand, Citibank, zitiert nach *The Economist* vom 22. Juli 2000; Almquist und Robert (1997).

Aber selbst nach einer Korrektur bleiben sehr hohe Werte für diese Markennamen. Ihre Bedeutung wird eher noch steigen. Einerseits weil Reputation ein wichtiges Instrument ist, Erfahrungsgutprobleme lösen zu können, die mit der größeren Komplexität vieler Güter verstärkt auftreten werden. Andererseits weil Aufmerksamkeit ein wichtiges Gut geworden ist, denn „a wealth of information creates poverty of attention" (Simon 1996: 190). Ein großer Anstieg lässt sich auch für die Forschungs- und Entwicklungstätigkeit vieler Unternehmen feststellen. Die deutliche Verkürzung der Produktzyklen bei vielen Gütern hat entscheidend dazu beigetragen.

Gleichzeitig sollten die Skalenerträge auf Werksebene jedoch fallen. Moderne Produktions- und Kommunikationstechnologien haben die effiziente Minimalgröße von Werken erheblich gedrückt (Kleinstkraftwerke, „mini-steel-mills"). Viele Informationsgüter beispielsweise werden mit sehr geringen Fixkosten erstellt. Welcher Effekt am Ende überwiegt, ist ein empirisches Problem und nicht für alle Wirtschaftszweige gleich. Möglicherweise werden auch innerhalb einer Industrie verschiedene Strategien (zumindest technisch) möglich sein (Holmström und Robert 1998).

Skalenerträge und Verbundvorteile, die aus einer gewählten Technologie resultieren, können erheblich sein. Sie liefern eine Erklärung für die Größe der Produktionsmenge, die am effizientesten in einer Einheit hergestellt werden kann, nicht jedoch dafür, warum das innerhalb eines Unternehmens und nicht beispielsweise auf Vertragsbasis durch rechtlich unabhängige Einheiten geschehen sollte. Der technologische Ansatz kann das nicht leisten, da er das Unternehmen als „black box" behandelt. Er erklärt die Produktion in größeren Einheiten, nicht aber Gründe, eine rechtliche Einheit Unternehmen zu gründen. Der technologische Ansatz optimiert eine Gewinnfunktion des Unternehmens. Für Unternehmen, die mehr als ein Individuum beinhalten, setzt das vollständige Kooperation bei vollständiger Information aller Individuen voraus. Denn auch vollständig spezifizierte (Arbeits-)Verträge müssen nicht weiterhelfen.

2.4.2   Das Unternehmen als langfristiger Vertrag

Als Begründung für eine Integration ökonomischer Aktivitäten in einer Einheit statt in mehreren unabhängigen, die durch Vertragsbeziehungen miteinander verbunden sind, können Probleme in Frage kommen, die das „starre" Konstrukt Vertrag mit sich bringt. Die vertragsschließenden Parteien vereinbaren heute (ex ante) die Bedingungen, nach denen die Handelsgewinne in der Zukunft zwischen ihnen aufgeteilt werden sollen. Dafür müssen das optimale Ausmaß des Handels und die richtige Aufteilung der Ex-post-Gewinne spezifiziert werden, um die optimale Höhe spezifischer Investitionen hervorzurufen. Spezifische Investitionen sind auf die Gewinne aus zukünftigen Transaktionen der beiden Handelspartner gerichtet. Sie erhöhen den Gewinn des Handels, schließen aber beide Transaktionspartner in der bilateralen Beziehung ein, denn nach Tätigung einer spezifischen Investition erbringt ein Aufrechterhalten der Beziehung immer größere Gewinne als ein Handel mit einem anderen Partner.

Die Spezifität einer Investition kann so die Beziehung zweier unabhängiger Agenten fundamental ändern. Verdeutlicht werden soll das an folgendem Beispiel. Viele gleich gute Lieferanten bewerben sich um eine jährlich stattfindende Ausschreibung. Das Unternehmen, das den Zuschlag erhält, beliefert den Käufer für das nächste Jahr. Im darauf folgenden Jahr wird erneut ein Lieferant gesucht. Das Unternehmen, das den Zuschlag bekam, hat im nächsten Jahr die gleichen Chancen, den Zuschlag zu erhalten. Vielleicht wechselt das ausschreibende Unternehmen aus Gewohnheit oder Bequemlichkeit auch nicht („switching costs"), was nahe liegt, wenn es sich um gleich gute Lieferanten handelt. Hat der Lieferant mit Zuschlag aber eine spezifisch auf diese Beziehung ausgerichtete Investition vorgenommen, die die (Transaktions-)Kosten senkt, kann er seine Position gegenüber seinen Rivalen verbessern. Er verschafft sich einen Vorteil. Die ursprünglich wettbewerbliche Situation verwandelt sich in eine bilaterale Beziehung. Williamson (1989) nennt das „the fundamental transformation". Das Problem ist, das diese Investition zwar die Produktivität erhöht, die Partner aber in dieser Beziehung einschließt (Lock-in-Effekt).

Der Lieferant steht vor dem Dilemma, dass sich sein Partner ein Teil des Gewinns der Investition aneignen wird, da er über eine gewisse Verhandlungsmacht gegenüber dem Lieferanten verfügt (spätestens nach der Investition). Der Lieferant kann damit nicht sicher sein, dass sich die irreversible spezifische Investition für ihn lohnt und er mindestens seine Kosten ausgleichen kann. Sind die beiden Vertragspartner nicht in der Lage, einen ex post durchsetzbaren Vertrag zu vereinbaren, der dem Lieferanten in jedem Fall die Rückerstattung seiner Kosten garantiert, wird dieser die an sich produktivitätssteigernde Investition unterlassen (Hold-up-Problem).

Diese Erkenntnis, die auf Grossman and Hart (1986) zurückgeht, soll anhand eines kleinen Modells von Tirole (1988) verdeutlicht werden. Die Produktionskosten c seien eine Funktion der Investition I des Lieferanten, mit $c'(I) < 0$, $c''(I) > 0$. v bezeichne den Reservationspreis des Käufers, der höher sein soll als die Produktionskosten $c(0)$ des Lieferanten, selbst ohne Investition I. Expost-Verhandlungen ergäben einen Nash-Gleichgewichtspreis von $v - p(I) = p(I) - c(I)$ oder $p(I) = [c(I) + v]/2$. Gleichung (22) gibt die Gewinnfunktion des Lieferanten $\Pi_S(I)$:

$$(22) \qquad \Pi_S(I) = v - c(I)/2 - I.$$

Nur die Hälfte der Kosteneinsparungen kann der Lieferant für sich verbuchen. Die für ihn optimale Investition reduziert die Grenzkosten auf $-c'(1) = 2$, während die gesamtwirtschaftlich optimale Investition die Grenzkosten auf $-c'(1) = 1$ senken würde ($\max_I [v - c(I) - I]$). Die Investitionsmenge ist gesamtwirtschaftlich suboptimal. Da er nur die Hälfte der Gewinne durch die Kostenreduzierung erhält, investiert der Lieferant zu wenig. Bei gemeinsamer Optimierung würde das gesamtwirtschaftlich optimale Investitionsniveau erreicht. Durch eine Fusion beider Partner wären also Wohlfahrtsgewinne möglich.

In dieser Deutlichkeit gilt das Hold-up-Problem natürlich nur, wenn es keine Konkurrenz auf dem Käufermarkt gibt, die Investition also derart spezifisch ist, dass sie in einer Beziehung mit einem anderen Käufer keinen Wert besitzt. Lässt man Konkurrenz auf dem Käufermarkt zu, wird das Problem der Unterinvestition gemildert. Gleichwohl bleibt festzustellen, dass die Integration einer Lieferanten-Käufer-Beziehung privatwirtschaftlich und gesamtwirtschaftlich effizient sein kann, wenn sie zur Investition in produktivitätssteigerndes spezifisches Kapital anregt, die sonst unterblieben wäre. Diese Argumentation lässt sich natürlich nicht nur auf Investitionen in Sachkapital anwenden, sondern auch auf das im Zuge des Strukturwandels immer wichtiger werdende Humankapital.

Spezifische Investitionen und die daraus resultierende Spezifität des Kapitals können verschiedene Dimensionen haben. Williamson (1975) zählt vier auf: (i) spezifisches Sachkapital wie im Beispiel von General Motors-Fisher Body (Klein et al. 1978), (ii) spezifisches Humankapital, das von unternehmensspezifischem Wissen, Fähigkeiten und Fertigkeiten herrührt, (iii) Standort-spezifisches Kapital und (iv) in der Beziehung fest gebundenes Kapital. Perry (1989) fügte dieser Aufzählung (v) im Markennamen gebundenes Kapital hinzu. Allen gemeinsam ist, dass Spezifität des Kapitals ökonomische Renten sichert, die zwischen den Vertragsparteien aufgeteilt werden können. Jedoch erfordern die einzelnen Arten der Spezifität eine sehr unterschiedliche Behandlung durch die Unternehmen. Markennamenkapital beispielsweise erlaubt Verbundvorteile, wie sie in Abschnitt 2.4.1 diskutiert wurden, andere Formen der Kapitalspezifität nicht. Sachkapital kann ein Unternehmen besitzen, Humankapital nicht, ein Punkt auf den weiter unten noch eingegangen werden wird.

Das größere Informationsangebot in der neuen Ökonomie über Handelspartner in der ganzen Welt hat in Verbindung mit der Globalisierung eine Verschärfung des Wettbewerbs auf allen Produktionsstufen hervorgebracht, die die Spezifität einer Investition insofern senken, als dass mehrere Handelspartner (ex post) zur Verfügung stehen. Diese können die Investition wenigstens teilweise nutzen und damit auch honorieren. Tabelle 10 zeigt den Anteil ausländischer Zwischenprodukte an der Gesamtheit der verwendeten Zwischenprodukte für einige entwickelte Volkswirtschaften. Der Anstieg weist darauf hin, dass die Alternativen für viele Zwischenproduktproduzenten größer geworden sind. Dieser strukturelle Wandel begann schon in den siebziger Jahren. Leider liegen keine Zahlen für die Veränderungen in den neunziger Jahren vor, da Input-Output-Tabellen der OECD (Organisation for Economic Cooperation and Development), die importierte Zwischenprodukte ausweisen, nur bis zum Jahr 1990 verfügbar sind. Der Trend dürfte sich aber eher beschleunigt haben.

Einerseits setzt die „general purpose"-Technologie Internet darüber hinaus Kompatibilitätsmaßstäbe und reduziert so die Spezifität vieler Investitionen, auch solche in Humankapital. Andererseits, wird die Spezifität des Humankapitals mit fortschreitender Spezialisierung weiter zunehmen. Humankapital stellt bereits jetzt ein sehr spezifisches Kapital dar. Mit zunehmender Bedeutung dieses Produktionsfaktors nimmt auch die Spezifität der Investitionen zu. Räumliche Spezifität, wie sie im Silicon Valley zu beobachten ist, aber auch bei Medien und Banken, wird vor allem informationsintensiven Industriezweigen der neuen Ökonomie zugeschrieben.

Tabelle 10: Anteil importierter Zwischenprodukte an der Gesamtheit der in der Produktion verwendeten Zwischenprodukte[a] in ausgewählten Industrieländern 1970, 1980 und 1990 (Prozent)

	1970	1980	1990
Frankreich	18,3[b]	21,1	24,6
Deutschland	.	15,2[c]	16,8
Vereinigtes Königreich	12,6[d]	22,8	30,7
Vereinigte Staaten	5,1[b]	7,5[e]	11,0

[a]Chemische Industrie (einschließlich Pharma), Metallverarbeitung, Maschinenbau, Elektrotechnik/Elektronik, Fahrzeugbau, Optische Geräte/Feinmechanik. – [b]1972. – [c]1978. – [d]1968. – [e]1982.

Quelle: OECD (1997); eigene Berechnungen.

2.4.3 Das Unternehmen als unvollständiger Vertrag

Integration zweier ökonomischer Einheiten in einem Unternehmen kann gegenüber einer Vertragslösung gewinn- und wohlfahrtssteigernd wirken. Das liegt daran, dass es sich um zwei sehr verschiedene Formen der „governance" handelt. Die Überlegenheit der Form Unternehmen, wie in Abschnitt 2.4.2 beschrieben, ist darin begründet, dass diese flexible „governance"-Struktur mit unvorhergesehenen Ereignissen besser umgehen kann als ein exakt spezifizierter Vertrag. Unvorhergesehene Ereignisse werden aber immer auftreten, da Verträge in einer komplexen Welt zwangsläufig unvollkommen bleiben müssen. Das liegt an den Transaktionskosten, die mit ihnen verbunden sind. Vier Arten von Transaktionskosten können angeführt werden: (i) Die Welt ist zu komplex, als dass alle möglichen Entwicklungen in der Zukunft vorhergesagt werden könnten; (ii) selbst wenn man sie vorhersagen könnte, wäre es sehr zeitaufwendig und kostspielig, sich über all diese Möglichkeiten vertraglich einig zu werden; (iii) eine Kontrolle der Vertragserfüllung des Vertragspartners ist aufwendig; und (iv) die Erzwingung der Vertragserfüllung kann hohe Kosten mit sich bringen. Coase (1937) und Williamson (1989) zufolge sind es diese Transaktionskosten, die die Produktion in einem Unternehmen effizienter machen als die Produktion in einer stark aufgespalteten Kette von Aktivitäten, deren Glieder über Markttransaktionen miteinander verbunden sind.

In Unternehmen werden Differenzen, die durch unvorhergesehene Ereignisse verursacht wurden, durch Autorität gelöst. Einer der Mitarbeiter hat die Macht in diesen Fällen, Entscheidungen herbeizuführen. Das heißt nicht, dass es damit keine Ex-post-Verhandlungen zwischen den betroffenen Individuen mehr gibt, sondern nur, dass die Ex-post-Verhandlungsmacht durch Autorität zugunsten eines Akteurs verschoben wird (Grossman and Hart 1986). Das hat natürlich Auswirkungen auf die Ex-ante-Investitionsanreize der Individuen. Aufgabe einer guten Unternehmensstruktur ist es, den erwirtschafteten Überschuss eines Unternehmens zu maximieren, indem sie die Ex-ante-Investitionen der Akteure optimiert. Hart und Moore (1990) untersuchten generelle Kriterien, die eine optimale Struktur erfüllen muss.

Hart und Moore gehen der Frage nach, wie in einer Koalition, die ein gemeinsames Produkt herstellt, die Kontrolle über das Sachkapital (die Assets) verteilt sein soll, um ein maximales Ergebnis zu sichern. Die Agenten führen Ex-ante-Handlungen aus, sind durch die Mitgliedschaft in der Koalition charakterisiert und haben Zugang zu den für sie in der Produktion wichtigen Assets. Die Ex-ante-Handlungen können zum Beispiel Investitionen (in Humankapital) sein, die vertraglich nicht vereinbart werden können, weil sie nicht verifizierbar sind. Diese Handlungen sind mit Kosten verbunden. Die Gewinnaufteilung unter den Agenten der Koalition erfolgt aber ex post. Die Handlungen sind damit von der

Ex-post-Verhandlungsmacht des Agenten (also der Kontrolle über bestimmte Assets) abhängig.

Die Ergebnisse für eine effiziente Allokation von Assets (und damit Ex-post-Verhandlungsmacht) sind sehr allgemein. Hart und Moore nutzen sie, um Aussagen über die Grenzen des Unternehmens machen zu können. Eine wichtige Annahme des Modells besteht in der unterstellten Superadditivität der Produktion in der Koalition. Es muss also sichergestellt sein, dass der Mehrwert, den die Koalition erwirtschaften kann, immer größer ist als die Summe der Mehrwerte zweier (oder mehrerer) Subkoalitionen. Die in der technologischen Sichtweise im Abschnitt 2.4.1 diskutierte Subadditivität der Kosten (Superadditivität der Produktion) ist somit Voraussetzung für den Ansatz von Hart und Moore und dort annahmegemäß erfüllt.

Hart und Moore zeigen, dass jede Kontrollstruktur, die die Bedingung einer Nash-Gleichgewichtslösung erfüllt, durch Unterinvestitionen gekennzeichnet ist. Die Unterinvestition tritt aufgrund der Tatsache auf, dass die Handlung eines Agenten bei ihm zum Zeitpunkt 0 Kosten verursacht, der zusätzliche Mehrwert aber zum Zeitpunkt 1 gemäß Verhandlungsmacht unter den Mitgliedern der Koalition verteilt wird. Der Mehrwert erhöht sich, wenn durch eine Veränderung der Kontrollstruktur die Investitionen im Gleichgewicht steigen. Darin liegen die Effizienzgewinne, die ein Unternehmen gegenüber einer vertraglichen Lösung zweier unabhängiger Partner realisieren kann. Gesucht wird nun die Kontrollstruktur, die aufgrund der geringsten Externalitäten, der Koalition den größten Mehrwert ermöglicht.

Im Sinne der optimalen Allokation ist es umso wahrscheinlicher, dass ein Agent die Kontrolle über ein Asset hat, je stärker die Möglichkeit der Nutzung dieses Assets Einfluss auf seine Handlung hat und je größer seine Bedeutung in der Erzeugung des Mehrwertes der Koalition ist. Es kann auch sein, dass man äußerst wichtigen Handelspartnern die Kontrolle über ein Asset einräumt. Niemals aber sollte mehr als ein Agent ein Vetorecht über ein Asset haben. Outsidern Kontrolle über Assets zu geben, ist nicht optimal. Des Weiteren können Hart und Moore Aussagen über die Vorteilhaftigkeit der gemeinsamen oder getrennten Kontrolle zweier Assets machen. Sie sollten vom gleichen Agenten kontrolliert werden, (i) wenn sie starke Komplemente sind, (ii) wenn der Besitzer des einen Assets ein äußerst wichtiger Handelspartner des Besitzers des anderen Assets ist, (iii) wenn die Ex-ante-Handlung des Besitzers des einen Assets sehr wichtig für die Erzeugung des Mehrwertes der Koalition ist und (iv) die des anderen es nicht ist. Unter anderen Bedingungen kann gemeinsame Kontrolle auch den Mehrwert der Koalition verringern.

Der Besitz eines Assets gibt Kontrollrechte über dieses Asset. Eines dieser Rechte ist die Möglichkeit, andere von der Nutzung des Assets auszuschließen. Das Recht, über ein Asset zu entscheiden, gibt einem Agenten somit Autorität über die Mitarbeiter, die dieses Asset brauchen, um produktiv zu sein. Die Allokation der Assets beeinflusst die Ex-ante-Handlungen der Agenten, weil es in einer Welt unvollkommener Verträge bei der Verteilung des Mehrwertes auf die Ex-post-Verhandlungsmacht ankommt. Wichtig für ein Mitglied der Koalition ist aber nicht nur, ob es selbst ein Asset besitzt, sondern auch, wer die Kontrolle über ein Asset hat, wenn man es selber nicht ist.

Zum einen ist es eine freiwillige Entscheidung des Agenten, einer Koalition beizutreten, und zum anderen die der Koalition, den Agenten als Mitglied aufzunehmen. Der Anteil des Agenten am Mehrwert der Koalition, der seinem erwarteten Beitrag zur Erzeugung des Mehrwertes entspricht, muss die Auszahlung, die der Agent bei selbständiger Tätigkeit oder in einer anderen Koalition erhält, übersteigen. Auch die Mitglieder der Koalition sollten sich nicht schlechter stellen. Aber da Superadditivität annahmegemäß gilt, gibt es einen Mehrwert zu verteilen: Die Produktion und damit die Gesamtauszahlung der Koalition ist größer als die Summe der Auszahlungen der beiden Teilkoalitionen, d.h. die des neu beitretenden Mitglieds und die der „alten" Koalition. Gilt diese Bedingung nicht, wird der Agent nicht beitreten. Die ökonomisch unabhängigen Einheiten bilden auch kein gemeinsames Unternehmen.

Mit einem solchen Erklärungsansatz können Unternehmen als rechtliche Einheiten erklärt werden. Die (rechtlichen) Grenzen eines Unternehmens sind bestimmbar. Die optimale Kontrollstruktur einer Koalition maximiert die Ex-ante-Handlungen der Agenten und damit den Mehrwert, den die Koalition schafft. Kontrolle über Agenten einer Koalition wird möglich durch die Entscheidungsgewalt über physische Assets, die die Agenten benötigen, um produktiv zu sein. Die Drohung des Ausschlusses von der Nutzung des (physischen) Assets erzwingt „Kooperation" in gewissem Maß.

Brynjolfsson (1994) nutzt den Ansatz von Grossmann, Hart und Moore (Grossmann und Hart 1986; Hart und Moore 1990), um den Einfluss von Informationsgütern auf die Struktur der Organisation zu untersuchen. Angesichts der großen und zunehmenden Bedeutung von Wissen, Information und Humankapital fügt er dem Produktionsfaktor physisches Kapital Humankapital hinzu. Ein Agent besitzt sein Humankapital als spezifisches Asset. Ohne dieses und das physische Asset des Unternehmens kann kein Mehrwert erzeugt werden. Brynjolfsson untersucht in seinem Zwei-Agenten-, Zwei-Assets-Modell den Einfluss, den das Humankapital auf die Verteilung des anderen (physischen) Assets in einer optimalen Produktionsstruktur hat. Er zeigt, dass es optimal ist, den Agenten mit dem spezifischen Humankapital zum Besitzer des physischen Assets zu machen. Auch der Ansatz von Hart und Moore (1990) würde dieses Ergebnis nahe legen: Komplementäre Assets sollten vom gleichen Agenten kontrolliert werden. Der Agent mit (spezifischem) Humankapital gewinnt Autorität über den anderen Agenten. Der Besitz von Informationen oder spezifischem

Humankapital kann so die Kontrolle der physischen Assets beeinflussen. Der Besitz eines physischen Assets kann nur geringen Wert haben, wenn man nicht gleichzeitig das komplementäre Humankapital besitzt. Bei sehr wissensintensiven Unternehmen wie Anwaltskanzleien oder Unternehmensberatungen wird das sehr deutlich. Physische Assets machen nur einen sehr kleinen Teil des Unternehmenswertes aus. Neben dem Humankapital der Mitarbeiter und dem in Arbeitsabläufen, Verfahren und Vorgehensweisen gespeicherten Wissen sind der Firmenname und der Kundenstamm von besonderem Wert. Das sind alles keine physischen Assets.

Ist das spezifische Humankapital nicht übertragbar, muss bei Komplementarität beider Assets im (second best)-Optimum immer der Agent, der das spezifische Humankapital besitzt, auch Besitzer des physischen Assets werden, auch wenn die Handlung des anderen Agenten wichtiger für die Erzeugung des Mehrwertes ist. Die Nichthandelbarkeit des Humankapitals beschränkt die Anzahl der verschiedenen möglichen Kontrollstrukturen. Gelingt es dagegen, das Humankapital zu kodifizieren und damit handelbar zu machen, entfällt diese Beschränkung. Zusätzliche Kontrollstrukturen sind möglich, die den Anreiz des Agenten, der bisher kein (spezifisches) Humankapital besaß, erhöht. Je nach Bedeutung der Handlungen der beiden Agenten kann der gemeinsam erzeugte Mehrwert durch die nun mögliche neue Kontrollstruktur steigen. Kodifizierung kann somit Mehrwert schaffen, auch ohne den Wissensstock des Unternehmens zu vermehren. Darüber hinaus gelingt es dem Agenten mit Humankapital durch Kodifizierung, dieses Kapital zu verwerten, ohne zwangsläufig persönlich involviert sein zu müssen.

Die neue Ökonomie hat gerade in der Informationsverarbeitung und -übertragung neue Möglichkeiten eröffnet, die eine höhere Effizienz ermöglichen. Der Stock kodifizierten Wissens hat erheblich zugenommen, die Übertragung ebenfalls. Ein Projektteam an der Berkeley Universität unter der Leitung von Lyman und Varian berechnete die jährliche Produktion kodifizierten Wissens mit 1–2 Exabytes (10^{18} Bytes) (Lyman und Varian 2000). Mit Abstand das meiste wird auf Magnetspeichern vorgehalten. Gedruckte Information aller Art macht nur etwa 0,003 Prozent aller gespeicherten Informationen aus. Ein Großteil der gespeicherten Informationen liegt digitalisiert vor.

Die Kodifizierung von Information ermöglicht Effizienzgewinne durch eine größere Bandbreite möglicher Kontrollstrukturen, jedoch wird auch die beste dieser möglichen Kontrollstrukturen zweitrangig bleiben. Die Anreizverzerrung kann vermindert, nicht jedoch behoben werden, solange die Handlungen beider Agenten bedeutsam sind. Gelingt es aber, das Informationsgut zum Gegenstand eines vollständig spezifizierten Vertrags zu machen, muss das nicht mehr der Fall sein. Der Wert der „contractibility" kann sehr hoch sein (Brynjolfsson 1994). Darüber hinaus hat die Reduktion der unvorhersehbaren, unvorhergesehe-

nen und damit vertraglich nicht festgelegten Eventualitäten Einfluss auf die
optimale Größe eines Unternehmens.

Kleine Unternehmen haben Vorteile bei der Nutzung von Informationsgütern.
Geht man von mehreren Agenten mit Humankapital aus, die das physische Asset
brauchen, um produktiv zu sein, gibt eine Kontrollstruktur mit einem Besitzer
des physischen Assets und vielen Angestellten nur dem Besitzer optimale Anreize. Die Handlungen der anderen sind ineffizient gering. Sie werden ihre Informationen nicht in ausreichendem Maß nutzen. Alternativ könnten die Agenten
das physische Asset gemeinsam kontrollieren und nach Mehrheit entscheiden.
Das erhöhte die Anreize der Mitarbeiter, ihre Information zu nutzen, reduzierte
aber die des bisherigen Besitzers. Die Anreize der Agenten in dieser Kontrollstruktur sind außerdem noch immer zu gering. Sie fallen mit der Anzahl der Mitarbeiter in der Koalition. Kleine Unternehmen bieten größere Anreize, das Humankapital ihrer Mitarbeiter zu nutzen. Das steht nicht in Widerspruch zu dem in
den letzten Jahren zu beobachtenden Anstieg der Größe gerade von wissens-
basierten Unternehmen. Brynjolfsson (1994) führt diesen Anstieg auf die bessere
„contractibility" der Handlungen der Mitarbeiter zurück. Noch ein zweiter Grund
spricht für kleinere Unternehmen in einer neuen Ökonomie. Die Rolle eines
Koordinators, der die Kommunikationskosten vieler Agenten in einer komplexen
Struktur senkt, wird mit vernetzten Strukturen bei fallenden Kommunikationskosten kleiner. Gab die Koordinationsaufgabe Anreize, auch den Besitz der physischen Assets zu zentralisieren, so verringert sich diese Notwendigkeit in der
neuen Ökonomie.

Der Ansatz von Grossman, Hart und Moore ist insofern statisch, als dass zu
jedem beliebigen Zeitpunkt Neu- und Nachverhandlungen stattfinden können,
die eine kostenlose Neuverteilung der Kontrolle ermöglichen. Der Produktions-
wert in Periode 1 ist zum Zeitpunkt 0 bekannt, genauso wie die Bedeutung der
einzelnen Handlungen zum Zeitpunkt 0 für das Ergebnis der Koalition zum Zeitpunkt 1. Die Akteure maximieren den Barwert ihrer Auszahlungen zum Zeitpunkt 1, andere Motive der Kontrollausübung bleiben unberücksichtigt. So kann
in jedem Augenblick die optimale Kontrollstruktur sichergestellt werden. Die
Kontrolle beruht auf der Kontrolle der physischen Assets, die eine indirekte Kontrolle des Humankapitals der Mitarbeiter erlaubt.

Unterstellt man eine gewisse Trägheit in der Anpassung der Kontrollstruktur
der physischen Assets an die Änderung der Bedeutung des Humankapitals einiger wichtiger Mitarbeiter in bestimmten Situationen, wird die Beobachtung er-
klärbar, dass 71 Prozent aller im Inc 500 Index gelisteten Unternehmen (junge,
schnell wachsende Unternehmen) von Unternehmern geführt werden, die eine
Idee ihres früheren Unternehmens modifiziert haben (Rajan und Zingalis 2000b).
Rajan und Zingalis verdeutlichen das am Beispiel der Gründung von Intel durch
den General Manager und den Leiter der Entwicklungsabteilung von Fairchild,

die die Technologie zur Produktion von Halbleitern, gerade von Fairchild entwickelt, zur Grundlage der Produktion ihres neuen Unternehmens Intel machten.

Der Wert des Humankapitals der beiden Angestellten war durch die Entwicklung der Halbleitertechnologie sehr stark gestiegen. Eine Aufteilung des Mehrwertes der Koalition gemäß der an physischen Assets ausgerichteten Verhandlungsmacht wurde beiden nicht mehr gerecht. Das entspricht einem im Ansatz
von Grossman, Hart und Moore nicht vorgesehenen Ereignis, da dort die zukünftigen Beiträge zum Mehrwert der Koalition bekannt sind. Der General Manager
und der Leiter der Entwicklungsabteilung von Fairchild traten nicht in Nachverhandlungen ein, sondern verließen die Koalition Fairchild. Die Gründung eines
zweiten Unternehmens muss jedoch nicht zwangsläufig bedeuten, dass die Superadditivität der Produktion verletzt war. Superadditivität kann weiterhin gelten,
aber für die beiden ehemaligen Angestellten war die individuelle Anreizkompati-
bilität verletzt. Angesichts einer nicht zu erwartenden kosten- und reibungslosen
Übertragung zusätzlicher Kontrollrechte und des damit verbundenen höheren
Anteils am Mehrwert war ihre persönliche Auszahlung bei Gründung eines eigenen Unternehmens höher. Das kann sich durchaus negativ auf den Mehrwert von
Fairchild ausgewirkt haben.

In einer neuen Ökonomie, in der Humankapital immer bedeutender wird,
sollte eine Analyse unter expliziter Einbeziehung von Humankapital im
Brynjolfsson-Rahmen erfolgen. Modelliert man Humankapital parallel zu Sachkapital im Ansatz von Hart und Moore, kann eine Erhöhung des Humankapitals
eines Mitarbeiters bis zu fünf Effekte nach sich ziehen. Erstens hat die Erhöhung
des Humankapitals einen positiven direkten Effekt auf den Mehrwert der Koalition. Die anderen vier Effekte wirken indirekt auf den Mehrwert der Koalition.
So ändert sich, zweitens, der Anreiz des Mitarbeiters, eine Handlung mit seinem
gestiegenen Humankapital vorzunehmen. Das hat, drittens, Auswirkungen auf
die Handlungen der anderen Mitarbeiter, da im Modell von Hart und Moore annahmegemäß die Anreizwirkungen der Mitarbeiter positiv miteinander korreliert
sind. Viertens kann höheres Humankapital eines Mitarbeiters einen Einfluss auf
die Produktivität des Humankapitals der Kollegen haben und, fünftens, auch die
Produktivität des physischen Kapitals steigern. Die Effekte vier und fünf sind nur
größer als null, wenn Komplementaritäten bestehen, was nicht notwendigerweise
sein muss. Annahmegemäß ist nur ausgeschlossen, dass die Effekte negativ sind.
Die ersten drei Effekte dagegen müssen positiv sein. Eine Erhöhung des Humankapitals eines Mitarbeiters in diesem Modell führt immer zu einer Erhöhung des
Mehrwertes der Koalition.

Die Steigerung des Mehrwertes der Koalition ist auf das gestiegene Humankapital eines Agenten zurückzuführen. Ist das in der Kontrollstruktur unberücksichtigt geblieben, wird der Agent nur einen (geringeren) Teil seines Beitrags
zum Mehrwert der Koalition erhalten. Dann könnten für ihn höhere Zahlungen

resultieren, wenn er die Koalition verlässt. Also wird er seine Auszahlungen bei Teilnahme an der Koalition mit denen bei Ausscheiden (und selbständiger Tätigkeit oder Anschließen an eine andere Koalition) vergleichen. Die Auszahlung des Agenten bei Verlassen der Koalition und selbständiger Tätigkeit berücksichtigt nur die ersten beiden Effekte, da die anderen drei Effekte an die Mitarbeit der Kollegen bzw. an das Sachkapital des Unternehmens gebunden sind. Die Auszahlung wird positiv von der Zunahme des Humankapitals beeinflusst. Ob diese Zunahme jedoch groß genug ist, die Auszahlung bei selbständiger Tätigkeit über die bei Koalitionsteilnahme steigen zu lassen, ist unbestimmt. Das hängt von der relativen Größe der durch das Humankapitalwachstum induzierten Effekte auf den Anteil am Koalitionsgewinn und auf die Auszahlung bei selbständiger Tätigkeit ab.

Nicht jede Änderung des Humankapitals muss grundsätzlich mit einer Verringerung der Stabilität der Koalition einhergehen, wie es im Beispiel Fairchild/ Intel geschehen ist. Sind die Komplementaritäten zwischen dem Humankapital verschiedener Mitarbeiter sehr stark, oder die zwischen dem physischen Kapital der Firma und dem Humankapital des Mitarbeiters, kann es auch zu einem stärkeren Anstieg der Auszahlungen in der Koalition als bei einer selbständigen Tätigkeit kommen. Aber auch der umgekehrte Fall ist möglich. Die Anreizeffekte des Mitarbeiters bei selbständiger Tätigkeit werden die bei Mitarbeit in einer Koalition übersteigen, wenn er nicht der einzige mit einer wichtigen Handlung ist. Ob dieser Effekt durch die anderen kompensiert werden kann, ist situationsabhängig.

Ausgründungen auf Grundlage einer profitablen Idee werden in einer auf Information und Wissen basierenden neuen Ökonomie an Bedeutung zunehmen. Physisches Kapital nimmt in seiner Bedeutung für die Erzeugung des Mehrwertes ab. Kontrolle über einen Mitarbeiter basiert aber auf der Drohung, ihn von der Nutzung des physischen Kapitals auszuschließen. Dass Humankapital an die Stelle des physischen Kapitals als Drohobjekt treten kann, ist auch nicht in jeder Situation sicher, da dieses Humankapital prinzipiell mobil ist und nur indirekt kontrolliert wird. Ein Ausschluss von der Nutzung des Humankapitals der Kollegen ist nur für einen Agenten mit Komplementaritäten zu den Kollegen eine wirkliche Drohung. Bestehen diese aber, so wird durch den Ausschluss auch die Produktivität der anderen Mitarbeiter (und damit auch ihr Anteil am Mehrwert) reduziert. Für diese kann es dann durchaus sinnvoll sein, das Unternehmen gleichfalls zu verlassen und sich gemäß ihrer Humankapitalkomplementaritäten in einer neuen Koalition zu formieren. Die Abspaltung von Long Term Capital Management von Salomon Brothers folgte diesem Muster (Rajah und Zingales 2000a).

Im Unternehmen gespeichertes Wissen dagegen hält die Mitarbeiter in einem Unternehmen, wenn es zu ihrem Humankapital komplementär ist. Dieses im

Unternehmen gespeicherte Wissen hat einen beträchtlichen Umfang. Atkeson und Kehoe (2002) schätzen den Wissenskapitalstock der Unternehmen im verarbeitenden Gewerbe der Vereinigten Staaten auf 66 Prozent des physischen Kapitalstocks. Etwa 4 Prozent des Produktionswertes in diesen Unternehmen wird durch den Einsatz dieses Produktionsfaktors generiert. Komplementäres Wissen zu diesem im Unternehmen gespeicherten Wissen geht verloren, wenn ein Mitarbeiter das Unternehmen verlässt.

2.4.4   Zusammenfassung

Die vielfältigen Veränderungen in der neuen Ökonomie werden bezüglich der Organisationsstrukturen von Unternehmen kein einheitliches Bild hinterlassen. Derzeit sind Unternehmensstrukturen sehr heterogen, von Einpersonenunternehmen bis zu Unternehmen, die es an Jahresumsatz und Beschäftigung mit Staaten aufnehmen können, ist alles vertreten. Von straff hierarchisch gegliederten Unternehmen bis losen Franchise-Zusammenschlüssen treten die verschiedensten Muster selbst innerhalb eines Industriezweiges auf. Daran wird wohl auch die neue Ökonomie nichts ändern, die Differenziertheit vielleicht eher noch verstärken.

Sowohl Effekte, die auf eine Vergrößerung der Unternehmensgröße gerichtet sind, als auch solche, die in Richtung kleinerer Unternehmen wirken, sind in diesem Kapitel untersucht worden. In beide Richtungen wirken verschiedene Effekte unterschiedlich stark auf unterschiedliche Unternehmen. Vor allem wegen der zunehmenden durch Skalenerträge auf Unternehmensebene hervorgebrachten Verbundvorteile, der zunehmenden Bedeutung regionaler Spezifität von Investitionen in einigen Wirtschaftszweigen, der zunehmenden Rolle von Humankapitalkomplementaritäten und in Unternehmen gespeichertem Wissen sowie der gewachsenen Kodifizierbarkeit und Übertragbarkeit von Wissen und Information tendieren Unternehmen zu zunehmenden Größen. Diesem Trend entgegen wirken abnehmende optimale Mindestgrößen der Produktion, die Schwierigkeiten bei der effizienten Nutzung differenzierten Humankapitals in größeren Einheiten, eine abnehmende Spezifität vieler Investitionen aufgrund der Markterweiterung durch die Globalisierung und die abnehmende Bindewirkung physischen Kapitals.

3 Märkte im Aufbruch

Eine Wirtschaft, die von Informationsgütern und informationsverarbeitenden Tätigkeiten dominiert ist, stellt die Marktteilnehmer in vielfältiger Weise vor neue Herausforderungen. In diesem Teil geht es zunächst um die Gütermärkte, die in der neuen Ökonomie durch Netzwerkeffekte, hohe Skalenerträge, schwer durchsetzbare Verfügungsrechte und asymmetrische Informationen geprägt sind. Information ist kein Kostenbestandteil wie andere auch. Die moderne Informationsökonomik zeigt, dass schon geringe Informationskosten die neoklassischen Standardresultate hinfällig machen (für einen Überblick siehe Stiglitz 2000). Grund sind eine Reihe informationsspezifischer Faktoren, die zu Anreizproblemen führen und Marktversagen provozieren, wie in Abschnitt 3.1 aufgezeigt wird. Besondere Konsequenzen ergeben sich für die Finanzmärkte und die Rolle der Banken in der neuen Ökonomie, denen Abschnitt 3.2 gewidmet ist. In Abschnitt 3.3 schließlich werden die Arbeitsmärkte in den Blick genommen, die durch das Vordringen informationsverarbeitender Berufe sowie die Auflösung traditioneller Arbeitsverhältnisse einem tiefgreifenden strukturellen Wandel unterworfen sind.

3.1 Gütermärkte: Wettbewerbsstrategien in der neuen Ökonomie

Die Effizienzgewinne aus der Nutzung digitaler Informationstechnologien bleiben trotz relativ hoher Verbreitungsraten bisher hinter den Erwartungen zurück (vgl. dazu Abschnitt 2.3). Entscheidend für den wirtschaftlichen Erfolg der IT sind offenbar nicht allein die technologisch billigeren Produktionsmöglichkeiten, sondern vielmehr die Fähigkeit, die Vorteile der Technologie dem Nutzer über einen funktionierenden Mechanismus verfügbar zu machen. Im Folgenden soll herausgearbeitet werden, warum überkommene Handlungsmaxime im Informationszeitalter scheitern und welche Alternativen gewählt werden können. Welche Auswirkungen haben diese auf den Wettbewerb auf den Gütermärkten und die Effizienz der Marktergebnisse? Differenzierte Preis- und Produktstrategien können teilweise Marktversagen verhindern. Sie bedingen allerdings in zumindest begrenztem Maße Marktmacht und verursachen daher allokative Ineffizienzen. Die Institutionenökonomie hat darauf hingewiesen, dass auch institutionelle Ausgestaltungen dazu dienen, den Marktmechanismus bei Verletzung neoklassischer Grundannahmen funktionsfähig zu halten. Dies beinhaltet neben marktlichen Regelwerken auch eine Ausgestaltung der staatlichen Rahmenbedingungen. Institutionen kosten Geld, ihre Veränderung braucht Zeit. Der effiziente Einsatz der IT verlangt der Ökonomie also ein hohes Maß an Veränderungen ab. Bevor sich das Marktverhalten und die Rahmenbedingungen nicht optimal angepasst haben, können die Potentiale der Technologien nicht voll genutzt werden. Vor dem Einstieg in diese Thematik sollen vorab einige Fakten zur Verbreitung der IT und zu den Spezifika des elektronischen Handels präsentiert werden.

3.1.1   Wer? Wie? Was? Eine Bestandsaufnahme des Handels im und um das Internet

3.1.1.1   *Verbreitung der IT*

Die Entwicklung des WWW hat der Verbreitung von PCs neuen Schwung gegeben. Im Jahr 2000 gaben 43 Prozent der Deutschen an, einen *Computer* von zu Hause aus genutzt zu haben (1992: 19 Prozent, 1995: 27 Prozent) (Haisken-DeNew und Schmidt 2001: 5). Deutschland gehört damit im Vergleich mit anderen Industrieländern allerdings nur zum unteren Mittelfeld. Äußerst dynamisch verläuft derzeit die Verbreitung des *Internets* selbst (Abbildung 12). 37 Prozent der Deutschen nutzten im Jahr 2001 diese Technologie. Seit 1998 hat sich der Anteil damit mehr als verdreifacht. Bis 2003 erwartet man einen Anstieg auf 48 Prozent. Auch hier kommt Deutschland im Vergleich der Industrieländer über das Mittelfeld allerdings nicht hinaus. Die meisten der Nutzer surfen mit einfachen Kabelmodems. Erst 21 breitbandige DSL-Anschlüsse konnten Ende 2001 pro 1 000 Einwohner gezählt werden. Andere Kanäle, die in Zukunft als breitbandiger Internetzugang genutzt werden können, sind Satellit, Fernsehkabel und Funk. Diese Technologien sind in Deutschland weit verbreitet, finden aber noch kaum Verwendung für den Internetzugang.

Bezüglich der *Telekommunikationsinfrastruktur* gehört Deutschland international zu den Spitzenreitern. Mit 61 Hauptanschlüssen pro 100 Deutsche besteht auf Haushaltsebene eine nahezu vollständige Abdeckung. Die Digitalisierung der Gesprächsvermittlung ist abgeschlossen. Mit 29 ISDN-Kanälen pro 100 Einwohner besitzen die Deutschen außerdem weltweit hinter Norwegen, Luxemburg und Dänemark den größten Anteil an rein digitalen Anschlüssen. Digitale Telefonie unter Ausnutzung der Internettechnologie (Voice over IP) steckt hingegen noch in den Kinderschuhen. Gemäß einer Studie von IDC Research sind derzeit aber Wachstumsraten von über 100 Prozent zu beobachten, die sich auch in den nächsten Jahren fortsetzen sollen.[7] Unter den bisher aufgezählten Technologien verbreitet sich das Handy am schnellsten. Bereits 69 mobile Anschlüsse wurden Ende 2001 pro 100 Deutsche gezählt (1998: 17) (Abbildung 12).

Der digitale Fortschritt beim *Fernsehen* schließlich ist gering. Während bei der Produktion der Sendungen sowohl für die Ton- als auch die Bildverarbeitung vielfach bereits digitale Technologien zum Einsatz kommen, empfingen 2001 nur 8 Prozent der deutschen Haushalte ihre Signale in digitaler Form (Abbildung 12). Deutschland hinkt hier der europäischen Entwicklung hinterher.[8]

Abbildung 12: Diffusion der IT im privaten Bereich 1998–2001

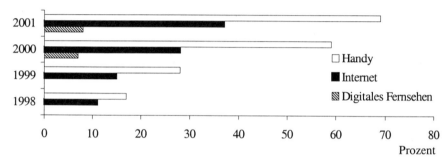

Quelle: BITKOM (2001).

Neben der Durchdringung im privaten Bereich findet man auch in den Betrieben inzwischen eine hohe Akzeptanz der IT. Mehr als 60 Prozent aller Beschäftigten in Deutschland setzten 1998/99 bei der Verrichtung ihrer Tätigkeiten Computertechnologien ein (Dostal 2000b). Eine neue Studie im Auftrag des BMWi (Empirica 2001) belegt, dass 2001 neun von zehn Betriebe in Deutschland Zugang zum Internet hatten (1999: 67 Prozent). 86 Prozent der deutschen Betriebe nutzten E-Mail (1999: 61 Prozent), fast zwei Drittel waren mit einer eigenen Website im Internet präsent (1999: 47 Prozent). Jeder zweite Standort betrieb Online-Beschaffung (1999: 26 Prozent), jeder fünfte vertrieb Produkte per E-Business (1999: 14 Prozent).

Welche Hersteller bevorzugen die Deutschen bei den IT? Die IT-Hardwareprodukte stammen in den meisten Fällen von einer Vielzahl verschiedener Pro-

---

[7]   Vgl. Pressenotiz von IDC: „IP Phones Take Off in Europe But Issues Still Hinder Growth, Says IDC". Online-Quelle (Zugriff am 11.12.2001): http://www.idc.com

[8]   Vgl. Pressenotiz: „UK Dominates European Digital TV. Germany Risks Becoming „Advanced TV Laggard". Online-Quelle (Zugriff am 15.01.2002): http://www.strategyanalytics.com

duzenten. Ein eindeutiges marktführendes Produkt kann nur in den wenigsten Fällen ausgemacht werden. Viele Produkte orientieren sich aber in ihrer Konstruktion an einem bestimmten Standard. So sind PCs Intel-kompatibel, Handys entsprechen dem GMS-Standard und Geräte für die Internettelefonie unterstützen das Internetprotokoll (IP). Die Kirch-Gruppe und die Deutsche Telekom versuchen seit längerem, bei den Decodern (Settop-Boxen) für ihr digitales Fernsehangebot die eigene proprietäre d-box durchzusetzen.[9] Die Europäische Union (EU) hat sich aber für die Unterstützung des neuen europäischen Standards Multimedia Home Platform (MHP) entschieden. MHP stellt eine gemeinsame offene Programmschnittstelle (Application Programming Interfaces (API)) bereit, an die alle technischen Geräte und Anwendungen andocken können. ARD, ZDF, KirchGruppe, RTL und die Landesmedienanstalten haben sich im Herbst 2001 auf die zügige Einführung des MHP-Standards verständigt. Auch das Konsortium der wichtigsten US-amerikanischen Kabelnetzbetreiber hat die Einführung von MHP bekannt gegeben. In Zukunft ist daher auch auf diesem Markt mit Konkurrenz zu rechnen.

Anders präsentiert sich das Bild bei Software. Hier hat sich durch den hohen Marktanteil von Microsoft ein De-facto-Standard in Form eines einzigen Produkts durchgesetzt. Mehr als 90 Prozent der privaten PCs laufen unter Versionen von Windows.[10] Ähnlich konzentriert ist der Bereich der Bürosoftware. Hier dominieren Microsofts Office Programme. Bei den Browsern hat das Unternehmen inzwischen ebenfalls die Oberhand gewonnen. Während 1996 der Netscape Communicator noch einen Marktanteil von fast 90 Prozent hatte, ist das Verhältnis heute umgekehrt (Abbildung 13). Außerhalb des privaten Bereichs ist die Konzentration etwas niedriger. Alternative Betriebssysteme sind dort zwar auch relativ selten, bei spezialisierten Anwendungsprogrammen (z.B. Finanzsoftware, ERP/MRP-Software) übernehmen jedoch andere Firmen die Marktführerschaft, und die Konzentration ist wesentlich niedriger (Harte-Hanks Market Intelligence 2001). Open-Source-Software[11] spielt insbesondere im Bereich der Server eine große Rolle. Bei den Server-Betriebssystemen liegt das frei verfügbare Produkt

---

9 Für den Empfang von digitalem Fernsehen via Kabel kommt derzeit in Deutschland nur die d-box in Frage, da die Deutsche Telekom sich für die Verschlüsselung der digitalen Signale entschieden hat. Der gewählte Verschlüsselungsalgorithmus ist der in der d-box verwendete proprietäre. Für den Empfang via Satellit stehen andere Produkte zur Verfügung. Diese ermöglichen aber nicht den Empfang von Premiere (Salzburg Research Forschungsgesellschaft mbH 2000).

10 Vgl. Antitrust Division des United States Department of Justice: „Full text of Judge Jackson's findings of fact" (Kapitel III.A: Market Share). Online-Quelle (Zugriff am 01.10.2002): http://www.usdoj.gov/atr/cases/f3800/msjudgex.htm

11 Als Open-Source bezeichnet man Software, deren Quellcode frei zugänglich ist, so dass jeder Nutzer bei Bedarf Änderungen daran vornehmen kann. Sie darf frei kopiert und weitergegeben werden.

Abbildung 13: Marktanteile von Internet-Browsern 1996–2001

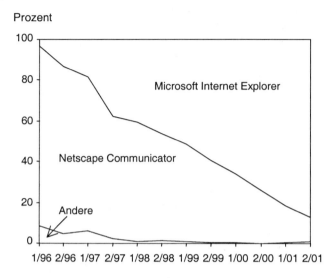

Quelle: Fittkau&Maaß (2002).

Linux mit rund 30 Prozent Marktanteil (Juni 2000)[12] auf gleicher Höhe mit dem entsprechenden Microsoft-Produkt, bei der Server-Software kommt das freie Programm Apache auf einen Marktanteil von knapp 60 Prozent (Jan. 2002)[13]. Auch die für das Funktionieren der Internetinfrastruktur notwendige Software ist größtenteils nicht proprietär. Die derzeit in Deutschland fast ausschließlich verwendete d-box greift hingegen auf das eigene proprietäre Betriebssystem Betanova zurück; die darauf aufsetzenden Anwendungen sind ebenfalls d-box spezifisch. Aufgrund von MHP ist aber auch hier in Zukunft mit Konkurrenz zu rechnen.

Diverser und weniger eindeutig sieht der Bereich der Internetinfrastruktur aus. Die Struktur ist hier stark von historischen Entwicklungen und bestehenden Regulierungen geprägt. Den sowohl für Telefonie als auch für den Anschluss an das Internet notwendigen lokalen Teilnehmeranschluss erhalten immer noch über 98 Prozent der Nutzer von dem früheren Staatsmonopol Deutsche Telekom AG (Regulierungsbehörde für Telekommunikation und Post 2001). In Zukunft ist

---

[12] Vgl. das Schaubild „Operating System Count by Active Sites". Online-Quelle (Zugriff im Juni 2002): http://www.netcraft.com/survey/index-200007.html

[13] Vgl. das Schaubild „Market Share for Top Servers Across All Domains". Online-Quelle (Zugriff im Juni 2002): http://www.netcraft.com/survey/

allerdings Konkurrenz von alternativen Technologien denkbar. Während in den Vereinigten Staaten ein großer Teil der Kunden bereits über das breitbandige Kabelnetz an das Internet angeschlossen ist, wird diese Technologie in Deutschland noch kaum genutzt. Alternative Zugangsmöglichkeiten über die elektrischen Leitungen (z.B. Powerline in Nordrhein-Westfalen) oder über Funk (WLL, Bluetooth, WAP, GPRS, UMTS) scheiden aufgrund der geringen Leistungsfähigkeit, den hohen Kosten oder dem Stand der Technik (derzeit noch) als echte Konkurrenten aus. Die hinter dem Internet stehende Infrastruktur ist bis auf einige Ausnahmen hierarchisch aufgebaut. Nachdem der physische Anschluss über eine der alternativen Leitungen hergestellt wurde, wird ein so genannter Internet Service Provider (ISP) angewählt, der den Zugang zu den verschiedenen Diensten des Internets ermöglicht. 59 Prozent der Surfer nutzen hier den zur Deutschen Telekom AG gehörigen Anbieter T-Online, eine Vielzahl von kleineren ISPs macht aber Konkurrenz.[14] Die ISPs ihrerseits geben den Verkehr an die so genannten Backbone-Provider weiter, die diesen durch das Netz zu seinem Ziel leiten. Bei den den ISPs direkt übergeordneten Backbones dominieren lokale und institutionelle Anbieter. Einige wenige Unternehmen beherrschen aber die so genannten „1st-Tier-Backbones", deren extrem breitbandige Glasfaserverbindungen für eine schnelle Übertragung über weite Distanzen verwendet werden.[15]

3.1.1.2 Der Handel im Internet

Nutzungsverhalten der Surfer

Beim Nutzungsverhalten der Internetsurfer fällt auf, dass ein großer Teil sich immer noch auf das Schreiben von E-Mails beschränkt. Nach Angaben der Gesellschaft für Konsumforschung (GfK)[16] haben 36 Prozent der 14–69-jährigen Deutschen im Herbst 2001 aber schon Produkte und Dienstleistungen online gekauft. Diejenigen, die bisher keine Käufe getätigt haben, gaben als Grund dafür Sicherheitsbedenken an.[17] Dass der Sicherheitsfaktor für die Deutschen besonders wichtig ist, spiegelt sich auch in der im europäischen Vergleich relativ

---

[14] Vgl. Ergebnisse der 7. Untersuchungswelle des GfK Online-Monitor. Online-Quelle (Zugriff am 31.07.2002): http://194.175.173.244/gfk/gfk_studien/eigen/online_monitor.pdf

[15] Die Top 5 Backbone-Provider sind die US-amerikanischen Unternehmen MCI Worldcom, Sprint, Genuity und AT&T sowie das britische Unternehmen Cable& Wireless, das die zu veräußernden Backbones (Auflage der Federal Communication Commission) aus dem Merger MCI-Worldcom übernommen hat.

[16] Vgl. Online-Quelle (Zugriff am 31.07.2002) : http://www.gfk-webgauge.com

[17] Vgl. länderspezifischen Bericht des TNS Interactive – Global eCommerce Report – June 2001. Online-Quelle (Zugriff am 31.07.2002): http://www.tnsofres.com/ger2001/download/index.cfm (GER 2001 Report – complete, Folie 107)

niedrigen Zahl von Vorausbezahlungen und Kreditkartenzahlungen wider. Zur Hitparade der meistgekauften Produkte zählten Bücher, Bekleidung und Schuhe, PC-Zubehör und CDs. Die am häufigsten frequentierten Anbieter sind Amazon, Otto und Karstadt/Quelle (Tabelle 11).

Tabelle 11: Die am häufigsten frequentierten Internet- und E-Commerce-Sites August/September 2001 (Prozent)

Global Domains[a] (September 2001)	Reichweite[b]	E-Commerce-Shops (August 2001)	Reichweite[b]
T-ONLINE	59,40	AMAZON	17,10
MSN	40,00	OTTO	8,70
YAHOO	36,30	KARSTADT/QUELLE	6,90
MICROSOFT	35,40	BOL	5,10
AOL	31,40	PRIMUS	4,60
LYCOS	31,30		
WEB.DE	31,00		
GOOGLE	23,80		
EBAY	23,70		
FREENET.DE	22,20		

[a]Zusammengefasst wurden dazu alle Domains (Namen eines bestimmten Computers oder Hosts), die den gleichen Namen bei unterschiedlicher Endung (Top Level Domain) haben (BSP.www.name.de, www.name.net, www.name.com). Bei AOL und T-ONLINE wurden außerdem die proprietären Dienste in die Zusammenfassung einbezogen. – [b]Prozentanteil derjenigen Besucher, die ein Angebot im Berichtszeitraum mindestens einmal besucht haben.

Quelle: Pressemeldung: „Old Economy erobert das Internet". Online-Quelle (Zugriff am 02.10.2001): http://de.netvalue.com/presse; Pressemeldung von Jupiter MMXI: „Zwei Jahre Online-Forschung: Meilensteine des WWW". Online-Quelle (Zugriff am 16.10.2001): http://www.gfk.de

Die größten Umsätze wurden allerdings im Bereich Reisebuchung erzielt. Europäer sind weniger interessiert an Lebensmitteln und bezahlen selten für reine Informationsangebote (Zeitungen, Musik, Video).[18] Besonderer Beliebtheit erfreuen sich Auktionshäuser. Im Mai 2001 haben 22 Prozent der deutschen Internetsurfer mindestens einmal eine Auktionsseite besucht (Jupiter MMXI 2001). Die beim Marktführer eBay umgesetzten Werte sind höher als die im Online-Geschäft von Karstadt/Quelle. Musiktauschbörsen wie Napster und

---

18 Vgl. Ergebnisse der 7. Untersuchungswelle des GfK Online-Monitor. Online-Quelle (Zugriff am 31.07.2002): http://194.175.173.244/gfk/gfk_studien/eigen/online_monitor.pdf

Nachfolger ziehen ebenfalls verhältnismäßig viele Internetsurfer an. Sie erreichten Ende 2000 in Europa 7,6 Prozent aller Nutzer (16 Prozent vor der Quasieinstellung des Napsterdienstes).[19] Die Nutzung entsprechender kommerzieller Pay-per-View-Dienstleistungen als Substitut für diese halblegale Form des Datentausches wird dagegen selten genutzt. Dies gilt für Musikstücke ebenso wie für Video-on-Demand.[20]

Wirtschaftsmodelle der Anbieter

Im Internet findet man Autos, Kaffeemaschinen, Versicherungen, Blumen, Brötchen, Gesundheitsratgeber, Zeitungen, Software und so weiter. Es gibt kaum einen Teil des Lebens, der ausgespart bliebe. Die meisten Internethändler versuchen, dem Konsumenten ein äquivalentes Einkaufserlebnis wie im traditionellen Handel anzubieten. Die besondere Herausforderung für Internethändler ist einerseits die Logistik, andererseits die Gestaltung und Funktionalität der Einkaufssoftware. Sie muss ansprechend, leicht verständlich und zeiteffizient sein. Auf manchen Internetseiten werden dem Kunden bereits virtuelle Verkäufer an die Seite gestellt, die Fragen beantworten oder den Kunden durch den Einkaufsraum begleiten (z.B. travelchannel.de). Auf anderen wird er bei Wiederkehr (mit Hilfe gespeicherter Daten der letzten Einkäufe und Cookies) persönlich angesprochen und die offerierten Produkte seinen individuellen Präferenzen angepasst. So bietet der Buchhändler Amazon individuelle Buchempfehlungen an, die sich nach den geäußerten Präferenzen bei vorangegangenen Käufen, nach bei der Registrierung angegebenen Interessen und nach der Nachfrage vergleichbarer Kunden richten. Schließlich beobachten wir auch im Internethandel eine intensive Nutzung von Werbung. Diese erscheint als Banner, als Pop-up oder wird per E-Mail zugeschickt. Boni und Treueprogramme (z.B. Payback) sind weitere verkaufsfördernde Maßnahmen. Der Handelsvorgang ist damit prinzipiell ähnlich wie im traditionellen Geschäft: Der Kunde wird in den Laden gelockt, wo der Händler die Ware zu einem bestimmten Preis anbietet, der Kunde begutachtet Preise und Produktinformationen, kauft gegebenenfalls die Ware gegen Geld und erhält die Produkte. Wesentlicher Unterschied ist, dass der Kunde sich nicht mehr physisch in den Laden begeben muss und die IT es auch großen Anbietern erlauben, individuell auf den Kunden einzugehen. Die Möglichkeit der Personalisierung wird in der Praxis allerdings noch verhältnismäßig selten genutzt.

---

[19]   Vgl. Pressemitteilung von Jupiter MMXI: „Seit dem Napster-Boom ging der Online-Dateitausch um knapp 50 Prozent zurück". Online-Quelle (Zugriff am 31.10.2001): http://www.gfk.de

[20]   „Video-on-Demand: is anyone holding the ace?" Online-Quelle (Zugriff am 01.10.2001): http://www.europemedia.net/shownews.asp?ArticleID=7309

Die bisherigen Ausführungen gelten nur für den Vertrieb physischer Güter. Bei Informationsgütern wie z.B. Software, Zeitungsartikel, Musik, die direkt über das Internet vertrieben werden können, beobachtet man andere Geschäftsmodelle. Geld ist hier meist nicht die geeignete Währung. Viele Informationsdienste geben ihre Produkte gratis an den Internetsurfer ab. Kunden müssen dafür Werbeflächen in Kauf nehmen (z.B. bei dem Onlineangebot der Süddeutschen Zeitung und dem Nachrichtensender n-tv). Die Werbung, der der Kunde ausgesetzt wird, kann auf seine Interessen zugeschnitten sein. (Auch dies wird noch verhältnismäßig selten genutzt.) Häufig wird auch die Registrierung unter Angabe persönlicher Daten verlangt (z.B. bei dem Kommunikations- und Informationsanbieter GMX und bei der New York Times). Nur einige wenige Anbieter bauen auf ein Abonnementmodell (z.B. die Frankfurter Allgemeine Zeitung und die Enzyklopädie Britannica) oder lassen sich für einzelne Artikel bezahlen (z.B. der Lexikondienst Xipolis.net). Im Business-to-Business(B2B)-Bereich sind Bezahlmodelle allerdings häufiger anzutreffen (z.B. Genios-Wirtschaftsdatenbank, GfK). Kommerzielle Angebote von Musik oder Video etablieren sich nur schleppend. In diesem Bereich florieren bisher nur Tauschbörsen, die auf dem Prinzip der Gegenseitigkeit beruhen (z.B. Napster oder Gnutella). Die kommerzielle Version des Napster-Dienstes ist bis heute von Bertelsmann nicht freigegeben worden. Gleiches gilt für den Software-Bereich. Die meisten Downloads sind Share-Ware- oder Open-Source-Produkte, die frei abgegeben werden.

Anders als anfangs erwartet, etablieren sich neben den Direktanbietern auch immer mehr Zwischenhändler. Diese Zwischenhändler oder Intermediäre nehmen im Internet ähnliche Funktionen wahr wie im Offline-Handel.[21] Im Gegensatz zum traditionellen Handel funktionieren sie aber vollständig automatisch. Menschliche Expertise kommt nur bei der Konstruktion der Software zum Einsatz. Auch sie zählen daher zu den Anbietern von Informationsgütern.

Eine erste wichtige Funktion von Internetintermediären ist die Bereitstellung einer Handelsplattform bzw. eines Preisbildungsmechanismus. Zu diesen Internetmarktplätzen gehören der Online-Broker Consors ebenso wie Scout24, der Allrounder im privaten Bereich, oder B2B-Marktplätze wie cc-Chemplorer (Chemieindustrie) und Covisint (Automobilindustrie).[22] In der Regel zahlen die Verkäufer für die Listung, während die Käufer sich nur anmelden müssen (Preisgabe privater Daten). Die nur den Teilnehmern zugänglichen Plattformen wie z.B. Covisint tragen sich durch ihre Mitglieder. Auch die Auktionshäuser lassen sich

---

[21] Zu den Funktionen vgl. Spulber (1999).

[22] Berlecon Research pflegt eine Datenbank zu den deutschen B2B-Marktplätzen und veröffentlicht regelmäßig Ergebnisse; siehe z.B. „Vom Vermittler zum Dienstleister: B2B-Marktplätze in Deutschland 2001". Online-Quelle (Zugriff im Mai 2001): http://www.berlecon.de/studien/floss/ergebnisse.html

zu den Intermediären rechnen. Sie stellen Handelsplattformen mit Preisbildungsmechanismus bereit. Wenn auch die Form des Verkaufs durch Auktionen nicht
neu ist, so hat sich doch ihr Einsatzgebiet geändert. Auktionen können im Internet für wesentlich mehr Güter als im traditionellen Handel gefunden werden.
Auffällig ist insbesondere der große Anteil von Seiten, auf denen geringwertige
Sammlerstücke angeboten werden (> 60 Prozent). In der Regel zahlt auch bei
diesen Diensten allein der Verkäufer. Diese Kommissionen sind allerdings sehr
viel niedriger als im traditionellen Auktionsgeschäft. Sie betragen einen Prozentsatz des Versteigerungspreises und steigen damit mit dem Wert des Objekts
(Lucking-Reiley 2000). Die größten Online-Auktionshäuser in Deutschland sind
eBay, Yahoo und Amazon.

Suchmaschinen, Portale und elektronische Shopping-Roboter (Shopbots) unterstützen den Einzelnen bei seiner Suche im Datendschungel und helfen beim
„Matching" der beiden Marktseiten. Die bevorzugte Suchmaschine der Deutschen
ist Google, das beliebteste Webportal Yahoo. Preise werden bei GuensTiger.de,
ShoppingScout24.de und idealo.com verglichen. Diese intelligenten Agenten
finanzieren sich hauptsächlich durch Werbung (z.B. GuensTiger.de) und Lizenz-
zahlung (z.B. Google). Zunehmend setzen sich aber auch Listungsgebühren für die
Aufnahme in das Verzeichnis (z.B. bei Yahoo) und Zahlungen der Unternehmen
für bevorzugte Listungen (so genannte gesponserte Links) durch.

Intermediäre können weiter Träger von Vertrauen sein und auf diese Weise
adverse Selektion verhindern. Klassisches Beispiel für einen vertrauensbildenden
Intermediär ist die Stiftung Warentest, deren Testergebnisse jetzt auch Online
verfügbar sind. Die Ergebnisse müssen von den Nachfragern bezahlt werden.
Um die Sicherheit des Handels zu erhöhen, vergibt TRUSTe ein Gütesiegel an
Unternehmen, die gewisse Standards im Datenschutz genügen. Hierfür zahlen
die Unternehmen, die sich mit diesem Siegel auszeichnen wollen. Auch die
Auktionshäuser sind in diesem Bereich über die Versicherungen, die sie für ihre
Produkte anbieten (Versicherungssumme 200–250 Euro), präsent. Die Käufer
sollen dadurch von der Gefahr des Erwerbs eines mangelhaften Gutes befreit
werden. Die Ausgaben werden aus Werbeeinnahmen und den Kommissionszah-
lungen der Anbieter bestritten.

Intermediäre werden schließlich zur Aggregation von Nachfrage und Angebot
genutzt. Sie sind dann Vertreter nur einer der Marktseiten und finanzieren sich
über Spannen in den Produktpreisen. Unter die angebotsseitigen Bündler fallen
alle Händler von physischen Gütern (z.B. Amazon, Brinkmann) und von Informationsgütern (z.B. Genios-Wirtschaftsdatenbank, Nua Internetsurveys). Auf der
Nachfrageseite handelt es sich um so genannte Powershopping-Angebote wie
LetsBuyIt.com, die durch Aggregation der Nachfrager bei den Anbietern Groß-
kundenrabatte erwirken.

Empirische Untersuchungen zur Effizienz der Marktergebnisse

Eine Reihe empirischer Untersuchungen beschäftigt sich mit der Frage, ob Internetmärkte zum Effizienzgewinn beitragen. Die Studien beschränken sich auf den Vertrieb physischer Güter über das Internet. Wenn die Ergebnisse auch teilweise unterschiedlich sind, stimmen sie doch überein in der Aussage, dass der Handel im Internet keineswegs einem Bertrand-Wettbewerb, d.h. einem reinen Preiswettbewerb, folgt. Die Preise weichen zum Teil erheblich von den Grenzkosten ab und unterscheiden sich auch bei homogenen Produkten signifikant voneinander (Tabelle 12). Einzelne Autoren belegen, dass Unternehmen bewusst Differenzierungsstrategien wählen. Ellison und Ellison (2001) beschreiben Verschleierungstaktiken bei der Publikation von Preisangeboten bei Shopbots. Mehrheitlich wird bestätigt, dass die bekannteren Internethändler (z.B. Amazon) höhere Preise verlangen können als ihre unbekannteren Rivalen. Die höchsten Preise sind Kunden aber bereit an Unternehmen zu zahlen, die ihnen aus dem traditionellen Handel bekannt sind (Brynjolfsson und Smith 2000a). Reputation scheint wichtig zu sein.

Uneins sind sich die Autoren hingegen in ihren vergleichenden Ergebnissen zwischen traditionellem und Online-Handel. Während die neueren Studien alle ein im Internethandel leicht niedrigeres Preisniveau bestätigen, sind die Ergebnisse zur Dispersion der Preise vielfältiger. Auch hier kann aber eine Tendenz zum Ausweis einer niedrigeren Preisdispersion im Internethandel festgestellt werden. Dies ist auch darauf zurückzuführen, dass neuere Studien Transaktionspreise verwenden statt die auf den Internetseiten zu findenden Angebotspreise. Brynjolfsson und Smith (2000a) weisen bereits darauf hin, dass die Dispersion erheblich niedriger ist, wenn die Preise mit den Marktanteilen der Händler gewichtet werden. Clay et al. (2001) zeigen, dass innerhalb der Gruppe der drei größten Internetbuchhändler die Streuung der Preise relativ gering ist. Morton et al. (2000) und Brown und Goolsbee (2000) schließlich weisen für den Internethandel eine geringere Preisdispersion als für den traditionellen Handel aus.

Insgesamt können die aktuellen Tendenzen im Internethandel wie folgt zusammengefasst werden:

- IT sind im privaten Bereich wie in der Wirtschaft weit verbreitet. Ihre Bedeutung wächst weiter dynamisch.
- Bei IT-Hardware und Software sind erhebliche Marktkonzentrationen zu beobachten. Standards sind wichtig.
- Beim Erwerb physischer Güter über das Internet dominiert der traditionelle Kauf bei einem Unternehmen mit Fixpreisen. Die Nutzung von Auktionsmechanismen ist häufiger zu beobachten als im traditionellen Handel. Personalisierung des Angebots ist noch selten.

Tabelle 12: Empirische Studien zum Online-Handel

Quelle	Produkte	Daten	Reputation
Lee (1998)	Gebrauchtwagen	Transaktionsdaten von Internetauktions- plattform	
Baily (1998)	Bücher, CDs, Software	Angebotspreise von Internethändlern	
Clemons et al. (2002)	Flugtickets	Angebotspreise von Online-Reisebüros	
Brynjolfsson und Smith (2000a)	Bücher, CDs	Angebotspreise von Internethändlern	Wichtig
Brynjolfsson und Smith (2000b)	Bücher	Angebotspreise von Preisvergleichs- maschine	Wichtig
Morton et al. (2000)	Autos	Transaktionspreise von einem elektro- nischen Automakler	
Brown und Goolsbee (2000)	Lebensversicherungen	Transaktionsdaten zu Lebensversicherungen gekoppelt mit Daten zu Internetnutzung	
Ellison und Ellison (2001)	Computerteile	Angebotspreise von Preisvergleichs- maschine sowie Transaktionspreise von einem Computer- händler	
Clay et al. (2001)	Bücher	Angebotspreise von Internethändlern	Wichtig

Preisniveau	Preisdispersion	Sonstiges
Preise im Internethandel höher als im traditionellen Handel		Unbeobachtete Qualitätsunterschiede sind für höhere Preise verantwortlich
Preise im Internethandel höher als im traditionellen Handel	Im Internethandel nicht niedriger als im traditionellen Handel	
	Substanzielle Preisdispersion im Internethandel	Produktdifferenzierung spielt im Internet eine große Rolle
Preise im Internethandel niedriger als im traditionellen Handel	Substanzielle Preisdispersion im Internethandel	Preise passen sich im Internet häufiger an
Nutzer von Preisvergleichsmaschinen zahlen niedrigere Preise	Nutzer von Preisvergleichsmaschinen haben eine niedrigere Preisdispersion	
Nutzer von Peisvergleichsmaschinen zahlen niedrigere Preise	Preisdispersion steigt erst mit wachsender Anzahl von Nutzern von Preisvergleichsmaschinen, fällt dann aber	
		Preiselastizität ist für Niedrigpreisprodukte sehr hoch, für teure geringer; Ursache können Verschleierungsstrategien sein (loss-leader, bait-and-switch)
	Die Preise konvergieren im Laufe der Zeit nicht	Produktdifferenzierung spielt im Internet eine große Rolle

- Reine Informationsgüter werden unter verschiedenen Geschäftsmodellen angeboten. Vorherrschend ist die Finanzierung durch Werbung. Private Tauschbörsen werden stark frequentiert.
- Eine Vielzahl von Intermediären agiert am Markt.
- Bekannte und renommierte Unternehmen können höhere Preise verlangen als andere Unternehmen.
- Eine Fülle von Produktdifferenzierungsstrategien ist zu beobachten.
- Die Preisdispersion im Internet ist signifikant. Die Preise im Online-Handel sind im Durchschnitt niedriger als im traditionellen Handel.

Theoretische Überlegungen und Modelle zur Erklärung der Funktionsweise von Gütermärkten in der neuen Ökonomie sollten diese Fakten im Blick behalten.

3.1.2 Marktunvollkommenheiten und marktliche Institutionen

Grundlage des Tausches in der Neoklassik sind beliebig teilbare private Güter, die unter konstanten oder sinkenden Skalenerträgen produziert werden und deren Eigenschaften für alle in gleicher Weise objektiv beobachtbar sind. Unter diesen Annahmen kann gezeigt werden, dass im Konkurrenzgleichgewicht die Bedingungen für ein Wohlfahrtsoptimum allein mittels Koordination durch den Preismechanismus erreicht werden. Abstimmung unter den Wirtschaftssubjekten oder staatliche Eingriffe sind nicht notwendig. Die IT und Information, das Gut dessen Verarbeitung sie erleichtern, erfüllen die neoklassischen Grundannahmen aber nur ungenügend und tragen dazu bei, dass das Idealbild des neoklassischen Marktes sich zunehmend weniger zur Beschreibung der Realität eignet. Zum einen ist ein begrenztes Maß an Marktmacht notwendig, um die Aufrechterhaltung des Handels zu gewährleisten. Zum andern werden Institutionen benötigt, die Marktunvollkommenheiten abfedern können. Institutionelle Ausgestaltungen verursachen Kosten und verhindern damit eine optimale Ressourcenallokation im Sinne der paretianischen Wohlfahrtsökonomie (Arrow-Debreu-Welt).

Inwiefern wird durch die IT das Wirken des Marktmechanismus beeinträchtigt? Zum einen sind IT-Hardware und -Software selbst eine Quelle von Ineffizienzen. Durch ihre Netzstruktur schaffen sie Abhängigkeiten im Konsum. Marktversagen kann aufgrund von Externalitäten und mangelnder Möglichkeiten zur Koordination resultieren (Abschnitt 3.1.2.1). Weiter hat das Gut Information Eigenschaften, die einen Handel über den Markt erschweren (Abschnitt 3.1.2.2). Schließlich spielt die Aufteilung von Information auf die verschiedenen Marktseiten eine wichtige Rolle (Abschnitt 3.1.2.3). Innerhalb der einzelnen Abschnitte wird darauf eingegangen, mit welchen Strategien Unternehmen auf diese

Schwierigkeiten reagieren und welche institutionellen Veränderungen im Markt notwendig werden.

3.1.2.1 Netzwerkeffekte

Sowohl die Hardware, auf der die Information fließt, wie Computer und Internetinfrastruktur, als auch die Software, wie z.B. Betriebssysteme, Einkaufsplattformen und Suchmaschinen, zeigen Netzwerkeffekte.[23] Die Qualität des Gutes und damit der Nutzen eines Konsumenten hängt positiv davon ab, wie viele weitere Personen das gleiche Gut konsumieren. Je mehr Nutzer beispielsweise die gleiche Software verwenden, desto unkomplizierter verläuft der Datenaustausch, desto weniger Zeit geht verloren für die Einarbeitung in unbekannte Programme, desto besser ist der Kundendienst.[24] Bertscheck und Fryges (2002) zeigen, dass Unternehmen in Deutschland dann eher B2B-Technologien, die die Geschäftsverbindungen zu anderen Firmen automatisieren, nutzen, wenn die Nutzung innerhalb der eigenen Industrie hoch ist. Die Größenvorteile, die aus den nachfrageseitigen Skalenerträgen resultieren, setzen den einzelnen Unternehmen Anreize, den Markt zu monopolisieren. Die in Abschnitt 3.1.1 nachgewiesenen hohen Marktkonzentrationen für viele IT sind also symptomatisch für Netzwerkprodukte.

Da der Konsument vor dem Kauf nicht weiß, wie viele andere Nachfrager sich noch für das Produkt entscheiden werden, muss er Erwartungen bilden. Die Erwartungen über die Anzahl der zukünftigen Mitkonsumenten (Größe der installierten Basis) beeinflussen aber seine Entscheidung und damit das Marktergebnis. Wegen dieser Abhängigkeit der Konsumenten voneinander sind multiple Gleichgewichte möglich. Welches Gleichgewicht schließlich eintritt, hängt neben der Art der Erwartungsbildung entscheidend von der Ausgangssituation ab (Pfadabhängigkeiten). Lösungen mit vielen verschiedenen Produkttypen sind genauso denkbar wie solche, bei denen ein Produkt die gesamte Nachfrage auf sich vereint. Ineffizienzen treten auf, wenn die Konsumenten zwar Vorteile von der Einigung auf einen Typ hätten, eine Einigung aber wegen mangelnder Koordinationsmöglichkeiten nicht zustande kommt. Der Konkurrenzkampf der qualitativ recht ähnlichen Internetbrowser von Microsoft und Netscape wird oft als Beispiel für die Existenz solcher multiplen Gleichgewichte genannt. Während Netscape anfangs einen recht hohen Marktanteil hatte, kippte der Markt

---

[23] Sailer (2001) analysiert Netzwerkeffekte und ihre Auswirkungen auf verschiedene Bereiche der Internetökonomie im Detail.

[24] Empirische Studien zur Softwareindustrie belegen, dass die Zahlungsbereitschaft der Kunden mit der Anzahl der Mitkonsumenten steigt (z.B. Gandal 1994; Brynjolfsson und Kemerer 1996).

irgendwann zugunsten des Konkurrenzprodukts (vgl. Abbildung 13 in Abschnitt 3.1.1.1).

Ineffizienzen entstehen bei Netzwerkprodukten auch deshalb, weil der Einzelne nicht alle positiven und negativen Auswirkungen seines Konsums auf die anderen Nutzer internalisiert und daher zu wenig oder zu viel von dem Netzwerkgut nachfragt. Neben statischen Ineffizienzen kann durch derartige Externalitäten auch der dynamische Wechsel von einem alten zu einem neuen, höherwertigen Standard durch die bereits installierte Basis behindert werden (lock in). Der Wechsel kann aber auch zu früh erfolgen, da der Newcomer nicht die negativen Auswirkungen auf das etablierte Unternehmen und seine Kunden internalisiert. Die Abschätzung, ob in IT-Industrien eher „excess inertia" oder „excess momentum" vorliegt (Farell und Saloner 1986), ist schwierig, da dafür eine Beurteilung einer hypothetischen Situation und eine Abschätzung des Nutzenentgangs auf Konsumentenseite notwendig wären.

Haben zwei Anbieter unterschiedliche Technologien, besteht weiter die Gefahr, dass sie nicht in optimalem Maße in Kompatibilität investieren. Kompatibilität würde bewirken, dass Netzwerkeffekte gemeinsam genutzt werden können. Die Gefahr der Unterinvestition besteht besonders dann, wenn eines der Unternehmen einen sehr viel größeren Marktanteil hat bzw. mit einer stark superioren Technologie in den Markt eintritt, da der zunehmende Preiswettbewerb sich negativ auf die Gewinne auswirkt und dieser Verlust schwerer wiegt, als die Vorteile aus größerem Netzumfang. Auch hier ist die Softwareindustrie wieder ein gutes Beispiel. Der Wechsel von einem Microsoft- zu einem kleineren Nischenprodukt wird nicht zuletzt durch die fehlende Kompatibilität behindert. Microsoft pflegt die Inkompatibilität. Die Programmschnittstellen (API), die zur Programmierung zu Windows kompatibler Anwendungssoftware notwendig sind, werden nur an ausgewählte Programmierer weitergegeben. Auch die Kirch-Gruppe und die Deutsche Telekom werden kritisiert, dass ihr digitales Fernsehen (Premiere World und MediaVision) nur mit einem bestimmten Decoder, der d-box, empfangen werden kann, nicht aber mit Konkurrenzprodukten. Die mangelnde Kompatibilität wird als ein Grund für die langsame Verbreitung des digitalen Fernsehens in Deutschland genannt (Salzburg Research Forschungsgesellschaft mbH 2000).

Schließlich spielt die Eigentümerstruktur innerhalb des Netzes eine wichtige Rolle. Engpässe in Teilbereichen des Netzes können dazu führen, dass für die Gesamtverbindung keine wohlfahrtsoptimalen Preise gesetzt werden bzw. der Konkurrenz der Zugang zu Teilbereichen des Netzes verweigert wird. Wettbewerb in einem Teil des Netzes hat dann keine positiven Auswirkungen, da die dort frei werdende Konsumentenrente vom Monopolisten in seinem Engpass wieder abgeschöpft wird. Diesen Fall veranschaulicht die Telekommunikation gut. Wenn auch Konkurrenz im Bereich der Ferngespräche existiert, monopolisiert die Deutsche Telekom noch immer den lokalen Teilnehmeranschluss und verhindert somit einen funktionierenden Wettbewerb bei den Verbindungsentgelten. Ähnliches gilt für das Kabelnetz der Telekom. Die Situation ist hier noch gravierender, da die letzte Strecke zum Endkunden nicht von der Telekom, sondern von anderen Anbietern bereitgestellt wird. Diese sind Monopolisten in ihrer Region. Setzen die Telekom und der lokale Anbieter ihre Preise unabhängig voneinander, kommt es zu einer so genannten „double marginalization" und die bereitgestellte Menge ist noch kleiner, als wenn die Gesamtverbindung von einem Monopolisten bereitgestellt würde. Wenn die Eigentümerstruktur des Internets auch wesentlich diverser und eine direkte Übertragung der Ergebnisse aus dem Telekommunikationsbereich somit nicht möglich ist, wird doch befürchtet, dass die wenigen großen „1st-Tier-Backbone"-Betreiber eines Tages eine ähnlich dominante Rolle spielen könnten (Foros et al. 2000).

Marktversagen ist also eine Gefahr bei Netzwerkgütern. Da aber mit der Anzahl der Konsumenten neben der Qualität eines Netzwerkgutes auch die Zahlungsbereitschaft der Konsumenten steigt, ohne gleichzeitig die Kosten der Unternehmen zu verändern, haben Unternehmen andererseits Anreize, eine suboptimale Adoption der Nachfrager zu verhindern. Verschiedene Instrumente stehen ihnen dazu zur Verfügung. Verhindert die hohe Unsicherheit über das resultierende Marktergebnis auf Seiten der Konsumenten die Markteinführung, werden die Unternehmen versuchen, sich im Vorhinein auf einen gemeinsamen Standard zu einigen. Eine derartige Form der Einigung stellt eine Coasesche Verhandlungslösung dar und kommt nur zustande, wenn die Transaktionskosten gering und die Interessen der Nachfrager organisierbar sind. Außerdem muss hinreichende Transparenz herrschen, d.h. die Marktteilnehmer müssen über das Ausmaß der zu erwartenden Vor- und Nachteile informiert sein. Durch die IT sind die Transaktionskosten gesunken. Der Markt ist transparenter und die Interessen sind leichter organisierbar. Private Standards sollten daher häufiger zu beobachten sein. MHP stellt beispielsweise einen derartigen Standard dar.

Sind Externalitäten der Grund für eine schleppende Markteinführung, können Unternehmen durch verschiedene Preissetzungsstrategien die Adoption beeinflussen. Niedrige Einführungspreise (penetration pricing) kompensieren für die niedrigere Qualität, der die Erstanwender aufgrund mangelnder Netzwerkeffekte gegenüberstehen. Ein Beispiel dafür ist das Verschenken der Internet Explorer Software durch Microsoft. Durch eine ähnliche Methode versuchen eBay, Yahoo und Amazon, die von ihnen jeweils protegierten elektronischen Bezahlsysteme zu fördern. Jeder Nutzer des von den Unternehmen angebotenen Auktionsmechanismus erhält automatisch eine Versicherung. Verwendet der Nutzer zusätzlich das unternehmenseigene Bezahlsystem, steigt die Versicherungssumme von 200–250 Euro auf 1 000–2 500 Euro. Die Vermietung der Produkte schließlich erlaubt eine variable Preisgestaltung und überwälzt damit das Qualitätsrisiko auf den Produzenten. Zum einen kann der Preis pro Zeiteinheit dann direkt von der Anzahl der Mitkonsumenten abhängen. Zum anderen müssen Kunden keine Angst mehr davor haben, auf einem einmal erworbenen Produkt sitzen zu bleiben, wenn die Mehrheit sich auf einen anderen Standard einigt. Der Mietvertrag wird in diesem Fall einfach gekündigt. Ein Beispiel hierfür ist die d-box, die zusammen mit einem Premiere World Abonnement gemietet werden kann.

Beachtet werden muss aber auch, dass Unternehmen Anreize haben, ihre Position auf Kosten der Konkurrenz auszubauen. Da die Gewinnaussichten aufgrund der Chance der Monopolisierung des Marktes und der Persistenz einmal getroffener Entscheidungen hoch sind, werden sie bei ihrem Wettbewerbsverhalten höhere Risiken eingehen als Unternehmen in traditionellen Märkten. Es besteht daher die Gefahr, dass Newcomer wettbewerbswidrige Strategien einsetzen, um ihre unter Umständen minderwertigen Produkte durchzusetzen, und etablierte Unternehmen Markteintrittsbarrieren aufbauen, um ihre Stellung zu sichern. So wird dem Newcomer Microsoft im Markt für Internetbrowser die Kopplung des Internet Explorers an das Betriebssystem Windows mit dem Ziel der Verdrängung des alternativen Netscape-Produkts vorgeworfen.[25] Das „predatory pricing" ist eine Strategie des etablierten Unternehmens. Die Preise werden dabei so niedrig gesetzt, dass ein Newcomer es nicht profitabel finden kann, in den Markt einzutreten. Microsofts recht laxe Behandlung des Copyrights ist ein Beispiel (Ben-Shahar und Jacob 2001), die differenzierten Rabattschemata des Unternehmens für die Händler ein anderes. Neben den Preisen können auch Standards als Eintrittsbarriere genutzt werden. Initiativen zur Standardisierung geben weiter Spielraum für Kollusion. Die Einleitung eines Verfahrens der besonderen Missbrauchsaufsicht gegen die Deutsche Telekom AG wegen der Behinderung bzw. Verschleppung des Zugangs zur „Letzten Meile" für die Konkurrenz gibt ein weiteres aktuelles Beispiel.[26] Gandal (2001) kommt zu dem Ergebnis, dass Eintrittsbarrieren im Markt für Suchmaschinen gering sind. Markeneffekte spielen nur eine geringe Rolle. Ihre Bedeutung ist im Laufe der Untersuchungsperiode noch gefallen. Die geringen Kosten der Benutzung, die relativ einfache Anwendbarkeit und die Möglichkeit, verschiedene Suchmaschinen parallel zu nutzen (so genanntes Multihoming), mögen dafür ausschlaggebend sein.

---

[25] Die Ausführungen zu den verschiedenen Kartellprozessen gegen das Unternehmen zeigen, welche weiteren wettbewerbswidrigen Maßnahmen dem Unternehmen vorgeworfen werden (z.B. Economides 2001).

[26] Pressemitteilung der Regulierungsbehörde für Telekommunikation und Post: „Zwei besondere Missbrauchsverfahren gegen die Deutsche Telekom AG eröffnet". Online-Quelle (Zugriff am 12.02.2002): http://www.regtp.de

3.1.2.2 Information als handelbares ökonomisches Gut

Von potentiellem Marktversagen betroffen sind prinzipiell nicht nur reine Informationsgüter, sondern alle Güter, in die während des Produktionsprozesses Information eingeht. So sind beispielsweise Informationen über Kundenpräferenzen durch die IT prinzipiell leichter verfügbar zu machen. Der Produzent kann sie aber nicht einfach aufsammeln, sondern muss sie erwerben, um sie nutzen zu dürfen. Bei der Frage, ob und zu welchen Konditionen der Erwerb möglich ist, spielen aber die Gutseigenschaften eine Rolle. Avery et al. (1999) zeigen, dass es dadurch z.B. zu einer Unterversorgung mit unabhängiger Expertise über Produkte kommen kann.

Steigende Skalenerträge in der Produktion

Das Grundmodell der Neoklassik postuliert atomistischen Wettbewerb mit Grenzkostenpreisbildung als ideale Marktform. Preise in Höhe der Grenzkosten decken die Produktionskosten der Unternehmen aber nur, wenn die Stückkosten entweder konstant oder (abschnittsweise) steigend sind. Sind die Kosten hingegen über den gesamten Bereich subadditiv, decken Grenzkostenpreise die Durchschnittskosten nicht. Diese Form der steigenden Skalenerträge tritt z.B. bei sehr hohen Fixkosten auf. Die Unternehmen würden bei Grenzkostenpreisen Verluste machen. Die Verluste sind umso höher, je mehr Unternehmen den Markt bedienen. Kosteneffizienz würde in diesem Fall die Konzentration der Produktion bei einem Unternehmen, den nicht-atomistischen Wettbewerb, fordern. Eine Lösung mit mehreren Unternehmen ist zudem nicht gleichgewichtig, weil jedes einzelne Unternehmen den Anreiz hat, die Produktion auszudehnen, um dadurch zusätzliche Skalenerträge zu realisieren, die es ihm ermöglichen, die Konkurrenz zu unterbieten. An der Bedingung, dass Grenzkostenpreise allokative Effizienz schaffen, ändert dies nichts.

Das Gut Information ist durch derartige Skalenerträge gekennzeichnet. Während die Produktion der originären Information relativ hohe Kosten verursacht (1. Stück), gehen die Grenzkosten einer Kopie (alle weiteren Stücke) gegen null. So beinhalten beispielsweise die Produktionskosten für ein Musikstück die Arbeitskosten des Musikers für Komposition und Einübung des Stücks, Transaktionskosten der Vertragsverhandlung und die Kosten des Produzenten für die Räumlichkeiten und technischen Anlagen zur Aufnahme. Demgegenüber fallen die Kosten, die beim Pressen einer zusätzlichen CD anfallen, praktisch nicht ins Gewicht. Durch die neuen Informationstechnologien sinken die Kosten der Kopie, nicht so sehr jene für die Produktion des Originals. Die Übertragung einer MP3-Datei über das Internet ist wesentlich billiger als das Brennen einer CD und ihr Vertrieb. An den Entwicklungs- und Produktionskosten ändert sich weniger. Ergo verschärft sich die Fixkostendegression noch.

Abbildung 14: Steigende Skalenerträge in der Produktion

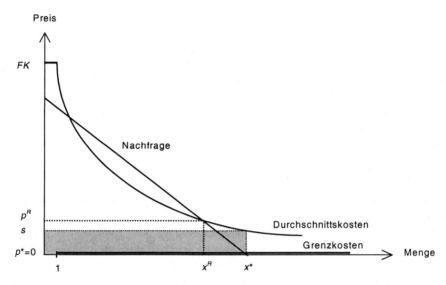

Abbildung 14 zeigt einen Markt, der durch steigende Skalenerträge gekennzeichnet ist. Nachdem das Original produziert wurde, sinken die Grenzkosten auf null; die Durchschnittskosten fallen damit über den gesamten relevanten Outputbereich. Die niedrigsten Durchschnittskosten hat der Alleinanbieter (s). Allokative Effizienz würde die Lösung (p^*, x^*) verlangen. Eine derartige Lösung ist aber nicht zu erwarten, da die Unternehmen aufgrund ihrer Grenzkostensituation zwar prinzipiell p^* setzen könnten, dies ihnen jedoch jeweils Verluste in Höhe der Fixkosten bescheren würde. Produziert nur ein Unternehmen, wären die Verluste des Gesamtmarktes am geringsten (grau unterlegte Fläche), denn die Fixkosten entstehen nur einmal. Dies führt dazu, dass, abhängig von der Art der Preisdynamik, sich ein einzelnes Unternehmen durchsetzt (gleichgewichtige Lösung) oder der Markt durch ständige Marktein- und -austritte gekennzeichnet ist (instabile Lösung). Bei einer gleichgewichtigen Lösung könnte potentieller Wettbewerb den Monopolisten auf die Nullgewinnlösung (p^R, x^R) beschränken; eine Abfolge von Marktein- und -austritten („war of attrition", siehe Tirole 1988: 311–314) würde zwar zeitweise Grenzkostenpreise bewirken, wäre aber gleichzeitig auch durch Phasen der Monopolpreissetzung gekennzeichnet. Die wohlfahrtsoptimale Lösung wird also in keinem Fall erreicht.

Bestreitbarkeit der Märkte ist bei hohen Fixkosten und wenigen bzw. einem Unternehmen eine wesentliche Voraussetzung dafür, dass Märkte mit Skalenerträgen effizient sind. Anderenfalls werden die am Markt verbleibenden Unternehmen die Preise auf Kosten der Menge bis maximal zum Monopolpreis hochtreiben. Bestreitbarkeit ist allerdings nicht hinreichend für das Erreichen des Wohlfahrtsoptimums, sondern kann nur Nullgewinne sichern. Preise, die gerade die Durchschnittskosten decken, bezeichnet man als Ramsey-Preise (p^R). Sie sichern nur eine zweitbeste Allokationslösung (x^R). Je stärker die Fixkostendegression ist, desto weiter sind die Ramsey-Preise von den First-best-Preisen entfernt.

Wettbewerb kann in Märkten, die durch Fixkostendegression gekennzeichnet sind, bei einheitlichen Preisen bestenfalls zur Nullgewinnlösung (x^R, p^R) kommen. Die einzige Möglichkeit, den optimalen Preis p^* auf dem Markt durchzusetzen, wäre durch staatliche Auflage und Deckung der Verluste durch Subventionen. Eine marktliche Lösung ist jedoch möglich, wenn von der Einheitlichkeit der Preise abgewichen wird. Im Folgenden wird angenommen, dass ein Monopolunternehmen aufgrund der hohen Fixkosten am kostengünstigsten anbieten könnte. Gelingt es dem Monopolisten, von jedem Konsumenten einen Preis in Höhe seiner individuellen Zahlungsbereitschaft zu verlangen, d.h., kann er *vollständige Preisdiskriminierung* betreiben, wird einerseits eine effiziente Allokationslösung erreicht (jeder Konsument, dessen Zahlungsbereitschaft größer als die Grenzkosten ist, wird bedient), gleichzeitig fallen dem Unternehmen aber genug Renten an (Dreieck unter Nachfragekurve in Abbildung 15), um seine Fixkosten zu decken. Sind die Märkte bestreitbar, werden nur die Fixkosten gedeckt und keine zusätzlichen Gewinne erwirtschaftet. In diesem Fall wird nicht die gesamte Konsumentenrente abgeschöpft. Im traditionellen Handel ist perfekte Preisdiskriminierung aufgrund mangelnder Information und der Unmöglichkeit, die Käufer zu separieren, nahezu nicht möglich. Die IT haben die Strategie jedoch realistisch werden lassen, weil Produzenten sehr viel leichter Informationen über die Eigenschaften ihrer Käufer sammeln, speichern und auswerten können. Auf der personalisierten Internetseite kann jedem Kunden theoretisch auch ein individueller Preis angeboten werden.

Perfekte Preisdiskriminierung kann über vom Produzenten gesetzte kundenindividuelle Preise (Preisdiskriminierung 1. Grades) erreicht werden. *Kundenindividuelle Preise* findet man z.B. bei den meisten privaten Marktforschungsinstituten. Wird dem Kunden hingegen die Möglichkeit gegeben, unter Alternativen das für ihn passende Preis-Produkt-Paar zu wählen, spricht man von Preisdiskriminierung 2. Grades. Der Vorteil dieser Strategie ist, dass der Kunde selbst seine Präferenzen offenbart. Varian (2000) spricht in diesem Zusammenhang von „*versioning*". Das Unternehmen bietet dabei sein Informationsgut in verschiedenen Ausführungen (Qualitäten) mit unterschiedlichen Preisen an. Ein gutes Beispiel dafür sind die Informationsdienste für Börsenkurse. Kunden mit hoher Zeitpräferenz können von Kunden mit niedriger Zeitpräferenz getrennt werden, indem Börsenkurse in Echtzeit zu einem höheren Preis angeboten werden als solche, die ein paar Stunden alt sind.

Abbildung 15: Perfekte Preisdiskriminierung

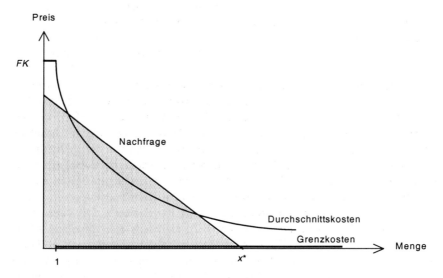

Scheitern diese Formen der Preisdiskriminierung, weil entweder die Präferenzen der einzelnen Konsumenten nicht in Erfahrung gebracht werden können oder die Kunden mit niedriger Zahlungsbereitschaft nicht daran gehindert werden können, die für sie vorgesehene billige Information auf einem Sekundärmarkt billig an Konsumenten mit hoher Zahlungsbereitschaft weiterzuverkaufen, kann „Bündelung" eine geeignete Alternative sein.[27] Mehrere Produkte werden zusammengefasst und zu einem einheitlichen Preis an die Konsumenten abgegeben. Entweder werden alle Produkte zu einem Bündel geschnürt (pure bundling), oder der Kunde kann sich sein individuelles Bündel – im Extremfall ein einzelnes Gut – selbst zusammenstellen (mixed bundling).[28] Hat z.B. die Analystin eine hohe Präferenz für die Börsenkurse (5 Geldeinheiten (GE)) und eine nur geringe für Wettervorhersagen (2 GE) und gilt für die Landwirtin das umgekehrte Verhältnis, kann der Anbieter beider Informationen seinen Gewinn maximieren, indem er (a) kundenindividuelle Preise setzt oder (b) beide Güter zusammen für jeweils 7 GE verkauft. In beiden Fällen erhält er einen Gewinn von 14 GE (5+2+5+2=7+7). Dieser übersteigt den Gewinn aus dem Verkauf an den

---

[27]   Zu den Ausführungen und für eine detailliertere Analyse der Bündelung bei Informationsgütern siehe Bakos und Brynjolfsson (2000)

[28]   Adams und Yellen (1976) haben gezeigt, dass „mixed bundeling" immer der reinen Bündelung vorgezogen werden sollte.

Konsumenten mit der jeweils höheren Zahlungsbereitschaft (5+5=10) bzw. an beide zu der jeweils niedrigsten Zahlungsbereitschaft (2+2+2+2=8).[29]

Der Effekt, den man hier beobachtet, beruht auf dem Gesetz der großen Zahlen. Nach dem zentralen Grenzwertsatz ist die Summe einer großen Anzahl zufälliger Variablen annähernd normal verteilt.[30] Die Konsumentenpräferenzen für ein aus vielen Einzelprodukten zusammengesetztes Bündel konzentrieren sich daher mit 95 Prozent Wahrscheinlichkeit im 2-σ-Bereich um den Mittelwert. Die Wahrscheinlichkeit, dass ein beliebiger Konsument eine mittlere Bewertung für das Bündel hat, ist also wesentlich größer als bei Einzelprodukten. Wenn die Einzelbewertungen der Landwirtin und der Analystin auch genau entgegengesetzt sind, haben sie doch die gleiche Durchschnittsbewertung für das Informationsbündel. Der Verkäufer, der das Bündel für einen mittleren Preis abgibt, wird daher Einkommen von wesentlich mehr Konsumenten bekommen als der Verkäufer, der mittlere Preise bei einem einzelnen Produkt anbietet. Die Aggregation linearer Nachfragefunktionen für ein einzelnes Gut ergibt eine Nachfragefunktion für das Produktbündel, die elastischer in der Mitte und weniger elastisch an den Enden ist. Wenn man mehr und mehr Produkte hinzufügt, nähert sie sich einer horizontalen Linie an, die die Preisachse an dem durchschnittlichen Monopolpreis für ein einzelnes Gut schneidet.

Während die Zahl der Konsumenten mit mittlerer Bewertung bei Bündelung immer steigt, hängt die Veränderung des Gewinns des Verkäufers von der spezifischen Verteilung der Präferenzen und den Grenzkosten der Bereitstellung eines zusätzlichen Produkts ab. Je mehr gegensätzliche Bewertungen man findet, desto stärker wirkt das Gesetz der großen Zahlen. Je mehr Nachfrager mit hoher Bewertung man direkt am Anfang findet, desto mehr verliert man durch das Angebot eines mittleren Preises. Je mehr es schließlich den Produzenten kostet, eine zusätzliche Einheit bereitzustellen, desto weniger profitiert er vom Gesetz der großen Zahlen. Die Verteilung der Präferenzen hängt von dem spezifischen Informationsgut ab. Eine allgemeine Aussage kann hier nicht gemacht werden. Die niedrigeren Grenzkosten von Informationsgütern sprechen aber prinzipiell für die Vorteilhaftigkeit der Bündelung. Niedrigere Transaktionskosten des Einzelverkaufs machen auch „mixed bundling" möglich.

Der Informationsaufwand ist bei Bündelung geringer als bei kundenindividuellen Einzelpreisen, da die Kenntnis der Verteilung der Präferenzen im Markt ausreicht, um ein Höchstmaß an Konsumentenrente abzuschöpfen. Die Präferenz eines speziellen Käufers muss nicht bekannt sein. Damit entfällt auch die Notwendigkeit, die einzelnen Kunden zu separieren, und der Aufwand für die Pflege

---

[29] Für ein ähnliches Zahlenbeispiel siehe Shapiro und Varian (1999: 75).

[30] Die Variablen müssen weder unabhängig voneinander noch gleich verteilt sein. Einzige Bedingung ist eine endliche Varianz.

unterschiedlicher Preise. Im Idealfall erlaubt die Bündelung perfekte Preisdiskriminierung.

Bündelung kann verschiedene Formen annehmen (Bakos und Brynjolfsson 2000). Die traditionelle Form entspricht der Aggregation über verschiedene Produkte, die zu einem bestimmten Zeitpunkt zusammengefasst werden. Der Konsument zahlt dann einen Preis für das gesamte Bündel. Dies ist z.B. der Fall bei Portalen wie Yahoo, wenn der Preis hier auch durch das Anschauen von Werbung bezahlt wird. Aber auch Kabelfernsehprogramme werden im Bündel angeboten. Außerdem können Produkte einer Serie über die Zeit zusammengefasst werden. Der Konsument bezieht diese dann für eine bestimmte vorher festgelegte Zeit zu einem einheitlichen Preis (Abonnement). Diesen Fall beobachtet man bereits bei einigen Internetzeitungen. Schließlich können sich Konsumenten „bündeln" und ein Produkt gemeinsam erwerben (Gemeinschaftslizenz). Hierzu gehören die Bibliothekslizenzen von Elsevier, die allen Nutzern der Bibliothek elektronischen Zugang zu einer von der Bibliothek abonnierten Zeitschrift geben.

Aus der Sicht des einzelnen Marktes führt Preisdiskriminierung bei bestreitbaren Märkten zwar zu einer optimalen Allokation; im Verhältnis zu anderen Märkten, auf denen keine Preisdiskriminierung stattfindet, kommt es aber zu Verzerrungen. Es handelt sich daher im Sinne der paretianischen Wohlfahrtsökonomie nicht um eine First-best-Lösung. Bei der Bündelung sind außerdem Fälle denkbar, in denen ein Produzent mehr Gewinn macht, indem er ein Gut mit geringer Qualität zu seinem Bündel hinzufügt, anstatt das Gut mit höherer Qualität separat zu verkaufen. Dadurch werden „winner take all"-Tendenzen unterstützt.

Durch die Nutzung der IT kommt es sowohl zu einer Verschärfung der bereits bestehenden Fixkostenproblematik als auch aufgrund des Anstiegs der Informationsproduktion zu mehr Fällen, in denen diese eine Rolle spielen. Damit Märkte mit Skalenerträgen auch ohne staatlich garantiertes Monopol bestehen können, muss es den Unternehmen möglich sein, Preise über Grenzkosten zu setzen, um mit den Mehreinnahmen ihre Fixkosten zu decken. Der letzte Abschnitt hat verschiedene Preissetzungsstrategien aufgezeigt, mittels derer dies möglich ist. Problematisch an diesen Strategien ist, dass sie nicht notwendig stabil gegenüber Wettbewerb sind. Ein Newcomer kann beispielsweise die Preise auf Grenzkosten setzen und temporäre Verluste in Kauf nehmen, um die gesamte Nachfrage auf sich zu ziehen.

Stabiler Preisgestaltungsspielraum kann aber durch Differenzierung des eigenen Produkts von dem der Konkurrenz erreicht werden. Durch die IT ist Produktdifferenzierung leichter geworden, da die Präferenzen der Konsumenten besser beobachtet werden können und die technischen Kosten der Differenzierung gesunken sind. Niedrige Eintrittsbarrieren bereiten weiter das Feld für eine Vielzahl von kleinen Nischenanbietern. Kommerzielle Informationsanbieter im

Netz sind z.B. Zeitungen, Marktforschungsinstitute, Portale und Suchmaschinen. Zeitungen differieren in ihrer politischen Couleur, Forschungsinstitute bieten direkt auf den Konsumenten zugeschnittene Information an (Auftragsarbeit), Portale und Suchmaschinen unterscheiden sich in ihrer Anwendungsfreundlichkeit und durch zusätzlichen Service. Tausende kleinerer Homepages bieten allgemein zugängliche Information in leicht abgewandelter Form an. Auch durch die Kombination rein homogener Güter mit Service kann ein Unternehmen sich von seinen Konkurrenten abheben. Zum Beispiel bietet RedHat zusätzlich zum freien Gut Linux eine Vielzahl von unterstützenden Diensten an, beispielsweise telefonische Beratung, Schulung und Implementierung im Betrieb.

Können sich diese Differenzierungsstrategien im wettbewerblichen Umfeld halten? Zum einen muss das vom Unternehmen angebotene Produkt auf genügend Nachfrage stoßen. Viele der Dot.coms sind auch deswegen gescheitert, weil ihre Fixkosten zu hoch waren in Relation zur Nachfrage nach dem von ihnen angebotenen spezifischen Gut.[31] Weiter darf, damit die Monopolnische bestehen bleibt, das differenzierte und erfolgreiche Produkt von der Konkurrenz nicht leicht imitiert werden können. Dies ist gewährleistet, wenn der Vorteil auf einer knappen Ressource basiert. Der zusätzliche Service von RedHat ist beispielsweise deswegen eine gute Form der Differenzierung, weil er Humankapital einsetzt, das nur begrenzt zur Verfügung steht. Viele neue Serviceleistungen stützen sich jedoch auf Softwareprogramme. Diese können leicht imitiert werden. So bietet Amazon Online Rezensionen an, zeigt, was andere Käufer eines Buches sonst noch erworben haben, und mittels „1-Click" kann man ein Buch direkt, unter Umgehung der üblichen Formalitäten, bestellen. Weitgehend den gleichen Service bieten die meisten anderen Online Buchhändler inzwischen aber auch. „1-Click" heißt bei Books-A-Million „Fast Track" oder bei bol.de „Express-Bestellung".

Die Unternehmen schaffen sich durch die Differenzierung Monopolnischen. Welche Auswirkungen hat dies für die gesamtwirtschaftliche Wohlfahrt? Bestreitbare Märkte verhindern zwar auch in diesem Fall übermäßige Gewinne, durch Produktdifferenzierung wird der relevante Markt aber verkleinert. Die Produkte werden teurer, da die hohen Fixkosten nur auf weniger Produkte überwälzt werden können. Bezüglich der Auswirkungen auf die Wohlfahrt sind die Nutzenzuwächse aus einer besseren Erfüllung des Kundenwunsches nach Vielfalt und die Verluste aus einer geringeren Ausnutzung der Fixkostendegressionen abzuwägen. Modelle monopolistischer Konkurrenz belegen, dass Unternehmen in ihren Bemühungen, dem Wettbewerbsdruck auszuweichen, mehr Vielfalt wäh-

---

31 Aus diesem Grund wird etwa das große Angebot an Gratisfernsehen, das über Kabel und Satellit empfangen werden kann, als wesentlicher Grund für die langsame Verbreitung des Digitalfernsehens in Deutschland gesehen (Salzburg Research Forschungsgesellschaft mbH 2000).

len, als es für ein soziales Optimum nötig wäre (vgl. z.B. Dixit und Stiglitz 1977).

Schwierigkeiten bei der Durchsetzung von Verfügungsrechten

Im vorangegangenen Abschnitt wurde bereits darauf hingewiesen, dass einige Differenzierungsstrategien nicht erfolgreich sind, da sie leicht imitiert werden können. Genau hier liegt die zweite Problematik des Gutes Information. Kompliziertes „reverse engineering" unter Einsatz knapper Ressourcen ist bei Informationen gar nicht notwendig, um sie nachmachen zu können. Das Gut selbst dient als Prototyp, von dem nahezu kostenlos ein gleichwertiges[32] Produkt durch einfache Kopie von jedermann gezogen werden kann. Die kostenlose Nutzung eines bereits in Umlauf gebrachten Gutes kann daher von dem Produzenten kaum verhindert werden.

Billigere Kopierkosten und einfachere Übertragungsmöglichkeiten machen es den Produzenten immer schwerer, Verwertungsrechte durchzusetzen. Ein gutes Beispiel bietet die Musikindustrie. Schon lange wird über Gewinnausfälle durch Piraterie bei Musikkassetten und CDs geklagt. Mit Musiktauschbörsen im Internet wie z.B. Napster, Gnutella und Aimster hat das Problem neue Dimensionen gewonnen. Abschnitt 3.1.1.2 belegt, dass private Tauschbörsen sich in Deutschland großer Beliebtheit erfreuen. Geht ein Großteil des Produktes über den Schwarzmarkt, gehen den Unternehmen nicht nur ex post Gewinne verloren, sondern es fehlen ex ante auch die Anreize, Information überhaupt herzustellen. Trotz der technologisch leichteren Produktionsmöglichkeiten muss es daher nicht tatsächlich zu mehr Produktion kommen. Außerdem versagt die Informationsfunktion des Preismechanismus: Weil die Preise, die die Präferenzen der Konsumenten offenbaren sollten, ex post nicht existieren, kann ex ante nicht bestimmt werden, wie viele Ressourcen in die Produktion gesteckt werden sollen.

Statt seine Verfügungsrechte durchzusetzen, kann der Informationsanbieter versuchen, die Kosten der Informationsproduktion auf ein anderes Gut zu überwälzen. Dies ist der Fall bei Werbung. Der Konsument bekommt Information mit Werbung im Bündel angeboten. Der Werbetreibende zahlt für diese Kopplung, da er sich erhofft, auf diese Weise zusätzliche Käufer für sein Produkt anzuziehen. Die Kosten der Information werden damit von den Käufern dieses Produktes getragen. Insbesondere im B2C-Bereich gelingt es bisher kaum einem Unternehmen, seine Informationen zu verkaufen. Der Großteil der Informationsanbieter im Netz hat sich für die zumindest anteilige Werbefinanzierung ent-

---

[32] Hier zeigt sich wieder der Vorteil der digitalen gegenüber einer analogen Technologie. Während bei Printmedien oder Audiokassetten durch mehrfache Kopie schnell Qualität eingebüßt wird, ist auch die Kopie einer Kopie der Kopie (etc.) einer Datei qualitativ dem Original gleichwertig (Shy 2000).

schieden. Neben dem Verkauf von Werbefläche an andere können dem Unternehmen kostenlos angebotene Informationsgüter als Werbung für die eigene Produktpalette dienen.

Werbefinanzierung ermöglicht es, auch homogene Informationsgüter bereitzustellen. Die gefallenen Preise für Werbeplatz machen die Finanzierungsform allerdings zu einer fragwürdigen Strategie.[33] Neue Filtersoftware könnte sie bald völlig zunichte machen. Problematisch an dieser Form ist, dass die Korrelation zwischen der Intensität der Nachfrage nach der Information und dem Wert des Werbeplatzes auf der Internetseite unvollständig ist. Für den Werbetreibenden sind an der Information der Seite die nur gering Interessierten ähnlich wertvoll wie die stark Interessierten. Ist hochqualitative Information, wie anzunehmen, teurer zu produzieren, wird sie daher in ineffizient niedrigem Maße bereitgestellt.

Shy (2000) analysiert, inwieweit ein Käufer der Information bereit ist, einen höheren Preis aufgrund der Möglichkeit, eine Vielzahl von Kopien ziehen zu können, zu zahlen. Kann er diese selbst gewinnbringend weiterverkaufen, sollte dies seine Zahlungsbereitschaft erhöhen. Preise würden dann doch die richtigen Signale übermitteln. Weicht aber nur einer der Käufer von der Strategie ab und gibt die Information kostenlos weiter, können alle anderen potentiellen Nachfrager sie auch kostenlos nutzen. Es ist daher fraglich, ob diese Strategie stabil ist.

Theoretisch ähnlich ist die Lizenzierung. Beispielsweise verkauft Google Lizenzen an andere Internetunternehmen, die diesen die Nutzung der Google-Suchfunktion auf der eigenen Seite erlaubt. Die Unternehmen „verkaufen" die Technologie dann an ihre Kunden weiter. Gegenüber dem privaten Verkauf liegt hier der Vorteil, dass (große) Unternehmen leichter überwacht und ein Missbrauch besser geahndet werden kann (z.B. Vertragsstrafen).

Die Möglichkeit, seine Verwertungsrechte durchzusetzen, hängt neben den Kopier- und Verbreitungsmöglichkeiten auch von den Schutzmöglichkeiten ab. Schutz bietet einerseits der Staat, wenn Gesetze wie z.B. Copyright oder Patente verletzt werden. Andererseits kann aber auch das Unternehmen selbst durch technische Vorkehrungen versuchen, das Kopieren zu erschweren oder ganz zu verhindern. Die Ausbildung des privaten Schutzes hängt von deren Kosten ab.

Diese Kosten sind durch die IT gesunken. Durch Verschlüsselungstechniken (Kryptographie) kann das einzelne Unternehmen das Kopieren unter relativ geringem Aufwand unmöglich machen. So verteilt Microsoft inzwischen Installationspasswörter nur noch nach Kauf und Registrierung über das Internet. Verschlüsselungsmethoden für viele andere Speichermedien befinden sich im Test. Fortschritte in der Verschlüsselungstechnik verbessern den Schutz in der Regel

---

[33] Hoffman und Novak (2000) gehen auf die Schwierigkeiten von Werbung im Internet ein. Die mangelnde Standardisierung des Werbeplatzes und fehlende Kennziffern für die Wirkung von Internetwerbung beim Kunden erschweren den Einsatz des Mediums.

aber nur zeitweise, da sie auf Algorithmen beruhen, die von Hackern und leistungsfähigen Computern geknackt werden können. Allerdings können sie es den Nachfragern erschweren, das Produkt ohne Einwilligung des Produzenten zu nutzen. Dies könnte ausreichen, die Fixkosten der Produktion zu decken.

Da der Nutzen des Gutes nach einmal erfolgter Produktion von allen genossen werden kann, könnte man das Gut auch gemeinschaftlich bereitstellen. Die IT senken die Kosten gemeinsamen Handelns und machen daher die Formierung nichtstaatlicher Interessengruppierungen leichter. Der Einzelne trägt seinen Teil zu dem Gemeinschaftsgut bei; die Versorgung der Gemeinschaft wird von den neuen Techniken zu Overheadkosten von nahe null übernommen. Open-Source-Projekte bei Software stellen eine solche *kollektive Bereitstellung* dar. Prominentestes Beispiel ist das Betriebssystem Linux. Der Quellcode kann von jedermann für private oder wirtschaftliche Zwecke genutzt werden. Bedingung ist allerdings, dass alle Weiterentwicklungen wieder der Allgemeinheit zur Verfügung gestellt werden (General Public Licence).[34] Der Erfolg von Open-Source im Serverbereich spricht für diese Bereitstellungsform.[35]

Die Schwierigkeit bei gemeinschaftlicher Bereitstellung liegt darin, den Einzelnen zum Beitrag zu motivieren. Das Open-Source-Konzept verzichtet auf die Ausübung von Zwang. Die Bereitstellung durch den Einzelnen kommt nur durch Konsum (Spaß am Programmieren, intellektuelle Herausforderung), intrinsische Motivation („Information will frei sein!")[36] oder die Erwartung zustande, an anderer Stelle Erträge aus der Aktivität zu erhalten (Programmierer, Journalisten oder Künstler schaffen sich durch das kostenlose Angebot einen Namen). Bekannte Linux-Programmierer z.B. können damit rechnen, schnell eine einträgliche Arbeit im privaten Sektor zu bekommen. Dieses Konzept hat zu einem relativ breiten Angebot an auch im kommerziellen Sektor angewandter Software geführt.

Im Gegensatz zum Marktmechanismus ist die Übereinstimmung der individuellen mit den sozialen Interessen bei Kooperation nicht gegeben. Es besteht daher die Gefahr der ineffizient niedrigen Bereitstellung des Gutes bzw. der Bereitstellung in einer nicht von der Mehrheit der Nachfrager gewünschten Qualität.

---

[34]   Unter dem Open-Source-Konzept gibt es eine Vielzahl verschiedener Lizenztypen (z.B. BSD, GNU General Public License), die die Rechte und Pflichten des Anwenders mehr oder weniger restriktiv handhaben.

[35]   Vgl. zu den Motivationen von Open-Source-Programmierern die Studie der Boston Consulting Group „Was Unternehmen von Linux-Hackern lernen können". Online-Quelle (Zugriff am 05.02.2002): http://www.bcg.de/publikationen/presse/pressm.asp

[36]   Slogan, der in der Open-Source-Literatur häufig zu finden ist.

Erfahrungsgut bzw. Vertrauensgut

Die Katze im Sack

Ein neoklassisches Gut ist schließlich dadurch gekennzeichnet, dass jeder dessen Eigenschaften kennt. Dies ist bei vielen Gütern aber nicht der Fall. Der Käufer „erfährt" die Qualität des Gutes erst nach einmaligem (*Erfahrungsgut*) oder längerem Konsum (*Vertrauensgüter*). Der Konsument muss daher vor dem Kauf Erwartungen über die Qualität bilden. Nimmt man an, dass er zwar die Qualität des Gutes, das ihm angeboten wird, ex ante nicht beurteilen kann, sehr wohl aber die Verteilung der am Markt vorhandenen Qualitäten kennt oder zumindest darüber Erwartungen bilden kann, ist es plausibel, dass er seine Zahlungsbereitschaft an der durchschnittlichen oder durchschnittlich zu erwartenden Qualität ausrichtet.

Informationen sind solche Erfahrungs- bzw. Vertrauensgüter. Bevor die Information nicht gelesen, gehört oder gesehen wurde, kann der Einzelne nicht beurteilen, ob sie tatsächlich den für ihn relevanten Inhalt hat. In vielen Fällen, z.B. bei Gesundheitsinformationen, wird dies erst nach längerer Zeit deutlich. Der Produzent hingegen ist über die Qualität seines Gutes informiert. Er hat Anreize, diese zu hoch auszuweisen, da er für höhere Qualität einen höheren Preis verlangen kann. Der Konsument wird dies aber einkalkulieren bzw. aus Erfahrung klug geworden sein und nur für die durchschnittlich zu erwartende Qualität zahlen. Anbieter mit vorher hoher Qualität können daher ihre Kosten nicht decken und werden das nächste Mal nur noch durchschnittliche Qualität anbieten. Da die Informationsasymmetrien dadurch nicht verschwinden, werden sich die Konsumenten auch in der nächsten Runde wieder an die dann niedrigere Durchschnittsqualität anpassen. Folge ist eine Abwärtsspirale, die im Extremfall zum Zusammenbruch des Marktes für hohe Qualität führt (*market for lemons*).

„Signalling" und „Screening"

Um das „lemon"-Problem zu umgehen, gibt es eine Vielzahl verschiedener Möglichkeiten. All diese Strategien haben zum Ziel, hoch qualitative von niedrig qualitativer Information zu trennen. Bei einigen Gütern kann das Erfahrungsgutproblem durch Ausgabe von *Proben* oder *Testläufen* umgangen werden. Das Problem bei Information ist, dass sie, einmal „ausprobiert", für den Konsumenten keinen Nutzen mehr hat. Das Unternehmen kann die gewünschte Information jedoch in abgespeckter Form an den Nachfrager weitergeben oder auf der Internetseite präsentieren. Zusammenfassungen, Pressemitteilungen, Hörproben etc. dienen dieser Funktion. In der einen oder anderen Form findet man sie bei allen großen Informationsanbietern im Netz.

Der Kunde ist bereit, für die Information ihren wahren Wert zu zahlen, wenn er sicher sein kann, dass die Marktgegenseite sein Vertrauen nicht ausnutzt.

Reputation ist eine Möglichkeit, dem Kunden Glaubwürdigkeit zu signalisieren, da Fehlverhalten seitens des Unternehmens zum Verlust des Vertrauenskapitals führt, d.h. bereits getätigte Investitionen zunichte macht. *Marken* sind ein Träger von Reputation, da ihr Aufbau teure Marketingmaßnahmen und die Einhaltung von Qualitätsstandards bedingt. Kurzfristiges Ausnutzen des Vertrauens zahlt sich nicht aus, da dadurch die Marke „beschmutzt" wird. Reputation verhindert Marktversagen und stellt damit eine effiziente Institution dar. In den Abschnitten 2.4.1 und 3.1.1.2 wurde gezeigt, dass Reputation bereits heute im Internet eine große Rolle spielt. Da die Preise renommierter Firmen höher als ihre Kosten sein müssen, damit Renten bestehen, deren Verlust Firmen diszipliniert, werden aber allokative Ineffizienzen hervorgerufen.

Weiter kann die Güte der Unternehmensleistung *durch Vermittlung unabhängiger Dritter* belegt werden. Ähnlich wie die Stiftung Warentest oder der TÜV gibt TRUSTe im Internet den Unternehmen, die gewissen Standards im Datenschutz genügen, ein Gütesiegel. Das Vertrauen, das Kunden in TRUSTe haben, überträgt sich so auf das entsprechende Unternehmen.

Die Problematik von Reputation liegt darin, dass sie als Eintrittsbarriere genutzt werden kann. Auch ist der Aufbau von Reputation bzw. das Agieren einer dritten Partei nicht kostenlos. Die Kosten werden in der Regel auf die Kunden überwälzt. Abhängig von Informationsstand und Risikoaversion werden die Kunden bereit sein, renommierten Anbietern höhere Preise zu zahlen. Hier liegt eine weitere Ursache für die Preisdispersion, aber auch für Durchschnittspreise über Grenzkosten.

Eine interessante neue Variante der Reputation, die in dieser Form überhaupt erst durch die IT möglich wurde, ist die Kollektion von *Feedback-Berichten*, wie sie bei eBay zu finden ist. Resnick und Zeckhauser (2001) decken einige interessante Eigenheiten dieses Mechanismus auf. Trittbrettfahrerverhalten besteht zwar, in über der Hälfte der Fälle werden Berichte aber angefertigt. Die Anzahl der positiven Berichte überwiegt bei weitem. Verkäufer mit einer guten eBay-Reputation verlangten keine höheren Preise als solche mit einer schlechten. Die ebenfalls erst durch das Internet möglich gewordenen Communities funktionieren ebenfalls über elektronische Mund-zu-Mund-Propaganda und spielen damit eine vergleichbare Rolle.

Fazit: Differenzieren, Bündeln, Bewerben und Verschenken

Informationen haben steigende Skalenerträge in der Produktion, sie sind Erfahrungsgüter, und Verwertungsrechte an ihnen sind nur schwer durchzusetzen. Ein Handel über neoklassische Spotmärkte ist damit nicht möglich. Möglich ist aber Differenzierung + Preisdiskriminierung + Reputation oder Differenzierung + Werbung oder Preisdiskriminierung + Reputation oder Open-Source oder ... Kaum eine Kombination der im letzten Abschnitt erläuterten Strategien, die man im Internet nicht wiederfinden würde. So wie es derzeit erscheint, kann nur überleben, wer verschiedene Strategien einsetzt und eine für sein Produkt geeignete Kombination wählt.

Produktdifferenzierung ist wichtig, um Preisgestaltungsspielraum gegenüber den anderen Unternehmen zu erhalten. Aber auch Werbeeinnahmen fließen nur, wenn die Information sich hinreichend von der der Konkurrenz abhebt. Das Ausmaß der Differenzierung ist durch die Höhe der Fixkosten beschränkt. Vertrauensbildung ist notwendig, um die Kunden von der Güte des eigenen Produkts zu überzeugen. Nur dann wird das differenzierte Gut tatsächlich gekauft. Die gewählte Preisstrategie – Einheits- oder Individualpreise, „versioning" oder Bündelung – bestimmt schließlich, wie der Gestaltungsspielraum genutzt wird und ob die Fixkosten gedeckt werden können.

Die verschiedenen Strategien dienen dazu, die Funktionsfähigkeit des Marktes trotz der nicht neoklassischen Gutseigenschaften von Information zu erhalten. Sie führen aber auch dazu, dass eine optimale Allokation im Sinne einer Arrow-Debreu-Welt nicht erreicht wird. Zieht man diese als Vergleichsmaßstab heran, muss man im Auge behalten, dass sie in Informationsmärkten nur durch den allwissenden wohlwollenden Diktator, nicht aber durch den Markt erreicht werden könnte. Die effizienteste durch den Markt erreichbare Lösung bestimmt sich im Spannungsfeld von Gestaltungsspielraum, Preisstrategie und Fixkosten. Aus gesamtwirtschaftlicher Sicht sind solche Kombinationen gut, die gerade soviel Monopolmacht sichern und soviel Renten abschöpfen, dass die Fixkosten gedeckt werden können. Unter den guten Kombinationen ist jene optimal, die den größtmöglichen Output sichert. Die wirtschaftlichen Rahmenbedingungen sind mit dafür verantwortlich, welche Strategien offen stehen und welche von den Unternehmen gewählt werden. In Kapitel 4 wird untersucht, was der Staat dazu beitragen kann, die Allokation in Informationsmärkten zu verbessern.

3.1.2.3 Asymmetrisch verteilte Information

Die beiden Abschnitte 3.1.2.1 und 3.1.2.2 haben gezeigt, dass zum einen die Vermarktung der IT selbst Schwierigkeiten bereitet, zum anderen Information, das Gut, dessen Produktion und Verbreitung sie erleichtern, nur unter Effizienzverlusten gehandelt werden kann. Eine weitere Quelle von Ineffizienzen stellt die Verteilung der neuen und der bereits am Markt vorhandenen Information auf die Wirtschaftssubjekte dar. Welche Auswirkungen haben die IT auf diese Verteilung?

Jedes Gut am Markt ist durch eine Reihe von Charakteristika gekennzeichnet. Nach neoklassischer Theorie ist die Information über die Ausprägung der Charakteristika für jeden frei verfügbar. In der Realität ist das Individuum aufgrund hoher Transaktionskosten und begrenzter Rationalität meist nur unvollständig darüber informiert. Die IT senken Transaktionskosten und geben dem Wirtschaftssubjekt Instrumente an die Hand, die seine Verarbeitungskapazitäten verbessern. IT sollten daher tendenziell zu einer Verbesserung des Informationsstands führen.[37]

Information ist in der Regel aber auch proprietär und kann daher nur beobachtet werden, wenn der Besitzer dies gewährt. Die moderne Informationsökonomie weist darauf hin, dass die vorliegende Informationsstruktur Auswirkungen auf das Marktergebnis hat. Dies ist der Fall, weil asymmetrische Informationsverteilung Raum für strategisches Verhalten gibt. Information in der Hand nur einer Marktseite kann die Renten zugunsten dieser Seite verschieben (Stiglitz 2000). Unvollständige Information wird daher nicht allein auf der Schwierigkeit beruhen, Informationen zu beschaffen und zu verarbeiten, sondern auch auf der mangelnden Bereitschaft der anderen, diese wahrheitsgemäß zu offenbaren. Dabei ist danach zu unterscheiden, ob sich die Informationsasymmetrien auf die Marktpreise, die Produktqualitäten oder die Nachfragepräferenzen beziehen.

Von Schnäppchenjägern und anderen Nachfragern

Aufgrund von Preisunsicherheit kann es zur Bildung von Monopolrenten kommen. Stigler (1961) untersucht dieses Problem zum ersten Mal. Gibt es auch ein paar Schnäppchenjäger im Markt, so bricht doch ein großer Prozentsatz der Nachfrager seine Suche nach dem billigsten Preis nach einer gewissen Anzahl von Versuchen ab, weil die Suchkosten zu hoch werden. Es macht daher für einige Unternehmen Sinn, höhere Preise als die Konkurrenz zu setzen, da sie mit einem gewissen Anteil von Kunden rechnen können, die die Suche nach dem besten aller möglichen Preise genau in ihrem Geschäft aufgeben. Varian (1980) zeigt, dass es in einem dynamischen Umfeld die optimale Strategie für jedes einzelne Unternehmen ist, immer wieder neu aus verschiedenen Preisen zu wählen. Durch temporäre Sonderangebote verhindert das Unternehmen, dass die Konsumenten es als teuer klassifizieren. Während der verbleibenden Zeit kann es durch Monopolpreise Renten von den Konsumenten mit hohen Suchkosten und hoher Zahlungsbereitschaft abschöpfen.

Intelligente Agenten

Firmen diskriminieren durch die eben beschriebenen Strategien zwischen informierten und nicht informierten Kunden, d.h. zwischen solchen mit hohen und niedrigen Suchkosten. Durch die IT sinken die Suchkosten. Die Informationsflut im Internet übersteigt zwar die Verarbeitungskapazität der Wirtschaftssubjekte;

---

[37] Hier liegt der Grund, warum die IT nicht nur den Handel mit reinen Informationen beeinflussen, sondern auch physische Güter betreffen.

das Individuum kann auf sich alleine gestellt am Internetmarktplatz nur eine verschwindend kleine Menge der verfügbaren Information nutzen. Spezielle Software-Programme, so genannte intelligente Agenten, können die Suche jedoch unterstützen. Die Technik erlaubt es per Knopfdruck, in Sekundenschnelle Anfragen an eine Vielzahl von Marktteilnehmer zu schicken und die erfragte Information anhand von vorgegebenen oder selbst definierten Auswahlkriterien zu sortieren. Die Einschränkung, dass Individuen nur begrenzt rational sind, bindet nicht mehr.

Shopping-Roboter (kurz: Shopbots) unterstützen den *Nachfrager* bei seiner Suche nach Produktpreisen.[38] Die Macht der Produzenten wird eingeschränkt, da es möglich wird, eine sehr viel größere Anzahl von Unternehmen zu screenen als vorher. Da das billigere Unternehmen nur einen Klick entfernt ist, werden geographische Nischen zerstört. Der Vergleich fällt bei homogenen Gütern leichter; manche dieser Agenten können aber auch schon Qualitätsmerkmale in die Evaluation einbeziehen. Informationen über Produktcharakteristika können ebenfalls leichter eingeholt werden. Preisunsicherheit wird wegen der besseren Recherchemöglichkeiten auf Seiten der Kunden daher geringer. Unternehmen können diese nicht mehr als strategische Variable nutzen. Auch Monopolnischen, die auf Preisunsicherheit beruhen, werden weniger.

Die *Unternehmen* haben kein Interesse an vollständig transparenten Märkten, da dadurch der Wettbewerb intensiviert wird und ihnen Monopolrenten entgehen. Empirische Studien belegen, dass Internethändler selbst bei vollständig homogenen Produkten wie Büchern und CDs versuchen, ihr Produkt in den Augen der Konkurrenten durch zusätzliche Dienstleistungen zu unterscheiden. Diese zusätzlichen weichen Faktoren können von „Shopbots" nur schwer erkannt werden. Unternehmen können die von „Bots" kommenden Anfragen auch abblocken. Weiter besteht die Möglichkeit, die intelligenten Agenten für die eigenen Zwecke zu instrumentalisieren. Bei einigen Such- und Preisvergleichsmaschinen beobachten wir bereits, dass bestimmte Unternehmen an exponierter Stelle gelistet werden. Aufgrund der Komplexität der dahinter stehenden Technologie (Vertrauensgüter) fällt es den Kunden schwer, neutrale von gesponserten „Bots" zu unterscheiden. Schließlich können Unternehmen selbst intelligente Agenten einsetzen (Greenwald und Kephart (1999) bezeichnen diese als „Pricebots"). „Shopbots" können mit „Pricebots" in Verhandlungen treten und abhängig vom Konsumenten die optimale Preisstrategie fahren. Noch sind diese „Pricebots" technisch nicht ausgereift genug, um in großem Stil angewandt werden zu können. In Zukunft ist aber mit mehr derartigen 1:1-Verhandlungen zu rechnen. Die resultierenden Auswirkungen auf die Preise hängen dann von dem

---

[38] Siehe z.B. Online-Quellen (Zugriff jeweils am 01.10.2002): http://www.guenstiger. de und http://www.shoppingscout24.de

Wert der privaten Information auf beiden Seiten ab und der Möglichkeit, diese zu verschleiern.

Asymmetrische Qualitätsinformation

Da der Faktor Information durch die IT gegenüber anderen relativ billiger geworden ist, sollte in die meisten Produkte mehr Information eingehen. Je mehr Informationen in ein Produkt eingehen, desto komplexer wird es aber tendenziell und desto schwieriger ist es auf den ersten Blick zu beurteilen. Marktversagen aufgrund von Erfahrungsguteigenschaften wird daher zum einen häufiger zu beobachten sein. Zum anderen wird dem Nachfrager durch die Internettechnologie eine weitere Möglichkeit der Evaluierung, die Besichtigung nämlich, genommen. Ohne Ansehen des Produktes muss er sich dafür entscheiden.

In Abschnitt 3.1.2.2 (S. 89–91) wurde auf die Erfahrungsgutproblematik eingegangen und wurden Möglichkeiten aufgezeigt, mittels derer Marktversagen verhindert werden kann. Prinzipiell gelten hier die gleichen Aussagen. Für physische Güter können aber noch zwei weitere wichtige Instrumente hinzugefügt werden. *Garantien* spielen bei Informationsgütern eine unbedeutende Rolle, da die Qualitätseigenschaften meist nicht objektiv bewertet werden können und der Anspruch ex post auf Ersatz daher nur schlecht falsifizierbar ist. Die Kunden haben aber Anreize, ihn einzufordern, da die Information, einmal gelesen, für sie wertlos wird („moral hazard"). Bei physischen Gütern werden Garantien hingegen häufig eingesetzt. Viele Unternehmen bieten über die staatlichen Mindestanforderungen hinausgehenden Schutz an, um die Güte ihres Produkts zu signalisieren.

Neben der von eBay institutionalisierten Mund-zu-Mund-Propaganda bietet das Unternehmen seit neuestem zusätzlich einen *Versicherungsschutz* an. Dieser wird aus den Listungsgebühren der Verkäufer bestritten und sichert den Käufer gegen mangelhafte oder ausbleibende Lieferung bis zu einem Höchstbetrag von 200 Euro ab. Wird das von eBay unterstützte elektronische Zahlungssystem genutzt, steigt die Versicherungssumme bis auf 2 500 Euro. Versicherungen dienen bei Qualitätseigenschaften, die nicht in der Hand des Verkäufers liegen, dazu, die Unsicherheit der Konsumenten zu reduzieren. Dieses Instrument wird daher insbesondere von Intermediären gewählt.

Asymmetrische Information über die Eigenschaften der Nachfrager

Auf einen letzten Punkt sei noch kurz hingewiesen. Die vorangegangenen Abschnitte haben die Bedeutung von Preisdiskriminierungs- und Produktdifferenzierungsstrategien hervorgehoben. Auch bei physischen Gütern werden diese angewandt, um Renten abzuschöpfen. Um diese anwenden zu können, benötigen die Unternehmen Informationen über die Präferenzen ihrer Kunden. Die IT haben prinzipiell die Möglichkeiten der Unternehmen verbessert, die Wahlhandlungen der Kunden zu beobachten und auszuwerten. Ein Mechanismus, mit dem – wenn optimal „designt" (z.B. Vickery Auktion) – die Zahlungsbereitschaften der Kunden ermittelt werden können, sind Auktionen. Durch eine Senkung der Trankaktionskosten der Teilnahme kann dieser Mechanismus heute sehr viel häufiger eingesetzt werden als früher (vgl. Abschnitt 3.1.1.2).

Auch die Interessen der Nachfrager werden durch die IT unterstützt.[39] So genannte Anonymizer-Software, mittels derer die ursprüngliche IP-Nummer verdeckt werden kann, erlauben es dem Kunden, bei Besuch einer Webseite seine Identität zu verbergen. Die Website demgegenüber kann ihre Identität nicht oder nur unter sehr hohen Transaktionskosten verbergen. Der Käufer entscheidet dann darüber, ob es für ihn individuell rational ist, seine Identität zu offenbaren. Cranor und Resnick (2000) zeigen, dass es dann für einen Verkäufer nicht mehr die optimale Strategie ist, differenzierte Preise anzubieten. Die Autoren vernachlässigen allerdings, dass der Nachfrager auch Vorteile aus der Personalisierung, z.B. in Form einer bequemeren Abwicklung der Zahlungsformalitäten bei 1-Click-Shopping, haben kann.

Schließlich sind Informationen auch deswegen nicht ohne weiteres frei verfügbar, weil staatliche Schutzrechte bestehen. Durch ihre Wahlhandlungen offenbaren Konsumenten zwar einen großen Teil davon, dadurch gehen sie aber nicht notwendig in die öffentliche Domäne zur freien Verfügung über. Gesetzliche Regelungen definieren unter Umständen, welche Verfügungsrechte Unternehmen darüber haben. Hierauf wird in Abschnitt 4.1 noch einzugehen sein.

3.1.3 Fazit

Auch wenn die IT die Transparenz der Wirtschaft verbessern könnten, heißt dies nicht, dass es tatsächlich zu mehr Transparenz kommt. Zu hoch sind die individuellen Interessen, diese zu verhindern. Werden einer Seite Möglichkeiten an die Hand gegeben, für sie relevante Informationen leichter herauszufinden, werden die Entwicklungsanstrengungen der Gegenseite darauf gerichtet, ein Blockiersystem zu entwickeln, das dies verhindert. Ähnlich dem Wettrüsten führt dies zu einem hohen Ressourcenaufwand, ohne die Kräfteverhältnisse zu ändern. Dies ist ein Grund für die hohe Preisdispersion, die man für physische Güter, die über das Internet gehandelt werden, findet.

Ein anderer Grund ist die große Bedeutung von vertrauensbildenden Maßnahmen. Auch sie bewirken, dass sich Preise trotz gleicher Produkteigenschaften

---

[39] Zu derzeit vorhandenen Schutzmöglichkeiten für die Nachfrager siehe Online-Quelle (Zugriff am 31.07.2002): http://www.anonymizer.de

unterscheiden. Wird bei dem Vergleich der Produkteigenschaften die Reputation des Anbieters in die Bewertung mit einbezogen, reduziert sich die Streuung hingegen erheblich (Brynjolfsson und Smith 2000a).

3.2   Finanzmärkte: Die Rolle der Banken in der neuen Ökonomie

Der technische Fortschritt in der neuen Ökonomie führt dazu, dass Informationen im Wirtschaftsprozess sowohl als Produktionsfaktoren als auch als Produkte eine immer wichtigere Rolle spielen. Das Beschaffen und Verarbeiten von Informationen gehört traditionell zu den zentralen Aufgaben von Finanzintermediären im Allgemeinen und Banken im Besonderen. Daher gehört der Finanzsektor zu den Wirtschaftszweigen, für die die neue Ökonomie besonders weitreichende Konsequenzen haben dürfte.

Dieser Abschnitt liefert einen konzeptionellen Rahmen, in dem diese Konsequenzen diskutiert werden können, und gibt einen Überblick über die vorhandene Evidenz. Wir diskutieren die Implikationen der neuen Ökonomie für die Rolle der Banken sowohl bei der Überwindung von Informationsasymmetrien (Diamond 1938; Fama 1985) als auch bei der Bereitstellung von kurzfristiger Liquidität für Einleger und Kreditnehmer (Kashyap et al. 2002; Rajan 1996).

Abschnitt 3.2.1 gibt einen kurzen Überblick über die theoretische Literatur zur besonderen Rolle der Banken in der Ökonomie. In Abschnitt 3.2.2 erörtern wir die Auswirkungen der neuen Ökonomie auf Informations- und Transaktionskosten und auf Skalenerträge im Finanzbereich. Abschnitt 3.2.3 diskutiert die Auswirkungen dieser Veränderungen auf die Fähigkeit der Banken, die in der Theorie diskutierten Aufgaben wahrzunehmen. Dabei steht die Rolle der Banken bei der Überwachung von Kreditnehmern und bei der Beurteilung von Kreditrisiken im Mittelpunkt. Wir argumentieren, dass die neue Ökonomie einerseits den Spielraum für Spezialisierung erweitert und es dadurch neuen Anbietern ermöglicht, etablierten Banken in Teilbereichen des traditionellen Geschäfts Konkurrenz zu machen, ohne selbst die komplette Palette der traditionellen Bankdienstleistungen anbieten zu müssen. Andererseits eröffnet die neue Ökonomie den etablierten Banken auch neue Geschäftsfelder, in denen sie ihre traditionellen komparativen Vorteile einsetzen können. Ausweislich der Evidenz zu Fusionen im europäischen Finanzsektor diskutieren wir auch die Auswirkungen der neuen Ökonomie auf die Struktur des Finanzsektors. Dabei zeigt sich, dass es neben Hinweisen auf Konsolidierung und Spezialisierung auch Hinweise auf neue Verbundvorteile gibt. Abschnitt 3.2.4 fasst die wichtigsten Ergebnisse zusammen und stellt einige Überlegungen an zu den Konsequenzen der zu erwartenden Strukturveränderungen im Bankensektor für die optimale Regulierung und Bankenaufsicht.

3.2.1 Die Rolle der Banken: Informationsverarbeitung und Liquiditätsbereitstellung

Wie werden sich die Veränderungen, die unter dem Schlagwort „neue Ökonomie" zusammengefasst werden, auf den Bankensektor auswirken? Diese Frage kann nicht beantwortet werden, ohne sich klar zu machen, worin die besondere Rolle der Banken in der Ökonomie besteht. In der Literatur wird typischerweise hervorgehoben, dass Banken sowohl Kredite vergeben, als auch Einlagen hereinnehmen und eine zentrale Rolle bei der Abwicklung des Zahlungsverkehrs spielen. Für dieses bankenspezifische Geschäftsprofil werden im Wesentlichen zwei Erklärungen angeboten:

Erstens können durch die Kombination von Einlagen- und Kreditgeschäft Verbundvorteile bei der Liquiditätsbereitstellung erzielt werden. Banken vergeben Kredite häufig in Form von Kreditgarantien oder Überziehungskrediten. Daher können Kreditvergabe und Einlagengeschäft als zwei Varianten derselben Dienstleistung aufgefasst werden: der kurzfristigen bedarfsgerechten Bereitstellung von Liquidität (Kashyap et al. 2002). Ein Kredit ist aus dieser Sicht weitgehend identisch mit der Einrichtung eines Girokontos mit Überziehungskreditrahmen. Aus dieser Beobachtung ergibt sich, dass die beiden Aktivitäten durch natürliche Synergien gekennzeichnet sind. Denn beide Aktivitäten verlangen, dass Banken in hinreichendem Ausmaß liquide Aktiva in ihren Bilanzen halten. Wenn Barabhebungen von Girokonten und das Abrufen von Kreditgarantien und Überziehungskrediten nicht vollkommen miteinander korreliert sind, dann können durch die Kombination beider Aktivitäten die Kosten der Liquiditätshaltung gesenkt werden. Zudem werden sowohl für die Kreditvergabe als auch für das Einlagengeschäft mit Überziehungskrediten bzw. die Abwicklung des Zahlungsverkehrs Systeme zur Bewertung von Geschäftspartnern, zum „Monitoring" und zur Vertragsdurchsetzung benötigt. Auch daraus kann sich für Banken ein Kostenvorteil durch die Kombination der beiden Aktivitäten ergeben (Goodfriend 1991).

Zweitens wird das bankentypische Geschäftsprofil damit begründet, dass es besonders gut geeignet ist, die Kosten asymmetrischer Informationen zwischen Kreditgebern und Schuldnern zu begrenzen (Diamond 1938). Eine weitere zentrale Rolle der Banken besteht damit in der Beurteilung der Bonität potentieller Kreditnehmer (*Screening*) ex ante, das heißt vor der Kreditvergabe, und in der Kontrolle von Kreditnehmern (*Monitoring*) ex post, das heißt während der Laufzeit des Kredits. Diese Rolle übernehmen Banken nicht nur bei der Vergabe eigener Kredite, sondern auch bei der Betreuung von Wertpapieremissionen an den Börsen. Die Informationsbeschaffung über Kreditnehmer und Investitionsprojekte wird dabei von den Anlegern an die Banken delegiert. Da Informationen Kollektivgutcharakter haben, können durch die Einschaltung von Banken Trittbrettfahrerprobleme reduziert und die Kosten der Informationsbeschaffung minimiert werden. Hinzu kommt, dass Banken durch die Kombination von Einlagen- und Kreditgeschäft aus der Kontenführung und der Abwicklung des Zahlungsverkehrs Informationen gewinnen können, die sowohl für die Bonitätsbeurteilung im Vorfeld einer Kreditentscheidung als auch für die Kontrolle während der Kreditlaufzeit wichtig sein können (Fama 1985).

Die neue Ökonomie hat unterschiedliche Implikationen für die Fähigkeit von Banken, ihre traditionelle Rolle bei der Bereitstellung von Liquidität und bei der Informationsverarbeitung zu erfüllen. Die folgenden Abschnitte zeigen, dass sinkenden Informations- und Transaktionskosten einerseits den Wettbewerbsdruck für traditionell positionierte Banken erhöhen, andererseits aber auch den Banken neue Möglichkeiten eröffnen, ihre komparativen Vorteile auszuspielen und über neue Produkte und Dienstleistungen ihren Platz im Finanzsektor zu behaupten.

3.2.2   Der Einfluss der neuen Ökonomie

Im Zentrum der neuen Ökonomie steht die zunehmende Bedeutung von Informationen als Produktionsfaktoren und Produkte, hervorgerufen durch technologische Innovationen, die die Kosten der Sammlung, Aufbewahrung, Verarbeitung und Kommunikation von Informationen dramatisch gesenkt haben. Es sind im Wesentlichen drei Kanäle, durch die diese technologischen Veränderungen den Finanzsektor beeinflussen: sinkende Informationskosten und erhöhte Transparenz, sinkende Transaktionskosten und sich ändernde Skalenerträge.[40]

3.2.2.1 Informationskosten

Kosteneinsparungen durch neue Informationstechnologien basieren im wesentlichen auf der Digitalisierung von Informationen. Die Kosten sinken, weil die Speicherung, Verarbeitung und Weiterleitung und häufig sogar die Beschaffung digitalisierter Informationen automatisiert werden können und weil eine weitergehende Spezialisierung bei der Informationsbeschaffung und -verarbeitung erreicht werden kann (Petersen 2001). Beispielsweise können im Internet Nutzer-

---

[40]   Eine weitere Neuerung betrifft elektronisches Geld (Mantel 2000). Die Erörterung dieses Aspekts würde den Rahmen dieses Abschnitts jedoch sprengen.

daten durch Computerprogramme gesammelt und strukturiert werden. Außerdem kann das Sammeln und Aufbereiten von digitalisierbaren Informationen delegiert werden. Dadurch kann der Prozess der Informationsverarbeitung in einzelne Teilaufgaben aufgespalten werden, die dann von verschiedenen jeweils darauf spezialisierten Arbeitskräften erledigt werden können. Knappes Humankapital kann so effizienter eingesetzt werden.

Sinkende Informationskosten führen tendenziell zu einem verbesserten Informationsfluss zwischen den Wirtschaftssubjekten und damit zu einer Verringerung von Unsicherheit und von asymmetrischen Informationen. Banken können dabei einerseits von sinkenden Informationskosten profitieren, indem sie ihre Dienstleistungen billiger anbieten. Die neuen Informations- und Kommunikationstechnologien eröffnen den Banken die Chance, ihre traditionellen komparativen Vorteile bei der Informationsverarbeitung in neue Produkte und neue Dienstleistungen umzusetzen. Andererseits ermöglichen sinkende Informationskosten es aber auch neuen Anbietern, in die traditionellen Märkte der Banken einzudringen. Im Extremfall können sinkende Informationskosten sogar dazu führen, dass Anleger und Investoren direkt miteinander in Kontakt treten können, ohne auf Banken und andere Finanzintermediäre angewiesen zu sein.

Gerade die Tatsache, dass neue Technologien Kostensenkungen durch Automatisierung und Spezialisierung herbeiführen, setzt dieser Form der Informationsbeschaffung und -verarbeitung aber auch Grenzen. Kosteneinsparungen durch Digitalisierung, Automatisierung und Spezialisierung sind vor allem bei „harten" Informationen möglich, das heißt bei Informationen, die ohne nennenswerten Qualitätsverlust in Zahlen überführt und objektiv interpretiert werden können. Dazu gehören beispielsweise Bilanzdaten.

Dies ist jedoch nicht immer möglich. Unter „weichen" Informationen versteht man Informationen, die im weitesten Sinne kontext-sensitiv sind, d.h. bei deren Interpretation Wissen um die Umstände, unter denen die Informationen gewonnen wurden, wichtig ist. Diese Informationen lassen sich nicht ohne weiteres in Zahlen fassen und sind auch nur eingeschränkt von Person zu Person kommunizierbar. Das bedeutet, dass sie sich sehr viel weniger gut für die oben beschriebenen Prozesse der Automatisierung und Arbeitsteilung eignen als „harte" Informationen.

Ein gutes Beispiel hierfür sind Erfahrungen. Im Laufe zahlreicher Kundenkontakte erhält beispielsweise ein Kreditsachbearbeiter beiläufig viele Informationen, nach denen er gar nicht gesucht hat, weil sie zunächst ohne Bedeutung sind. Zu einem späteren Zeitpunkt können sich diese Informationen aber als sehr wertvoll erweisen, wenn es darum geht, einen Kreditantrag zu beurteilen (Petersen 2001). Die beiden Aufgaben der Informationsbeschaffung und Informationsverwertung können in diesem Fall nicht personell getrennt werden, da der für die Verwertung der Informationen Zuständige nur Zugang zu den Informationen hätte, deren Beschaffung er in Auftrag gegeben hat, nicht aber zu den Erfahrungen, die der mit der Informationsbeschaffung Betraute zusätzlich gemacht hat, ohne ihre Relevanz zu kennen.

Dort, wo weiche Informationen auch in Zukunft von Bedeutung sein werden, ist nicht zu erwarten, dass die neue Ökonomie ohne Banken und andere Finanzintermediäre auskommen wird. Vielmehr ist damit zu rechnen, dass traditionellen Finanzintermediären vor allem dort Konkurrenz von Kapitalmärkten und neuen Anbietern erwachsen wird, wo vor allem harte Informationen von Bedeutung sind, und dass sich die traditionellen Finanzintermediäre stärker als bisher auf diejenigen Geschäftsfelder konzentrieren werden, bei denen weiche Informationen von besonderem Wert sind.

Hinzu kommt, dass mit der Zunahme der Vielfalt an harten Informationen, die zunächst relativ unstrukturiert angeboten werden, auch die Nachfrage steigt nach Intermediären, die relevante Informationen filtern und strukturieren. Die Entwicklung von Suchmaschinen im Internet ist eine Antwort auf dieses Erfordernis. Damit entsteht aber auch eine neue Rolle für (Finanz-)Dienstleister, die sich auf die Aufarbeitung von Informationen spezialisieren und relevante Informationen bündeln.

Während Disintermediationsprozesse das Ergebnis verstärkter direkter Finanzbeziehungen zwischen Wirtschaftssubjekten sind, fördert die zunehmende Verfügbarkeit von Informationen das Entstehen neuer Geschäftsmodelle für Finanzdienstleister im Internet und löst damit einen Reintermediationsprozess aus, wie insbesondere das Entstehen von Discount-Brokern gezeigt hat.[41] Das Internet bietet damit eine Vielzahl neuer Ertragschancen wie den Verkauf nicht bankentypischer Zusatzprodukte und -dienstleistungen (IT-Dienstleistungen), das Angebot an Dienstleistungen im so genannten Business-to-Business-Bereich (Zahlungsabwicklung) sowie treuhänderische Dienstleistungen (Bonitätsprüfungen). Aufgrund der Bedeutung von Reputationseffekten im Finanzwesen ist zu erwarten, dass es gerade Anbieter mit etablierten Markennamen sind, die in diesen Bereichen Wettbewerbsvorteile haben.

3.2.2.2 *Transaktionskosten*

Die neuen Entwicklungen in der Informations- und Kommunikationstechnologie haben auch zu einer Reduktion von technologisch bedingten Transaktionskosten geführt. Bereits Mitte der sechziger Jahre wurde prognostiziert, dass sich die

---

[41]   In Deutschland nutzen gegenwärtig rund 1,5 Mill. Kunden die Dienstleistungen von „Discount-Brokerage"-Anbietern. Für das Jahr 2002 wird mit einem Anstieg der Kundenzahl auf rund 3,5 Mill. gerechnet (Bundesverband deutscher Banken 2000).

Computerleistung jährlich verdoppelt (Mooresches Gesetz),[42] und in der Tat hat sich eine entsprechende Tendenz bis heute fortgesetzt. Ähnliche Entwicklungen lassen sich für den Telekommunikationsbereich beobachten (Weltbank 1999). Zudem tragen die technologischen Möglichkeiten des Internets dazu bei, Arbeitskosten zu verringern und Fixkosten, wie sie insbesondere im Zusammenhang mit der Aufrechterhaltung und Etablierung von Zweigstellennetzen auftreten, zu reduzieren.

Diese Überlegungen lassen sich anhand der folgenden stilisierten Fakten illustrieren. Während Finanztransaktionen, die über eine Zweigstelle getätigt werden, im Mittel Kosten von 1,5 US-Dollar verursachen, liegen die Kosten für alternative Distributionskanäle deutlich tiefer. So liegen die diesbezüglichen Kosten im Falle eines Geldautomaten bei 0,55 US-Dollar sowie im Falle einer Internettransaktion bei lediglich 0,01 US-Dollar. Für Call Center liegen die Kosten bei rund 2 US-Dollar im nichtautomatisierten Fall sowie bei rund 0,35 US-Dollar im automatisierten Fall (Claessens et al. 2000; Bellsouth 1999).

Mitentscheidend dafür, wie rasch der technologische Fortschritt sich tatsächlich in der Fläche in niedrigeren Informations- und Transaktionskosten niederschlagen wird, dürfte jedoch die Akzeptanz neuer Technologien in der Bevölkerung sein. Während Umfragen zufolge derzeit beispielsweise rund 85 Prozent der Bankkunden nahezu ausschließlich über das Filialgeschäft Kontakt mit ihrer Bank aufnehmen, möchten in Zukunft lediglich 10 Prozent der Bankkunden ausschließlich über Filialen bedient werden (Bundesverband deutscher Banken 2001). Weitere 10 Prozent wären mit einer ausschließlichen Bereitstellung von Finanzdienstleistungen online zufrieden; die Mehrzahl der Bankkunden favorisiert eine Kombination beider Vertriebswege.

Gemessen an den absoluten Zahlen dominiert die Abwicklung des Zahlungsverkehrs das Online-Banking. Rund 3 Millionen Bankkunden in Deutschland nutzen Umfragen zufolge das Internet (Tabelle 13), um Überweisungen oder Daueraufträge durchzuführen, nur rund eine Million nutzen es für tendenziell beratungsintensivere Transaktionen wie den Kauf und Verkauf von Fonds und Wertpapieren. Gemessen an der geschätzten Gesamtgröße dieser Märkte drehen sich die Proportionen jedoch um: Hier hat die Vermögensanlage über das Internet einen fast doppelt so hohen Marktanteil wie die Abwicklung des Zahlungsverkehrs.

Für die zukünftige Nutzung neuer Technologien ist dabei eine dynamische Entwicklung zu erwarten, die mit demographischen Trends zusammenhängt. Während in jüngeren Bevölkerungsgruppen die Nutzung von PCs fast schon die

---

[42] Das Mooresche Gesetz geht auf Gordon Moore (1965) zurück, den Mitbegründer von Intel, der im Jahre 1965 prognostizierte, dass die Prozessorenleistung von Silikonchips sich alle 18 Monate verdoppelt.

Regel ist, nimmt die Quote mit zunehmendem Alter stetig ab. Gleichzeitig ist aber der Besitz von Fonds oder Wertpapieren in mittleren bzw. älteren Bevölkerungsgruppen überdurchschnittlich hoch (Abbildung 16). Dieses sind gleichzeitig die Bereiche, in denen Online-Finanzgeschäfte eine hohe Verbreitung haben (Tabelle 13). Unter Berücksichtigung der demographischen Entwicklung würde sich also, selbst bei konstanten Verhaltensmustern, eine deutliche Ausweitung des Online-Finanzgeschäfts für die Zukunft ergeben.

Tabelle 13: Bedeutung des Online-Bankings in Deutschland nach Geschäftsfeldern 2000

	Online	Insgesamt	Online
	Mill. Kunden		Prozent
Kauf/Verkauf von Fonds	0,87	7,70	11,30
Kauf/Verkauf von Wertpapieren	1,16	7,46	15,55
Termingeldeinlagen	0,83	12,13	6,84
Sparverträge	0,83	9,57	8,67
Überweisungen/Daueraufträge	3,32	50[a]	6,64
Kontostandsabfragen	3,37	50[a]	6,74
Memorandum: Online-Bankkonten	15	50[a]	30,00
[a]Eigene Schätzung.			

Quelle: Bundesverband deutscher Banken (2001); Pressemitteilung des Bundesverbands deutscher Banken vom 16.05.2001; Institut für Demoskopie Allensbach (2000).

Abbildung 16: Wertpapierbesitz und PC-Nutzung nach Altersgruppen 2000

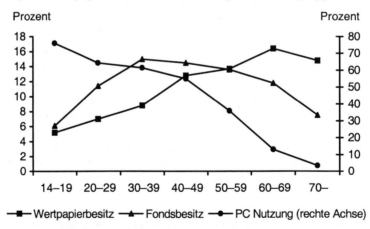

Quelle: Institut für Demoskopie Allensbach (2000).

3.2.2.3 Skalenerträge

Einsparungen bei Informations- und Transaktionskosten sind nicht realisierbar, ohne zunächst Investitionen vorzunehmen. Diese Investitionen betreffen zunächst neue technische Ausrüstungen, ohne die weder elektronische Vertriebskanäle noch die Nutzung der neuen Technologien im bankinternen Produktionsprozess möglich wären. Hinzu kommt aber auch die Notwendigkeit interner organisatorischer Anpassungsprozesse, da Geschäftsabläufe und Informationskanäle intern neu organisiert werden müssen.

Auf der einen Seite stellen diese Investitionen Fixkosten dar, die steigende Skalenerträge begründen können. Etablierte Anbieter von Finanzdienstleistungen, die über große gewachsene Kundenstämme verfügen, haben von daher Vorteile bei der Deckung der mit neuen Technologien verbundenen Fixkosten. Auf der anderen Seite haben neue Anbieter nicht die Last veralteter Organisationsstrukturen zu tragen und können daher möglicherweise neue Technologien wesentlich kostengünstiger einführen und nutzen.

Ein entscheidender Faktor für die Akzeptanz neuer Vertriebskanäle und allgemein neuer Technologien durch die Kunden dürfte aber sein, inwieweit die Kunden Vertrauen in die Sicherheit der Technologie gegen Fehler und Missbrauch fassen bzw. inwieweit sie darauf vertrauen, dass der Finanzdienstleister ihrer Wahl für Schäden aus technologischen Unzulänglichkeiten aufkommt. Besonderes Gewicht dürfte diesem Aspekt bei Finanzdienstleistungen zukommen, die ein geringes Standardisierungspotential aufweisen oder bei denen ein hohes Maß an Vertrauen in die Qualität des Anbieters erforderlich ist.[43] Unter diesem Aspekt können etablierte Finanzdienstleister aufgrund ihrer Reputation, ihrer finanziellen Ressourcen und ihres gewachsenen Kundenstamms erhebliche Wettbewerbsvorteile gegenüber Neueinsteigern haben. Auch aus diesem Grund können die Skalenerträge in der neuen Ökonomie zunehmen.

Gemäß dieser Erwartungen zeigt sich für Deutschland, dass die Struktur des Online-Bankenmarktes bisher große Parallelen zur Struktur des Bankensektors insgesamt aufweist. Ein ähnliches Muster scheint es auch auf anderen Märkten zu geben. Gemessen an der Zahl der von den einzelnen Bankengruppen verwalteten Online-Konten einerseits und der Bilanzsumme der Banken andererseits sind die Strukturen der Märkte nahezu identisch. Es dominieren die privaten Banken, gefolgt von den Sparkassen und Volks- und Raiffeisenbanken (Abbildung 17).

---

[43] Vgl. Buch und Golder (2001) für eine Klassifizierung von Finanzdienstleistungen nach ihrer Standardisierbarkeit und den zu realisierenden Skalenerträgen.

Abbildung 17: Marktanteile nach Geschäftsfeldern im Bankensektor Ende 2000

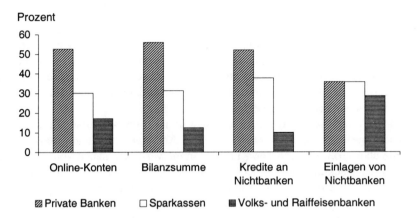

Gesamtmarkt ist definiert als (i) Online-Konten: ohne Postbank (7 Prozent des Gesamtmarktes), (ii) Bilanzsumme, Kredite an Nichtbanken, Einlagen von Nichtbanken: Summe der Privaten Banken, Sparkassen, Kreditgenossenschaften und Bausparkassen (Volks- und Raiffeisenbanken).

Quelle: Bundesverband deutscher Banken (2001); Deutsche Bundesbank (2001); eigene Berechnungen.

3.2.3   Konsequenzen für die Rolle der Banken

Traditionell gehört es zu den zentralen Aufgaben des Bankensektors, Informationsasymmetrien in Finanzierungsbeziehungen ex ante und ex post zu beseitigen. Daher ist zu erwarten, dass sinkende Informations- und Transaktionskosten erhebliche Auswirkungen auf die Struktur des Bankensektors haben werden und auf die Art und Weise, wie in der neuen Ökonomie Probleme mit Informationsasymmetrien bewältigt werden. Auch Veränderungen in den Skalenerträgen können erheblichen strukturellen Anpassungsbedarf auslösen. Der folgende Abschnitt diskutiert diese Auswirkungen. Dabei gehen wir auf Veränderungen in der Produktpalette der Banken, auf die Konkurrenz durch neue Anbieter und Finanzmärkte und auf den Konsolidierungsprozess im Bankensektor ein.

3.2.3.1 Konsequenzen sinkender Informations- und Transaktionskosten

Screening

Verbesserte Informations- und Kommunikationstechnologien machen es möglich, Informationen zeitnäher zu geringeren Kosten für einen weiteren Kreis von Nutzern verfügbar zu machen. Viele Unternehmen nutzen die neuen technischen Möglichkeiten bereits zu intensiver Kommunikation mit aktuellen und potentiellen Kunden und Kapitalgebern (Bund der deutschen Industrie und Price Waterhouse Coopers 2000). Der Aufbau effektiver Kommunikationskanäle ist mit erheblichen Kosten verbunden. Dies eröffnet Unternehmen grundsätzlich die Möglichkeit, durch ihre Bereitschaft zu solchen Investitionen die Verlässlichkeit der firmeneigenen Informationspolitik zu signalisieren, ähnlich wie ein Unternehmen die Qualität seiner Produkte durch hohe Investitionen in aufwendige Werbekampagnen signalisieren kann. Je glaubwürdiger die Signale, die ein Unternehmen an die Märkte sendet, desto weniger wird es bei der Placierung von Wertpapieren auf ein *Screening* durch Banken angewiesen sein.

In der Praxis hat sich das *Signalling* in Teilbereichen schon heute als Alternative zum Screening durch ein Bankenkonsortium etabliert. So wird beispielsweise in den Vereinigten Staaten bereits ein Viertel der Emissionen am Markt für *Commercial Paper*, d.h. für Papiere mit Laufzeiten bis zu neun Monaten, direkt, also ohne Betreuung durch Konsortialbanken, placiert (Usher 2001). Bei längeren Laufzeiten dagegen gibt es bisher kaum direkte Placierungen. Dies deutet darauf hin, dass in diesen Bereichen „weiche" Informationen weiterhin von erheblicher Bedeutung sind.

Sinkende Kosten „harter" Informationen haben jedoch weitreichende Konsequenzen für das Screening im traditionellen Kreditgeschäft und damit für die Wettbewerbssituation von Banken. Im *Retail-Geschäft* ermöglichen es *Credit-Scoring-Verfahren*, anhand statistischer Modelle die Bonität von Kreditnehmern computergestützt mittels objektiver Kriterien zu bestimmen (Kroszner 1998). Diese Verfahren finden sowohl bei Hypothekendarlehen als auch bei Konsumentenkrediten und zunehmend auch bei Krediten an Kleinunternehmen Anwendung. Die Bonitätsprüfung basiert dabei auf der Auswertung von umfangreichen Datenbanken über Kreditverläufe. Credit-Scoring-Verfahren können mindestens teilweise die Rolle traditioneller Kreditsachbearbeiter übernehmen. Für die Banken bieten sich damit erhebliche Einsparpotentiale, nicht zuletzt, weil es mit diesen Verfahren möglich ist, Kredite beispielsweise telefonisch zu vergeben, wodurch das traditionelle Filialnetz an Bedeutung verliert.

Wenn Datenbanken über Kreditverläufe allgemein zugänglich sind, sinken damit allerdings auch die Marktzutrittsbarrieren, und die Wettbewerbsintensität in diesem Marktsegment nimmt tendenziell zu. Hinzu kommt, dass mit der Möglichkeit, Bonitätsprüfungen computergestützt auf der Basis von Datenbanken über Kredithistorien durchzuführen, die Notwendigkeit abnimmt, Informationen über Kunden mit Hilfe der Kontenführung zu sammeln. Nicht zuletzt haben aufgrund gesunkener Transaktionskosten auch die Kunden die Möglichkeit, Konten bei unterschiedlichen Banken zu halten oder ihre Bank schneller zu wechseln. Einer der Gründe, warum Banken das Einlagen- und das Kreditgeschäft gemeinsam betreiben, fällt damit zunehmend weniger ins Gewicht. Das bedeutet, dass neue Wettbewerber in der Zukunft zunehmend weniger gezwungen sind, die ganze Palette von Bankdienstleistungen anzubieten, und stattdessen komparative Vorteile auch in Einzelbereichen, etwa nur dem Zahlungsverkehr oder nur dem Kreditgeschäft, nutzen können.[44]

Eine weitere wesentliche Entwicklung, die durch den technischen Fortschritt im Bereich der Bonitätsprüfung angestoßen wurde, betrifft die Handelbarkeit von Krediten und Kreditrisiken. Traditionell war die Handelbarkeit von Krediten dadurch erschwert, dass der Informationsvorsprung der Bank, die den Kredit ursprünglich vergeben hatte, zu Marktversagen führte (Rajan 1996). Mit der Einführung von Credit-Scoring-Techniken, die die Bonitätsprüfung und damit die Kreditvergabe auf eine objektivere Grundlage stellen, können diese Informationsprobleme überwunden werden. Damit wird es leichter möglich, eine Vielzahl von Krediten mit vergleichbarem Risiko zu bündeln und als Sicherheiten für marktfähige Wertpapiere zu verwenden (*„securitization"*).

Asset-Backed Securities (ABS) sind ein schnell wachsendes Marktsegment vor allem bei der Deckung des kurzfristigen Finanzbedarfs. Während die ersten Transaktionen in diesem Bereich in Deutschland 1995 durchgeführt wurden (Deutsche Bundesbank 1997), basiert heute bereits etwa die Hälfte aller „Commercial-Paper-Emissionen" in Europa auf ABS-Programmen. Standard & Poor's bewertet derzeit 47 europäische Commercial Papers, die Ende 2000 ein Gesamtvolumen von 90 Mrd. Euro erreichten (Siemens Financial Services 2001). Im Vergleich zu Ende 1999 entspricht das einem Wachstum von 55 Prozent. Auch in den Vereinigten Staaten haben die von Finanzinstituten herausgegebenen Asset-Backed Securities im Bereich Commercial Paper einen Marktanteil von über 50 Prozent erreicht.

Zu den Vorteilen des Weiterverkaufs von Kreditportfolios gehört, dass die verkaufende Bank Liquidität gewinnt und dass Kreditrisiken aus der Bankbilanz auf die Kapitalmärkte verlagert werden können. Dies ermöglicht es der Bank, Eigenkapital, das unter den geltenden Kapitaladäquanzrichtlinien zur Unterlegung der entsprechenden Kreditrisiken gebunden war, anderweitig einzusetzen (Deutsche Bundesbank 1997).

---

[44]   Beispielsweise bieten inzwischen Supermarktketten in Großbritannien bestimmte Bankdienstleistungen an, wenn auch bisher in Partnerschaft mit traditionellen Banken (Llewellyn 1999).

Entsprechend zeichnet sich in Frankreich und Großbritannien seit Anfang der neunziger Jahre ein Trend zu einer Verlängerung von Intermediationsketten dahin gehend ab, dass Banken sich stärker bei anderen Finanzintermediären, vor allem Investmentfonds, und nicht mehr so sehr über Einlagen finanzieren (Schmidt et al. 1999). Während die Banken wie bisher das Screening potentieller Kreditnehmer übernehmen, übernehmen die Fonds die traditionelle Rolle von Bankeinlagen als Sammelstelle für Ersparnisse und refinanzieren die verbrieften Teile der Kreditportfolios der Banken.

Auch für Deutschland und die Vereinigten Staaten deuten Veränderungen in der Zusammensetzung der Portfolios der privaten Haushalte darauf hin, dass insbesondere Fondsgesellschaften den Banken bei der Mobilisierung von Ersparnissen zunehmend erfolgreich Konkurrenz machen (Tabelle 14).[45]

Tabelle 14: Struktur der Finanzaktiva deutscher und US-amerikanischer Haushalte 1950–2000[a] (Prozent aller Finanzaktiva)

	1950	1960	1970	1980	1990	2000
Deutschland[b]						
Bankeinlagen	48,7	51,1	59,9	59,7	48,4	33,9
Versicherungspolicen	15,0	12,2	13,3	14,5	17,8	22,6
Festverzinsliche Wertpapiere[c]	1,0	3,3	7,7	11,5	13,8	10,2
Fondsanteile	.		.		4,2	11,3
Aktien	26,5	24,3	11,3	4,8	5,5	11,9
Sonstige Finanzaktiva	8,8	9,1	7,8	9,6	10,4	10,2
Vereinigte Staaten[d]						
Bankeinlagen	16,8	17,4	20,7	21,9	19,5	10,5
Versicherungspolicen	7,4	6,3	5,1	3,3	2,6	2,4
Festverzinsliche Wertpapiere	10,6	8,6	6,5	5,1	9,5	5,6
Fondsanteile	3,7	8,1	16,8	19,3	29,5	39,1
Aktien	17,4	26,4	22,2	13,2	12,0	22,3
Sonstige Finanzaktiva	43,9	33,1	28,8	37,2	26,8	20,0

[a]Periodenende. – [b]Zahlen bis 1990 für Westdeutschland; Bankeinlagen beinhalten Bauspareinlagen; Fondsanteile beinhalten Geldmarkt-, Wertpapier- und offene Immobilienfonds und werden erst seit 1990 separat ausgewiesen; für frühere Jahre sind sie in den Zahlen für Aktien und festverzinsliche Wertpapiere enthalten; sonstige Finanzaktiva beinhalten u.a. Geldmarktpapiere, Pensionszusagen und für 2000 sonstige Beteiligungen. – [c]Im Wesentlichen Staatsschuldtitel. – [d]Fondsanteile beinhalten Geldmarkt- und Investmentfonds, Rentenfonds und Anlagen auf Treuhandkonten; sonstige Finanzaktiva beinhalten u.a. Geldmarktpapiere, Hypotheken und sonstige Beteiligungen.

Quelle: Deutsche Bundesbank (1998, 2002: Januar); Federal Reserve Board (2002).

---

[45] Teilweise spiegeln die Zahlen sicherlich auch die spekulative Blase an den Aktienmärkten wider. Nach der jüngsten massiven Korrektur dürfte der Anteil von Fondsanteilen und Aktien wieder abgenommen haben.

In die gleiche Richtung wie die sinkenden Informationskosten wirken sinkende Transaktionskosten. Fortschritte in der Telekommunikations- und Informationstechnologie haben für Anleger die Handelskosten an Finanzmärkten drastisch reduziert. Heute können Anleger Aktien, festverzinsliche Wertpapiere und Fondsanteile über das Telefon oder online von zu Hause aus kaufen und verkaufen. Der elektronische Handel ist zum Standard an den Wertpapierbörsen geworden. Die Kosten der Handelsabwicklung und der Kontenführung sind stark gefallen. Dies gilt für Broker, Banken und Haushalte gleichermaßen. Deregulierungsinitiativen haben dazu beigetragen, Märkte zu öffnen. Neue Marktteilnehmer wie Online-Broker sowie Online- und Telefon-Banken sind hinzugekommen. Unternehmen aus anderen Teilen der Finanzindustrie steigen in das traditionelle Bankgeschäft ein.

Der schärfere Wettbewerb führt dazu, dass die durch die neuen Technologien ermöglichten Kosteneinsparungen an die Konsumenten von Finanzdienstleistungen weitergegeben werden. Die Mindestauftragsgrößen für Wertpapiergeschäfte sind zurückgegangen, ebenso die Preise pro Handelsauftrag. So haben sich die Gebühren für Wertpapiertransaktionen in den Vereinigten Staaten von durchschnittlich rund 53 US-Dollar pro Transaktion auf rund 16 US-Dollar im Jahr 1998 verringert, wobei heute eine Reihe von Online-Brokern ihre Gebühren bis gegen null reduziert haben (Claessens et al. 2000). In Europa liegen die Gebühren der Online-Broker für Transaktionen im Wert von 2 500 Euro bei durchschnittlich etwa 13 Euro oder 0,5 Prozent des Transaktionswertes (Schüler 2001).

Im Ergebnis sind die Kosten des Handels auf Finanzmärkten deutlich zurückgegangen, und es ist sehr viel einfacher geworden, auch innerhalb kleiner Portfolios Positionen anzupassen. Die Notwendigkeit, ein einmal gekauftes Wertpapier lange zu halten, damit der Wertzuwachs nicht durch proportional sehr hohe Transaktionskosten aufgezehrt wird, besteht nicht mehr in gleichem Maße wie früher. Wertpapiere sind aus der Sicht auch kleiner Anleger zu sehr viel liquideren Anlagen geworden. Diese Entwicklungen ermöglichen es auch Kleinanlegern, ihre Ersparnisse zunehmend aus traditionellen Bankeinlagen in Wertpapiere und Fonds umzuschichten. Dieser Prozess neigt dazu, sich selbst zu verstärken, da die Umschichtungen ihrerseits dazu beitragen, die Liquidität der Wertpapiermärkte zu erhöhen.

Gleichzeitig wird auch für viele Unternehmen die Finanzierung über Finanzmärkte attraktiver, weil die Kostensenkungen nicht nur an die Anleger, sondern auch an die Unternehmen weitergegeben werden. Der Bruttoabsatz von Commercial Paper inländischer Nichtbanken hat sich in Deutschland beispielsweise zwischen 1999 und 2001 mehr als verdoppelt (Deutsche Bundesbank 2002: Januar). Ebenso wie Banken nehmen auch andere Unternehmen zunehmend die Möglichkeit wahr, sich über eine Verbriefung eigener Vermögenswerte zu refinanzieren.

Allerdings ergibt sich bei der Unternehmensfinanzierung ein differenzierteres Bild als bei den Strukturveränderungen in den Portfolios der privaten Haushalte. Während in den Vereinigten Staaten die Bedeutung von Bankkrediten von bereits niedrigem Niveau rückläufig ist, ist ein solcher Trend in Deutschland bisher nur für Kapitalgesellschaften, nicht jedoch im Aggregat zu beobachten (Tabelle 15). Das deutet darauf hin, dass bei den nicht als Kapitalgesellschaften organisierten deutschen Unternehmen die Bedeutung von Bankkrediten für die Finanzierung eher noch zugenommen hat.

Tabelle 15: Finanzierungsstruktur deutscher und US-amerikanischer Unternehmen 1950–2000[a] (Prozent der gesamten Bilanzsumme)

	1950	1970	1990	1991	1998	2000
	Deutschland[b]					
Alle Unternehmen						
Festverzinsliche Wertpapiere	2,1	2,6	1,7	1,6	1,3	.
Aktien	27,8	20,0	16,4	16,0	26,1	.
Bankkredite	45,8	51,3	54,5	55,3	52,6	.
Kredite von Bausparkassen	0,9	4,2	3,6	3,4	2,8	.
Kredite von Versicherungen	2,4	4,7	4,6	4,1	3,4	.
Sonstige Verbindlichkeiten	22,6	17,6	19,2	19,5	13,9	.
Kapitalgesellschaften						
Festverzinsliche Wertpapiere	.	.	.	2,1	1,6	1,2
Aktien	.	.	.	24,8	38,5	35,4
Kredite	.	.	.	46,8	36,6	37,6
Sonstige Verbindlichkeiten	.	.	.	26,2	23,4	25,9
	Vereinigte Staaten[c]					
Festverzinsliche Wertpapiere	14,7	13,3	14,6	13,6	10,4	11,1
Aktien	50,6	56,9	38,5	45,4	60,9	59,1
Bankkredite	7,2	8,3	7,1	5,7	4,1	4,3
Hypotheken	5,0	4,7	3,2	2,6	1,5	2,0
Sonstige Verbindlichkeiten	22,6	16,8	36,5	32,6	23,2	23,5

[a]Periodenende. – [b]Für Kapitalgesellschaften sind Kredite von Banken, Bausparkassen und Versicherungen nicht gesondert verfügbar; Sonstige Verbindlichkeiten beinhalten u.a. Geldmarktpapiere. – [c]Nichtfinanzielle Kapitalgesellschaften außerhalb der Landwirtschaft; Sonstige Verbindlichkeiten beinhalten sonstige Kredite und Vorauszahlungen, Handelsverbindlichkeiten, Steuerschulden, Geldmarktpapiere.

Quelle: Deutsche Bundesbank (1998), Deutsche Bundesbank (2002: Januar); Federal Reserve Board (2002).

Eine mögliche Erklärung für dieses Muster liegt in komparativen Vorteilen von Banken bei der Verarbeitung weicher Informationen. Kapitalgesellschaften sind in der Regel größere Unternehmen. Die Bedeutung harter Informationen für das Management eines Unternehmens dürfte mit zunehmender Unternehmensgröße steigen (Stein 2002). Dies liegt daran, dass die Zahl der Hierarchie-Ebenen üblicherweise mit der Unternehmensgröße steigt. Mit zunehmender Zahl der Hierarchie-Ebenen wird es schwieriger, „weiche", subjektiv gefärbte Informationen weiterzugeben und zu verarbeiten. Hinzu kommt, dass Kapitalgesellschaften von Rechts wegen wesentlich ausführlicher Buch führen und daher mehr „harte" Zahlen über ihre Geschäftstätigkeit produzieren müssen als Personengesellschaften. Unternehmen, die schon in der internen Geschäftsführung weitgehend auf harte Informationen setzen, können auch von externen Kapitalgebern relativ gut auf der Basis harter Informationen bewertet werden. Unternehmen, die im Innenverhältnis weitgehend mit weichen Informationen arbeiten, können dagegen auch externen Kapitalgebern kaum harte Informationen vorlegen. Es überrascht daher nicht, dass es vor allem Kapitalgesellschaften sind, die die sinkenden Kosten im Bereich harter Informationen nutzen und sich verstärkt am Kapitalmarkt finanzieren.

Banken spielen jedoch auch bei der Kapitalmarktfinanzierung eine zentrale Rolle als Informationsintermediäre. Ebenso wie die erweiterten Möglichkeiten, Teile des Kreditportfolios zu verbriefen und zu verkaufen, den Gestaltungsspielraum der Banken erhöhen, so eröffnet auch das Wachstum des Marktes für Asset-Backed Securities (ABS) von Unternehmen den Banken neue Geschäftsfelder. So sind ABS-Emissionen von Unternehmen in aller Regel mit Backup-Kreditlinien (Auffang-Kreditlinie) von Banken verknüpft. Das Gleiche gilt für Commercial-Paper-Emissionen, die nicht mit bestimmten Vermögenswerten unterlegt sind.[46] Offensichtlich legen die Märkte weiterhin Wert auf ein Screening der Emittenten durch Banken. Durch ihre Bereitschaft, den Emittenten Backup-Kreditlinien offen zu halten, signalisieren die Banken den Märkten glaubwürdig die Bonität der Emittenten. Ähnliches gilt auch für Wertpapieremissionen am längeren Ende des Marktes.

Möglicherweise steht hinter den Strukturveränderungen bei der Unternehmensfinanzierung daher nicht so sehr eine Spezialisierung von Kapitalmärkten auf die Bewertung harter Informationen und von Banken auf die Bewertung weicher Informationen, sondern vielmehr eine Spezialisierung innerhalb des Bankensektors zwischen kleinen und Großbanken (Berger und Udell 2002). Während an der Emission von Wertpapieren vor allem Großbanken beteiligt sind, ha-

---

[46]   Im Zuge des Finanzskandals um den amerikanischen Konzern Enron ziehen viele amerikanische Unternehmen jetzt ihre Backup-Kreditlinien bei den Banken, da sie in ihrer Bonität zurückgestuft wurden und sich am Markt für Commercial Paper nicht mehr refinanzieren können (*Frankfurter Allgemeine Zeitung* vom 27.02.2002).

ben neuere empirische Untersuchungen für die Vereinigten Staaten ergeben, dass kleinere Banken komparative Vorteile bei der Kreditvergabe an relativ intransparente Unternehmen haben, etwa an Kleinunternehmen, die nicht über ein Rechnungswesen verfügen (Berger et al. *Does Function Follow* 2001).

Insgesamt bleibt festzuhalten, dass den Banken auch unter den Bedingungen der neuen Ökonomie weiterhin eine zentrale Rolle beim Screening der Bonität potentieller Schuldner zukommt. Was sich teilweise ändert ist die Art und Weise, wie die Banken diese Funktion ausfüllen. Während traditionellerweise Einlagengeschäft, Abwicklung des Zahlungsverkehrs und Kreditvergabe Hand in Hand gehen, ermöglichen sinkende Transaktions- und Informationskosten in der neuen Ökonomie tendenziell eine stärkere Spezialisierung auf die einzelnen Tätigkeiten. Die Mobilisierung von Ersparnissen, das Screening potentieller Investoren und die letztendliche Finanzierung können gemäß der komparativen Vorteile auf verschiedene Finanzintermediäre verteilt werden.

Die Verschiebung in der Bedeutung der einzelnen Komponenten für die Geschäftätigkeit der Banken lässt sich nicht zuletzt am wachsenden Gewicht des Nicht-Zinseinkommens ablesen, d.h. des Einkommens, das nicht durch das traditionelle Geschäft mit Einlagen und Krediten erzielt wird (Tabelle 16). In den meisten Ländern haben die Nicht-Zinseinkommen in den neunziger Jahren deut-

Tabelle 16: Bedeutung von Nicht-Zinseinnahmen für Geschäftsbanken in ausgewählten Ländern 1979–1997[a] (Prozent der Bruttoeinnahmen)

	1979	1984	1989	1994	1997
Frankreich	.	.	20,0	37,6	53,2
Schweden	23,3	30,2	28,6	36,7	47,7
Finnland	36,4	43,2	48,5	46,8	45,6
Österreich	.	.	27,8	28,7	43,0
Niederlande	22,2	21,4	29,2	28,7	39,6
Großbritannien	.	35,6	37,9	43,2	38,8
Vereinigte Staaten	20,0	24,7	32,0	34,4	38,2
Belgien	.	15,7	22,7	26,2	37,1
Portugal	33,4	39,4	16,3	22,1	31,9
Spanien	13,2	14,0	17,6	21,5	29,3
Italien	.	24,6	21,7	22,9	29,0
Norwegen[b]	18,5	24,2	26,1	19,0	28,1
Deutschland	19,0	18,0	25.6	19,2	23,6

[a]Periodenende. – [b]1980 statt 1979.

Quelle: OECD (2001a); eigene Berechnungen.

lich an Bedeutung gewonnen. Für Deutschland und einige andere europäische Länder trifft dies jedoch nicht in gleichem Maße zu.[47]

Monitoring

Die erweiterten Möglichkeiten, Aktiva aus den Bankbilanzen auf die Finanzmärkte zu verlagern, haben potentiell weitreichende Konsequenzen für die Intensität des Monitoring, das heißt für die Überwachung des Verhaltens der Kreditnehmer nach Vertragsbeginn. Weitgehend unproblematisch dürfte in dieser Hinsicht die Verbriefung von Konsumentenkrediten sein, da mit Konsumentenkrediten keine Investitionsprojekte finanziert werden und daher die Gefahr gering ist, dass die Kreditnehmer nachträglich ein höheres Risiko eingehen als bei Vertragsabschluss angekündigt. Anders liegt der Fall bei Kreditbeziehungen, in denen die Gefahr für opportunistisches Verhalten ex post größer ist. Dies gilt vor allem für Kredite an Unternehmen, bei denen erhebliche Informationsasymmetrien vorliegen.

Bei traditionellen Bankkrediten hat der Kreditgeber sowohl einen Anreiz als auch die entsprechenden Einwirkungsmöglichkeiten, um während der Vertragslaufzeit das Verhalten des Kreditnehmers zu überwachen und zu beeinflussen. Ähnliches gilt jedoch, wenn die Bank zwar nicht mehr selbst als Kreditgeber auftritt, aber immerhin noch Backup-Kreditlinien bereitstellt, die das Unternehmen im Falle eines finanziellen Engpasses ziehen kann. Insofern ist die übliche Praxis, wonach Emissionen an den Finanzmärkten von Banken begleitet werden, nicht nur als Signal der Bank bezüglich der Bonität des Emittenten ex ante zu verstehen, sondern auch als *Commitment-Instrument*, mit dem sich die Bank gegenüber den Märkten glaubwürdig verpflichten kann, auch während der Laufzeit des Papiers Monitoring zu betreiben.

Probleme können prinzipiell aus der zunehmenden Möglichkeit entstehen, Kredite zu verbriefen und weiterzuverkaufen. Da die Käufer der über die Kredite besicherten Wertpapiere in der Regel das Ausfallrisiko übernehmen, gleichzeitig aber keinen komparativen Vorteil beim Monitoring haben, entfällt die Ex-post-Überwachung bei diesen Transaktionen weitgehend. Aus diesem Grund werden in der Regel nur hochbesicherte Kredite verbrieft, bei denen das Ausfallrisiko entsprechend gering ist (Deutsche Bundesbank 1997).

Dennoch ist die Möglichkeit nicht von der Hand zu weisen, dass die zunehmende Konkurrenz durch die Kapitalmärkte und durch Marktzutritt Monitoring bei informationssensitiven Unternehmen für Banken zunehmend weniger attraktiv machen könnte. Ein wesentlicher Anreiz für Banken, in Monitoring zu inves-

---

[47]   Belaisch et al. (2001) kommen allerdings auf der Grundlage von Zahlen der Rating-Agentur FitchICBA zu dem Ergebnis, dass zwischen 1992 und 1998 auch in Deutschland die Bedeutung der Nicht-Zinseinkommen deutlich zugenommen hat.

tieren, besteht in der Aussicht auf langfristige Kreditbeziehungen mit dem betreffenden Unternehmen. Die Langfristigkeit der Beziehung wird unterstützt durch den Informationsvorsprung, den die Bank durch das Monitoring im Vergleich zu Wettbewerbern erwirbt. Die Fixkosten des Monitoring werden dabei durch die Informationsrenten gedeckt, die die Bank innerhalb der langfristigen Beziehung abschöpfen kann. Wenn der Wettbewerb intensiver wird, sinken die Informationsrenten, die die Bank in einer langfristigen Beziehung abschöpfen kann. Im Extrem könnte das dazu führen, dass die Bank nicht mehr in der Lage ist, die Fixkosten des Monitoring zu decken. Die Anreize für Investitionen in langfristige Kreditbeziehungen würden dadurch abnehmen (Petersen und Rajan 1996).

Allerdings sind Informationsvorsprünge nicht nur eine Quelle von Renteneinkommen, sondern stellen auch Eintrittsbarrieren dar. Von daher kann eine strategische Reaktion von Banken auf schärfere potentielle Konkurrenz auch in verstärkten Anstrengungen gesehen werden, um Informationen über Kreditnehmer zu gewinnen und dadurch die eigene Kundenbasis gegen potentielle Konkurrenz abzuschotten. Insoweit als die neue Ökonomie den Konkurrenzdruck vor allem bei Kreditnehmern erhöhen dürfte, die anhand harter, digitalisierbarer Informationen gut beurteilt werden können, gibt es damit auch hier Ansätze für eine stärkere Spezialisierung im Bankenbereich. Während einige Banken das Monitoring und die langfristigen Kreditbeziehungen zurückfahren, konzentrieren sich möglicherweise andere verstärkt auf eben diese Bereiche (Boot und Thakor 2000; Hauswald und Marquez 2000; Aoki und Dinc 2000).

Zudem weisen zahlreiche Untersuchungen darauf hin, dass Banken und Kapitalmärkte bei der Finanzierung von Unternehmensinvestitionen nicht notwendigerweise miteinander konkurrieren, sondern sich vielmehr gegenseitig ergänzen können. So argumentiert Rajan (1992), dass ein Finanzierungsmix aus Bankkrediten und festverzinslichen Wertpapieren die Kosten von Informations- und Anreizproblemen im Vergleich zu reiner Kredit- oder reiner Kapitalmarktfinanzierung senken kann. Ausgangspunkt ist die Annahme, dass Banken während der Kreditlaufzeit durch Monitoring bessere Informationen über die Solvenz des Unternehmens erwerben als der Kapitalmarkt. Sie können daher im Falle finanzieller Schwierigkeiten eine effizientere Entscheidung über Schließung oder Weiterführung des Unternehmens treffen als der Kapitalmarkt. Gleichzeitig wird durch die Präsenz relativ uninformierter Kapitalmarktinvestoren die Verhandlungsmacht des Unternehmens reduziert, so dass das Unternehmen stärkere Anreize erhält, eine finanzielle Schieflage zu vermeiden, als dies bei reiner Bankfinanzierung der Fall wäre.

Empirisch lässt sich belegen, dass die Kapitalmärkte Entscheidungen von Banken, neue Kredite an ein Unternehmen zu vergeben, bestehende Kredite zu verlängern oder auch die Kreditbeziehung zu beenden, als positive bzw. negative

Informationen über die Zukunftsaussichten des betreffenden Unternehmens werten (Best und Zhang 1993; Billet et al. 1995; Dahiya et al. 2001).

3.2.3.2 Konsequenzen sich ändernder Skalenerträge

Skalenerträge, insbesondere bei der kurzfristigen Bereitstellung von Liquidität, stehen im Zentrum einiger neuerer Ansätze in der Theorie der Bank (Kashyap et al. 2002). In Abschnitt 3.2.3.1 wurde argumentiert, dass technologische Innovation in der neuen Ökonomie zunehmend die Möglichkeit eröffnet, Bankdienstleistungen in stärker spezialisierter Form anzubieten. Unter anderem war von verlängerten Intermediationsketten die Rede, in denen Banken nicht mehr gleichzeitig festverzinsliche Einlagen hereinnehmen und Kredite vergeben müssen. Vielmehr können verschiedene Produkte zunehmend von verschiedenen spezialisierten Anbietern angeboten werden. Beispielsweise können Geldmarktfonds private Ersparnisse sammeln und den Banken für Kredite zur Verfügung stellen. Fonds können aber auch direkt am Markt für Commercial Paper investieren.

Dies würde einerseits darauf hindeuten, dass Skalenerträge bei der Bereitstellung von Liquidität im Sinne von Vorteilen aus dem Verbund von Einlagen- und Kreditgeschäft an Bedeutung verlieren. Andererseits wurde auch deutlich, dass Banken auch bei Emissionen am Markt für Commercial Paper weiterhin eine wichtige Rolle spielen. Sie unterfüttern diesen Markt mit Backup-Kreditlinien. In Abschnitt 3.2.3.1 wurde diese Praxis damit erklärt, dass Banken weiterhin ihre traditionelle Rolle bei der Bonitätsprüfung der Emittenten ausüben und die Backup-Kreditlinien als glaubwürdiges Signal für die Märkte dienen. Die Rolle der Banken am Markt für Commercial Paper kann aber auch im Sinne ihrer traditionellen Rolle als Anbieter kurzfristiger bedarfsgerechter Liquidität verstanden werden (Rajan 1996). Backup-Kreditlinien werden dann gezogen, wenn ein Unternehmen kurzfristig nicht in der Lage ist, sich am Markt zu refinanzieren. Daher sind Backup-Kreditlinien aus Sicht der Unternehmen Instrumente, die kurzfristig den Zugang zu Liquidität garantieren. Aber auch aus Sicht der Anleger sichern Backup-Kreditlinien die Liquidität des Marktes und damit die Liquidität ihrer Engagements. Ebenso wie in den Bereichen des Screening und des Monitoring füllen also die Banken im Bereich der Liquiditätsbevorratung möglicherweise ihre traditionelle Rolle weiterhin aus, wenn auch mit anderen Instrumenten.

Dennoch gibt es insgesamt gute Gründe für die Annahme, dass sich Skalenerträge im Bankensektor in der neuen Ökonomie verschieben. Auf der einen Seite nimmt der Wettbewerbsdruck durch neue Anbieter zu, die sich auf Teilbereiche der Produktpalette spezialisieren oder neue Technologien ohne die Beseitigung organisatorischer Altlasten kostengünstiger einführen können. Auf der anderen Seite können sich auch steigende Skalenerträge ergeben, etwa durch eine zunehmende Bedeutung von Reputationskapital oder durch hohe Fixkosten der Investition in neue Technologien oder durch eine zunehmende Bedeutung von Kundenstämmen für die Durchsetzung technologischer Standards. Hinzu kommt, dass Fixkosten neuer Technologien, Reputationskapital und Kunden-stämme nicht nur positive Skalenerträge in einem gegebenen Geschäftsfeld be-gründen können. Sie können auch Verbundvorteile stärken, etwa wenn ein neuer Vertriebskanal sich für verschiedene Finanzdienstleistungen einsetzen lässt oder wenn das Vertrauen eines gewachsenen Kundenstamms in die Integrität und Kompetenz eines Finanzdienstleisters sich auf neue Produkte übertragen lässt.

Fusionen stellen eine mögliche Reaktion auf diese Entwicklungen dar. Ein entsprechender Trend zeichnet sich in der Europäischen Union ab (Abbil-dung 18).[48] Der Anstieg der Bankfusionen fand vor allem innerhalb von Landes-grenzen statt. Im Gegensatz dazu haben grenzüberschreitende Fusionen nicht an Bedeutung gewonnen, auch nicht im Zuge des Abbaus administrativer Fusions-hindernisse durch die Zweite Banken-Direktive 1993. Zwar nahm die Zahl der transnationalen Fusionen innerhalb der EU zu, aber ihr Anteil an allen Fusionen ging von 30 auf 20 Prozent zurück (Buch und DeLong 2002). Zu einem ähn-lichen Ergebnis kommen Berger et al. (*Efficiency Barriers* 2001). Eine mögliche Erklärung für die relative Abnahme transnationaler Fusionen könnte darin be-stehen, dass die Zweite Banken-Direktive inländische Fusionen als Verteidi-gungsstrategie gegen befürchtete Übernahmen von außen angeregt hat.

Ein weiterer Grund könnte im eher bescheidenen Erfolg transnationaler Fusio-nen liegen. Positive Effekte konnten vor allem für inländische Fusionen nachge-wiesen werden (Beitel und Schiereck 2001; Cybo-Ottone und Murgia 2000; Rad und van Beek 1999). Diese Arbeiten stellen die oft vertretene These in Frage, wonach inländische Fusionen nur das Vorspiel für eine Welle transnationaler Fu-sionen seien. Kulturelle und andere Effizienzbarrieren können durchaus dazu führen, dass die Fusionswelle nationale Grenzen nicht überwindet (Buch und DeLong 2002).

Das Hauptmotiv der Fusionen im Bankenbereich besteht darin, durch die Realisierung von Skalenerträgen und die Zusammenlegung von Filialnetzen und Stabsfunktionen Kosten zu senken. An Fusionen beteiligen sich überwiegend kleinere Banken. In der zweiten Hälfte der neunziger Jahre variierte ihr Anteil zwischen 81 und 86 Prozent. Fusionen waren vor allem in den Ländern zu beob-achten, deren Märkte vergleichsweise geringe Konzentrationsgrade aufgewiesen

---

48 Neben dem Konkurrenzdruck, der im Finanzsektor durch Innovationen in der Infor-mations- und Kommunikationstechnologie entsteht, hat natürlich auch die Deregulie-rung des Finanzsektors und die Öffnung für grenzüberschreitende Finanzdienstleis-tungen zu der Fusionswelle beigetragen. Die drei Effekte können kaum voneinander getrennt werden, da Deregulierung und Liberalisierung nicht unabhängig vom tech-nischen Fortschritt zu sehen sind.

Abbildung 18: Bankenfusionen in Europa 1985–2001[a]

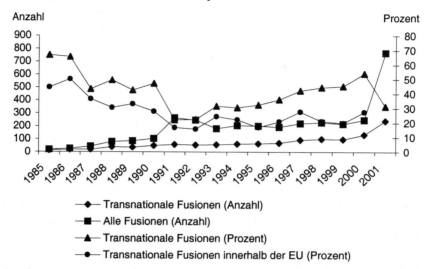

—◆— Transnationale Fusionen (Anzahl)
—■— Alle Fusionen (Anzahl)
—▲— Transnationale Fusionen (Prozent)
—●— Transnationale Fusionen innerhalb der EU (Prozent)

[a]Bis Mitte des Jahres 2001.

Quelle: Buch und DeLong (2002).

hatten. Der Konsolidierungsprozess führte zu einem Anstieg des Konzentrations-
grades in diesen Ländern (Europäische Zentralbank 2000). Die Fusionswelle im
Bankensektor hat in den meisten EU-Ländern zu einer deutlichen Reduzierung
der Zahl der Kreditinstitute geführt. In Deutschland, dem am meisten fragmen-
tierten Bankenmarkt in Europa, nahm die Zahl der Banken in der zweiten Hälfte
der neunziger Jahre um 16 Prozent ab. Ebenso war die Zahl der Filialen und der
Mitarbeiter deutlich rückläufig. Ähnliche Trends lassen sich für die meisten anderen EU-Staaten belegen.

Entsprechend der teilweise gegenläufigen Effekte neuer Technologien auf
Skalen- und Verbundvorteile stellt eine weitergehende Spezialisierung keinesfalls das einzige Fusionsmotiv dar. Neben der Konsolidierung des Kerngeschäfts
durch Fusionen zwischen Banken finden auch zunehmend Zusammenschlüsse
zwischen Unternehmen aus verschiedenen Segmenten des Finanzsektors statt.
Die Initiative geht dabei meist von Banken aus (Tabelle 17). Zwar bewerten die
Märkte Fusionen innerhalb des Bankensektors und Fusionen, bei denen die Fokussierung auf Kerngeschäftsfelder im Vordergrund steht, signifikant positiv,
was auf Vorteile aus einer stärkeren Spezialisierung hindeutet. Aber auch Fusionen zwischen Banken und Versicherungen, die auf die Erschließung von

Tabelle 17: Integration zwischen verschiedenen nationalen Finanzdienstleistern in Europa 1995–1999 (Anzahl)

	1995	1996	1997	1998	1999
Fusionen zwischen Kreditinstituten und Versicherungen und Übernahmen von Versicherungen durch Kreditinstitute	6	6	11	9	4
Gründung von Versicherungen durch Kreditinstitute	9	6	4	6	7
Übernahmen und Gründungen von Kreditinstituten durch Versicherungen	3	4	5	5	4
Fusionen zwischen Kreditinstituten und sonstigen Finanzdienstleistern und Übernahmen anderer Finanzdienstleister durch Kreditinstitute	19	17	24	19	32
Gründung sonstiger Finanzdienstleister durch Kreditinstitute	28	35	26	22	38
Übernahme oder Gründung von Kreditinstituten durch andere Finanzdienstleister	0	2	3	5	9
Insgesamt	65	70	73	66	94
Anteil der Transaktionen, bei denen Kreditinstitute eine aktive Rolle spielen (Prozent)	95	91	89	85	86

Quelle: Europäische Zentralbank (2000).

Synergien zwischen verschiedenen Finanzdienstleistungen abzielen, werden positiv aufgenommen (Cybo-Ottone und Murgia 2000).

3.2.4 Implikationen für die Regulierung des Finanzsektors

Das klassische Geschäftsprofil der Bank mit dem Verbund des Einlagen- und Kreditgeschäfts erklärt sich vor allem aus komparativen Vorteilen bei der Bewältigung asymmetrischer Informationsprobleme zwischen Sparern und Unternehmen und aus Skalenerträgen bei der Bereitstellung kurzfristiger Liquidität. Die mit der neuen Ökonomie einhergehenden Innovationen in der Informations- und Kommunikationstechnologie halten hier potentiell weitreichende Veränderungen bereit.

Sie führen zu sinkenden Informations- und Transaktionskosten und können zu abnehmenden Skalen- und Verbundvorteilen führen. Dies trifft vor allem dort zu, wo Informationen und Transaktionen relativ gut standardisiert und digitalisiert werden können („harte" Informationen). Aus diesen Entwicklungen eröffnen sich Marktchancen für neue, spezialisierte Anbieter, die nur einen Teil der klassischen Produktpalette der Bank im Programm haben. Es eröffnen sich auch Marktchancen für neue Produkte, insbesondere für Kapitalmarktinstrumente. In anderen Bereichen, in denen der Standardisierung und Digitalisierung von Informationen und Transaktionen Grenzen gesetzt sind („weiche" Informationen), ist mit einem geringeren Anpassungsdruck zu rechnen. Die neuen Technologien bieten jedoch auch den etablierten Banken neue Möglichkeiten, ihre traditionellen komparativen Vorteile gewinnbringend zu nutzen und durch die Ausnutzung neuer Verbundvorteile in neue Märkte vorzudringen.

Diese Entwicklungen lassen sich illustrieren durch die Verschiebungen in der Vermögensstruktur der privaten Haushalte, in der Bilanzstruktur der Unternehmen, in der Gewinn- und Verlustrechnung der Banken und bei Fusionen im Finanzsektor. Es lässt sich zeigen, dass die privaten Haushalte immer weniger auf klassische Bankeinlagen und zunehmend auf Wertpapiere und vor allem Fondsanteile als Instrumente der Vermögensbildung setzen. Über den Geldmarkt leiten die Fonds die Ersparnisse der Haushalte teilweise an die Banken weiter. Insofern ergibt sich hier eine Verlängerung der Intermediationskette.

Gleichzeitig beobachtet man bei der Unternehmensfinanzierung eine stärkere Differenzierung zwischen Kapital- und Personengesellschaften bzw. zwischen größeren und kleineren Unternehmen. Während die Kapitalgesellschaften zunehmend auf eine Finanzierung über Märkte setzen, scheint die Bedeutung der Kreditfinanzierung für kleinere Unternehmen zuzunehmen. Möglicherweise zeichnet sich hier auch eine spiegelbildliche Differenzierung in den Aktivitäten größerer und kleinerer Banken ab. Aufgrund komparativer Vorteile bei der Verarbeitung von harten Informationen spezialisieren sich Großbanken möglicherweise zunehmend auf die Begleitung von Großunternehmen. Umgekehrt bauen kleinere Banken möglicherweise zunehmend ihre komparativen Vorteile bei der Verarbeitung weicher Informationen aus und spezialisieren sich auf das Kreditgeschäft mit kleineren Unternehmen.

Insgesamt zeichnet sich ab, dass Banken als Informationsintermediäre und Anbieter kurzfristiger Liquidität auch in einer Umgebung sinkender Informations- und Transaktionskosten und zunehmender Bedeutung der Kapitalmärkte weiter eine wichtige Rolle spielen. Dies zeigt sich an der Beteiligung von Konsortialbanken bei der Emission von Wertpapieren und nicht zuletzt an der Praxis, Wertpapieremissionen mit Backup-Kreditlinien von Banken zu unterlegen. Die Bedeutung der Banken für die Kapitalmärkte zeigt sich unter anderem daran, dass Kreditvergabeentscheidungen von Banken von den Märkten als kursrelevante Informationen eingestuft werden. Umgekehrt belegt der in vielen Ländern steigende Anteil von Nicht-Zinseinkommen die Bedeutung der Kapitalmärkte für das Geschäft der Banken. Dazu tragen nicht zuletzt technologische Innovationen bei, die es den Banken erlauben, traditionell illiquide Kreditportfolios zu verbriefen, aus der Bilanz herauszulösen und am Markt zu placieren. Dies ist nur ein Beispiel für die neuen Geschäftsmöglichkeiten, die die neue Ökonomie den Banken eröffnet.

Neben Veränderungen in der Struktur der Bankbilanzen und den Produkten und Geschäftsmodellen schlägt sich die neue Ökonomie aber auch in Veränderungen der Struktur des Finanzsektors insgesamt nieder. Die Zahl der Fusionen, sowohl zwischen Banken, als auch zwischen Banken und anderen Finanzdienstleistern hat in jüngster Zeit deutlich zugenommen. Dabei zeichnen sich zwei strategische Motive ab, zum einen die Konsolidierung und die Fokussierung auf Kerngeschäftsbereiche, zum anderen aber auch die Suche nach Verbundvorteilen und Synergien zwischen verschiedenen Segmenten der Finanzindustrie. Empirische Untersuchungen legen nahe, dass beide Strategien sinnvoll sein können.

Strukturveränderungen im Finanzsektor werfen wichtige Fragen in Bezug auf Regulierung und Bankenaufsicht auf. In dem Maße wie Nichtbanken mit Banken fusionieren oder auf andere Weise ins Bankgeschäft einsteigen, verschwimmen die Grenzen zwischen den verschiedenen Segmenten des Finanzsektors. Es stellt sich damit die Frage, wie für alle Marktteilnehmer Chancengleichheit bei der Regulierung ihrer Geschäftstätigkeit sichergestellt werden kann (EZB 2000). Gleichzeitig bedeutet die Gewichtsverlagerung vom traditionellen Kreditgeschäft hin zu Handelsaktivitäten und Gebühreneinnahmen, dass Banken zunehmend weniger Kreditrisiken und dafür mehr Marktrisiken zu tragen haben. Daher dürften Banken in der Zukunft stärker durch krisenhafte Entwicklungen an den Finanzmärkten betroffen werden.

Diese Entwicklungen legen Reformen bei der Regulierung von Finanzintermediären und Märkten nahe. Die unter dem Stichwort Basel II diskutierten Veränderungen in den internationalen Regulierungsstandards gehen in diese Richtung.[49] Insbesondere wird angestrebt, die Risikogewichtung, auf der die Pflichten zur Eigenkapitalunterlegung beruhen, zu verbessern. Innerhalb der EU wird diskutiert, auf welchen Ebenen die Aufsichtskompetenzen angesiedelt werden sollen (Lannoo 2002).

Bezüglich der Reaktion auf zunehmend unschärfere Abgrenzungen zwischen den einzelnen Teilen des Finanzsektors gibt es grundsätzlich zwei Optionen. Erstens können die Aufgaben verschiedener Regulierungs- und Aufsichtsorgane in einer Hand integriert werden. Zweitens besteht die Möglichkeit der Koordina-

---

[49] Siehe Stolz (2001) für einen Überblick über die aktuelle Regulierungsdebatte im Bankenbereich.

tion der Regulierungs- und Aufsichtsentscheidungen verschiedener Organe in einer Weise, die den strukturellen Veränderungen in der Finanzindustrie Rechnung trägt. Einerseits böte eine Integration der Regulierung und Aufsicht den Vorteil einer umfassenden Beurteilung der Risiken, könnte Skalen- und Verbundvorteile bringen und würde die Transparenz erhöhen. Andererseits könnte unter einer überzogenen Harmonisierung der Regulierung von und Aufsicht über Geschäftsfeldern mit unterschiedlichen Risikoprofilen die Qualität der Aufsicht leiden, und die Möglichkeit zu fruchtbarer Konkurrenz unter den Regulierungs- und Aufsichtsorganen würde eingeschränkt. Auf nationaler Ebene in Europa haben mehrere Länder begonnen, die Aufsicht über verschiedene Segmente des Finanzsektors (Banken, Versicherungen, Finanzmärkte) in einer Hand zu konzentrieren (Belaisch et al. 2001). Es fehlt jedoch bisher an empirischer Evidenz zum Erfolg alternativer Regulierungsansätze.

Es stellt sich auch die Frage, ob und gegebenenfalls wie Unternehmen zu regulieren sein werden, die neu in den Finanzsektor einsteigen, obwohl sie bisher ihr Hauptgeschäft in anderen Sektoren hatten. Einerseits besteht Grund zu der Annahme, dass die Marktunvollkommenheiten, die der Regulierung des Bankensektors zugrunde liegen, auch bei Neueinsteigern aus anderen Bereichen auftreten können. Von daher müssten diese Unternehmen den gleichen Regulierungen unterworfen werden wie traditionelle Banken. Andererseits ist auch denkbar, dass einige der Gründe für die Regulierung des Bankensektors in Zukunft an Bedeutung verlieren. In diesem Fall müssten die entsprechenden Regulierungen abgebaut werden, um den Banken Chancengleichheit im Wettbewerb mit Neueinsteigern aus anderen Sektoren zu gewährleisten.

Beispielsweise können Banken ihre Kredite zunehmend bündeln, verbriefen und weiterverkaufen. Dadurch erhöht sich die Liquidität ihrer Aktiva, und die Diskrepanz zwischen den Fristigkeiten der Aktiva und der Passiva (maturity mismatch) nimmt ab. Regulierungen, die darauf abzielen, Einleger gegen Liquiditätsrisiken abzusichern, sind daher möglicherweise in Zukunft schwieriger zu rechtfertigen.

Ob systemische Risiken zunehmen werden, ist weniger klar. Insbesondere die Implikationen von Konzernrisiken (conglomerate risk) für die zukünftige Regulierung des Finanzsektors sind eine offene Frage (Freedman 2000). Einerseits können durch den Zusammenschluss von Unternehmen aus unterschiedlichen Bereichen des Finanzsektors Risiken durch Diversifizierung der Einnahmeströme gesenkt werden (Berger 2000). Jüngere Simulationsrechnungen für die Vereinigten Staaten legen nahe, dass Fusionen zwischen Banken und Lebensversicherern das Konzernrisiko verringern würden (Lown et al. 2000). Andererseits besteht die Gefahr, dass eine Krise, die einen Teilbereich eines Finanzkonzerns trifft, in einer Art innerbetrieblicher Ansteckung auf andere Teile des Konzerns übergreifen könnte (Santomero und Eckels 2000). Zudem könnte ein Sicherheitsnetz wie etwa eine Einlagenversicherung, die einen Teil der Aktivitäten eines Finanzkonzerns abdeckt, Anreize setzen, in anderen, unregulierten Geschäftsbereichen zusätzliche Risiken einzugehen. Boot und Schmeits (2000) zeigen anhand eines theoretischen Modells, dass der positive Diversifizierungseffekt von Zusammenschlüssen von Firmen aus verschiedenen Teilbereichen des Finanzsektors überwiegt, wenn der Konkurrenzdruck gering ist. In jedem Fall bildet die traditionelle Unterscheidung zwischen Banken, Versicherungen und anderen Finanzdienstleistern in Zukunft nicht mehr unbedingt eine gute Basis für die Regulierung, wenn man vor allem das *systemische* Risiko im Blick hat. Ein Regulierungsansatz, der in diese Richtung geht, wird derzeit in Großbritannien diskutiert (Richardson und Stephenson 2000).

3.3 Arbeitsmärkte: Qualifikationsanforderungen und Arbeitsformen in der neuen Ökonomie

3.3.1 Das Problem

Der deutsche Arbeitsmarkt ist den in letzten 25 Jahren vor allem von zwei Veränderungen beeinflusst worden. Erstens hat ein stetiger Strukturwandel stattgefunden, der sich in einer Abnahme der Zahl der Erwerbstätigen im primären und sekundären Sektor und einer Zunahme der Zahl der Erwerbstätigen im tertiären Sektor widerspiegelt (Abbildung 19).[50] Der Anteil der Erwerbstätigen im tertiären Sektor hat sich in den letzten 25 Jahren um etwa 20 Prozentpunkte erhöht, welches einer Zunahme der Zahl der Erwerbstätigen um etwa 13 Millionen entspricht. Im gleichen Zeitraum ist die der Zahl der Erwerbstätigen im primären und sekundären Sektor um etwa 1 Million gesunken.

Zweitens hat sich die Struktur der Erwerbstätigkeit nach formalen Qualifikationsmerkmalen stark zu höheren Qualifikationen verschoben (Abbildung 20). Diese Nachfrageverschiebung wird vor allem dem arbeitssparenden technischen Fortschritt (Krugman 2000) zugeschrieben, der eine abnehmende Nachfrage nach gering qualifizierten Arbeitnehmern auslöst; die relative qualifikatorische Arbeitsnachfrage verschiebt sich zugunsten der qualifizierten Arbeitnehmer.

Eine solche Verschiebung der qualifikatorischen Arbeitsnachfrage stellt dann kein Problem auf dem Arbeitsmarkt dar, wenn sich im gleichen Zeitraum analog auch das Arbeitsangebot hin zu höheren Qualifikationen verändert. Allerdings ist in Deutschland die Nachfrage nach Arbeitnehmern mit geringen Qualifikationen schneller gesunken als das Arbeitsangebot, so dass vor allem die Gruppe der

---

[50] Zu näheren Untersuchungen des Strukturwandels vgl. z.B. Klodt et al. (1996), Kleinert et al. (2000) und Schimmelpfennig (2000).

Abbildung 19: Entwicklung der Erwerbstätigkeit in Deutschland[a] nach Sektoren 1975–1999

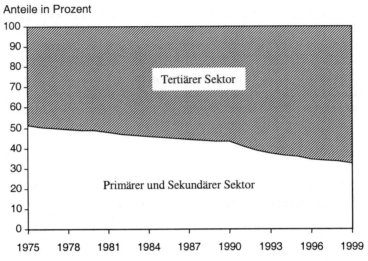

[a]Ab 1991 Gesamtdeutschland.

Quelle: Sachverständigenrat (laufende Jahrgänge); eigene Berechnungen.

Abbildung 20: Entwicklung der Erwerbstätigkeit in Deutschland[a] nach Qualifikationen 1975–1998

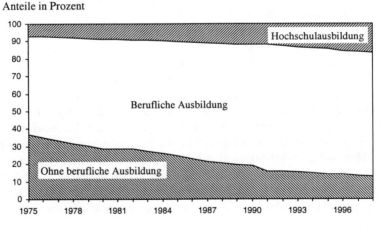

[a]Ab 1991 Gesamtdeutschland.

Quelle: IAB-Archiv Reinberg nach Reinberg (1999); eigene Berechnungen.

Abbildung 21: Qualifikationsspezifische Arbeitslosenquoten in Deutschland[a] 1975–1998

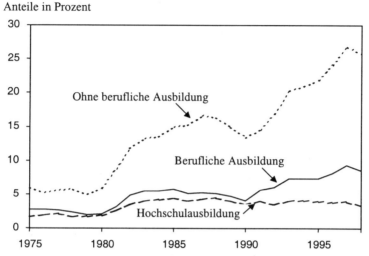

Anteile in Prozent

[a]Ab 1991 Gesamtdeutschland.

Quelle: IAB-Archiv Reinberg nach Reinberg (1999); eigene Berechnungen.

Geringqualifizierten von einer steigenden Arbeitslosenquote betroffen ist (Abbildung 21).

Die Auswirkungen des technischen Fortschritts konnten in den neunziger Jahren offensichtlich nicht vollständig durch Qualifizierungsmaßnahmen oder hinreichend flexible Löhne kompensiert werden. Hinzu kommt, dass der Strukturwandel kaum durch eine sektorale Mobilität der Arbeitnehmer unterstützt wird.[51] Verstärkte Arbeitslosigkeit ist die Konsequenz, wie auch in Anhang 2 theoretisch gezeigt wird.

Diese Nachfrageveränderungen auf dem Arbeitsmarkt hin zu höheren Qualifikationen und zu Dienstleistungen sind indes nicht neu, sondern beschreiben eine Entwicklung, wie sie sich seit vielen Jahren kontinuierlich auf dem Arbeitsmarkt vollzieht. Die Auswirkungen der neuen Ökonomie auf den Arbeitsmarkt[52] unterscheiden sich im Wesentlichen nicht von diesem Grundmuster. Allerdings treten einige Prozesse beschleunigt und in speziellen Bereichen auf:

---

[51]   Vgl. dazu z.B. Klodt et al. (1996: 134–209).

[52]   Für einen Überblick über die Auswirkungen der neuen Ökonomie in der gesamten Volkswirtschaft vgl. z.B. Siebert (2000) und Klodt (2001b).

- Der IT-Sektor weist in den letzten Jahren äußerst hohe Wachstumsraten auf und seine Bedeutung auf dem Arbeitsmarkt nimmt stetig zu (Abschnitt 3.3.2).
- Speziell im IT-Sektor, aber auch in der Gesamtwirtschaft, werden durch die neuen Kommunikations- und Informationstechnologien neue Qualifikationen nachgefragt mit entsprechenden Auswirkungen auf das Ausbildungssystem (Abschnitt 3.3.3).
- Durch die zunehmende Bedeutung des Humankapitals der Mitarbeiter im Produktionsprozess entstehen neue Formen der Arbeitsorganisation und der Entlohnung (Abschnitt 3.3.4).
- Durch die neuen Informations- und Kommunikationstechnologien besteht die Möglichkeit zur räumlichen Entkoppelung von Unternehmenssitzen und Arbeitsplätzen (Abschnitt 3.3.5).
- Kürzere Produktionszyklen erfordern ein flexibleres Arbeitsangebot, welches speziell von Zeitarbeitsfirmen bereitgestellt werden kann (Abschnitt 3.3.6).
- Das Internet kann Informationsdefizite abbauen und so die Suchprozesse auf dem Arbeitsmarkt positiv beeinflussen (Abschnitt 3.3.7).

Im Folgenden werden die einzelnen Aspekte der neuen Ökonomie näher untersucht, wobei zunächst die Bestandsaufnahme im Vordergrund steht. Die wirtschaftspolitischen Implikationen werden später vor dem Hintergrund des technischen Fortschritts und des Strukturwandels abgeleitet.[53]

3.3.2   Der IT-Sektor und seine Bedeutung für den Arbeitsmarkt – einige Fakten

3.3.2.1 Beschäftigte im IT-Sektor im nationalen und internationalen Vergleich

Wenn die neue Ökonomie – wie in dieser Studie – als branchenübergreifendes Phänomen verstanden wird, dann lässt sich ihre quantitative Bedeutung für den Arbeitsmarkt nicht an der Zahl der Beschäftigten einzelner Sektoren festmachen. Da die Entwicklung der Zahl der Beschäftigten im IT-Sektor jedoch eng verknüpft sein dürfte mit der Durchsetzung moderner IT in der Gesamtwirtschaft, liefert die sektorale Betrachtung durchaus wichtige Informationen, und zwar zum einen darüber, wie weit der Strukturwandel zur neuen Ökonomie in Deutschland im Vergleich zu anderen Ländern vorangekommen ist (Länderquerschnitt), und zum anderen darüber, welches Tempo dieser Strukturwandel aufweist und wie

---

[53]   In Anhang 2 sind aus diesem Grunde der technische Fortschritt und der Strukturwandel aus theoretischer Sicht dargestellt.

stark daher der Anpassungsdruck im Beschäftigungssystem ist (Zeitreihe). Für derartige Analysen ist eine genaue Definition des IT-Sektors nötig. Der Bundesverband Informationswirtschaft, Telekommunikation und neue Medien (BITKOM) definiert sich über die Branchen *Herstellung von nachrichtentechnischen Geräten, Fernmeldedienste, Software und IT-Dienstleistungen* sowie *Herstellung von Büromaschinen und Datenverarbeitungs-Geräten* (BITKOM 2001: 18). Im Jahr 2000 betrug die Anzahl der Erwerbstätigen in diesen Branchen 794 000. Seit 1997 ist die Erwerbstätigkeit im IT-Sektor nach BITKOM-Angaben jährlich um mindestens 4 Prozent gestiegen (BITKOM 2001: 18). Werden zusätzlich die Erwerbstätigen der Medienbranche hinzugerechnet, so erhöht sich die Zahl der Erwerbstätigen in dieser Branche der neuen Ökonomie auf rund 1,8 Millionen (Schönig und L'Hoest 2001: 27). Dieses entspricht einem Anteil von fast 5 Prozent an allen Erwerbstätigen in Deutschland.

In einer Studie der OECD wird die Bedeutung des IT-Sektors[54] anhand verschiedener Maßzahlen für ausgewählte Länder untersucht. Dabei zeigt sich, dass Deutschland mit einem Volumen der Wertschöpfung von 89 Mrd. US-Dollar im IT-Sektor 1997 an dritter Position weltweit hinter den Vereinigten Staaten und Japan lag (OECD 2000c: 33). Dieses entspricht auch der Position in der Gesamtproduktion der Volkswirtschaften. Wird allerdings der Wertschöpfungsanteil des IT-Sektors an der Gesamtwirtschaft verglichen, so nimmt Deutschland nur eine mittlere Position ein, die in etwa dem EU-Durchschnitt entspricht (Tabelle 18).

In Bezug auf den Arbeitsmarkt vergleicht die OECD die Beschäftigungsanteile des IT-Sektors an der Gesamtwirtschaft. In diesem Vergleich schneidet Deutschland frappierend schlecht ab. Alle großen Volkswirtschaften weisen höhere Beschäftigungsanteile des IT-Sektors auf als Deutschland (Tabelle 18). Deutschland hinkt der internationalen Entwicklung der Beschäftigung im IT-Sektor somit weit hinterher.

Die OECD teilt die untersuchten Länder in drei Kategorien ein: Länder mit hoher, mittlerer und niedriger IT-Intensität. Auch wenn man berücksichtigt, dass sich diese Statistiken vorrangig an jenen Branchen orientieren, die IT-Produkte herstellen, und dass sie damit das Ausmaß der Nutzung und Verbreitung bei den Anwenderbranchen nicht erfassen können, sollte es nachdenklich stimmen, dass Deutschland in die Gruppe der Länder mit niedriger IT-Intensität eingeteilt wurde, wohingegen alle anderen großen Volkswirtschaften (Vereinigte Staaten, Großbritannien, Kanada, Frankreich, Italien, Japan) mindestens in der mittleren Kategorie liegen (OECD 2000c: 31). Gleichwohl ist davon auszugehen, dass sich die Zahl der Beschäftigten dieses Bereichs sowohl in Deutschland als auch im Ausland künftig recht dynamisch entwickeln dürfte.

---

54 Zur Definition des IT-Sektors in der OECD-Studie vgl. OECD (2000c: 7).

Tabelle 18: Wertschöpfungs- und Beschäftigungsanteil des IT-Sektors[a] an der Gesamtwirtschaft in ausgewählten Ländern 1997 (Prozent)

	Wertschöpfungsanteil des IT-Sektors an der Gesamtwirtschaft	Beschäftigungsanteil des IT-Sektors an der Gesamtwirtschaft
Deutschland	6,1	3,1
Vereinigte Staaten	8,7	3,9
Japan	5,8	3,4
Großbritannien	8,4	4,8
Frankreich	5,3	4,0
Italien	5,8	3,5
Schweden	9,3	6,3
EU	6,4[b]	3,9[c]
OECD insgesamt	7,4[d]	3,6[e]

[a]Zur Definition des IT-Sektors vgl. OECD (1999b: 7). – [b]Ohne Dänemark, Griechenland, Irland, Luxemburg und Spanien. – [c]Ohne Griechenland, Luxemburg und Spanien. – [d]Berechnet für die 18 Länder, für die Daten zur Verfügung standen (OECD 1999b: 33). – [e]Berechnet für die 24 Länder, für die Daten zur Verfügung standen (OECD 2000c: 32).

Quelle: OECD (2000c: 32–33); eigene Darstellung.

3.3.2.2 Prognosen der Beschäftigungsentwicklung im IT-Sektor in Deutschland

Eine langfristige Prognose der Beschäftigungsentwicklung im IT-Sektor basiert auf zahlreichen Annahmen, die in der Regel mit hoher Unsicherheit verbunden sind. Schönig und L'Hoest (2001: 34–51) diskutieren ausführlich die Probleme einer langfristigen Prognose der Beschäftigungsentwicklung im IT-Sektor und stellen verschiedene Prognosen vor. Zusammenfassend werden von Schönig und L'Hoest (2001: 42–49) Korridore für die Beschäftigungsentwicklung definiert. Diese basieren auf den Grunddaten der Angaben von BITKOM (2001) und den Wachstumsraten zweier Studien des RWI (2000), die aufgrund differierender Prognosemodelle und Annahmen zu extrem unterschiedlichen Ergebnissen kommen.[55] Als Untergrenze der Beschäftigungsentwicklung kann demnach vom Status quo ausgegangen werden. Im positiven Fall wird mit einem Wachstum der Beschäftigung im IT-Sektor von 2,5 Prozent pro Jahr gerechnet. Für das Jahr 2010 kommen Schönig und L'Hoest (2001: 46) somit zu einem möglichen Beschäftigungsvolumen zwischen 1,8 und 2,3 Millionen im IT-Sektor inklusive Medienbranche. Die positive Entwicklung mit einer unterstellten Wachstumsrate

---

[55]   Vgl. Schönig und L'Hoest (2001) für eine ausführliche Diskussion der Prognosen.

von 2,5 Prozent pro Jahr wird von Schönig und L'Hoest (2001: 48–49) im Hinblick auf mögliche Probleme (z.B. Fachkräftemangel) kritisch diskutiert, und abschließend wird von einer langfristigen jährlichen Beschäftigungswachstumsrate im IT-Sektor von 1,5 Prozent als „pragmatische" Prognose ausgegangen. Unter diesen Annahmen würde erst im Jahr 2015 ein Beschäftigungsniveau im IT-Sektor von etwa 2,3 Millionen erreicht werden. Dieses entspricht einer jährlichen Steigerung der Beschäftigung im IT-Sektor um gut 30 000 Personen.

Schönig und L'Hoest (2001: 49–51) erläutern in diesem Zusammenhang, dass diese Prognosen deutlich hinter den Wachstumserwartungen der Bundesregierung und der Wirtschaftsverbände zurückbleiben. Sie weisen auf Prognosen hin, die von jährlichen Wachstumsraten von 10 Prozent oder von insgesamt etwa 3,1 Millionen Beschäftigten im IT-Sektor im Jahr 2010 ausgehen. Schönig und L'Hoest kritisieren die Annahmen solcher Prognosen. So basieren diese zumeist auf hohen Schätzungen des ungedeckten Fachkräftebedarfs und auf der Annahme, dass die Beschäftigungsintensität im IT-Sektor auch bei Wachstum und fortschreitendem technischem Fortschritt konstant bleibt.

3.3.2.3 Fachkräftemangel im IT-Sektor und seine Auswirkungen

Den Fachkräftemangel in den Branchen der neuen Ökonomie zu beziffern stellt eine schwierige Aufgabe dar. So schwanken die Angaben in der Literatur auch erheblich. Nach einer Untersuchung der Bundesregierung für 1999 wird von 75 000 fehlenden Fachkräften in der Informations- und Medienbranche ausgegangen (bmb+f und BMWi 1999: 35). Welsch (2001: 42) ermittelt auf Basis von BITKOM-Zahlen einen IT-Fachkräftebedarf in Deutschland von 188 000 Erwerbstätigen im Jahr 1999. Hingegen beträgt nach einer Untersuchung des European Information Technology Observatory (EITO) die Anzahl der offenen Stellen, die in der IT-Branche in Deutschland nicht besetzt werden können, rund 440 000 (EITO 2001). Vollständig diffus wird das Bild, wenn man zusätzlich Zahlen des Instituts für Arbeitsmarkt- und Berufsforschung der Bundesanstalt für Arbeit (IAB) hinzuzieht. Nach Untersuchungen auf Basis des IAB-Betriebspanels betrug die Gesamtzahl der offenen Stellen für qualifizierte Mitarbeiter in Deutschland im Jahr 2000 über alle Branchen 441 000 Personen (Kölling 2001). Wie viele davon auf den IT-Sektor entfallen, kann aus der Untersuchung nicht abgeleitet werden.

Betrachtet man die Auswirkungen des Fachkräftemangels auf die Unternehmensentwicklung, zeigt sich ein ähnlich verwirrendes Bild. Nach einer Untersuchung des IAB auf Basis von Daten des ifo-Instituts beklagten 1999 etwa 50 Prozent der westdeutschen DV-Dienstleister Produktionsbehinderungen durch Fachkräftemangel, während dies lediglich für etwa 2 Prozent des Verarbeitenden Gewerbes galt (Magvas und Spitznagel 2000: 9). In der gleichen Studie werden auf

Daten von Betriebsbefragungen des IAB und des ifo-Instituts auch die Gründe für Aktivitätshemmnisse[56] nach Wirtschaftszweigen differenziert untersucht. Dabei ist der Hauptgrund für Aktivitätshemmnisse in fast allen Wirtschaftszweigen der Auftragsmangel. Fehlende Arbeitskräfte wurden von deutlich weniger Unternehmen als Aktivitätshemmnis genannt. Dabei behindern fehlende Arbeitskräfte in ungefähr gleichem Ausmaß (16–18 Prozent) Betriebe der Land- und Forstwirtschaft/Fischerei, des Baugewerbes, des Verkehrs/der Nachrichtenübermittlung und der wirtschaftsnahen Dienstleistungen (Magvas und Spitznagel 2000: 6).

Kölling (2001: 17) untersucht auf Basis des IAB-Betriebspanels den Anteil der Betriebe einer Branche, die Fachkräftemangel aufweisen. Er findet, dass das Verarbeitende Gewerbe, gefolgt vom Baugewerbe, am stärksten unter Fachkräftemangel leidet. Erst an dritter Position folgt der Wirtschaftszweig Verkehr und Nachrichtenübermittlung. Auch die Gründe für Personalprobleme wurden von Kölling (2001: 14) analysiert. Gesamtwirtschaftlich stehen dabei die hohen Lohnkosten an erster Stelle. Erst an zweiter Stelle folgen Schwierigkeiten, geeignete Fachkräfte anzuwerben. Interessant mag noch ein internationaler Vergleich sein. Welsch (2001: 45) verweist auf eine Befragung unter 1 430 Betrieben der neuen Ökonomie in verschiedenen Ländern. Die Ergebnisse zeigen, dass fehlende Fachkräfte kein spezifisch deutsches Problem darstellen. Während in Deutschland 38 Prozent der Unternehmen der neuen Ökonomie Wachstumshemmnisse aufgrund von Personalmangel beklagten, waren es in den Vereinigten Staaten und im Vereinigten Königreich 36 Prozent sowie in Asien 42 Prozent.

Die Daten verdeutlichen vor allem eines: Die Unternehmen des IT-Sektors haben Schwierigkeiten, geeignetes Personal zu finden, wodurch Wachstum zumindest zum Teil verhindert wird. Wie hoch der Fachkräftemangel tatsächlich ist, lässt sich allerdings kaum beziffern. Im internationalen Vergleich steht Deutschland mit den Problemen des Fachkräftemangels im IT-Bereich jedoch nicht alleine da.

Wenn es gelingen sollte, den Fachkräftemangel im IT-Sektor zu lösen, könnte dieser Wirtschaftsbereich insgesamt durchaus spürbar dazu beitragen, die Beschäftigungsrückgänge in anderen Sektoren der Volkswirtschaft auszugleichen. Nach der engen Definition der Erwerbstätigen im IT-Sektor nach BITKOM ist die Erwerbstätigenzahl in diesem Sektor von 1997 auf 1999 um etwa 62 000 Personen angestiegen. Im gleichen Zeitraum sank die Zahl der Erwerbstätigen im Produzierenden Gewerbe und der Landwirtschaft um 60 000 Personen.[57] Der IT-

---

[56]   Zu den Gründen, die Betriebe in den 12 Monaten vor der Befragung hinderten, ihre (Markt-) Chancen in vollem Umfang zu nutzen, siehe Magvas und Spitznagel (2000: 6, Tabelle 4).

[57]   Eigene Berechnungen nach Sachverständigenrat (2000: 321) und BITKOM (2001: 18), wobei Produzierendes Gewerbe aufgrund der extremen jährlichen Schwankungen ohne Baugewerbe berücksichtigt wird und Landwirtschaft als Oberbegriff für

Sektor hat demnach für diesen Zeitraum ziemlich genau den Rückgang der Zahl der Erwerbstätigen im Produzierenden Gewerbe und der Landwirtschaft kompensiert.

Damit der IT-Sektor auch zukünftig den zu erwartenden weiteren Beschäftigungsabbau im Produzierenden Gewerbe und der Landwirtschaft erfolgreich auffangen kann, ist es allerdings notwendig, dass die Arbeitnehmer hinreichend mobil sind und sich durch verstärkte Humankapitalinvestitionen an neue Anforderungen anpassen. Des Weiteren darf ein Beschäftigungsabbau im primären und sekundären Sektor und eine allgemein geringere Nachfrage nach gering qualifizierten Arbeitnehmern nicht durch inflexible Löhne und zu hohe Lohnersatzleistungen begleitet werden, da sonst hohe Anreize seitens der Arbeitnehmer bestehen, den Strukturwandel oder eine Höherqualifizierung nicht aktiv zu unterstützen (vgl. die theoretischen Ausführungen in Anhang 2).

3.3.3   Informations- und Kommunikationstechnologien – Einfluss auf Humankapital und Qualifikation

Wie in Abschnitt 3.3.1 gezeigt wurde, hat die Bedeutung von Humankapital in Form von beruflicher Qualifikation in den letzten Jahren beständig zugenommen. Humankapital beinhaltet neben der formalen beruflichen Qualifikation auch die berufliche Erfahrung eines Arbeitnehmers. Dieses Wissen und die Fähigkeiten eines Arbeitnehmers gehen als Humankapital neben dem Sachkapital als Produktionsfaktor in den Produktionsprozess ein. Dabei ist der Produktionsprozess im 20. Jahrhundert immer stärker durch die Bedeutung des Humankapitals gekennzeichnet worden, wie die Relation von Human- zu Gesamtkapital in Abbildung 22 zeigt.[58] Es ist davon auszugehen, dass die Bedeutung des Humankapitals zukünftig noch zunehmen wird, da in der Informationsgesellschaft Informationen direkt als Produktionsfaktor in den Produktionsprozess einfließen.

Land- und Forstwirtschaft und Fischerei dient. Außerdem wurden die Zahlen für das Produzierende Gewerbe nicht um IT-Anteile innerhalb des Produzierenden Gewerbes bereinigt.

[58] Buttler und Tessaring (1993) berechnen den Humankapitalstock für 1989 anhand von Ausgaben für Bildung und Ausbildung der Erwerbspersonen. Dabei erfolgt die Bewertung der Ausgaben gegliedert nach der Qualifikation und dem Alter aller Erwerbstätigen und Arbeitslosen anhand ihrer Ausbildungskosten gemäß üblichem Bildungsverlauf ohne durch Ausbildung entgangene Einkommen und ohne öffentliche Weiterbildungsaufwendungen; vgl. Buttler und Tessaring (1993: 467) auch für eine Vergleichbarkeit der Daten mit denen von 1918–1939 und 1970.

Abbildung 22: Anteil des Humankapitalstocks am Gesamtkapitalstock[a] in Deutschland 1918–1939, 1970 und 1989

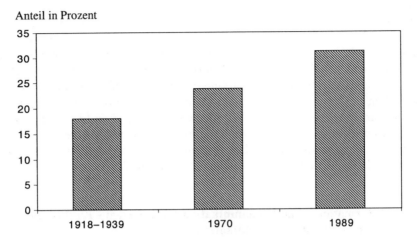

Anteil in Prozent

[a]Gesamtkapitalstock = Humankapitalstock + Sachkapitalstock.

Quelle: Buttler und Tessaring (1993: 467); eigene Berechnungen.

3.3.3.1 Informationsberufe und Computernutzung in der Gesamtwirtschaft

In Abschnitt 3.3.2 wurde ausschließlich der IT-Sektor in seiner Bedeutung für die Erwerbstätigkeit in Deutschland betrachtet. Dostal (1995; 2000b) definiert darüber hinaus so genannte „Informationsberufe",[59] die als Träger der Informatisierung dienen. Diese Berufe finden sich in allen Sektoren. Der Anteil der Informationsberufe an allen Beschäftigten betrug 1999: 48,5 Prozent und hat seit 1985 um 7,5 Prozentpunkte zugenommen (Tabelle 19). Somit weisen Informationsberufe eine erhebliche und zunehmende Bedeutung in allen Bereichen der Wirtschaft auf.

Noch deutlicher wird die Bedeutung der Berufe, die Technologien der neuen Ökonomie nutzen, wenn man den Computer als Arbeitsgerät im Beruf näher untersucht. Tabelle 20 zeigt, wie stark der Computer Einzug in das Arbeitsleben gefunden hat. Mehr als die Hälfte der Beschäftigten in Deutschland nutzen Computer im weitesten Sinne zumindest gelegentlich zu beruflichen Zwecken.

---

[59]   Zu diesen Berufen zählen beispielsweise technische und naturwissenschaftliche Berufe, Kaufleute, Verwaltungsberufe und Organisationsberufe (vgl. Dostal 2000b: 162) für Details.

Tabelle 19: Beschäftigte in Informationsberufen in Deutschland 1985, 1992 und 1999

	Absolut	Anteil an allen Beschäftigten
	1 000	Prozent
1985	10 900	41,0
1992	14 294	46,2
1999	15 957	48,5

Quelle: Dostal (1995; 2000b); eigene Berechnungen.

Tabelle 20: Berufliche Nutzung von Computern[a] in Deutschland 1979–1999 (Prozent)

	Verbreitungsgrad
1979	14
1985/86	21
1991/92	37
1998/99	62
[a]Einschließlich computergesteuerter Maschinen und Anlagen.	

Quelle: Dostal (1995; 2000a).

Interessant erscheint bei dieser weiten Verbreitung des Computers als Arbeitsgerät die Frage, von welchen Berufsgruppen der Computer genutzt wird und ob es dabei Unterschiede zwischen den Qualifikationsgruppen gibt. Da Computer vermutlich überwiegend zur Informationsverarbeitung genutzt werden, erscheint es wahrscheinlich, dass hauptsächlich Personen der Informationsberufe Computer als Arbeitsgerät nutzen. Dieses bestätigt Dostal (2000b: 155–156), indem er für verschiedene berufliche Tätigkeiten die Computernutzung berechnet. Die Ergebnisse sind in Auszügen in Tabelle 21 dargestellt.

Es ist offensichtlich und auch nicht weiter erstaunlich, dass vor allem in Tätigkeiten, in denen überwiegend mit Informationen gearbeitet wird, der Computer ein wichtiges Arbeitsgerät darstellt. Berufe, in denen die Produktion im Vordergrund steht, weisen einen deutlich geringeren Anteil an Computernutzung auf. Dieses erklärt auch die deutliche Zweiteilung in der Computernutzung am Arbeitsplatz zwischen den tertiären und den primären/sekundären Berufen, mit einem etwa dreimal so hohen Anteil an Computernutzern im tertiären Bereich.

Aus den bisherigen Ergebnissen lässt sich die Vermutung ableiten, dass die Nutzung eines Computers am Arbeitsplatz mit höherer Qualifikation zunimmt, da die informationsintensiven Berufe vermutlich eine höhere formale Qualifikation voraussetzen. Diese Ergebnisse werden von Pischner et al. (2000) bestätigt.

Tabelle 21: Computernutzung in verschiedenen beruflichen Tätigkeiten und Berufsbereichen in Deutschland 1998/1999 (Anteile in Prozent)

	Anteil der Computernutzung
Berufliche Tätigkeiten	
Entwickeln, Forschen	86
Werben, PR, Marketing, Akquirieren	78
Organisieren, Planen	70
Ausbilden, Lehren, Unterrichten	66
Versorgen, Bedienen, Betreuen von Menschen	54
Überwachen, Steuern von Maschinen oder Anlagen	47
Reparieren, Instandsetzen	36
Herstellen, Produzieren von Waren und Gütern	33
Berufsbereiche	
Primäre Berufe	16,6
Sekundäre Berufe	23,6
Tertiäre Berufe	62,9

Quelle: Dostal (2000b: 156, 158).

Tabelle 22: PC-Nutzung im Beruf differenziert nach Qualifikation in Deutschland 1999 (Anteile in Prozent)

	Anteil der PC-Nutzung
Schulabschluss	
Hauptschule	36
Realschule	57
Fachoberschule	68
Gymnasium	80
Erforderliche Qualifikation für die ausgeübte Tätigkeit	
Keine Ausbildung	28
Berufsausbildung	48
Fachhochschule	83
Universität	92

Quelle: Pischner et al. (2000).

In ihrer Untersuchung werden unter anderem die Anteile der beruflichen PC-Nutzung nach Qualifikationen differenziert dargestellt. Die Ergebnisse sind in Auszügen in Tabelle 22 dargestellt.

Es zeigt sich, dass die Qualifikation der Erwerbstätigen eine wichtige Determinante für die Nutzung des PCs am Arbeitsplatz ist. Sowohl mit höherem Schulabschluss als auch mit höherer erforderlicher Tätigkeitsanforderung steigt der Anteil der PC-Benutzer.

Vor dem Hintergrund der allgemein abnehmenden Nachfrage nach gering qualifizierten Arbeitnehmern muss befürchtet werden, dass der verstärkte Einsatz von Informationsverarbeitungsgeräten im Beruf die Arbeitsmarktchancen von Personen mit wenig Humankapital weiter verschlechtern wird, wenn bei dem Erwerb einer Schul- oder Berufsausbildung die Nutzung des Computers nicht für alle Qualifikationsgruppen zum Standard gehört. Zukünftig sind daher verstärkte Humankapitalinvestitionen nötig, auch um Arbeitnehmern eine sektorale Mobilität in Bezug auf ihre ausgeübte Tätigkeit am Arbeitsplatz zu erleichtern. Es wird immer weniger Arbeitsplätze geben, an denen keine Computerkenntnisse benötigt werden. Sollte es nicht gelingen, das Arbeitskräfteangebot an die Nachfrageveränderungen anzupassen, drohen zum einen Effizienzverluste in der Gesamtwirtschaft, weil Wachstumspotentiale nicht genutzt werden können, und zum anderen werden Arbeitnehmer aus weniger nachgefragten Qualifikationsgruppen einem verstärkten Arbeitslosigkeitsrisiko ausgesetzt sein (vgl. dazu auch die theoretischen Ausführungen in Anhang 2).

3.3.3.2 Das deutsche Ausbildungssystem und Qualifikationen in der neuen Ökonomie

Sofern in einem Sektor Vakanzen nicht besetzt werden können, weil Fachkräfte fehlen, gibt es generell drei Möglichkeiten, diesen Mangel zu beheben: Zum einen können Arbeitslose entsprechend den Anforderungen ausgebildet werden, sofern sie die benötigten Qualifikationen nicht aufweisen. Zum zweiten können Berufswechsel erfolgen, die aufgrund von finanziellen Anreizen oder durch drohende Arbeitslosigkeit ausgelöst werden können. Zum dritten können Neueinsteiger auf dem Arbeitsmarkt in den Mangelberufen ausgebildet werden. Um die einzelnen Alternativen beurteilen zu können, wird im Folgenden eine Bestandsaufnahme der Qualifikationsanforderungen in den IT-Berufen vorgenommen.

Differenzierte Arbeitsnachfrage nach Ausbildungen im IT-Sektor und in der Gesamtwirtschaft

Betrachtet man die Qualifikationsstruktur der sozialversicherungspflichtig Beschäftigten in der IT-Branche und im Verarbeitenden Gewerbe (exklusive IT), so fällt dreierlei auf (Abbildung 23). Erstens liegt der Anteil der Personen mit Hochschulabschluss im IT-Sektor mit 28 Prozent deutlich über dem Anteil der Beschäftigten mit Hochschulabschluss im Verarbeitenden Gewerbe mit nur 8 Prozent. Zweitens ist im IT-Sektor der Anteil der Personen mit beruflicher Ausbildung mit 60 Prozent aller Beschäftigten etwas geringer als im Verarbeitenden Gewerbe mit 68 Prozent. Drittens haben im IT-Sektor mit 12 Prozent nur halb so viele Beschäftigte wie im Verarbeitenden Gewerbe keine Berufsausbildung.

Abbildung 23: Berufliche Qualifikationsstruktur im IT-Sektor und im verarbeitenden Gewerbe in Deutschland 2000[a]

Anteile in Prozent

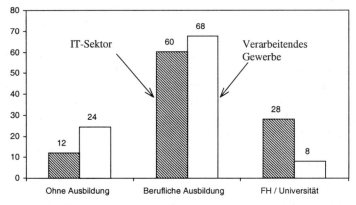

[a]IT-Sektor nach der Definition von BITKOM (2001), vgl. Abschnitt 3.3.2.1. Verarbeitendes Gewerbe ohne IT und Bau. Nur Personen mit Ausbildungsmeldung.

Quelle: Meldungen der Bundesanstalt für Arbeit zur Sozialversicherung; eigene Berechnungen.

Offensichtlich werden Personen mit beruflicher Ausbildung derzeit weniger und Personen mit Hochschulabschluss dafür deutlich stärker im IT-Sektor als im Verarbeitenden Gewerbe nachgefragt. Personen gänzlich ohne Berufsausbildung sind im IT-Sektor des Weiteren nur wenig beschäftigt. Die Gründe dafür liegen vor allem in den hohen Anforderungen an das Humankapital im IT-Sektor (vgl. dazu Abschnitt 3.3.3.1) und in der zum Teil mangelnden Flexibilität des dualen Ausbildungssystems in Deutschland. Humankapital setzt sich aus zwei Komponenten zusammen, dem allgemeinen und dem berufsspezifischen Humankapital. Die Flexibilität des Humankapitaleinsatzes hängt in erster Linie vom allgemeinen Humankapital und weniger vom berufsspezifischen Humankapital ab. Dabei kann der Anteil des spezifischen Humankapitals in einigen Berufen des dualen Ausbildungssystems sehr hoch sein,[60] so dass im Extremfall ein u-förmiger Verlauf der Flexibilitätskurve mit zunehmender Humankapitalakkumulation im deutschen Ausbildungssystem vermutet werden kann (Abbildung 24).

---

[60] Als Beispiele für stark spezialisierte duale Ausbildungsberufe können Edelsteingraveure und Hörgeräteakustiker angeführt werden, während beispielsweise Anlagenmechaniker und Industrieelektroniker als relativ flexibel einsetzbare Ausbildungen angesehen werden können.

Abbildung 24: Berufsausbildung und Flexibilität des Humankapitaleinsatzes

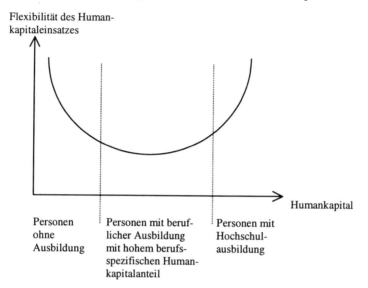

Die geringe Flexibilität des Humankapitaleinsatzes bei Personen mit beruflicher Ausbildung lässt sich mit dem stark ausdifferenzierten Ausbildungssystem und dem daraus resultierenden hohen Anteil an berufsspezifischen Humankapital begründen; es gibt ca. 360 verschiedene Ausbildungsberufe in Deutschland (Büchtemann und Vogler-Ludwig 1997: 16). Erwerbspersonen ohne Berufsausbildung können hingegen flexibler sein, da sie Tätigkeiten ausführen, die nur kurze Anlernzeiten erfordern (überwiegend allgemeines Humankapital). Ähnliches gilt für die Hochschulabsolventen, da die Hochschulausbildung systematisch darauf ausgelegt ist, Wissen flexibel im Berufsleben anzuwenden.

Aus diesen Gründen (hohe Anforderungen an das Humankapital und an die Flexibilität der beruflichen Fähigkeiten) scheinen Hochschulabsolventen besonders von dem Boom des IT-Sektors zu profitieren, während Personen mit beruflicher Ausbildung oder ohne Berufsausbildung weniger nachgefragt werden.

Geringqualifizierte und der IT-Sektor

Während Personen ohne Berufsausbildung im Verarbeitenden Gewerbe noch in erheblichem Umfang als angelernte Arbeitskräfte eingesetzt werden (Abbildung 23), scheint dieses im IT-Sektor nur in geringem Umfang möglich zu sein. Dieses bedeutet für die Geringqualifizierten, dass der technische Fortschritt und der Strukturwandel verstärkt zu ihren Lasten gehen wird. Wie in Anhang 2 beschrieben, bleibt für Geringqualifizierte, sofern sie sich nicht qualifizieren können, somit nur die Arbeitslosigkeit oder eine Reduktion des Einkommens. Die Aussichten darauf, dass sich mit Zunahme der Automatisierung auch in der IT-Branche für einzelne Tätigkeitsbereiche die Nachfrage nach Geringqualifizierten langfristig wieder erhöhen könnte (Katz 1999: 17), mag den generell abnehmenden Trend der Nachfrage nach gering Qualifizierten zwar abschwächen, von einem Stillstand dieses Trends kann jedoch nicht ausgegangen werden. Verstärkte Anstrengungen, Personen zu qualifizieren, sollten demnach in Zukunft erfolgen.

Das duale Ausbildungssystem und der IT-Sektor

Die „Erfolgsstory" des dualen Ausbildungssystems, wie sie sich bis in die achtziger Jahre hinein in Deutschland ereignet hat, lässt sich nicht nahtlos in das Informationszeitalter übertragen. Allerdings scheint neben der ausgeprägten Ausdifferenzierung der Berufsausbildungen vor allem auch die mangelnde Flexibilität, neue Ausbildungsberufe zu schaffen, die geringe Nachfrage nach Personen mit beruflicher Ausbildung im IT-Sektor mit verursacht zu haben. Menning (2000) weist in diesem Zusammenhang auf die Veralterung der Berufsausbildungen im IT-Bereich bis 1997 hin. Dies führte dazu, dass trotz steigender Nachfrage nach IT-Beschäftigten die Ausbildungszahlen in diesen Berufen kontinuierlich von 50 000 im Jahr 1990 auf 15 000 im Jahr 1995 zurückgingen (Menning 2000: 191; Schönig und L'Hoest 2001: 79). Im Jahr 1997 wurden vier neue IT-Ausbildungsgänge mit modernen Lehrinhalten geschaffen, bei denen ein starker Zuwachs von knapp 5 000 Auszubildenden 1997 auf 26 000 Auszubildende 1999 zu verzeichnen ist. Für das Jahr 2000 wird mit 40 000 und für 2003 mit 60 000 Auszubildenden gerechnet (Schönig und L'Hoest 2001: 79).

Die starke Zunahme der Auszubildendenzahl in den neuen IT-Berufen seit 1997 kann somit dazu führen, dass langfristig der Anteil der Beschäftigten mit beruflicher Ausbildung im IT-Sektor ansteigen wird. Die Entwicklung der Auszubildendenzahlen im IT-Sektor zeigt aber deutlich, dass das duale System nur dann von den Unternehmen als wichtiges Mittel zur Mitarbeitergewinnung angenommen wird, wenn es hinreichend flexibel an neue Nachfragesituationen angepasst werden kann. Schröder und Zwick (2000) weisen in diesem Zusammenhang allerdings auch darauf hin, dass vielen Unternehmen die Gestaltungsspielräume in den neuen IT-Berufen bis heute nicht bekannt sind. Ein weiterer Aspekt mag der Engpass an den Berufsschulen sein. Das Deutsche Institut für Wirtschaftsforschung (DIW) merkt dazu an: „Vor allem an den beruflichen Schulen ist eine Erhöhung der Zahl der Lehrkräfte unumgänglich, ohne dass es dabei zu einer nennenswerten Verbesserung der· schulischen Situation im Unterricht und bei der Ausbildung kommt" (DIW 2001: 407). Dabei wirkt sich die Überalterung der Berufsschullehrer zusätzlich besonders negativ aus, weil Humankapital in den neuen Informationstechnologien zum Teil nur bedingt vermittelt werden kann.

Die Hochschulausbildung und der IT-Sektor

Im Hochschulbereich sorgt der so genannte „Schweinezyklus" für eine längere Verzögerung der Anpassung des Angebots an die Nachfrage. Wie oben im Detail diskutiert, steigt die Nachfrage nach IT-Fachkräften allgemein an. Die Nachfrage nach Hochschulabsolventen im IT-Bereich wird somit ebenfalls ansteigen. Dem stehen bis etwa 2002 sinkende und erst danach wieder steigende Absolventenzahlen der Hochschulen gegenüber (Abbildung 25).

Dostal (2000a:1) schreibt zu der kurzfristigen Lücke an IT-Fachkräften: „Kurzfristig kann Anwerbung (Greencard) mögliche Engpässe überbrücken, mittel- und langfristig aber liegt die Lösung in der nachhaltigen Aktivierung und Qualifizierung des eigenen Potentials. Damit sollte unverzüglich begonnen werden." Das DIW (2001) verweist in diesem Zusammenhang auf die mangelnden Kapazitäten an den Hochschulen, wonach im Studiengang Informatik im Jahr

Abbildung 25: Hochschulabsolventen der Fachrichtungen Informatik und Elektrotechnik in Deutschland 1993–2006[a]

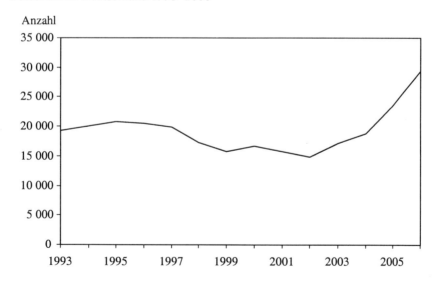

[a]Ab 2000 Prognose.

Quelle: DIW (2001); eigene Berechnungen.

2000 dreimal so viele Bewerber wie Studienplätze vorlagen. Somit erscheint es speziell im Hochschulbereich unerlässlich, dass weitere Kapazitäten für die Ausbildung im IT-Bereich geschaffen werden.

Humankapitalinvestitionen und neue Ökonomie

Speziell in der IT-Branche sind die Anforderungen an die Qualifikationen der Mitarbeiter sehr hoch. Dabei zählt weniger spezialisiertes Wissen, sondern es kommt zunehmend auf vernetztes Wissen und auf die Fähigkeiten zu Problemlösungen an.

Büchtemann und Vogler-Ludwig (1997: 16) weisen in diesem Zusammenhang auf einen Paradigmenwechsel hin: Das stark ausdifferenzierte duale Ausbildungssystem hat speziell in einer durch das Produzierende Gewerbe dominierten Wirtschaft zu geringen Fehlentscheidungen bei Bildungsinvestitionen geführt. Durch einheitliche Prüfungskriterien waren individuelle Produktivitätspotentiale von Absolventen verfügbar und das Risiko von falschen Einstellungsentscheidungen war gering. Sofern sich die Anforderungen an die Absolventen einer Berufsausbildung nur langsam ändern, ist solch ein System effizient. Findet hingegen ein beschleunigter Strukturwandel statt, werden durch das starre Ausbildungssystem vermehrt Kompetenzen aufgebaut, die später nicht mehr nachgefragt werden. Besonders stark wirkt sich eine solche Entwicklung dann aus, wenn insgesamt weniger spezielle Qualifikationen von der Wirtschaft nachgefragt werden.

Dieser Aspekt, der in der neuen Ökonomie eine zunehmende Bedeutung aufweist, wird dann noch verstärkt, wenn die erwartete Beschäftigungsdauer sinkt. Die Bereitschaft der Unternehmen, Humankapitalinvestitionen in Form von Ausbildungen zu finanzieren, hängt dabei von der erwarteten Beschäftigungsdauer der Auszubildenden und allgemein von der Amortisationsspanne betrieblicher Ausbildungsinvestitionen ab (Büchtemann und Vogler-Ludwig 1997: 16). Sinkt die zu erwartende Beschäftigungsdauer im Zuge der flexibleren Humankapitalanforderungen in den Unternehmen, so wird die Bereitschaft der Arbeitgeber, in Humankapital zu investieren, insgesamt sinken.

Büchtemann und Vogler-Ludwig (1997: 19) weisen des Weiteren darauf hin, dass die vermehrte Nachfrage nach Hochschulabsolventen auch unter Aspekten der Ausbildungsfinanzierung und des Strukturwandels gesehen werden kann: Die Hochschulausbildung wird nicht von den Unternehmen, sondern vom Staat finanziert, wodurch keine direkten Humankapitalkosten für die Unternehmen entstehen. In Zeiten des beschleunigten Strukturwandels, in denen sich die Anforderungen an die Qualifikation von Arbeitnehmern sehr schnell verändern, werden Unternehmen somit Investitionen in spezifisches Humankapital vermeiden. Dieses kann durch die Substitution von Auszubildenden bzw. Facharbeitern durch Hochschulabsolventen geschehen.

Vor dem Hintergrund der schnell wechselnden Nachfrage nach Humankapital im Zuge der neuen Ökonomie sollte somit die Struktur der Ausbildung in Deutschland neu gestaltet werden. Die staatliche Ausbildung sollte allgemeines Humankapital umfassen, welches die Grundlage für eine flexible Aufnahme von speziellem Wissen in den Betrieben ermöglicht. Das spezielle Humankapital sollte dann über Weiterbildung in den Betrieben erfolgen. Dabei müssen neue Wege gefunden werden, damit sich auch die Mitarbeiter an den Humankapital-investitionen beteiligen.[61] Denkbar ist in diesem Zusammenhang eine verstärkte externe Weiterbildung, für die die Arbeitnehmer temporär aus dem Beruf aussteigen, um auch nach längerer Berufstätigkeit nochmals neues Humankapital zu akkumulieren.

Exkurs: PC-Nutzung im Beruf und Entlohnung – existiert eine digitale Dividende?

Die hohe Rate an Personen, die im Beruf mit einem Computer arbeiten, hat die Frage aufgeworfen, ob die Nutzung eines Computers am Arbeitsplatz die Produktivität und damit die Entlohnung der Arbeitnehmer merklich steigert. Krueger (1993) hat als erster den Einfluss des Computers auf das Einkommen untersucht und findet dabei höhere Einkommen für Computernutzer. Dieser Einkommens-unterschiede zwischen Computernutzern und -nichtnutzern kann als „digitale Dividende" bezeichnet werden.[62]

In einer anschließenden Diskussion dieser Ergebnisse (z.B. DiNardo und Pischke 1997; Entorf und Kramarz 1997) wurde vor allem darauf abgezielt, dass die höhere Entlohnung der Computernutzer nicht auf die eigentliche Computernutzung, sondern auf andere Faktoren wie Ausbildung, Branche etc. zurückzuführen ist. Der Effekt der Computernutzung müsste demnach um Selektionseffekte bereinigt werden: Computernutzer sind in der Regel besser ausgebildet, jünger und arbeiten in anderen Branchen als Nichtcomputernutzer (vgl. dazu Abschnitt 3.3.3.1). In einer Untersuchung für Deutschland finden Haisken-DeNew und Schmidt (2001) auf Basis des Sozio-oekonomischen Panels zwar etwa

---

61   Beim dualen Ausbildungssystem verzichten die Auszubildenden auf ein höheres Einkommen, welches sie als ungelernte Mitarbeiter erzielen könnten, und erhalten nur eine Ausbildungsvergütung. Dadurch werden die Kosten der Ausbildung auf das Unternehmen und den Auszubildenden verteilt.

62   Der Begriff der „digitalen Dividende" wird sehr vielschichtig verwendet. So werden nicht nur Unterschiede zwischen den Einkommen von Arbeitnehmern, die mit und ohne Computer arbeiten, mit diesem Begriff belegt, sondern auch die Unterschiede in den Potentialen des Wachstums zwischen Online- und Offline-Ländern werden über diesen Begriff charakterisiert.

20 Prozent höhere Einkommen bei Computernutzern als bei Nichtcomputer-
nutzern, allerdings schrumpft dieser Einkommensunterschied auf nur 6 Prozent,
wenn andere Faktoren zur Kontrolle mit in die Analyse einfließen. Wird des
Weiteren auch die berufliche Vorgeschichte (vor Computernutzung) einbezogen,[63] so beträgt der Einkommensunterschied nur noch 1 Prozent. Computer
scheinen daher am Arbeitsplatz zwar eine bedeutende Rolle zu spielen, aber direkte Einkommenseffekte durch die Nutzung eines Computers sind in Deutschland nicht zu beobachten. Eine digitale Dividende liegt somit nur insofern vor,
als Arbeitnehmer, die am PC arbeiten, insgesamt besser ausgebildet sind und aus
diesem Grunde mehr als andere Arbeitnehmer verdienen.

3.3.4   Neue Formen der Arbeitsorganisation und der Entlohnung

3.3.4.1   *Unternehmensstrukturen und Organisation von Arbeit*

In Abschnitt 2.4. ist ausführlich erläutert, was der Strukturwandel von der alten
zur neuen Ökonomie für die Organisationsstruktur von Unternehmen bedeutet.
Durch die drastisch gesunkenen Informations- und Kommunikationskosten besteht auf der einen Seite für kleinere Unternehmen die Möglichkeit, sich über
Netzwerke mit ihren Lieferanten und Abnehmern zusammenzuschließen. Auf
diese Weise können sie im hohen Maße flexibel auf Marktveränderungen reagieren. Auf der anderen Seite liegen bei Gütern der Informationstechnologie Größenvorteile vor. Größere Anbieter weisen dann Wettbewerbsvorteile gegenüber
kleineren Anbietern auf. Die typischen Unternehmen der neuen Ökonomie sind
demnach nicht einfach kleiner oder größer als in der Alten Ökonomie, sondern es
dürfte sich vielmehr ein Nebeneinander von einerseits spezialisierten Nischenanbietern und andererseits stark horizontal integrierten Großunternehmen herausbilden.

In Bezug auf die Arbeitsorganisation spielen vor allem zwei gegenläufige
Tendenzen eine entscheidende Rolle:[64]

– Die Arbeit in Netzwerken, temporäre Kooperationen und zeitlich befristete
  Projekte werden insgesamt zu einer höheren Dynamik der Wirtschaft führen.
  Der traditionelle Taylorismus wird zunehmend durch holistische Arbeitsfor-

---

[63]   Über diesen Effekt kann unbeobachtete Heterogenität zwischen den Individuen
(persönlicher Einsatzwillen u.ä.) kontrolliert werden.

[64]   Der Aspekt der Telearbeit, der im Zuge des verstärkten Einsatzes von Informations-
und Kommunikationstechnologien ebenfalls zunehmende Bedeutung in Bezug auf
die Arbeitsorganisation aufweist, wird in Abschnitt 3.3.5 separat behandelt.

men abgelöst.[65] Durch diese Entwicklung werden kürzere Beschäftigungsformen gefördert. Der lebenslange Arbeitsplatz mit konstanten Anforderungen an das Humankapital der Mitarbeiter wird an Bedeutung verlieren.

– Humankapital wird in der neuen Ökonomie als Produktionsfaktor an Bedeutung zunehmen. Damit ist das Wissen der Mitarbeiter ein entscheidender Faktor, der den Vermögenswert eines Unternehmens darstellt. Die Unternehmen werden sich aus diesem Grunde in der neuen Ökonomie verstärkt bemühen, Mitarbeiter an das Unternehmen zu binden. Dieses kann vor allem über erfolgsorientierte Entgeltsysteme erfolgen.

Die Arbeitsbeziehungen in der neuen Ökonomie werden somit nicht zwangsläufig instabiler und kurzfristiger sein als in der alten Ökonomie, allerdings nimmt die Bedeutung des individuellen Humankapitals deutlich zu. Hohes Einkommen und sichere Arbeitsplätze werden nur bei ständiger Bereitschaft der Arbeitnehmer zur flexiblen Humankapitalakkumulation möglich sein.

3.3.4.2 Erfolgsabhängige Entlohnung

Die traditionelle Erfolgsbeteiligung von Arbeitnehmern liegt in verschiedenen Motiven begründet. Zum einen kann eine Erfolgsbeteiligung die Kapitalausstattung eines Unternehmens erhöhen, und zum anderen können Anreize in Bezug auf die Produktivität der Mitarbeiter, verringerte Fehlzeiten und niedrigere Fluktuationsraten erzielt werden (Carstensen et al. 1995: 193). Ein wesentlicher Grund, warum Erfolgsbeteiligungen nur teilweise in Unternehmen etabliert sind, liegt in der verschobenen Kompetenzverteilung in Unternehmen mit Erfolgsbeteiligungen. Mitarbeiter werden, sofern ein Teil ihres Entgelts direkt von den Entscheidungen der Betriebsleitung abhängt, Einfluss auf diese Entscheidungen nehmen wollen. Die klassischen Entscheidungsträger (vor allem das mittlere Management) müssen einen Teil ihrer Kompetenz abgeben (Carstensen et al. 1995: 194).

Die erhofften Produktivitätswirkungen einer Erfolgsbeteiligung können dann ausbleiben, wenn der individuelle Leistungsanreiz mit zunehmender Gruppengröße verwässert wird. Der gesteigerten Einzelleistung steht nur ein geringer Anteil an der Gesamtleistung gegenüber, während bei Nichterfüllung der Arbeitsleistung nur eine geringfügig kleinere Gesamtleistung verursacht wird. Diese Probleme sind dann geringer, wenn innerhalb der Teams soziale Kontakte die Einzelleistungen beeinflussen und „faule" Mitarbeiter aus dem Team ausgeschlossen werden können (Carstensen et al. 1995: 195).

---

[65] Tayloristische Arbeitsorganisation ist gekennzeichnet durch eine starke Spezialisierung auf bestimmte Aufgaben und holistische Arbeitsorganisation beinhaltet ein Arbeiten mit Jobrotation, der Integration von verschiedenen Aufgaben und das Lernen über verschiedene Aufgabenbereiche, vgl. z.B. Lindbeck and Snower (2000).

Die IT-Branche bietet unter Berücksichtigung dieser Punkte die besten Voraussetzungen für einen hohen Anteil an Gewinnbeteiligungen. Zum einen ist die Arbeit der Mitarbeiter schwieriger zu kontrollieren als beispielsweise im Verarbeitenden Gewerbe. Somit sind gerade in den Informationsberufen Entgeltsysteme, die die Motivation der Mitarbeiter fördern, ein ideales Instrument zur Produktivitätssteigerung. Des Weiteren fördern die entstehenden Netzwerkstrukturen die Bildung kleiner Produktionsteams, innerhalb derer der einzelne Mitarbeiter einen entscheidenden Beitrag zum Gesamtergebnis leistet. Außerdem wird die Bindung des Humankapitals an ein Unternehmen speziell in den Informationsberufen zunehmende Bedeutung erlangen.

Dass die Bezahlung mit Gewinnbeteiligung innerhalb der Informationsberufe eine höhere Bedeutung aufweist als in den Nicht-Informationsberufen, zeigen die Abbildungen 26 und 27.

Der Anteil der Erwerbstätigen, die eine Gewinnbeteiligung erhalten, ist innerhalb der Gruppe der Informationsberufe etwa doppelt so hoch wie in den Nicht-Informationsberufen. Des Weiteren ist bei den Informationsberufen die durchschnittliche Relation der Gewinnbeteiligung zum Bruttolohn, sofern ein Arbeit-

Abbildung 26: Anteil der vollzeitbeschäftigten Arbeitnehmer mit Gewinnbeteiligung an allen Arbeitnehmern in Deutschland 1984–1998[a]

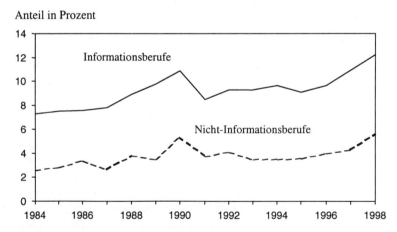

[a]Gewinnbeteiligung: Gewinnbeteiligungen, Gratifikationen und Prämien; ab 1990 Gesamtdeutschland; Informationsberufe nach der Klassifizierung in Anhang 3; durchschnittliche Stichprobengröße: 1 992 (Informationsberufe) bzw. 2 945 (Nicht-Informationsberufe).

Quelle: GSOEP (1999); eigene Berechnungen.

Abbildung 27: Durchschnittlicher Anteil der Gewinnbeteiligung am Bruttolohn der vollzeitbeschäftigten Arbeitnehmer mit Gewinnbeteiligung in Deutschland 1984–1998[a]

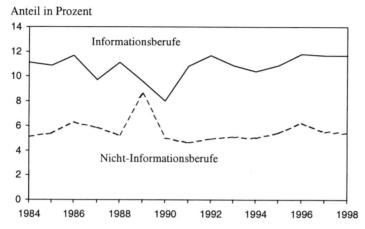

[a]Gewinnbeteiligung: Gewinnbeteiligungen, Gratifikationen und Prämien; ab 1990 Gesamtdeutschland; Informationsberufe nach der Klassifizierung in Anhang 3; durchschnittliche Stichprobengröße: 188 (Informationsberufe) bzw. 112 (Nicht-Informationsberufe).
Quelle: GSOEP (1999); eigene Berechnungen.

nehmer überhaupt eine Gewinnbeteiligung erhält, ebenfalls etwa doppelt so hoch wie bei den Nicht-Informationsberufen.[66]

3.3.5   Telearbeit – ein fester Bestandteil in der neuen Ökonomie?

Mit dem Einsatz neuer Informations- und Kommunikationsgüter verändern sich nicht nur die Anforderungen an die Qualifikation der Arbeitnehmer, sondern es entstehen auch völlig neue Formen der Beschäftigung. Ermöglichten geringere Transportkosten die kostengünstigere weltweite Verschickung von Zwischen- und Endprodukten (Globalisierung), so können Kommunikationstechnologien dazu beitragen, den Produktionsfaktor Information zu den Arbeitnehmern zu bringen. Es kann also eine Entkoppelung von Unternehmensstandorten und Arbeitsstätten stattfinden.

---

[66] Die jeweiligen Ausschläge der Kurven um das Jahr 1990 sind vermutlich auf die Erweiterung des Befragungspersonenkreises im SOEP aufgrund der Wiedervereinigung zurückzuführen und sollen an dieser Stelle nicht weiter untersucht werden.

Tabelle 23: Schätzungen[a] zur Telearbeit in Deutschland und im internationalen Vergleich

Quelle	Länder	Telearbeits-plätze	Anteil der Tele-arbeit an allen Erwerbstätigen
		1 000	Prozent
Niedenhoff und Reiter (2000: 25)	Deutschland	2 132	6,0
	Großbritannien	2 027	7,6
	Niederlande	1 044	14,5
	Frankreich	635	2,9
	Schweden	594	15,2
Vogler-Ludwig et al. (2000: 23)	Deutschland	149	0,5
	Großbritannien	563	2,2
	Niederlande	70–80	1,1–1,2
	Frankreich	215	0,9
	Schweden	150–200	4–6
	Vereinigte Staaten	8 000	6,7
Bmb+f und BMWi (1999: 55)	Deutschland	800	2,2
	Vereinigte Staaten/Kanada		8,7
	Großbritannien/Irland		14
[a]Schätzungen z.T. nur in Auszügen.			

Die bestehenden Schätzungen zur Telearbeit in Deutschland weichen sehr stark voneinander ab, welches vor allem daran liegt, dass unterschiedliche Definitionen von Telearbeit verwendet werden. Tabelle 23 zeigt eine Zusammenfassung von drei Schätzungen zur Telearbeit in verschiedenen Ländern.

Der Anteil der Telearbeit in Deutschland wird danach auf 0,5 bis 6 Prozent der Erwerbstätigen geschätzt. Deutschland weist dabei im internationalen Vergleich eine mittlere Position auf. Vor allem in den Vereinigten Staaten, den Niederlanden und in Schweden liegt der Anteil der Telearbeit höher. Die Bundesregierung sieht das Problem der Telearbeit in Deutschland vor allem auf Seiten der Arbeitgeber. Arbeitnehmer hingegen stehen der Telearbeit positiv gegenüber (bmb+f und BMWi 1999: 55). Dieses wird auch durch eine Untersuchung von Empirica aus dem Jahre 1994 unterstützt, wonach 40 Prozent der Erwerbstätigen grundsätzlich Interesse an Telearbeit haben (Vogler-Ludwig et al. 2000: 53).

Nach Weber (2000: 216–217) und Vogler-Ludwig et al. (2000) lassen sich die Vorteile und Gefahren der Telearbeit wie folgt zusammenfassen:

– Für Arbeitnehmer reduzieren sich Mobilitätskosten und die Arbeitszeit wird flexibler. Personen mit körperlichen Einschränkungen können besser ins Erwerbsleben eingebunden werden.

- Produktivitätssteigerungen durch höhere Selbstbestimmung des Arbeitsrhythmus und geringere Fixkosten (Bürofläche, geringere Fehlzeiten) sind möglich.
- Telearbeit kann zu einem besseren Ausgleich zwischen strukturschwachen und -starken Regionen sowie zu einer Minderung ökologischer Kosten durch Transportemissionen führen.
- Als einen der wichtigsten Gründe für die Einführung von Telearbeit wird seitens der Unternehmen die Bindung von Mitarbeitern angesehen (Untersuchung von Berger&Partner 1995). Dieses Argument mag vor allem eine zunehmende Bedeutung bei einem abnehmenden Arbeitskräfteangebot erlangen.[67]
- Unternehmen sehen vor allem die mangelnde Kontrolle der Mitarbeiter als ein Nachteil der Telearbeit an. So nannten in einer Befragung durch Berger& Partner 1995 fast 35 Prozent der Unternehmen diesen Grund als größte Hemmschwelle für die Telearbeit.

Die dargestellten Vor- und Nachteile der Telearbeit spiegeln das grundsätzlich heterogene Bild der Telearbeit in der Arbeitslandschaft in Deutschland wider. Es gibt derzeit zu wenig Erfahrungen mit Telearbeit, als dass sich eine einheitliche Tendenz zur Telearbeit abzeichnen würde. Die Probleme der Telearbeit (mangelnde Kontrolle der Mitarbeiter u.ä.) haben sich in den letzten Jahren kaum verändert. Allerdings stehen heute bessere Kommunikationsmöglichkeiten zur Verfügung, wodurch die Telearbeit kostengünstiger durchgeführt werden kann. Dieses hat aber eine größere Konkurrenz unter den Arbeitnehmern auch international ausgelöst. Dass es kostengünstiger sein kann, deutsche Telefonbucheinträge zwecks der Digitalisierung der Daten in China anstatt im Inland abtippen zu lassen, zeigt die neue Dimension der Telearbeit. Eine Prognose zur Entwicklung der Telarbeit in Deutschland ist somit kaum möglich.

3.3.6 Zeitarbeit und neue Ökonomie

Die Arbeitswelt ist in der neuen Ökonomie durch neue Humankapitalanforderungen gekennzeichnet, die sich auch schneller als in der Vergangenheit verändern. Für Arbeitnehmer bedeutet dieses vor allem, dass zum einen die Notwendigkeit zu ständiger Auffrischung des Humankapitals zunimmt (lebenslanges Lernen) und zum anderen eine tiefgreifende Spezialisierung der beruflichen Ausbildung nur bedingt nachgefragt wird. Zeitarbeitsfirmen können in diesem Zusammenhang eine wichtige Vermittlungsfunktion auf dem Arbeitsmarkt einnehmen.

---

[67] Sofern z.B. Mütter durch Telearbeit Familie und Arbeit einfacher verbinden können, ergeben sich gute Möglichkeiten, Frauen im Erwerbsleben zu halten.

In Deutschland hat sich die Zeitarbeit seit den siebziger Jahren stark expansiv entwickelt. So stieg die Anzahl der Zeitarbeitnehmer in Westdeutschland seit den siebziger Jahren von 11 000 auf 285 000 (1999), was einem Wachstum von 14 Prozent jährlich entspricht. Der Anteil der Zeitarbeitnehmer an allen sozial-versicherungspflichtig Beschäftigten (Zeitarbeitnehmerquote) stieg gleichzeitig von weniger als 0,1 Prozent auf knapp 1,1 Prozent (Klös 2000: 6).

Vergleicht man die Zeitarbeitnehmerquoten international, so zeigt sich, dass Deutschland einen Platz im unteren Mittelfeld einnimmt (Tabelle 24).[68] Vor allem in den Niederlanden und im Vereinigten Königreich hat die Zeitarbeit ein wesentlich größeres Gewicht. Aber auch die Vereinigten Staaten und Frankreich weisen deutlich höhere Anteile an Zeitarbeitnehmern an allen Beschäftigten auf.

Die geringe Bedeutung der Zeitarbeit in Deutschland ist nach Klös (2000) vor allem auf die vergleichsweise hohe Regulierungsdichte in Bezug auf die Zeit-arbeit zurückzuführen. Zwar ist das Arbeitnehmerüberlassungsgesetz in den letzten Jahren mehrfach reformiert worden, jedoch ist die Zeitarbeit im Ausland in vielen Fällen sehr viel weitreichender liberalisiert worden als in Deutschland.

Tabelle 25 zeigt einen internationalen Vergleich der Beschränkungen der Zeit-arbeit. Sektorale und berufsspezifische Beschränkungen der Zeitarbeit sind in Deutschland kaum vorhanden, allerdings ist es in Deutschland nur eingeschränkt

Tabelle 24: Zeitarbeitnehmerquoten[a] im internationalen Vergleich 1998 (Pro-zent)

Land	Zeitarbeitnehmerquoten
Niederlande	4,6
Vereinigtes Königreich	3,7
Vereinigte Staaten	2,3
Frankreich	2,2
Spanien	1,1
Japan	0,7
Deutschland	0,7
Österreich	0,5
Schweden	0,3

[a]Zeitarbeitnehmer bei Unternehmen mit Zeitarbeit als Hauptzweck in Relation zu allen Beschäftigten.

Quelle: Klös (2000: 8); eigene Zusammenstellung.

---

68   Die Differenz zwischen den Zeitarbeitnehmerquoten nach Klös (2000:6) und Tabelle 24 ergibt sich dadurch, dass in der Tabelle die Daten des Weltverbandes Zeitarbeit verwendet wurden, die nur Zeitarbeitnehmer aus Firmen mit Hauptzweck Zeitarbeit beinhalten.

Tabelle 25: Regulierung von Zeitarbeit im internationalen Vergleich Ende der neunziger Jahre

	Sektorale oder berufliche Beschränkung	Beschränkung bei der Anzahl der Verlängerungen	Kumulierte Höchstdauer der Zeitarbeitsverträge
	Skala: 0 bis 4[a]	ja/nein	Monate
Niederlande	3,5	Ja	42
Vereinigtes Königreich	4	Nein	unbegrenzt
Vereinigte Staaten	4	Nein	unbegrenzt
Frankreich	2	Ja	18
Spanien	2	Ja	6
Japan	2	Ja	36
Deutschland	3	Ja	12
Österreich	3	Ja	unbegrenzt
Schweden	4	Nein	12

[a]Die Skala reicht von 0 für Verbot von Zeitarbeit bis 4 für keine Beschränkungen.

Quelle: Klös (2000: 9); eigene Zusammenstellung.

möglich, nach einem Zeitarbeitsverhältnis weitere Zeitarbeitsverträge abzuschließen. Außerdem ist die Beschäftigung eines Zeitarbeitnehmers in einem Unternehmen auf höchstens 12 Monate beschränkt.[69]

Der Bundesverband Zeitarbeit Personal-Dienstleistungen (BZA: 2000a) weist in diesem Zusammenhang auf eine Studie von McKinsey & Company und Deloitte Touche Bakkenist hin, in der die zukünftige Entwicklung der Zeitarbeit in Europa prognostiziert wird. Nach dieser Untersuchung liegen die Wachstumspotentiale der Zeitarbeit vor allem in Ländern, in denen die Marktdurchdringung der Zeitarbeit aufgrund von restriktiven Regelungen bisher noch gering ist. Im Falle einer liberaleren gesetzlichen Grundlage könnte nach dieser Studie in Deutschland die Zeitarbeitnehmerquote von derzeit etwa 0,6 Prozent bis 2010 auf 3,8 Prozent ansteigen.

Die Zeitarbeit mag quantitativ heute noch keine bedeutende Rolle in Deutschland spielen, qualitative Beschäftigungseffekte, in diesem Fall kompensatorische Effekte, sind jedoch nicht unbedeutend. Häufig finden gerade Personen, die sonst Schwierigkeiten gehabt hätten, einen neuen Arbeitsplatz zu finden, eine neue Beschäftigung in Zeitarbeit. Nach Berechnungen des BZA (2001) waren 2000 nur

---

[69] Die diskutierten Neuregelungen zur Zeitarbeit (Aufhebung des Synchronisationsverbots, Verlängerung der Überlassungszeit von vorher schwer vermittelbaren Arbeitslosen auf zwei Jahre) lagen zum Zeitpunkt dieser Untersuchung noch nicht in einer abschließenden Form vor und werden aus diesem Grunde hier nicht weiter erörtert.

rund 36 Prozent der Personen, die einen neuen Zeitarbeitsvertrag abgeschlossen hatten, direkt vor diesem Beschäftigungsverhältnis in Arbeit. 56 Prozent der Neuzugänge waren vorher arbeitslos, wovon wiederum rund ein Fünftel mehr als ein Jahr ohne Beschäftigung war. Rudolph und Schröder (1997: 109) zeigen, dass unter den Arbeitnehmern in Zeitarbeit überproportional viele Geringqualifizierte zu finden sind. Der Einsatz erfolgt dementsprechend häufig als flexible Hilfskräfte. Diese Zahlen sprechen dafür, dass besonders die so genannten Problemgruppen über eine Zeitarbeitsfirma wieder den Einstieg in das Berufsleben finden.

Zeitarbeitsfirmen stellen nach Berechnungen des BZA jedoch nicht nur eine Möglichkeit für Arbeitslose dar, generell wieder eine Beschäftigung aufzunehmen. Auch der Übergang in eine Beschäftigung außerhalb einer Zeitarbeitsfirma scheint in vielen Fällen möglich zu sein. So beziffert der BZA (2000b) für die letzten Jahre die Übernahmequote aus Zeitarbeit in ein Beschäftigungsverhältnis außerhalb der Zeitarbeit auf 30 Prozent.

Die Tarifstruktur in Deutschland lässt eine Flexibilität der Löhne Geringqualifizierter nach unten kaum oder gar nicht zu.[70] Zeitarbeit bietet die Möglichkeit, über eine stärkere Lohndifferenzierung speziell den Problemgruppen auf dem Arbeitsmarkt neue Beschäftigungsperspektiven zu vermitteln. Der Einstieg in Zeitarbeit stellt für viele Arbeitnehmer allerdings auch einen relativen Einkommensverlust gegenüber Personen gleicher Qualifikation in einem Normalarbeitsverhältnis dar. Dieses gilt vor allem für Geringqualifizierte. Für das Jahr 1995 beziffern Rudolph und Schröder (1997: 117) die Relation der durchschnittlichen Monatseinkommen für Geringqualifizierte in Zeitarbeit im Vergleich zur Gesamtwirtschaft auf etwa 60 Prozent, während dieser Wert für qualifizierte Beschäftigte bei 70 Prozent liegt. Vor dem Hintergrund des beschleunigten Wandels in der Arbeitsnachfrage in der neuen Ökonomie und den beschriebenen Möglichkeiten der Übernahme aus Zeitarbeit in ein Normalarbeitsverhältnis (verbunden mit einem höheren Einkommen) stellen Zeitarbeitsfirmen somit ein wichtiges Instrument dar, Problemgruppen auf dem Arbeitsmarkt wieder in den ersten Arbeitsmarkt zu integrieren und ihnen langfristig ein akzeptables Erwerbseinkommen zu sichern.

Ein weiterer Aspekt betrifft die zunehmende Bedeutung der Flexibilität der Mitarbeiter in der neuen Ökonomie. Hochspezialisierte Facharbeiter werden

---

[70]   So kommt beispielsweise der Sachverständigenrat (2000: 92–94) in einer Untersuchung der Tarifentwicklung für verschiedene Entgeltgruppen für drei ausgewählte Tarifbereiche von 1980 bis 1999 zu dem Schluss, „dass in den Tariflohnabschlüssen die Veränderungen der Arbeitsnachfrage, die der strukturelle Wandel in der Wirtschaft laufend mit sich bringt, nicht hinreichend berücksichtigt wurde. Einfache Arbeit wurde verteuert und auch deshalb nach und nach aus der Beschäftigung in die Arbeitslosigkeit gedrängt" (Sachverständigenrat 2000: 94).

demnach immer weniger gebraucht. An ihrer Stelle ist der Bedarf an Hochschulabsolventen, die Wissen flexibel einsetzen können, gestiegen (vgl. dazu Abschnitt 3.3.3). Bei dem stark ausdifferenzierten dualen Berufsausbildungssystem in Deutschland werden sehr spezielle Fachausbildungen in Zukunft vermutlich nur noch im begrenzten Umfang nachgefragt, so dass die Einstellung eines festangestellten Arbeitnehmers ausbleibt. Zeitarbeitsfirmen können diese Lücke schließen, in dem sie quasi für viele Firmen auch speziell ausgebildete Facharbeiter vorhalten.

Autor (2000a) beschreibt aber noch eine alternative Aufgabe der Zeitarbeit in der neuen Ökonomie. Seiner Meinung nach kann die Zeitarbeit nicht nur für Geringqualifizierte als Einstieg in ein Normalarbeitsverhältnis dienen, sondern auch als Screening-Verfahren zur Mitarbeiterrekrutierung eingesetzt werden, wie es bereits in den Vereinigten Staaten der Fall ist. Speziell Computer-Weiterbildungen, die in den Zeitarbeitsfirmen durchgeführt werden, dienen den Unternehmen als Hinweise auf die Fähigkeiten der neuen Mitarbeiter. Diese können dann noch über eine temporäre Beschäftigung kostengünstig „ausprobiert" werden, bevor eine Festanstellung erfolgt.

Die Zeitarbeit stellt vor diesem Hintergrund ein wichtiges Element dar, mit dem die negativen Auswirkungen des Strukturwandels und des technischen Fortschritts auf dem Arbeitsmarkt kompensiert werden können.

3.3.7 Mismatch-Arbeitslosigkeit und Internet

Die neuen Informations- und Kommunikationstechnologien bieten nicht nur aufgrund ihrer wachsenden Bedeutung und des steigenden Mitarbeiterbedarfs eine Möglichkeit, die Arbeitslosigkeit zu senken. Speziell das Internet kann Mismatch-Arbeitslosigkeit, also das zeitgleiche Auftreten von Arbeitslosigkeit und offenen Stellen, abmildern, da es sowohl bei den Arbeitsanbietern als auch bei den Arbeitsnachfragern die Suchkosten verringern und die Informationsdefizite abbauen kann. Für die Vereinigten Staaten wird vermutet, dass die Abnahme der Mismatch-Arbeitslosigkeit zumindest zum Teil auf die bessere Transparenz des Marktes für offene Stellen und Bewerber zurückzuführen ist.

3.3.7.1 Mismatch-Arbeitslosigkeit in den Vereinigten Staaten

Eine graphische Darstellung des Mismatch am Arbeitsmarkt wird üblicherweise mit Hilfe der Beveridge-Kurve vorgenommen. Dabei werden die Vakanzquote (Anteil der gemeldeten offenen Stellen an allen Erwerbspersonen) und die Arbeitslosenquote für einen Zeitraum gegeneinander abgetragen. Normalerweise weist die Beveridge-Kurve einen zum Ursprung hin konvexen Verlauf auf, der sich durch den negativen Zusammenhang von offenen Stellen und Arbeitslosigkeit erklären lässt. Im Konjunkturverlauf kommt es typischerweise zu Bewegungen auf der Beveridge-Kurve. Verschiebt sich die Beveridge-Kurve dagegen nach außen, bedeutet dieses, dass die Mismatch-Arbeitslosigkeit zugenommen hat. Bei einem „Shift" nach innen hat die Mismatch-Arbeitslosigkeit abgenommen. In Abbildung 28 ist die Beveridge-Kurve für die Vereinigten Staaten von 1960 bis 1999 dargestellt.

Es ist deutlich zu erkennen, dass die Beveridge-Kurve sowohl zum Ende der achtziger als auch zum Ende der neunziger Jahre eine ausgeprägte Verlagerung zum Koordinaten-Ursprung aufweist. In diesen Zeiträumen hat die Mismatch-Arbeitslosigkeit in den Vereinigten Staaten also abgenommen.

Für die Abnahme der Mismatch-Arbeitslosigkeit in den Vereinigten Staaten werden verschiedene Gründe verantwortlich gemacht. Einige hängen dabei nicht mit den neuen Informationstechnologien zusammen, so z.B. die Verschiebung

Abbildung 28: Beveridge-Kurve der Vereinigten Staaten 1960–1999

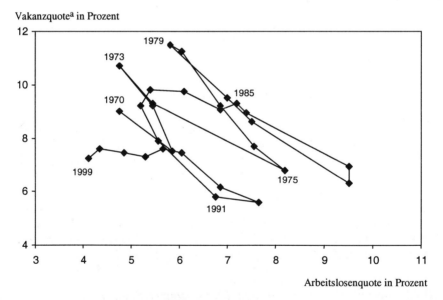

[a]Die Vakanzquote basiert auf dem „help wanted index" (Anzeigen in Tageszeitungen), vgl. dazu Lynch und Nickell (2001: 20) und Katz und Krueger (1999: 29–30).

Quelle: Lynch und Nickell (2001: 53).

der Altersstruktur der amerikanischen Bevölkerung[71] und die Beschäftigungs-
programme für Problemgruppen auf dem Arbeitsmarkt.[72] Bei den Informationstechnologien, und dabei speziell dem Internet, können ebenfalls zwei Effekte für
die Verschiebung der Beveridge-Kurve nach innen verantwortlich gemacht werden. Erstens offerieren Firmen heutzutage offene Stellen im Internet, die dann
über Suchmaschinen gezielt von Arbeitssuchenden gefunden werden können.
Die Offerierung von Jobangeboten im Internet hat den großen Vorteil, dass sie
zum einen billig ist,[73] und zum anderen, dass ein weiter Interessentenkreis gezielt angesprochen werden kann. In welchem Umfang offene Stellen über das
Internet erfolgreich vermittelt werden, ist für die Vereinigten Staaten nicht bekannt.[74] Zweitens spielen aber auch technische Gründe bei der Verschiebung der
Beveridge-Kurve eine Rolle. In den Vereinigten Staaten werden offene Stellen
nicht von offizieller Seite registriert.

Aus diesem Grunde wird zur Messung der Vakanzquote in der Regel der
„help wanted index" basierend auf Anzeigen in Tageszeitungen verwendet.
Wenn aber vermehrt Stellenanzeigen im Internet anstatt in Tageszeitungen ge-
schaltet werden, geht die so gemessene Vakanzquote automatisch zurück. Es ist
also keineswegs klar, ob die Abnahme der Mismatch-Arbeitslosigkeit, wie sie
die Beveridge-Kurve zeigt, durch bessere Vermittlungen über das Internet mit-
verursacht wurde, und wenn ja, in welchem Umfang.

3.3.7.2 Mismatch-Arbeitslosigkeit in Deutschland

Für Deutschland gibt es verlässlichere Daten zur Vakanzquote als für die Vereinigten Staaten, da offene Stellen in der Regel dem Arbeitsamt gemeldet werden.[75] In Abbildung 29 ist die Beveridge-Kurve für Deutschland von 1970 bis
2000 dargestellt.

---

[71] Die Bevölkerungsstruktur beeinflusst die Mismatch-Arbeitslosigkeit insofern, als
jüngere Arbeitnehmer eine höhere Flexibilität in Bezug auf Stellenwechsel etc. aufweisen, die wiederum mit kurzfristigen Arbeitslosigkeitsphasen verbunden ist. Der
Anteil der jungen Arbeitnehmer hat seit den siebziger Jahren abgenommen (Lynch
und Nickell 2001: 21).

[72] Hier muss besonders auf die negative Einkommensteuer und ihre Anreize zur
Arbeitsaufnahme hingewiesen werden.

[73] Nach einer Untersuchung von Merrill Lynch (2000) für den US-Markt kostet eine
durchschnittliche Vermittlung einer offenen Stelle über das Internet etwa 1 000 US-
Dollar, während sie über Anzeigen in Tageszeitungen etwa 3 000 US-Dollar und
über einen Headhunter etwa 5 000 US-Dollar kostet.

[74] Autor (2000b: 2) gibt die Zahl der im Internet registrierten Arbeitsangebote von
Arbeitnehmern mit 7 Millionen und von offenen Stellen mit 29 Millionen an.

[75] Die Meldequoten, also der Anteil der beim Arbeitsamt gemeldeten offenen Stellen an
allen offenen Stellen, wird durch das IAB und das ifo-Institut mittels Betriebsbefra-

Abbildung 29: Beveridge-Kurve für Deutschland[a] 1970–2000

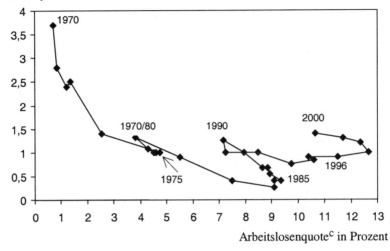

Vakanzquote[b] in Prozent

Arbeitslosenquote[c] in Prozent

[a]Bis 1990 alte Bundesländer; ab 1991 Gesamtdeutschland. — [b]Gemeldete offene Stellen in Prozent der Erwerbspersonen. — [c]Arbeitslose in Prozent der abhängigen zivilen Erwerbspersonen.

Quelle: Sachverständigenrat (2000: 82).

Es ist deutlich zu erkennen, dass sich die Beveridge-Kurve in Deutschland in den neunziger Jahren nicht zum Koordinatenursprung verschoben hat, sondern sich eher nach außen verlagert hat. Die Mismatch-Arbeitslosigkeit in Deutschland ist demnach nicht zurückgegangen. Dieses kann nun zum einen auf Faktoren zurückgeführt werden, die mögliche positive Matching-Effekte durch das Internet überlagert haben.[76] Zum anderen scheint das Internet in Deutschland auch noch nicht die bedeutende Rolle bei der Stellenbesetzung zu spielen. So wird im Fragenkatalog des Sozio-oekonomischen Panels ermittelt, wie ein Arbeitnehmer von einer Stelle, die er neu inne hat, erfahren hat. Seit 1999 ist für diese Frage auch das Internet als mögliche Informationsquelle vorgesehen. Von den 1 534 Arbeitnehmern, die seit der Befragung in 1998 einen beruflichen

---

gungen seit 1989 ermittelt. Die Meldequote weist im Zeitverlauf zwar Schwankungen auf, deutliche Trends über den Zeitverlauf sind jedoch nicht festzustellen; vgl. Christensen (2001b: 510).

[76]   Hierbei ist zum einen an qualifikationsspezifisches Mismatch oder auch an ein lohnbedingtes Mismatch zu denken, vgl. z.B. Franz (1999: 223) und Christensen (2001b).

Wechsel vollzogen hatten, gaben lediglich 9 Personen an, dass sie über das Internet auf die Stelle aufmerksam geworden waren (GSOEP 1999).[77]

3.3.7.3 Mismatch-Arbeitslosigkeit und Internet – ein Ausblick

Inwieweit das Internet in Zukunft Mismatch-Arbeitslosigkeit aufgrund von verminderten Informationsdefiziten senken kann, lässt sich heute noch nicht abschätzen. Die scheinbaren Erfolge in Bezug auf die Mismatch-Arbeitslosigkeit in den Vereinigten Staaten, gemessen an der Beveridge-Kurve, dürfen allerdings nicht überbewertet werden, da offizielle Daten zu der Vakanzquote in den Vereinigten Staaten nicht vorliegen. Es ist also nicht auszuschließen, dass durch das Internet zwar vermehrt Stellen online vermittelt werden und diese die Kosten der Stellenbesetzung senken, offene Stellen aber trotzdem nicht schneller als früher vermittelt werden.[78] Die Verschiebung der Beveridge-Kurve in den Vereinigten Staaten zum Koordinatenursprung hätte dann nur messtechnische Gründe.

Es gilt jedoch zu bedenken, dass Arbeitslosigkeit nicht nur durch bessere Informationen über offene Stellen verringert werden kann, sondern dass vor allem auch Arbeitnehmer durch das Internet verstärkt offene Stellen zur Kenntnis nehmen und dieses die berufliche Mobilität erhöht,[79] welches wiederum eine bessere Allokation von Arbeitsplätzen und Arbeitnehmern ermöglicht. In Bezug auf diesen Aspekt mag das Internet tatsächlich zum besseren Match führen, da der Zeitaspekt der Stellenanzeigenauswertung bei Arbeitnehmern im Gegensatz zu Arbeitslosen eine entscheidendere Rolle spielt.

Ein weiterer Aspekt bei der Stellenvermittlung per Internet mag die digitale Dividende sein. Wie in Abschnitt 3.3.3 beschrieben, verdienen Online-Arbeitnehmer deutlich mehr als ihre Offline-Kollegen, welches vor allem auf ihre höhere Ausbildung zurückzuführen ist. Aber auch die Stellenvermittlung per Internet kann die Personen, die mit den neuen Informationstechnologien umzugehen wissen, nochmals bevorteilen, weil sie aus Arbeitslosigkeit heraus schneller eine neue Arbeit und in Beschäftigung eher eine besser bezahlte neue Arbeit finden.[80]

---

[77] Autor (2000b: 3) weist darauf hin, dass in den Vereinigten Staaten schon 1998 etwa 15 Prozent der Arbeitslosen das Internet regelmäßig zur Jobsuche nutzten.

[78] Dass offene Stellen Arbeitsuchenden früher nicht bekannt gewesen sein sollten, erscheint unwahrscheinlich. Viel eher scheint sich nur der Suchprozess vereinfacht zu haben. Früher mussten mehrere Zeitungen mit Stellenanzeigen ausgewertet werden, heute geht dieses online sehr viel einfacher.

[79] Im Jahr 1998 haben 7 Prozent der Beschäftigten in den Vereinigten Staaten regelmäßig das Internet genutzt, um über offene Stellen für einen möglichen Berufswechsel informiert zu sein (vgl. Kuhn und Skuterud 2000: 2).

[80] Auch wenn die Stichprobengröße in keiner Weise repräsentativ ist, so zeigen die Angaben zur Stellenvermittlung per Internet im GSOEP (1999) doch diese Tendenz:

Man kann in diesem Sinne somit von der „doppelten digitalen Dividende" sprechen.

3.3.8   Zusammenfassung

Die Auswirkungen der neuen Ökonomie auf den Arbeitsmarkt sind vielfältig und weitreichend, zum Teil aber erst in Ansätzen erkennbar. Neue Berufe weisen eine große und zunehmende Bedeutung auf, wobei dies sowohl im engeren Sinne (IT-Branche) als auch im weiteren Sinne (Informationsberufe sektorübergreifend) gilt. Hinzu kommen verstärkte Humankapital- und Flexibilitätsanforderungen an die Arbeitnehmer. Inwieweit diese Entwicklung zukünftig zu einem ernsthaften Fachkräftemangel mit Auswirkungen auf das Wachstum führen wird, hängt entscheidend davon ab, ob sich das deutsche Ausbildungssystem hinreichend flexibel an die sich ständig verändernde Arbeitskräftenachfrage anpassen wird.

Die zunehmende Bedeutung des individuellen Humankapitals, das flexible Verwendung im Wirtschaftsprozess findet, zeigt sich des Weiteren in neuen Formen der Beschäftigung. So hat der Anteil der Zeitarbeitnehmer an allen Beschäftigten in Deutschland in den letzten Jahren bereits kontinuierlich zugenommen. Er könnte durch eine weitere Deregulierung aber noch beträchtlich zulegen, wie ein Vergleich mit dem Ausland zeigt. Im Bereich der Telearbeit bleiben ebenfalls noch Wachstumspotentiale ungenutzt, welches aber vor allem auf Vorbehalten seitens der Arbeitgeber gegenüber der Telearbeit beruht. Dass sich auch die Entlohnungsformen zukünftig stärker flexibilisieren werden, zeigt sich vor allem an dem hohen Anteil der Arbeitnehmer in den Informationsberufen, die eine Gewinnbeteiligung erhalten. Schließlich steigt die Anzahl der Beschäftigten mit einem Gewinnbeteiligungsanteil am Einkommen seit 1984 über alle Berufe kontinuierlich an.

Für die häufig geäußerten Überlegungen, wonach das Internet durch eine verbesserte Informationsverbreitung zu einem Abbau der Mismatch-Arbeitslosigkeit beitragen kann, konnten bislang für Deutschland keine und für die Vereinigten Staaten keine eindeutigen Belege gefunden werden. Eher ist es wahrscheinlich, dass vor allem die freiwillige berufliche Mobilität durch das Internet erhöht wird. Hieraus sind somit die größten Effizienzgewinne zu erwarten.

Von den neun Personen, die angaben, eine neue Stelle über das Internet gefunden zu haben, war nur eine Person gering qualifiziert, d.h., sie hatte weder eine Schul- noch eine Berufsausbildung aufzuweisen. Einen Hochschulabschluss hatten hingegen fünf Personen.

4 Neue Regeln für die neue Ökonomie?

Die neue Ökonomie setzt keine fundamentalen Gesetzmäßigkeiten außer Kraft, aber sie verändert die Regeln, nach denen sich die Unternehmen auf den Güter- und Finanzmärkten und die Arbeitskräfte auf den Arbeitsmärkten behaupten müssen. Gefordert ist aber auch der Staat, der die Rahmenbedingungen setzt, unter denen sich der Strukturwandel zur neuen Ökonomie vollzieht. Dabei muss der Staat sowohl agieren als auch reagieren. Agieren ist gefordert, um die Rahmenbedingungen wirtschaftlichen Handelns so zu gestalten, dass sich die neue Ökonomie möglichst ungehindert und auf ökonomisch effiziente Weise entfalten kann. Dies ist das Thema des nachfolgenden Abschnitts 4.1. Reagieren ist gefordert, wo die neue Ökonomie das Fundament, auf denen staatliche Aufgaben und Finanzierungsformen aufbauen, erodiert. Abschnitt 4.2 konzentriert sich dabei auf die Rolle der Sozialabgaben als Lohnnebenkosten in einer international integrierten Volkswirtschaft sowie auf die Möglichkeiten und Grenzen der Besteuerung des elektronischen Handels. Abschnitt 4.3 diskutiert die Herausforderungen der neuen Ökonomie für die Politik auf supranationaler Ebene, wobei es zum einen um die Rolle internationaler Organisationen bei der Durchsetzung international einheitlicher Normen und Standards und zum anderen um die angemessenen Strategien zur Überwindung des „digitalen Grabens" zwischen armen und reichen Ländern geht.

4.1 Staatliche Rahmenbedingungen

Netzwerkexternalitäten, extreme Skalenerträge und Lock-in-Effekte – in der neuen Ökonomie gibt es vielfältige Gründe für potentielles Marktversagen, so dass staatliche Regulierungen notwendiger sein könnten als je zuvor. „Penetration pricing", „versioning" und Bündelung – es gibt ebenso vielfältige innovative Wettbewerbsstrategien, mit denen die Unternehmen es schaffen, potentielles Marktversagen aus eigener Kraft zu überwinden und damit staatliche Regulierungen überflüssig zu machen (vgl. dazu Abschnitt 3.1). Es ist schwer zu beurteilen, ob die neue Ökonomie mehr oder weniger Regulierungseingriffe erfordert als die alte Ökonomie.

Weniger schwer fällt dagegen das Urteil, dass die neue Ökonomie *andere* Regulierungen erfordert als die alte Ökonomie. Dieser Abschnitt 4.1 gibt einen

Überblick über die derzeit bestehenden staatlichen Rahmenbedingungen und weist darauf hin, wo Anpassungsbedarf besteht. Die notwendigen Eingriffe sollten sich an einigen Grundprinzipien orientieren, die sich aus der Natur der IT ableiten; die bereits ausgestalteten Regeln müssen sich an diesen Prinzipien messen:[81]

- Aufgrund des schnellen technologischen Wandels im Bereich der IT sollten die Maßnahmen möglichst technologieneutral sein. Vieles, was morgen möglich sein wird, kann heute noch nicht vorausgesehen werden.
- Aufgrund der Netzwerknatur der IT kommt es zu internationalen Interdependenzen. Das Internet macht nicht an Landesgrenzen halt. Einzelstaatliche Insellösungen machen daher wenig Sinn. Internationale Kooperationen bzw. Abkommen zur gegenseitigen Anerkennung sind essentiell.[82]
- Die IT haben die Transaktionskosten der privaten Organisation gesenkt. Private Initiative ist damit leichter möglich. Sie sollte vom Staat nicht verdrängt, sondern unterstützt und gefördert werden.

Die Aufgabe des Staates liegt in dieser Phase der dynamischen Veränderungen weniger darin, permanente Regeln zu zementieren, sondern Vertrauen für die neuen Technologien zu schaffen, ihre Möglichkeiten nicht zu behindern und Raum für ihre Entfaltung zu schaffen.

4.1.1   Rechtssicherheit und Transparenz im elektronischen Handel

Vorrangiges Ziel des Staates sollte es sein, Transparenz und Rechtssicherheit zu schaffen. Dabei geht es vor allem um eine Integration der IT in das bestehende Gesetzeswerk. Nicht zuletzt auf Anstoß der EU hat die Bundesregierung mit einer umfassenden Überarbeitung des Rechts für die Informations- und Kommunikationsdienste begonnen. Der Grundstein wurde im Jahre 1996 mit der Verabschiedung des Telekommunikationsgesetzes (TKG) gelegt, das zu Beginn des Jahres 1998 in Kraft trat und das durch die Aufhebung des staatlichen Fernmeldemonopols die Entfaltung moderner IT in Deutschland ermöglichte (Klodt et al. 1995). Im Jahre 1997 folgten das Teledienstegesetz (TDG) und das Teledienstedatenschutzgesetz (TDDSG). Neben definitorischen Grundlagen finden sich hier erste Regelungen zur Nutzung bzw. zum Angebot von Diensten über das Internet oder ähnliche Telekommunikationstechnologien.

---

[81]   Vgl. dazu auch OECD (2000b).

[82]   Näheres dazu in den Abschnitten 4.2 und 4.3.

In den nächsten Jahren folgten Anpassungen bei bestehenden Gesetzen. Im Jahr 2000 wurde das Gesetz über Fernabsatzverträge novelliert. Durch die Gleichstellung eines Kaufs über das Internet mit dem Kataloghandel wurden die entsprechenden Widerrufsrechte übertragen. Darüber hinaus wurden dem Internethändler zum ersten Mal umfassende Informationspflichten auferlegt. Die bereits 1995 beschlossene und 1997 in Kraft getretene EU-Richtlinie zum Datenschutz (95/46/EG) wurde erst Mitte 2001 in Form eines neuen Bundesdatenschutzgesetzes (BDSG) in deutsches Recht umgesetzt. Die Abschaffung des Rabattgesetzes und der Zugabenverordnung können ebenfalls in diesen Rahmen eingeordnet werden. Weitere wichtige Änderungen waren Anpassungen zum Jugendschutz und zum Urheberrecht.

Zur Umsetzung der EU-Richtlinie über den elektronischen Geschäftsverkehr (2000/31/EG) wurden als erstes die Empfehlungen zur Rechtsgültigkeit digitaler Signaturen gesetzlich festgelegt. Mit der Neufassung des Signaturgesetzes Mitte 2001 wurden die qualifizierte elektronische Signatur rechtlich der handschriftlichen Unterschrift gleichgestellt und die entsprechenden Formvorschriften des Privatrechts angepasst. Eine digitale Signatur gilt als qualifiziert, wenn die Authentizität des Inhabers von einem Mittler, der Zertifizierungsstelle, durch ein Zertifikat bestätigt wird. Das Betreiben einer Zertifizierungsstelle ist nicht genehmigungspflichtig, das Personal muss allerdings gewissen Qualifikationsanforderungen genügen. Der Gesetzgeber hat sich damit auf das asymmetrische Verschlüsselungsverfahren festgelegt, allerdings kein spezielles Produkt oder speziellen Standard zur Bedingung gemacht. Zu begrüßen ist die Einbindung privater Mittler. Aus der heutigen Sicht scheint die „Public-Private-Key-Methode" die sicherste Form der Datenübertragung zu sein. Die sehr hohen technischen Anforderungen, die durch diese Methode an die Anwender gestellt werden, können bemängelt werden. Allerdings können sich private Parteien auch auf die Anwendung anderer, weniger anspruchsvoller Signaturmethoden einigen. Die weitere technische Entwicklung darf nicht aus den Augen gelassen werden, da die Güte eines jeden Kryptographieverfahrens von der Leistungsfähigkeit der Rechner abhängt.

Zur Umsetzung der EU-Richtlinie wurden Änderungen am und Erweiterungen des TDG und des TDDSG notwendig. Die Änderungen am TDDSG werden im nächsten Abschnitt erläutert. Im Rahmen des TDG wurden insbesondere die Informationspflichten des Anbieters von Telediensten verschärft, das Herkunftslandprinzip eingeführt und die Haftungsregelungen neu bestimmt. Kritik kann an den äußerst weitgehenden Haftungsregelungen geübt werden, die den Geschäftsverkehr unnötig behindern. Außerdem schaffen sie Rechtsunsicherheit, da beispielsweise im Gesetzestext ungeklärt bleibt, ob (wie es die Rechtsprechung bereits umgesetzt hat) Unternehmen via der gesetzten Hyperlinks für den Inhalt fremder Websites verantwortlich gemacht werden können. Ebenfalls bleiben Suchmaschinen ungeregelt (Stadler 2001).

Vertrauen stellt einen wesentlichen Faktor für einen funktionierenden Handel im Internet dar (vgl. dazu Abschnitt 3.1.1.2). Ein großer Teil dieses Vertrauens kann von Unternehmen selbst durch Investitionen in Reputation aufgebaut werden. Für den Konsumenten verursacht staatlicher Schutz, wenn er in Anspruch genommen werden muss, sehr hohe Transaktionskosten (Durchsetzung vor Gericht kostet Zeit und Geld). Weiter sind staatliche Maßnahmen oft zu eng und inflexibel gegenüber technischen Weiterentwicklungen. Gegen staatliche Schutzmaßnahmen spricht auch, dass ausländische Unternehmen für den Konsumenten nur einen Klick entfernt sind, für den Staat aber nur schwerlich unter den heimischen Gesetzen abzustrafen sind. Für den Nachfrager ist es daher wichtig, sich nicht allein auf den Staat zu verlassen, sondern ein Gespür für andere wesentliche Signale zu entwickeln. Hierzu gehört das Renommee von Unternehmen, die Qualitätsbekundung durch Dritte oder private Initiativen wie Verbraucherschutzorganisationen oder unternehmerische Selbstverpflichtungen. Der Staat sollte hier durch Informationspolitik unterstützend wirken. Positiv ist daher zu werten, dass die Regierung sich explizit zur Unterstützung privater Initiativen zur Verbesserung der Sicherheit im E-Commerce bekannt hat. Eigenverantwortung wurde insbesondere im Bereich der Gütesiegel, Verhaltenskodizes und Verfahren zur alternativen Streitschlichtung angemahnt.[83]

Nach dem deutschen Recht werden Informations- und Kommunikationsdienste in Teledienste (Individualkommunikation) und Mediendienste (Massenkommunikation) unterschieden. Die Trennung orientiert sich an der traditionellen Kompetenzabgrenzung zwischen Bund und Ländern, nach der Rundfunk Ländersache ist. Die Unterteilung führt jedoch zu Schwierigkeiten bei der Abgrenzung (vgl. Stadler 2001) und wird der technischen Konvergenz der Dienste nicht gerecht. Zum Beispiel gilt eine Firmenwebsite als Teledienst, d.h. Individualkommunikation. Aus Unternehmenssicht wird eine Website aber so konzipiert, dass sie von einer möglichst breiten Allgemeinheit Aufmerksamkeit erhält. Dies entspräche eher der Definition eines Mediendienstes. Digitales Fernsehen hingegen ist der Fall eines Mediendienstes, der in Zukunft durchaus ähnlich einer Website zum Abruf individueller Inhalte genutzt werden kann. Bei den „Pay-per-View-Angeboten" von Premiere World ist eine individuelle Abfrage heute schon möglich. Da die Anzahl der Grenzfälle aufgrund der Konvergenz zunehmen wird, wäre eine einheitliche Regelung anstatt der willkürlichen Unterteilung angebracht.

---

[83] Vgl. Pressemitteilung des BMWi: „Moderner Rechtsrahmen für E-Commerce in Deutschland – Gesetz zum Elektronischen Geschäftsverkehr tritt in Kraft". Online-Quelle (Zugriff am 20.12.2001): http://www.bmwi.de/Homepage/Presseforum/ Pressemitteilungen

Durch die in den letzten Jahren vorgenommenen Gesetzesänderungen wurde in vielen Bereichen Rechtssicherheit und damit Vertrauen in die IT geschaffen. Von kleineren Kritikpunkten abgesehen kann, gemessen an den zu Anfang festgelegten Grundprinzipien, von einer relativ guten Umsetzung gesprochen werden. Schwierigkeiten wird es in Zukunft aber aufgrund der mangelnden Berücksichtigung der Konvergenz der Dienste geben. Hier sind, insbesondere aufgrund des Vordringens des digitalen Fernsehens, Änderungen dringend notwendig, wobei Einschnitte in die vom Grundgesetz garantierte Rundfunkkompetenz der Länder kaum zu vermeiden sein dürften.

4.1.2 Schutz personenbezogener Daten

Informationen über Nachfrager haben einen sehr hohen Wert für Unternehmen (vgl. dazu Abschnitt 3.1). Persönliche Daten sind im Besitz jedes Einzelnen; die Entscheidung über die Freigabe liegt in seiner Hand. Da private Information Macht verleiht, haben die Nachfrager nicht unbedingt ein Interesse an der Preisgabe ihrer Daten. Durch ihre Handlungen offenbaren Individuen aber diesbezügliche Information. Darauf basiert z.B. das Wirken des Preismechanismus. Vor der Entwicklung der IT blieben diese Informationen auf das enge Umfeld der betreffenden Handlung beschränkt. Erst durch die IT wurde eine Sammlung und Auswertung in großem Stil möglich. Statistische Berechnungen können damit durchgeführt werden. Ähnlich wie bei anderen Informationen kann eine Verbreitung vom Eigentümer kaum verhindert werden; die Individuen können daher nur schwerlich Verwertungsrechte an ihren personenbezogenen Daten durchsetzen.

Bei der Ausgestaltung der Rahmenbedingungen ist die besondere Schutzwürdigkeit personenbezogener Daten zu berücksichtigen. Nach den deutschen Gesetzen besteht ein sehr weitgehendes Recht auf informationelle Selbstbestimmung.[84] Das aus dem allgemeinen Persönlichkeitsrecht (Art. 2 Abs. 1 i.V.m. Art. 1 Abs. 1 Grundgesetz) abgeleitete Recht ordnet jedem Individuum eindeutig die Eigentumsrechte an seinen persönlichen Daten zu. Dies beinhaltet, dass, auch wenn er sie in der Öffentlichkeit preisgibt, diese nicht ungehindert gesammelt und in beliebiger Weise weiterverarbeitet werden dürfen. Das Recht auf informationelle Selbstbestimmung kann nur durch Gesetz eingeschränkt werden (Gesetzesvorbehalt). Ferner kann der Einzelne seine Einwilligung geben, dass seine Daten zu gewissen Zwecken verwendet werden (Erlaubnisvorbehalt). Der sehr stark ausgeprägte Schutz bedingt sich zum einen aus der Überzeugung, dass die Privatsphäre wichtig für die persönliche Entfaltung ist, zum anderen aus den

---

[84] Dieses Recht wurde im Zusammenhang mit dem Volkszählungsurteil vom Bundesverfassungsgericht 1983 explizit herausgearbeitet (BVerfGE 65, 1).

schlechten Erfahrungen mit staatlicher Ausbeute privater Information. Er wird daher als wesentlicher Bestandteil einer funktionierenden Demokratie gesehen. Daher bezog sich Datenschutz bisher auch im Wesentlichen auf den Schutz vor dem Staat.

Durch die IT ist unternehmerische Ausbeute personenbezogener Daten zum Problem geworden. Es besteht die Gefahr, dass Unternehmen offenbarte Informationen gegen den Willen der Konsumenten weiterverwerten bzw. ihnen diese ohne ihr Wissen entlocken. Prinzipiell geben die neuen Techniken auch den Konsumenten neue Instrumente an die Hand, mit denen sie sich selbst gegen Eingriffe schützen können. Beispiele dafür sind Anonymizer, P3P[85] oder die Cookie-Warnfunktion der Browser. Doch erstens sind diese Softwareentwicklungen technisch noch nicht ausgereift genug, um breite Anwendung zu finden. Zweitens kann insbesondere in einer Anfangsphase davon ausgegangen werden, dass die Unternehmen sich stärker der Vorteile einer Sammlung privater Information bewusst sind als die Nachfrager der Nachteile einer Preisgabe dieser Information.[86] Die Sensibilität für den Wert privater Information fehlt. Schließlich hilft keine dieser Schutzvorrichtungen gegen die missbräuchliche Behandlung einmal preisgegebener Information. Konsumenten könnten beispielsweise damit einverstanden sein, dass Unternehmen ihre Daten für einen Bestellvorgang verwenden, nicht aber, dass sie gespeichert, ausgewertet, mit anderen Daten verknüpft oder weiterverkauft werden. Die Unternehmen haben an dieser weitergehenden Nutzung aber ein Interesse. Da die Nachfrager die unternehmensinternen Abläufe nur schwer kontrollieren können, besteht „moral hazard".

Die besondere Schutzwürdigkeit personenbezogener Daten hat die OECD schon im Jahr 1980 veranlasst, eine Empfehlung über den Umgang mit ihnen herauszugeben.[87] Danach sollten Grenzen bei der Sammlung dieser Daten bestehen. Daten sollten nur in gesetzlicher Weise und unter der Anwendung fairer Methoden gesammelt werden. Das Individuum sollte sich der Sammlung bewusst sein und ihr zugestimmt haben (collection limitation principle). Der Zweck der Sammlung sollte dem Individuum bewusst sein. Nur für diesen Zweck dürfen

---

[85] P3P ist eine vom W3C entwickelte Plattform, die es dem Surfer erlauben soll, seine Ansprüche an den Datenschutz individuell spezifizieren zu können. Bei jedem Besuch einer Website vergleicht der Browser, der P3P unterstützt, die individuellen Ansprüche mit den Gegebenheiten auf der Website – diese muss ebenfalls P3P unterstützen – und warnt den Surfer bei Unstimmigkeiten; vgl. Online-Quelle (Zugriff im Juli 2002): http://www.w3.org/P3P

[86] Der Wert der Information hängt von den Auswertungs- und Verknüpfungsmöglichkeiten ab. Diese sind den Nachfragern aufgrund der Neuartigkeit und Komplexität der dahinterstehenden Technik aber noch kaum bewusst.

[87] Vgl. „Guidelines on the Protection of Privacy and Transborder Flows of Personal Data". Online-Quelle (Zugriff im Juli 2002): http://www1.oecd.org/dsti/sti/it/secur/prod/PRIV-EN.HTM

die Daten im Folgenden benutzt werden (purpose specification principle). Weiter werden Qualitäts- und Sicherheitsanforderungen an die Datensammlung gestellt (data quality principle; security safeguards principle). Der Datensammler sollte seine Methodik offen legen und dem Individuum jederzeit Rechenschaft über dessen eigene Daten abgeben können (openness principle, individual participation principle). Schließlich sollte ein Datensammler zu jeder Zeit belegen können, dass er diese Prinzipien einhält (accountability principle).

Während diese Richtlinien jedem Einzelnen eindeutig das Recht auf seine persönlichen Daten zuordnen, sind sie flexibel bezüglich der Frage, wer die Einhaltung dieser Prinzipien überwachen sollte. Können die Parteien durch Verhandlung selbst zu der für beide vorteilhaftesten Lösung kommen oder würde der Staat in diesem Fall die kostengünstigere und bessere Lösung bereitstellen? Für eine private Aushandlung sprechen moderne Softwareentwicklungen, mittels derer sich das Individuum selbst gegenüber Eingriffen schützen kann (Anonymizer, Cookie-Warnfunktion, Firewall) und die es ihm erlauben, die persönlichen Anforderungen an den Schutz detailliert zu spezifizieren (z.B. P3P). Individuelle Aktion reflektiert in der Regel besser die persönlichen Bedürfnisse und ist flexibler gegenüber wechselnden Umweltzuständen. Gegen die private Durchsetzung und für staatliche Schutzmaßnahmen spricht hingegen der „moral hazard" gegenüber Unternehmen und die schwerwiegenden Auswirkungen, die eine missbräuchliche Verwendung, insbesondere bei sensitiven Daten wie Gesundheitsinformationen, haben kann. Reputation wäre prinzipiell ein geeigneter Mechanismus, um mit einem derartigen Vertrauensproblem umzugehen. Aufgrund der Schwierigkeit, einen Missbrauch überhaupt wahrnehmen zu können, reicht dieser Mechanismus aber nicht aus. Die Kosten der Überwachung durch ein einzelnes Individuum sind zu hoch. Der Staat hat hier eindeutig Größenvorteile.

Die OECD-Richtlinien werden von den meisten Ländern eingehalten. Bezüglich des Schutzes der Einhaltung der Prinzipien gibt es jedoch nationale Unterschiede. So haben die Vereinigten Staaten beispielsweise anfangs allein auf Privatinitiative gesetzt. Nur für als sensitiv gekennzeichnete Daten bestanden weitergehende staatliche Schutzrechte. Erste Untersuchungen der Federal Trade Commission (Litan 2001: 16, 17) bestätigten jedoch missbräuchliches Verhalten in großem Umfang. Mittlerweile sind daher die Unternehmen verpflichtet, die Kunden über die Preisgabe und Verwertung ihrer Daten zu informieren. Der Kunde muss in der Lage sein, eine ihm nicht genehme Nutzung zu unterbinden, d.h., er hat eine „Opt-out-Möglichkeit". Bei sensitiven Daten hingegen wird der „Opt-in" verlangt, d.h., die Nachfrager müssen aktiv werden und beispielsweise ein Kästchen ankreuzen, dass den Unternehmen die entsprechende Nutzung gewährt. Die EU hat sich von Beginn an für die generelle Anwendung des „Opt-in" entschieden. Die Einwilligung muss aktiv gegeben werden (Richtlinie 95/46/ EG des Europäischen Parlaments; Helfrich 2000: 20; Litan 2001).

Mit dem neuen BDSG (in Kraft getreten am 23.05.2001) hat die Bundesregierung die EU-Direktive in nationales Recht umgesetzt. Während das BDSG vorher im Wesentlichen auf die staatliche Datensammlung zugeschnitten war, enthält es jetzt umfassende Regelungen für private Unternehmen. Das BDSG umfasst allgemeine Regelungen, spezielle Gesetze für Teledienste befinden sich im TDDSG. In beiden Gesetzesnovellen wurde der bisher verfolgte restriktive, weitestgehend von staatlichen Verboten und einigen wenigen Ausnahmen gekennzeichnete deutsche Ansatz bestätigt. Wenn die vorgenommenen Änderungen auch mit der bisherigen Rechtsauslegung in Deutschland und der EU-Richtlinie konform gehen, ist doch fragwürdig, ob das „herkömmliche Datenschutzkonzept, bestehend aus enger Zweckbindung mit Erlaubnisvorbehalt, Auskunftsrechten und Datenschutzaufsicht, im Zeitalter globaler Datennetze wie dem Internet" praktikabel ist (Helfrich 2000: 65). Die strikten Formanforderungen an die elektronische Einwilligung, die bei allen längerfristig zu speichernden Daten einzuholen ist, die Ex-ante-Festlegung aller Verwendungseventualitäten und ein Kopplungsverbot, das es (nicht eindeutig)[88] verbietet, die Erbringung eines Dienstes von der Einwilligung des Nutzers an die Weiterverwertung seiner Daten abhängig zu machen, verhindert einen Großteil der in Abschnitt 3.1 beschriebenen Unternehmensstrategien. Der Gesetzgeber sollte stärker berücksichtigen, dass die IT es Unternehmen nicht nur leichter machen, dem Nachfrager ungewollt Daten zu entlocken, mittels derer Renten abgeschöpft werden können, sondern auch die Personalisierung des Angebots verbessern und damit den Konsumentennutzen erhöhen.

Solange die Kunden nicht für die Problematik der Preisgabe personenbezogener Daten an Unternehmen sensibilisiert sind, sollte der Staat allerdings stärker als Sicherheitsgarant in Erscheinung treten. Für einen starken allgemeinen Schutz spricht auch, dass der Wert einer Information nicht von ihr selbst, sondern von den Verknüpfungsmöglichkeiten bestimmt ist.[89] Das Geburtsdatum kann das letzte Stück in einem großen Puzzle sein. Da im Informationszeitalter Daten ein wertvolles Gut sind, sollten sie zwar geschützt, ihr Fluss aber nicht unterbunden werden. Auf längere Sicht ist zu erwarten, dass die technischen Möglichkeiten jedem Einzelnen das persönlich bevorzugte Maß an Datenschutz ermöglichen. Ein derartiger privater Schutz wäre flexibler bezüglich der individuellen Ansprüche und würde geringere Transaktionskosten verursachen. Die bestehenden Gesetze sollten eine dahingehende Entwicklung nicht verhindern.

---

[88]   Vgl. Helfrich (2000: 31) und Blömer und Moos (2002: 214).

[89]   Das Bundesverfassungsgericht macht in seinem Volkszählungsurteil bereits deutlich, dass „belanglose Daten" nicht existieren (BVerfGE 65, 1, 45).

4.1.3   Schutz geistigen Eigentums

Staatliche Regelungen im Bereich geistigen Eigentums haben zwei Funktionen: Erstens sichern sie dem Eigentümer die Urheberschaft auf ewig und verhindern dadurch, dass ein anderer die Idee als seine eigene ausweist bzw. sie abwandelt und das veränderte Werk unter dem Namen des Autors veröffentlicht (Urheberpersönlichkeitsrechte). Zweitens geben sie dem Autor ein Verwertungsrecht. Die Urheberpersönlichkeitsrechte werden aus den Grundrechten abgeleitet und sollten auch im Informationszeitalter unveräußerbar sein. Hieran hat sich durch die IT nichts geändert. Anders sieht dies bei den Verwertungsrechten aus. Ideen sind Informationen und können daher zunehmend leichter kopiert werden. Staatlicher Schutz wird in diesem Bereich seit langem als notwendig erachtet.[90] Staatliche Verwertungsrechte dienen dazu, das Einkommen des Autors zu sichern und Anreize für die Investition in zukünftige Ideen zu liefern. Staatlich garantierter Eigentumsschutz sollte aus ökonomischer Sicht dem Schöpfer der Information aber nur so lange einen Monopolstatus sichern, bis dieser seine Produktionskosten amortisiert hat. Ein darüber hinausgehender Schutz wäre sozial ineffizient, da es Verschwendung wäre, ein nicht knappes Gut nicht zur allgemeinen Nutzung frei zu geben. David (2000) spricht in diesem Zusammenhang von der Gefahr des „over-fencing of the public knowledge commons". Bei der Beurteilung und Neugestaltung staatlicher Rahmenbedingungen in diesem Bereich sind daher die Interessen der Anbieter und Nachfrager gleichermaßen zu berücksichtigen.

Jede Idee, sei sie eine Erfindung oder ein künstlerisches Werk, ist in Deutschland unter dem Urheberrecht geschützt. Dieses gewährt dem Schöpfer über die Anerkennung der Urheberschaft hinaus ein Verwertungsrecht, bis zu 70 Jahre nach seinem Tod. Ideen, die in Zusammenhang mit einer technischen Erfindung stehen, können weiter für maximal 20 Jahre nach der Anmeldung durch ein Patent geschützt werden. Patente gewähren ausschließliche Verfügungsrechte und verbieten damit die Anwendung oder die Weitervertreibung durch andere. Gleiches gilt prinzipiell für den Inhaber eines Urheberrechts. Das Urheberrecht steht aber auch dem Schöpfer zu, der die Idee zum zweiten Mal originär entwickelt (nicht kopiert!). Patente dagegen werden nur einmal gewährt und geben dem Unternehmen daher eine größere Rechtssicherheit. Die derzeit bestehenden staatlichen Regeln zum geistigen Eigentumsschutz beruhen auf den bisher gegebenen Möglichkeiten bzw. Unmöglichkeiten des privaten Eigentumsschutzes. Die IT haben diese Möglichkeiten verändert. Einerseits ermöglichen sie es Nachfragern,

---

[90]   Das erste deutsche Urheberrecht ist das preußische „Gesetz zum Schutze des Eigenthums an Werken der Wissenschaft und Kunst in Nachdruck und Nachbildung" von 1837.

einmal freigegebene Information zu Kosten von nahe null zu kopieren und an andere weiterzugeben. Andererseits sind Unternehmen aber in der Lage, durch kryptographische Methoden ihre Inhalte selbst vor dem Missbrauch zu schützen. Ein vollständiger, zeitlich unbegrenzter Ausschluss wird dadurch möglich. Die Relevanz dieser Problematik wird bei dem derzeitigen Versuch einiger Unternehmen, das Kopieren von CDs vollständig zu unterbinden, deutlich. Der absolute Kopierschutz schränkt nicht nur die Möglichkeit der Schwarzkopie mit dem Ziel der Weitergabe an andere ein, sondern macht es auch unmöglich, Kopien für den eigenen privaten Gebrauch zu ziehen.[91]

Mit der Urheberrechtslinie 2001/29/EG, die im April 2001 vom EU-Ministerrat beschlossen wurde, sollen europaweit die geistigen Schutzrechte harmonisiert werden. Die Richtlinie geht im Wesentlichen konform mit dem deutschen Urheberrecht. Dem Rechteinhaber stehen die Nutzung, Veröffentlichung und Vervielfältigung zu. Die Verwertungsrechte kann er gegen angemessene Vergütung abtreten, die Urheberpersönlichkeitsrechte nicht. Technische Schutzvorkehrungen, die die Wahrung der Urheberrechte sichern, dürfen nicht umgangen werden. Zwingende Schranken für das Urheberrecht sind nur beim „caching", dem flüchtigen Zwischenspeichern aus technischen Gründen vorgesehen. Die Regeln zur privaten Kopie sowie sonstige Ausnahmen sind fakultativ.[92] Die EU-Richtlinie hat, da sie im Bereich der Ausnahmen keine eindeutigen Aussagen macht, kaum Relevanz für die bestehenden Schutzsysteme in Deutschland. Beispielsweise ist das deutsche System der Urheberrechtsabgabe auf technische Geräte und Speichermedien (Pauschalvergütung) damit genau so vereinbar wie eine stärkere Stützung auf die durch die Verschlüsselungstechniken ermöglichten Individuallizenzen. Die soeben verabschiedete Novellierung des deutschen Urhebervertragsrechts, die die Stellung des Urhebers gegenüber den Verwertern stärken sollte, sieht daher auch keine Notwendigkeit, von dem System der Pauschalvergütung abzuweichen. Problematisch daran ist, dass Pauschalvergütung in Kombination mit Individuallizenzen zu einer Doppelvergütung führt. Weiter kommen in der Richtlinie die Interessen der Nutzer zu kurz. Zu wenig wird berücksichtigt, dass durch die Gewährung des Schutzes Monopolstellungen zugesprochen wer-

---

[91]   Ein absoluter Kopierschutz in Zusammenhang mit der in Deutschland erhobenen Pauschalvergütung auf Speichergeräte und Speichermedien wäre wahrscheinlich auch rechtlich problematisch (siehe unten).

[92]   Punkt (34) der zu erwägenden Gründe in der Richtlinie besagt: „Die Mitgliedstaaten sollten die Möglichkeit erhalten, Ausnahmen oder Beschränkungen für bestimmte Fälle, etwa für Unterrichtszwecke und wissenschaftliche Zwecke, zugunsten öffentlicher Einrichtungen wie Bibliotheken und Archive, zu Zwecken der Berichterstattung über Tagesereignisse, für Zitate, für die Nutzung durch behinderte Menschen, für Zwecke der öffentlichen Sicherheit und für die Nutzung in Verwaltungs- und Gerichtsverfahren vorzusehen"; vgl. Seite 12 der Online-Quelle (Zugriff am 31.07.2002: http://europa.eu.int/comm/internal_market/en/intprop/news/com29de.pdf)

den, die zu überhöhten Preisen und damit zu ineffizient niedriger Nutzung führen.

Auch im Bereich der geistigen Eigentumsrechte sollte wieder auf das Prinzip der Vorrangigkeit privater Initiativen geachtet werden. In Abschnitt 3.1 wurde darauf hingewiesen, dass Marktversagen bei nur schwer durchsetzbaren Verwertungsrechten vermindert werden kann durch alternative private Organisationsformen, wie sie der Open-Source-Ansatz repräsentiert. Der Staat sollte daher darauf achten, dass er durch seine Gesetzgebung diese Initiativen nicht behindert. Bisher war das Open-Source-Modell problemlos in das deutsche Urheberrecht integrierbar (Jaeger und Metzger 2002: 96). Die ersten Entwürfe zur Novellierung des Urhebervertragsrechts wollten den Urhebern aber einen nicht ausschließbaren Anspruch auf angemessene Vergütung geben. Dies widerspricht dem Open-Source-Konzept, das eine direkte Vergütung der Programmierer ja gerade nicht vorsieht. Zu begrüßen ist, dass der nun vom Bundestag verabschiedete Gesetzesentwurf eine Ausnahmeklausel für Open-Source enthält.

Überlegt werden sollte weiter, ob der staatliche Schutz geistiger Eigentumsrechte bei einigen Produkten stärkeren Schaden anrichtet als bei anderen. Immer wieder wird die Patentierung von Software sowie von Geschäftsmodellen diskutiert. Was in den Vereinigten Staaten längst Standard ist, stößt in Europa noch auf Widerstand. Während die EU derzeit eine Patentierbarkeit von Software für nicht ausgeschlossen hält,[93] hat sie sich eindeutig gegen die Patentierung von Geschäftsmodellen ausgesprochen. Die Problematik des Patentierens von Software liegt in der Art des Forschungsprozesses. Software wird überwiegend sequentiell entwickelt, d.h. in vielen kleinen aufeinander bauenden Arbeitsschritten, die von vielen verschiedenen Personen durchgeführt werden. Die individuelle, zu entlohnende Leistung liegt hier eher in der Verbesserung bestehender Software als in der Schaffung vollständig neuer Programme. Da Softwareentwickler auf Teilen bestehender Codes aufbauen müssen, führt Patentierung dazu, dass Programmierer leicht ungewollt Patente verletzen können bzw. andere Unternehmen Patente strategisch als Eintrittsbarrieren nutzen können.[94] Open-Source-Software hat gegenüber der proprietären Variante hier den Nachteil, dass durch die freie Verfügbarkeit des Quellcodes die kleinste Verletzung nachgewiesen werden kann. Ein ähnliches Argument gilt auch für Geschäftsmodelle. Beanstandet wird hier insbesondere, dass relativ triviale Abläufe patentiert werden können. Treffendes Beispiel ist der Versuch der Patentierung von „1-Click"

---

[93] ...und damit eigentlich nur praktiziertes Vorgehen der Patentämtern legitimieren würde.

[94] Softwarepatente sind auch deswegen volkswirtschaftlich nicht sinnvoll, da ein wesentlicher Teil der Entwicklung von mittelständischen Unternehmen durchgeführt wird, für die der Patentanmeldungsprozess zu teuer ist (Blind und Edler 2001).

durch Amazon. Den großen Schaden, der durch Patente entstehen kann, reflektiert der Streit um die Urheberschaft des Hyperlinks, den die British Telecom für sich beansprucht und für den sie Nutzungsgebühren (auf vielleicht 20 Jahre hinaus!) einfordern möchte.[95]

Weitere Untersuchungen sind notwendig, um allgemeingültige Aussagen machen zu können. Von einer Verschärfung des Schutzes geistiger Eigentumsrechte in Form einer Stärkung der Verwertungsrechte sollte zu diesem Zeitpunkt aber abgesehen werden.

4.1.4   Wettbewerbskontrolle

Wie bei der Diskussion der Unternehmensstrukturen in der neuen Ökonomie gezeigt wurde (Abschnitt 2.4), gibt es durchaus Tendenzen zur Herausbildung von Großunternehmen und zur Entstehung von Marktmacht. Das Wettbewerbsverhalten marktbeherrschender Unternehmen wird sowohl durch das europäische als auch das deutsche Kartellrecht kontrolliert (Art. 82 EU-Vertrag; § 19 Gesetz gegen Wettbewerbsbeschränkungen). Beschränkt werden dadurch beispielsweise die Möglichkeiten zur Preisdiskriminierung, die in manchen Netzwerk- und Informationsmärkten effiziente marktliche Mechanismen und überlebenswichtige Strategien für Unternehmen sind (Abschnitt 3.1). In Netzwerkindustrien sind Preise nur selten von den Grenzkosten determiniert. Verschiedene Preisstrategien finden Anwendung, um den Kunden für fehlende Netzwerkvorteile zu kompensieren. Weiter kann Preisdiskriminierung bei Informationsgütern effizient sein, wenn durch sie Renten abgeschöpft werden, die zur Deckung der Fixkosten nötig sind, ohne dass die Ausstoßmenge unter das sozial optimale Niveau fällt. Weiter stellt sich die Frage, was in Informationsmärkten „wirksamer Wettbewerb" ist. Nur wenn darunter auch der Wettbewerb um den Markt und nicht allein im Markt zählt, stellt diese Formulierung ein sinnvolles Konzept dar. Für Anbieter von Informationsgütern ist es essentiell, temporäre Monopolpositionen aufzubauen, da nur so die hohen Kosten des Originals wieder hereingeholt werden können.

Die verschiedenen Kartellverfahren der US-amerikanischen Wettbewerbsbehörden gegen Microsoft machen die Schwierigkeit der Bestimmung wettbewerbswidrigen Verhaltens in der Informationsgesellschaft deutlich.[96] Die letzte

---

[95]   British Telekom hatte 1976 ein Patent auf Hyperlinks in den Vereinigten Staaten angemeldet und verficht die Durchsetzung derzeit vor Gericht; vgl. dazu von heise online die Meldung vom 08.02.2002: „Anhörung zu Hyperlink-Patent beginnt nächste Woche". Online-Quelle (Zugriff am 01.10.2002): www.heise.de

[96]   Für einen guten Überblick zu den ökonomischen Aspekten, die im Kartellverfahren „Browser-Krieg" eine Rolle spielten, siehe Klein (2001); zu zwei kontroversen Mei-

Einigung in diesem Fall steht noch immer aus. Auch das Europäische Kartellamt hat inzwischen ein Verfahren gegen Microsoft eröffnet. Die besondere Problematik von Softwaremärkten ist die Kombination aus hohen Netzwerkeffekten und Informationsguteigenschaften, die Software charakterisieren. Hohe Fixkosten müssen eingefahren werden; temporäre Monopolmacht ist daher notwendig; extrem niedrige Grenzkosten machen eine Vielzahl von Preisstrategien möglich; Netzwerkeffekte schließlich führen dazu, dass die einmal gewonnenen Vorteile sich perpetuieren. Aggressive Wettbewerbspolitik ist für das dominante Unternehmen einerseits eine Überlebensstrategie, sie zerstört aber andererseits auch Wettbewerb und damit Vielfalt und kontinuierliche Innovation.

Der Microsoft-Fall verdeutlicht weiter, dass im Informationszeitalter die Schnelligkeit des Eingriffs entscheidend ist. Microsoft wird zwar immer wieder wegen wettbewerbswidrigen Verhaltens abgemahnt und mit Strafen und Verhaltensregeln belegt. Die temporären Vorteile, die das Unternehmen bis dahin realisieren konnte, ermöglichten es ihm bis heute aber immer wieder, den Markt zu dominieren (Bresnahan 2002). Die Frage ist, ob diese Art der Wettbewerbskontrolle ihre Aufgabe erfüllt, Anreize für Wettbewerber effektiv zu erhalten. [97]

Viel diskutiert wird inzwischen, ob Open-Source-Software einen geeigneten Ersatz für kommerzielle Software darstellen kann.[98] Die guten Erfahrungen mit dem frei und offen zur Verfügung gestellten Betriebssystem Linux belegen, dass das Open-Source-Konzept, auch was die Innovationsfähigkeit angeht, ein tragbares Wirtschaftsmodell darstellt.[99] Linux bestätigt weiter die Vereinbarkeit von

---

nungen siehe Economides (2001) und Bresnahan (2002). Zu dem Vorwurf des „tying" siehe Whinston (2001).

[97] Da Verhaltensregeln zu spät greifen bzw. umgangen werden, stellt sich die Frage nach alternativen Maßnahmen. Wäre Windows vollkommen kompatibel zu anderen Programmen, würden die meisten Probleme sich von selber lösen. Entwickler wären von dem Monopolisten nicht mehr einseitig abhängig, und Konsumenten könnten sich frei zwischen Produkten alternativer Anbieter entscheiden. Die Theorie der direkten und indirekten Netzwerkeffekte belegt, dass große etablierte Unternehmen keine Anreize haben, ihr System mit anderen Systemen teilweise oder vollständig kompatibel zu machen. Insbesondere wenn die Netzwerkvorteile groß sind, kann es daher sozial erwünscht sein, die Unternehmen zu Kompatibilität zu verpflichten. Eine mögliche Vorgehensweise wäre daher, Microsoft die Offenlegung seines Quellcodes vorzuschreiben. Dies würde es Konkurrenten ermöglichen, ihre Produkte zumindest einseitig kompatibel zu machen. Die direkten sozialen Kosten der Offenlegung sind nahezu null. Problematisch ist allerdings der starke Eingriff in die Eigentumsrechte, den dies für das Unternehmen bedeutet. Aufgrund der Schwierigkeit, die kostenlose Verbreitung und Anwendung zu unterbinden, kann dieser Eingriff auch zu einem Zusammenbruch des Unternehmens führen (Economides 2001).

[98] Vgl. z.B. die Diskussion um den Einsatz von Open-Source im Bundestag

[99] Bedacht werden muss bei der Überlegung auch, dass bei Nichtkompatibilität die Nutzung von Microsoft-Produkten durch die öffentliche Verwaltung aufgrund der Netzwerkvorteile aktive Wettbewerbspolitik zugunsten von Microsoft darstellt.

Vielfalt und Kompatibilität. Die Anreize, Monopolstellungen aufzubauen, sind hier längst nicht so hoch wie bei Closed-Source-Software, da die einzigen kommerziellen Akteure in diesem Bereich, die sich Renten aneignen könnten, nicht von dem Produkt, sondern von dem zusätzlichen Service leben. Dieser zeigt aber weder Netzwerkvorteile noch Eigenschaften von Informationen. Diese alternative Organisationsform sollte beobachtet und ihre Entwicklung nicht durch achtlose Gesetzgebung behindert werden (vgl. dazu Abschnitt 2.3).

Durch die zunehmende Vernetzung der Märkte sind Wettbewerbsfragen immer seltener auf das Gebiet einer nationalen Wettbewerbsbehörde beschränkt. Die EU trägt diesem Kriterium Rechnung durch eine eigenständige europäische Wettbewerbspolitik für kartellrechtliche Fragen, die mehrere Jurisdiktionen betreffen. Die Prinzipien der europäischen Wettbewerbskontrolle decken sich weitgehend mit denen der deutschen. Weniger abgestimmt hingegen ist das Agieren von europäischen und US-amerikanischen Behörden. Dies fällt umso schwerer ins Gewicht, als die Grundsätze, an denen die Organe ihre Entscheidungen ausrichten, differieren. Einige spektakuläre Fusionsentscheidungen haben in den letzten Jahren das darin liegende Konfliktpotential deutlich gemacht. Die Einigung auf grundlegende globale Wettbewerbsregeln scheint daher angebracht (Klodt 2001a). Bei der Ausarbeitung dieser Regeln sind die veränderten Bedingungen der Informationsgesellschaft zu berücksichtigen.

Aufgrund der schnellen technischen Veränderungen und der hohen Produktdifferenzierung ist es wesentlich schwerer geworden, den *relevanten Markt* zu bestimmen (Moeschel 2001). In Netzwerkmärkten werden Anbieter nicht versuchen, einem anderen Unternehmen bei einem erfolgreichen Produkt direkte Konkurrenz zu machen. Zu schwierig und teuer wäre es, die installierte Basis von der Vorteilhaftigkeit eines Wechsels zu überzeugen. Die Entwicklungsanstrengungen werden daher darauf gerichtet, dem Kunden ein völlig neues, höherwertiges Produkt zu offerieren. Geeignete wettbewerbsrechtliche Prüfkriterien müssen daher einbeziehen, dass Wettbewerb seltener im Markt, sondern zumeist um den Markt stattfindet. Die Marktabgrenzung sollte dann auch die zukünftigen Innovationen umfassen. Hohe Produktdifferenzierung bedingt, dass Märkte immer weniger eindeutig anhand eines Vergleichs der Produkte oder angewandten Prozesse abgegrenzt werden können. Beispielsweise sind Fernseh- und Telefonkabel zwei unterschiedliche Produkte, können aber prinzipiell für die gleichen Dienste, die Telefonie, den Internetzugang oder das Fernsehen, genutzt werden. Entscheidend für die Marktabgrenzung sollte daher die Substituierbarkeit in den Augen der Kunden sein. Der Europäischen Wettbewerbsbehörde wird vorgeworfen, aufgrund der Methodik ihres Vorgehens tendenziell zu einer zu engen Abgrenzung des relevanten Marktes zu kommen.

Als zunehmend problematisch könnte sich auch die insbesondere im deutschen Kartellrecht dominierende Identifikation von Marktmacht anhand der tatsächlichen *Marktkonzentration* erweisen. Gerade in der neuen Ökonomie spielt die Bestreitbarkeit der Märkte die entscheidende Rolle für die Sicherung des langfristigen Wettbewerbs. Darüber hinaus wird den europäischen Wettbewerbshütern von amerikanischer Seite vorgeworfen, die direkten Effizienzgewinne zu vernachlässigen und damit die negativen Auswirkungen auf die Konsumenten zu überschätzen (Muris 2001). Wettbewerb würde zum Selbstzweck.

Da im Informationszeitalter eine Vielzahl verschiedener Wettbewerbstrategien eingesetzt werden, um die Funktionsfähigkeit des Marktes zu erhalten, wird es wesentlich schwieriger, wettbewerbswidriges Verhalten zu identifizieren. Nicht alle Preisstrategien, die nicht allein von den Grenzkosten determiniert sind, sind wettbewerbswidrig. Gefährlich an hohen Marktkonzentrationen ist aber, dass sie den Unternehmen Macht geben, Eintrittsbarrieren aufzubauen, um Wettbewerb zu verhindern. Netzwerkeffekte und angebotsseitige Skalenerträge erhöhen die unternehmerischen Anreize, den Markt zu monopolisieren. Die Gefahr, dass Unternehmen ihre einmal gewonnene dominante Stellung bewusst zur Einschränkung des Wettbewerbs nutzen, steigt damit. Die Europäer werfen den Amerikanern vor, potentiell missbräuchliches Verhalten zu gering zu gewichten, kurzfristige Kostenvorteile zu hoch zu bewerten und die Institution des Wettbewerbs zu wenig zu schützen.

4.1.5 Regulierung und Zugangssicherung

Reicht Wettbewerbskontrolle nicht aus, um ein marktbeherrschendes Unternehmen an der Ausübung seiner Macht zu hindern, kann eine Regulierung der Industrie erforderlich sein. Dies wird allgemein im Bereich einiger wichtiger Infrastruktureinrichtungen angenommen, die durch extrem hohe Netzwerkeffekte charakterisiert sind. In dem hier betrachteten Kontext handelt es sich dabei speziell um den Zugang zum Kunden im Infrastrukturbereich und die höhere Netzebene des Internets, die Internet-Backbones. Aufgrund sehr hoher Fixkosten finden sich in diesen Märkten nur wenige oder ein Anbieter. Charakteristisch für Infrastruktureinrichtungen ist außerdem, dass selbst dann, wenn Wettbewerb um Kunden stattfindet, ein einmal angeschlossener Kunde aufgrund der hohen Anschlussinvestitionen an das zuerst gewählte Unternehmen gebunden ist (Laffont et al. 1998). Konkurrenz um angeschlossene Kunden findet also nicht statt. Die Netzinfrastruktur ist aber besonders wichtig, als sie Grundlage für die Nutzung der meisten Vorteile der IT ist. Bei der Ausgestaltung der Eingriffe ist daher besondere Sorgfalt zu üben.

Rund ein halbes Jahrzehnt nach der Liberalisierung der Telekommunikation ist das Monopol der Deutschen Telekom AG beim lokalen Teilnehmeranschluss immer noch stabil. Daher kann derzeit auf eine Regulierung nicht verzichtet werden. Wettbewerb ist bei den Telefonkabeln auch in Zukunft nicht zu erwarten. Wettbewerb von alternativen Technologien könnte die dominante Stellung der Deutschen Telekom jedoch brechen. Funkverbindungen für Telefonie und Internetzugang verbreiten sich zwar schnell, stellen auf kurze Frist aber keine echte Alternative dar. Aussichtsreichster Kandidat ist daher das breitbandige Fernsehkabel. Diesem kommt zusätzlich eine wichtige Bedeutung für die Nutzung digitaler Fernsehangebote zu. Die Deutsche Telekom hat sich entschieden, das in ihrem Eigentum befindliche Kabel zu verkaufen. Um eine echte Konkurrenz zum Telefonnetz aufbauen zu können, sind jedoch umfassende Investitionen in die Infrastruktur notwendig. Die Leistungsfähigkeit muss gesteigert und die Kabel müssen rückkanalfähig gemacht werden. Erstes Ziel muss daher sein, möglichst schnell einen geeigneten Käufer für den noch im Eigentum der Telekom stehenden Teil des Kabels zu finden. Damit das Kabel eine echte Konkurrenz zum Telefonnetz wird, muss weiter die 25-prozentige Sperrminorität, die die Telekom sich an dem bereits verkauften Kabelnetz vorbehalten hat, abgebaut werden. Ferner ist zu erwägen, die derzeit bestehende unterschiedliche Eigentümerschaft bei der so genannten Netzebene 3 (Signalführung bis an die Grundstücksgrenze; größtenteils im Eigentum der Deutschen Telekom) und der Netzebene 4 (Anschluss von der Grundstücksgrenze bis in die Wohnung; in der Hand vieler kleiner lokaler Monopolisten) aufzugeben, da durch sie das Investitionsrisiko auf der Netzebene 3 vergrößert wird. Statt den Wettbewerb zu fördern, führt die derzeitige Struktur durch die Hintereinanderschaltung zweier Monopole eher zu mehr Rentenabschöpfung (double marginalization). Zu diesem Schluss kommt auch die Monopolkommission (2000: 40):

„Die notwendigen Investitionen wären in einer Hand besser zu koordinieren und eine Marktkonsolidierung daher zu begrüßen, zumal einer vertikalen und horizontalen Marktbereinigung nur geringe wettbewerbspolitische Bedenken entgegenstehen. Die Abhängigkeit eines Haushalts von seinem Kabelnetzbetreiber erhöht sich nicht, wenn dieser mit einem Betreiber aus einer anderen Region fusioniert. Bezüglich des Kabelanschlusses besteht immer eine Alleinstellung, an der sich durch vertikale und horizontale Fusionen nichts ändert."

Wegen der marktbeherrschenden Stellung von Kabelgesellschaften unterliegen sie derzeit der Missbrauchsaufsicht der Kartellbehörden. Die Verhaltenssteuerung stößt allerdings auf enge Grenzen und kann strukturelle Vorkehrungen nicht ersetzen. Eine stärkere Zusammenarbeit auch mit der Regulierungsbehörde für Telekommunikation und Post sollte daher erwogen werden.[100] Sowohl die historische Entwicklung (Staatsmonopole) als auch die Netzstruktur sind bei Telefon- und Kabelnetz vergleichbar. Langfristig kann ein funktionierender

---

[100] Auch die Landesmedienanstalten drängen seit längerem darauf.

Infrastrukturwettbewerb dann die Regulierungsnotwendigkeit sowohl beim Fernsehkabel als auch beim Telefonnetz aufheben.

Während im Bereich der Bereitstellung der Endkundennetze ein Regulierungsbedarf im Allgemeinen nicht angezweifelt wird, bleibt der physisch ähnliche Backbonebereich bis heute unreguliert. Die Zusammenschaltung zwischen Backbones (gleicher und unterschiedlicher Hierarchieebene) funktioniert derzeit auch recht unproblematisch. Dafür ist die historische Entwicklung ebenso verantwortlich wie eine bisher recht reichliche Ausstattung mit Kapazität.[101] Die US-amerikanische Regierung hat sich aus diesem Grund explizit gegen eine Regulierung ausgesprochen. Die Architektur des Netzes ist jedoch aufgrund der hohen Netzwerkeffekte nicht ohne Risiken. Insbesondere ist keineswegs gesichert, dass die derzeit gebräuchlichen „Peering-Abkommen", die eine kostenlose Weitergabe des Verkehrs zwischen den großen Backbones sichern, bestehen bleiben. Auch gegen Bezahlung des gegenseitigen Verkehrs wäre im Prinzip nichts einzuwenden. Optimale Zugangspreise würden im Gegenteil richtige Investitionsanreize setzen. Aus der Diskussion um die Zusammenschaltung der Telefonnetze weiß man jedoch, dass Wettbewerber diese Preise nicht notwendig wohlfahrtsoptimal setzen. Es besteht die Gefahr des ruinösen Wettbewerbs oder der kollusiven Nutzung auf Kosten der Endnutzer (Laffont und Tirole 2000; Armstrong 2001). Es sollte daher über einen international koordinierten Beobachtungsmechanismus nachgedacht werden, der Fehlentwicklungen frühzeitig aufdeckt.

4.1.6 Abschließende Bemerkungen

Die IT ermöglichen es, jegliche Art Information, sei es Text, Ton oder Bild, mit der gleichen Technologie maschinell zu verarbeiten und zu verbreiten. Bestehende Information soll dadurch effektiver genutzt werden und neue Ideen sich schneller verbreiten. Da IT breit einsetzbare Querschnittstechnologien sind, ist mit gesamtwirtschaftlichen Wirkungen zu rechnen. Informationen fließen im Wirtschaftsprozess aber nicht so ungehindert, wie ihre physische Leichtigkeit erwarten ließe. Grund sind eine Reihe spezifischer Eigenschaften, die zu Anreizproblemen führen und Marktversagen provozieren. Betroffen davon sind nicht nur reine Informationsgüter, sondern auch physische Güter, einerseits aufgrund des steigenden Informationsgehalts der Güter, andererseits aufgrund geänderter Transaktionskosten. Zunehmende Interdependenzen zwischen Produkten sowie

---

[101] Die ersten Backbones wurden von der amerikanischen National Science Foundation im Rahmen des für das Militär bzw. den Forschungssektor gedachten Projekts bereitgestellt. Schon recht früh machten ihr private Unternehmen Konkurrenz. Im Zuge der Privatisierung des staatlichen Teils hat man sich bemüht, die bestehende private Struktur weiter zu stärken.

zwischen Konsumenten sind eine weitere Quelle von Ineffizienzen. Unternehmerische Wettbewerbsstrategien können Marktversagen teilweise verhindern. Nicht alle Probleme lassen sich jedoch durch individuelle Interaktion lösen. In einigen Fällen bedarf es koordinierter Aktion bzw. staatlichen Handelns.

Werden staatliche Eingriffe notwendig, sollten sie technologieneutral sein, international abgestimmt werden und private Initiative nicht verdrängen. Die notwendigen gesetzlichen Anpassungen sind in den letzten Jahren zügig vorangekommen. Kritisch zu sehen ist einerseits die deutsche Trennung zwischen den verschiedenen Informations- und Kommunikationsdiensten, die auf die unterschiedlichen Gesetzgebungshoheiten zurückzuführen ist. Die Trennung missachtet die zunehmende Konvergenz der Dienste und führt zu Überschneidungen und Unklarheiten. Im Bereich des Schutzes personenbezogener Daten und geistiger Ideen bleibt die technologische Entwicklung derzeit oft noch hinter den Anforderungen zurück. Staatlicher Schutz ist daher notwendig. In Zukunft ist aber damit zu rechnen, dass private Schutzmechanismen einen sehr viel individuelleren, flexibleren und wirksameren Schutz bieten können als staatliche Regeln. Auch private Organisationsformen wie Open-Source sind vielversprechende Ansätze. Diese Entwicklungen dürfen durch gesetzliche Bestimmungen nicht behindert werden. Neben den Interessen der Inhaber sind die Interessen der Nutznießer nicht zu vernachlässigen. Staatliche Rahmenbedingungen sollen schützen, den Informationsfluss aber nicht unterbinden.

Welche Folgen haben die IT für die Wettbewerbskontrolle? Transaktionskostensenkungen ermöglichen Outsourcing und vertikale Disintegration. Im Bereich der reinen Produktion entstehen durch IT Anreize, kleine spezialisierte Unternehmen zu gründen. Im Bereich der Produktion, des Marketings und der Distribution bestehen dagegen auf Netzwerkeffekten, Skalenerträgen, Bündelungsvorteilen und Reputation basierende Größenvorteile. Dort ist das Großunternehmen der effizientere Anbieter. Niedrige Eintrittsbarrieren, die Zerstörung von Scheinnischen und der extrem schnelle technologische Wandel, der Wettbewerb nicht auf den eigenen Markt beschränkt und Konkurrenz von zukünftigen Produkten schafft, machen die Märkte einerseits bestreitbarer. Andererseits setzen elektronische Märkte aber neue Anreize zur Bildung von Monopolmacht und schaffen Eintrittsbarrieren. Der technische Fortschritt diszipliniert die Unternehmen in vielen Bereichen; dieses Bild kann sich bei Konsolidierung der Märkte aber schnell wandeln. Die weitere Entwicklung ist also genauestens zu beobachten. Große Unternehmen können sozial erwünscht sein, müssen aber beschränkt werden, wenn sie ihre Macht nutzen, um Wettbewerb zu zerstören. Wettbewerbskontrolle sollte sich daher nicht auf statische Größen wie Marktkonzentration berufen, sondern dynamisch auf Bestreitbarkeit der Märkte angelegt sein. Konkurrenz von Komplementen und zukünftigen Entwicklungen sowie die spezielle Form des Wettbewerbs in Netzwerkindustrien sind zu berücksichtigen.

Schließlich ist es wichtig, den Zugang zu der für die Nutzung der Dienste notwendigen Infrastruktur für alle offen zu halten. Aufgrund sehr hoher Netzwerkeffekte und Anfangsinvestitionen kann in diesem Bereich zeitweise eine Regulierung notwendig sein. Während Wettbewerb innerhalb der gleichen Infrastruktur aufgrund der hohen Investitionskosten kaum möglich ist, sind diese Märkte doch von alternativen Technologien angreifbar.

Wenn auch viele Dot.coms gescheitert sind, bauen doch immer mehr traditionelle Unternehmen auf die Internettechnologie. Diese Entwicklung reflektiert die Potentiale der IT. Sie sind dazu geeignet, den Informationsfluss in der Wirtschaft effizienter zu gestalten, die Transparenz zu erhöhen und den Nutzen der Wirtschaftssubjekte zu steigern. Bevor jedoch die marktliche und staatliche Umgebung nicht optimal angepasst ist, können die Potentiale sich nicht voll entfalten.

4.2 Sozial- und Steuerstaat am Ende?

4.2.1 Der Sozialstaat: Neue Ansprüche in der neuen Ökonomie

Die in Abschnitt 4.1 diskutierte Ordnungspolitik ist nur ein Bereich unter vielen, in denen der Staat auf den Strukturwandel zur neuen Ökonomie reagieren muss. Ein zweiter wichtiger Bereich ist die Sozialpolitik, die jedoch bislang nicht auf der Agenda der vorrangig diskutierten Konsequenzen der neuen Ökonomie steht. Dies überrascht auf den ersten Blick, da die Informationstechnologien der neuen Ökonomie, vor allem die rasante technologische Entwicklung des Internets, ähnlich wie die Globalisierung von Märkten und Unternehmen, die Transaktionskosten im internationalen Handel senkt und die Integration nationaler Märkte in die weltwirtschaftliche Arbeitsteilung erhöht.

In der Globalisierungsdiskussion hat insbesondere die Koinzidenz zwischen einer sinkenden Nachfrage nach geringer qualifizierten Arbeitnehmern und steigenden Importen von Gütern des Verarbeitenden Gewerbes aus weniger entwickelten Ländern eine lebhafte Debatte über die ökonomischen Konsequenzen des interindustriellen Handels zwischen Industrie- und Entwicklungsländern ausgelöst. Denn in den achtziger und neunziger Jahren ist die Nachfrage nach geringer qualifizierten Arbeitnehmern in hoch entwickelten Industrieländern deutlich zurückgegangen. In den Vereinigten Staaten spiegelt sich die verringerte Nachfrage vornehmlich in sinkenden Reallöhnen für geringer qualifizierte Arbeitnehmer wider. Zwar deutet die Abnahme der von geringer qualifizierten Arbeitskräften in den Vereinigten Staaten geleisteten Arbeitsstunden auch auf einen Mengeneffekt hin, der jedoch eindeutig vom Preiseffekt dominiert wird. In den hoch entwickelten Ländern Europas äußert sich die rückläufige Nachfrage dagegen überwiegend in einer zunehmenden Arbeitslosigkeit Geringerqualifizierter, also in einem Mengeneffekt. Gleichzeitig mit diesen Veränderungen in der Struktur der Arbeitsnachfrage sind die Importe der Vereinigten Staaten und der hoch entwickelten Länder Europas aus weniger entwickelten Ländern deutlich angestiegen; die interindustrielle Arbeitsteilung hat sich verstärkt. Es wurde daher vermutet, dass die zunehmende interindustrielle Arbeitsteilung mit weniger entwickelten Ländern verantwortlich ist für die sinkenden Reallöhne und/ oder die steigende Arbeitslosigkeit geringer qualifizierter Arbeitnehmer in Industrieländern.[102] Als Folge wurden zunehmend Forderungen laut, der Sozialstaat solle die Globalisierungsverlierer durch eine Ausweitung der Sozialausgaben für ihre Verluste kompensieren.

Diese Globalisierungsdebatte könnte durch die innovativen Informationstechnologien der neuen Ökonomie eine zusätzliche Dimension bekommen. Denn sinkende Transaktionskosten im internationalen Handel erhöhen nicht nur die Wettbewerbsintensität im grenzüberschreitenden Güter- und Dienstleistungsaustausch, sondern als Folge auch die Substitutionselastizität zwischen in- und ausländischen Arbeitnehmern, da unter den Bedingungen einer zunehmenden weltwirtschaftlichen Integration nationaler Märkte selbst geringfügige Veränderungen in den relativen Faktorkosten die internationale Wettbewerbsposition von Unternehmen beeinflussen können.

Eine leichtere Substituierbarkeit inländischer durch ausländische Arbeitnehmer, etwa durch den Aufbau ausländischer Tochtergesellschaften, die ihre Headquarter Services von der Muttergesellschaft im Inland beziehen, schwächt die Verhandlungsposition der Arbeitnehmer gegenüber den Arbeitgebern. So wird es in der neuen Ökonomie für die Arbeitnehmer immer schwerer und kostspieliger, eine Verbesserung ihrer Arbeitsbedingungen, wie etwa die Lohnfortzahlung im Krankheitsfall, eine Ausweitung des bezahlten Urlaubs, eine Erhöhung der Arbeitsplatzsicherheit oder einen Ausbau anderer Lohnzusatzleistungen zu erreichen. Aufgrund der gestiegenen Elastizität der Arbeitsnachfrage müssen Arbeitnehmer einen größeren Teil der Kosten einer Erhöhung der Lohnzusatzkosten über eine Senkung ihres Lohnniveaus oder eine Erhöhung ihres Arbeitsplatzrisikos mitfinanzieren. Eine einfache Angebots-Nachfrage-Grafik verdeutlicht diesen Zusammenhang (Abbildung 30).

---

[102] Einen Überblick über die Debatte vermitteln Richardson (1995), Wood (1995), OECD (1997) und Heitger et al. (1999).

Abbildung 30: Die Inzidenz von Lohnzusatzleistungen in der neuen Ökonomie und ihre Auswirkungen auf den Arbeitsmarkt

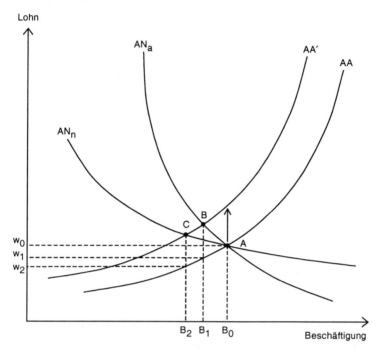

Quelle: In Anlehnung an Rodrik (1997).

Das Arbeitsmarktgleichgewicht in der Ausgangslage liegt im Schnittpunkt A der Arbeitsnachfragekurven AN_a („alte" Ökonomie) und AN_n (neue Ökonomie) und der Arbeitsangebotskurve AA. Eine Erhöhung der Lohnzusatzkosten wirkt grundsätzlich wie eine Steuer auf das Arbeitsangebot, so dass sich die Arbeitsangebotskurve nach oben verschiebt (AA'). Die Verschiebung spiegelt die zusätzlichen Kosten pro Arbeitnehmer, die durch eine Verbesserung der Arbeitskonditionen ausgelöst werden, wider. Im neuen Gleichgewicht wird ein Teil der Zusatzkosten vom Arbeitgeber getragen, der andere Teil muss von den Arbeitnehmern über einen sinkenden Lohnsatz kompensiert werden. Die Verteilung der Zusatzbelastung hängt wesentlich von der Elastizität der Arbeitsnachfrage ab. In der „alten" Ökonomie (niedrigere Elastizität) sinkt der Lohnsatz von w_0 auf w_1, in der neuen Ökonomie (höhere Elastizität) müssen die Arbeitnehmer dagegen eine stärkere Lohnsenkung auf w_2 in Kauf nehmen. Gleichzeitig fällt unter den Bedingungen der neuen Ökonomie der Arbeitsplatzabbau höher aus als in der „alten" Ökonomie.

In der neuen Ökonomie werden die Arbeitsmärkte darüber hinaus anfälliger für externe Schocks wie etwa eine Veränderung der relativen Güterpreise oder schockartige Erhöhungen oder Verringerungen der Arbeitsproduktivität. Als Folge nimmt die Stetigkeit und Kalkulierbarkeit der Arbeitseinkommen ab. Diese Anpassungen lassen sich wiederum in einer Angebots-Nachfrage-Grafik verdeutlichen (Abbildung 31).

Wie in Abbildung 30 spiegelt die steilere Nachfragekurve AN_a die „alte", die flachere Nachfragekurve (AN_n) die neue Ökonomie wider. Ein negativer externer Schock, ausgelöst zum Beispiel durch eine Verschlechterung der Terms of Trade, verschiebt die beiden Arbeitsnachfragekurven um einen gleichen Betrag nach unten. In der „alten" Ökonomie liegt das neue Gleichgewicht im Punkt B, in der neuen Ökonomie im Punkt C. Aufgrund der höheren Nachfrageelastizität fallen die Lohnsenkungen und der Arbeitsplatzabbau in der neuen Ökonomie größer aus als unter den Nachfragebedingungen der „alten" Ökonomie.

Abbildung 31: Die Auswirkungen exogener Schocks in der neuen Ökonomie auf den Arbeitsmarkt

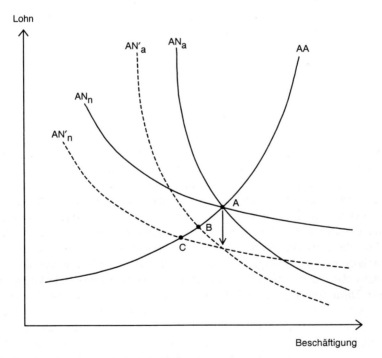

Quelle: In Anlehnung an Rodrik (1997).

Die bisherige Analyse unterscheidet nicht zwischen unterschiedlichen Qualifikationsgruppen am Arbeitsmarkt, sondern gilt für alle Arbeitnehmer, die unter den Bedingungen der neuen Ökonomie arbeiten. Eine durch die Senkung der Transaktionskosten in der neuen Ökonomie ausgelöste Handelsintensivierung kann jedoch – ähnlich wie die Globalisierung – auch zu Verlagerungen der Arbeitsnachfrage von geringer qualifizierten Arbeitnehmern zu höher qualifizierten Arbeitnehmern führen. Da die neuen Kommunikationstechnologien insbesondere den Güter- und Dienstleistungsaustausch zwischen hoch entwickelten Industrieländern vertiefen dürften, werden Nachfrageverschiebungen insbesondere durch eine Ausweitung des intraindustriellen Handels ausgelöst. Diese Hypothese mag auf den ersten Blick überraschen, gehen die traditionellen Neo-Chamberlin- und Neo-Hotelling-Theorien des intraindustriellen Handels doch davon aus, dass es sich beim intraindustriellen Handel um den Austausch ähnlicher, mit identischen Faktorintensitäten hergestellte Güter handelt und daher die relative Faktorentlohnung von einer Ausweitung der intraindustriellen Arbeitsteilung unberührt bleibt. Die Ergebnisse neuerer empirischer Untersuchungen des intraindustriellen Handels haben diese grundsätzliche Position in Frage gestellt. Sie zeigen, dass ein beträchtlicher, wenn nicht gar überwiegender Teil des reziproken Handels in einzelnen Produktgruppen auf dem Austausch von Gütern unterschiedlicher Qualität beruht (Fontagné und Freudenberg 1997; Schrader und Stehn 2003). Da die Produktion solcher vertikal differenzierter Güter unterschiedliche Faktoreinsatzverhältnisse erfordern dürfte, ist ein Einfluss des reziproken Handels innerhalb eng definierter Produktgruppen auf die relative Faktorentlohnung und -beschäftigung nicht ausgeschlossen.

Lassen sich die innerhalb einer Produktkategorie gehandelten Güter in der Tat durch Qualitätsmerkmale unterscheiden, so ist die Annahme der Neo-Chamberlin- und Neo-Hotelling-Ansätze, alle differenzierten Güterausprägungen würden mit identischen Faktorintensitäten produziert werden, nicht länger haltbar. Denn Qualitätsunterschiede zwischen ähnlichen Gütern dürften in erster Linie auf Unterschieden in den Faktoreinsatzverhältnissen beruhen, vor allem im Hinblick auf das in der Produktion eingesetzte Human- und Sachkapital. Differierende Faktoreinsatzverhältnisse in der Produktion vertikal differenzierter Güter legen es nahe, in Anlehnung an Falvey (1981) sowie Falvey und Kierzkowski (1984) den reziproken Handel innerhalb eng definierter Produktgruppen mit Hilfe eines modifizierten Heckscher-Ohlin-Modells zu erklären (Kasten 1).

Kasten 1: Intraindustrieller Handel in einem modifizierten Heckscher-Ohlin-Modell

---

Im Rahmen eines modifizierten Heckscher-Ohlin-Modells lässt sich der intra-industrielle Handel, also der reziproke Handel innerhalb einzelner Produkt-kategorien, durch die relative Faktorausstattung der Handelspartnerländer er-klären. Bezeichnet W_A die Entlohnung für einfache Arbeit, W_{HK} die Ent-lohnung für Humankapital und α die Produktqualität, so gilt für die inländi-schen (K) und ausländischen (K^*) Produktionskosten:

(1) $K(\alpha) = W_A + \alpha W_{HK}$ und

(2) $K^*(\alpha) = W_A^* + \alpha W_{HK}^*$.

Aufgrund der unterschiedlichen Faktorausstattung in beiden Ländern gilt:

$$W_A^* < W_A \text{ und } W_{HK}^* > W_{HK}.$$

Da „Qualität" eine kontinuierliche Variable darstellt, die durch marginale Unterschiede in der Humankapitalintensität der Produktion bestimmt wird, existiert eine marginale Qualität (α^0), bei der die Produktionskosten im In- und Ausland identisch sind, bei der also gilt:

(3) $K(\alpha^0) - K^*(\alpha^0) = 0$.

Nach Einsetzen von (1) und (2) in (3) ergibt sich:

(4) $W_A + \alpha^0 W_{HK} - (W_A^* + \alpha^0 W_{HK}^*) = 0$.

Nach Umformen erhält man die marginale Qualität:

(5) $\alpha^0 = \dfrac{W_A - W_A^*}{W_{HK}^* - W_{HK}}$.

Bei allen von der marginalen Qualität abweichenden Güterausprägungen gilt für die Produktionskosten:

(6) $K(\alpha) = K^*(\alpha) = W_A - W_A^* - \alpha(W_{HK}^* - W_{HK})$ oder

(7) $\dfrac{K(\alpha) - K^*(\alpha)}{W_{HK}^* - W_{HK}} = \dfrac{W_A - W_A^*}{W_{HK}^* - W_{HK}} - \alpha$.

Nach Einsetzen von (5) in (7) und Umformung erhält man:

(8) $K(\alpha) - K^*(\alpha) = (W_{HK}^* - W_{HK})(\alpha^0 - \alpha)$.

Aus (8) lässt sich die Bedingung ableiten, unter der die Produktionskosten im Inland geringer ausfallen als im Ausland, unter der das Inland also einen komparativen Kostenvorteil hat. Da aufgrund der Unterschiede in der Faktorausstattung die Entlohnung für Humankapital im Autarkiezustand im Ausland höher als im Inland ausfällt, ist der Term $\left(W_{HK}^{*} - W_{HK}\right)$ stets positiv. Unter diesen Bedingungen hat das Inland einen komparativen Kostenvorteil bei der Produktion von Güterausprägungen, deren Qualitätsniveau (α) über der marginalen Qualität (α^0) liegt, und einen komparativen Kostennachteil bei der Produktion von qualitativ unterdurchschnittlichen Produktvarianten. Allgemein gilt:

(9) $\quad K(\alpha) - K^{*}(\alpha) < 0$, wenn $\alpha > \alpha^0$ und

(10) $\quad K(\alpha) - K^{*}(\alpha) > 0$, wenn $\alpha < \alpha^0$.

Aufgrund der Einkommensunterschiede zwischen den Konsumenten innerhalb der Handelspartnerländer werden in beiden Ländern sowohl hochwertige als auch geringerwertige Qualitätsausprägungen nachgefragt. Nach einer Öffnung des Handels spezialisiert sich das relativ humankapitalreiche Land auf die Herstellung hochwertiger und das relativ arbeitsreiche Land auf die Herstellung geringerwertiger Produktvarianten. Der reziproke Handel mit vertikal differenzierten Gütern innerhalb einer Produktkategorie beruht, ähnlich wie der interindustrielle Handel, auf Unterschieden in der Faktorausstattung.

Quelle: Schrader und Stehn (2003).

Spielt der grenzüberschreitende Austausch von vertikal differenzierten Gütern eine relativ bedeutende Rolle, so kann der reziproke Handel innerhalb einzelner Produktkategorien – ähnlich wie der interindustrielle Handel – die Faktorentlohnung und -beschäftigung im Inland beeinflussen. Denn der Handel mit vertikal differenzierten Gütern führt im humankapitalreichen Land zu einer Spezialisierung auf „qualitätsintensive" Produktvarianten, während die Produktion relativ arbeitsintensiver Güterausprägungen schrumpft. Die relative Nachfrage nach einfacher Arbeit nimmt ab, und die Entlohnung für geringer qualifizierte Arbeitnehmer muss sinken, um deren Vollbeschäftigung zu sichern (Stolper-Samuelson-Theorem). Innerhalb von einzelnen Produktkategorien kommt es aufgrund des Handels mit vertikal differenzierten Produktvarianten zu ähnlichen Anpassungen der relativen Güter- und Faktorpreise wie beim interindustriellen Güteraustausch.

In der Tat zeigen neuere empirische Untersuchungen, dass der vertikale intraindustrielle Güteraustausch im deutschen Außenhandel eine größere Rolle spielt als der horizontale Güteraustausch (Tabelle 26) und dass sich Deutschland im vertikalen Intrahandel mit seinen wichtigsten Handelspartnern auf die Produktion höherwertiger Güter spezialisiert hat (Tabelle 27). Es ist daher zu erwarten, dass auch die durch die neuen Kommunikationstechnologien der neuen Ökonomie ausgelöste Intensivierung des intraindustriellen Handels die relativen Faktoreinkommen in hoch entwickelten Volkswirtschaften wie Deutschland nicht unberührt lässt. Höher qualifizierte Arbeitnehmer wären die Gewinner, geringer qualifizierte Arbeitnehmer die Verlierer einer solchen Entwicklung.

Tabelle 26: Die intra- und interindustrielle Arbeitsteilung Deutschlands mit wichtigen westlichen Industrieländern 1988 und 1996 (Prozent)

	Europäische Union		Vereinigte Staaten		Japan	
	1988	1996	1988	1996	1988	1996
Struktur des Außenhandels-volumens						
Interhandel	36,7	32,9	55,8	35,7	64,8	57,6
Intrahandel	63,3	67,1	44,2	64,3	35,3	42,4
vertikal	43,2	45,4	37,9	47,6	32,3	38,9
horizontal	19,7	21,3	5,6	16,1	2,4	2,9
Struktur des Intrahandels						
vertikal	68,7	68,1	87,2	74,7	93,2	93,1
horizontal	31,3	31,9	12,8	25,3	6,8	6,9

Quelle: Schrader und Stehn (2003).

Tabelle 27: Qualitätsstruktur im vertikalen Intrahandel Deutschlands 1996 (Prozent)

Partnerland	Qualitätsstruktur	
	Höherwertige Güter	Geringerwertige Güter
Belgien/Luxemburg	41,4	58,6
Dänemark	60,2	39,8
Finnland	47,8	52,2
Frankreich	60,8	39,2
Griechenland	68,8	31,2
Irland	46,5	53,5
Italien	71,9	28,1
Niederlande	61,8	38,2
Österreich	63,3	36,7
Portugal	68,4	31,6
Schweden	38,0	62,0
Spanien	74,0	26,0
Vereinigtes Königreich	60,7	39,3
Japan	77,6	22,4
Vereinigte Staaten	54,7	45,3

Quelle: Schrader und Stehn (2003).

Die durch eine höhere Elastizität und eine Verlagerung der Arbeitsnachfrage verursachte Unsicherheit über die Stetigkeit und die Sicherheit zukünftiger Arbeitseinkommen dürfte die Arbeitnehmer in der neuen Ökonomie dazu veranlassen, stärker als bisher eine staatliche Absicherung vor den außenwirtschaftlichen Risiken des Strukturwandels einzufordern, da ihre Verhandlungsposition gegenüber den Arbeitgebern in der neuen Ökonomie wesentlich geschwächt ist. Neue Ansprüche an den Sozialstaat wären die Folge. Einige Anzeichen deuten darauf hin, dass in OECD-Ländern seit langem angestrebt wird, die außenwirtschaftlichen Risiken, denen insbesondere geringer qualifizierte Arbeitnehmer ausgesetzt sind, durch eine staatliche Einkommensumverteilung zu kompensieren. So ging die Intensivierung der weltwirtschaftlichen Arbeitsteilung in den Vereinigten Staaten, Japan, Deutschland, Frankreich und dem Vereinigten Königreich bis Mitte der achtziger Jahre einher mit einer stetigen Ausweitung der staatlichen Sozialausgaben. Danach haben sich die Sozialtransfers dieser Länder auf einem hohen Niveau stabilisiert.

In Länderquerschnittsanalysen für 23 OECD-Länder konnte Rodrik (1997) einen robusten positiven Zusammenhang zwischen den außenwirtschaftlichen Risiken, denen sich eine Volkswirtschaft gegenübersieht, und der Größe des inländischen Staatssektors nachweisen. Insofern erscheint es nicht ausgeschlossen, dass nationale Regierungen in der Tat bestrebt sind, den potentiellen Verlierern einer zunehmenden intraindustriellen weltwirtschaftlichen Arbeitsteilung einen sozialpolitischen Schutz zu bieten, um die Risiken der Globalisierung und der neuen Ökonomie zu mindern. In dieser Sichtweise wäre ein wachsender sozialer Wohlfahrtsstaat gleichsam die Kehrseite der weltwirtschaftlichen Integration und des Strukturwandels, und jeder weitergehende Integrationsschritt würde mit einer Ausweitung staatlicher Transferprogramme einhergehen.

So sinnvoll es auch ist, die aus der weltwirtschaftlichen Integration resultierenden Wohlfahrtsgewinne – trotz aller skizzierten „schädlichen Nebenwirkungen" – zu realisieren und die potentiellen Verlierer der Anpassungsprozesse zu kompensieren, so wenig erfolgversprechend erscheint jedoch eine Strategie zu sein, die als Kompensation vornehmlich auf eine Ausweitung staatlicher Transferprogramme setzt. Aus der Vielzahl von Argumenten, die gegen eine verteilungspolitisch motivierte Anpassungsstrategie sprechen, kommt zwei Argumentationslinien eine besondere Bedeutung zu. Zum einen ist zu beachten, dass eine stetige Ausweitung sozialer Transferprogramme die grundlegenden Anpassungsprobleme, die aus einem Strukturwandel entstehen, nicht lösen kann. Eine solche Strategie ist lediglich in der Lage, die Symptome des Anpassungsstaus, aber nicht den Stau an sich, zu bekämpfen. Denn ein sozialer Schutz vor den Risiken des außenwirtschaftlichen Wettbewerbs bewirkt letztendlich, dass die vermeintlichen Verlierer des handelsinduzierten Strukturwandels dauerhaft auf Transferzahlungen angewiesen bleiben. Eine Anpassungsstrategie, die vornehmlich oder gar ausschließlich auf sozialpolitische Transferinstrumente setzt, ist daher als ein Ausdruck der wirtschaftspolitischen Resignation vor den Problemen der weltwirtschaftlichen Integration zu werten und käme einer Bankrotterklärung der nationalen Wirtschaftspolitik nahe.

Zum anderen ist von besonderer Bedeutung, dass eine nationale Wirtschaftspolitik, die auf eine Realisierung von Gewinnen aus dem Strukturwandel und eine gleichzeitige transferpolitische Kompensation der potentiellen Verlierer in der neuen Ökonomie setzt, in ein schwerwiegendes wirtschaftspolitisches Dilemma gerät. Denn eine solche Politik wäre einerseits gezwungen, auf jede Vertiefung der weltwirtschaftlichen Integration mit einer Ausweitung der staatlichen Transferausgaben zu reagieren, würde sich jedoch andererseits einer stetigen Erosion der inländischen Steuerbasis gegenübersehen. Denn das mobile (Sach-) Kapital und der international mobile Teil der Arbeitnehmerschaft, also vornehmlich die höher qualifizierten Gewinner in der neuen Ökonomie, würden auf einen verstärkten Steuerdruck mit Abwanderung reagieren und damit einer transferpolitisch motivierten Anpassungsstrategie sehr enge Grenzen setzen. Die Wirtschaftspolitik würde so letztendlich vor der aussichtslosen Aufgabe stehen, die Quadratur des Kreises zu lösen.

Unter diesen Bedingungen erscheint es unabdingbar, einer offensiven Anpassungsstrategie den Vorrang zu geben, die darauf abzielt, den Verlierern der weltwirtschaftlichen Integration neue Beschäftigungsmöglichkeiten zu eröffnen. Im Mittelpunkt dieser Strategie sollten wirtschaftspolitische Maßnahmen stehen, die eine stetige Anpassung der Qualifikationsstruktur der Arbeitnehmer an das im Zuge der weltwirtschaftlichen Integration variierende Anforderungsprofil der Unternehmen sicherstellen. Denn ein gemeinsames Merkmal der intraindustriellen Arbeitsteilung und der neuen Ökonomie ist es, dass beide zu einer stetigen Abwertung des Humankapitals von Arbeitnehmern in hoch entwickelten Volkswirtschaften beitragen.

Eine zukunftsgerichtete Antwort auf die Herausforderungen des inter- und intraindustriellen Strukturwandels in der internationalen Arbeitsteilung sollte daher vornehmlich bei einer Reform der Bildungspolitik ansetzen. Nur wenn es gelingt, die Feinsteuerung bei der Synchronisation zwischen Arbeitsangebot und Arbeitsnachfrage zu verbessern, wird die deutsche Wirtschaft in der Lage sein, ihre nach wie vor gute Ausgangsposition im internationalen Standortwettbewerb ohne längere und wiederholte Anpassungskrisen zu erhalten. Sozialpolitische Transfers sollten dagegen im Anpassungsprozess lediglich eine untergeordnete Rolle spielen. Dies gilt insbesondere auch, da den Einkunftserzielungsmöglichkeiten des Staates in der neuen Ökonomie aufgrund zahlreicher Probleme bei der Besteuerung des grenzüberschreitenden digitalen Handels enge Grenzen gesetzt sind.

4.2.2 Der Steuerstaat unter Reformzwang

4.2.2.1 Umsatzbesteuerung in der neuen Ökonomie

Die gesamtwirtschaftliche Bedeutung des elektronischen Handels ist zwar noch gering, aber die Wachstumsraten sind hoch. Wenn sich der Staat auch weiterhin einen beträchtlichen Teil seiner Finanzmittel aus der Umsatzbesteuerung verschaffen will, werden geeignete Instrumente zur Besteuerung elektronischen Handels entwickelt und umgesetzt werden müssen. Den Mitgliedstaaten der EU ist es bisher nicht gelungen, ein effizientes System zur Umsatzbesteuerung des grenzüberschreitenden elektronischen Handels zu entwerfen. Dies überrascht nicht, beruht doch das gegenwärtige System der Mehrwertsteuer auf dem Bestimmungslandprinzip in Kombination mit unterschiedlichen Steuersätzen in den EU-Mitgliedsländern (Tabelle 28). Alle grenzüberschreitenden Güter und Dienstleistungen sollen mit dem im Land des Konsumenten (Bestimmungsland) geltenden Steuersatz belastet werden. Ein solches System funktioniert nur dann reibungslos, wenn es nationale Steuergrenzen gibt, an denen die Steuerbelastung der des Bestimmungslandes angepasst wird und an denen die korrekte Abwicklung dieses Verfahrens von den Steuerbehörden kontrolliert werden kann. Schon mit der Aufhebung der Grenzkontrollen im Zuge der Vollendung des Binnenmarktes 1993 schlägt sich die EU mit diesem Problem herum. Sie konnte es bisher – mit hohem administrativen Aufwand für Unternehmen und Steuerbehörden – durch eine fiktive Verlagerung der Steuergrenzen in die Lager der Importeure mehr schlecht als recht lösen. Beim Handel im grenzenlosen Cyberraum lässt sich jedoch selbst diese Fiktion aus zwei Gründen nicht mehr aufrechterhalten.

Tabelle 28: Mehrwertsteuersätze in der EU 2002 (Prozent)

Mitgliedsland	Normalsteuersatz	Mitgliedsland	Normalsteuersatz
Dänemark	25,0	Griechenland	18,0
Schweden	25,0	Niederlande	17,5
Finnland	22,0	Vereinigtes Königreich	17,5
Belgien	21,0	Portugal	17,0
Irland	21,0	Deutschland	16,0
Frankreich	20,6	Spanien	16,0
Italien	20,0	Luxemburg	15,0
Österreich	20,0		

Zum einen werden im grenzüberschreitenden E-Commerce grundsätzlich keine Importeure eingeschaltet: Der Konsument kauft in der Regel direkt beim ausländischen Anbieter (so genannter B2C-Commerce), so dass eine Kontrolle der korrekten Steuerabwicklung beim Importeur nicht länger möglich ist. Zum anderen steht der ausländische Internetanbieter vor einem schwer lösbaren Identifikationsproblem: Um den Konsumenten mit dem Steuersatz des Bestimmungslandes zu belasten, muss er dessen nationale Herkunft identifizieren. Beim Kauf digitaler Online-Güter wie Software oder Musik, die digital an den PC des Konsumenten gesendet werden, kann der Empfänger seine Herkunft jedoch verschleiern. Denn selbst anhand der Zeichenfolge einer Rechneradresse kann das Zielland nicht immer eindeutig ermittelt werden. An einer solchen Verschleierung haben Konsumenten dann ein Interesse, wenn sie in einem Hochsteuerland wie etwa Schweden (Steuersatz: 25 Prozent) leben und Güter in einem Niedrigsteuerland wie etwa den Vereinigten Staaten (Steuersatz im elektronischen Handel gegenwärtig: 0 Prozent) bestellen, da sie so der hohen Mehrwertbesteuerung entgehen können.

Um diese Probleme zu lösen, bedarf es innovativer Besteuerungsverfahren. In jüngerer Zeit sind mehrere Vorschläge präsentiert worden, die im Folgenden näher analysiert werden.

Der deutsche Zahlungsstromvorschlag

Angesichts der schwerwiegenden Identifikationsprobleme, die in allen Ansätzen einer Umsatzbesteuerung nach dem Bestimmungslandprinzip auftreten, haben zwei Referenten des deutschen Finanzministeriums vorgeschlagen, die Umsatzbesteuerung von Internettransaktionen an die Zahlungsströme anstelle der Handelsströme zu binden (Dittmar und Selling 1998). Diesem Ansatz liegt die Idee zugrunde, dass eine jede Bewegung von Gütern und Dienstleistungen zwischen Verkäufer und Käufer sich in einem entsprechenden Zahlungsstrom widerspiegelt, der von Kreditinstituten, die in die Zahlungsabwicklung involviert sind, beobachtet werden können. Da die involvierten Banken den Sitz des Verkäufers und des Konsumenten kennen, können sie als ein Zwischenagent dienen, der die Verkäufe mit der entsprechenden Umsatzsteuer belastet und das daraus resultierende Steueraufkommen an die zuständigen Finanzämter überweist.

Obwohl die Idee, die Umsatzbesteuerung an die resultierenden Zahlungsströme zu binden, angesichts der erheblichen Identifikationsprobleme aller auf dem Bestimmungslandprinzip basierenden Ansätze durchaus folgerichtig ist, ist es zu bezweifeln, dass dieser Ansatz den Herausforderungen der Umsatzsteuerpraxis gewachsen sein wird. Erstens würden Banken, die die Aufgabe übernehmen, Steuern zu sammeln und an die entsprechenden Finanzämter weiterzuleiten, eine hoheitliche Aufgabe wahrnehmen, ohne einer staatlichen Kontrolle ausgesetzt zu sein. Nur durch ein aufwendiges administratives Kontrollsystem kann daher sichergestellt werden, dass die einbehaltenen Steuermittel korrekt an die zuständigen nationalen Finanzämter überwiesen werden. Erschwerend kommt hinzu, dass die bestehende Vielzahl von Umsatzsteuersätzen und die damit verbundenen Abrechnungsprobleme vor allem kleinere Banken in ihren administrativen Kapazitäten überfordern könnten.

Zweitens basiert ein Umsatzsteuerkonzept, das an den Zahlungsströmen aus Güter- und Dienstleistungstransaktionen ansetzt, implizit auf der Annahme einer geographischen Nähe zwischen den beauftragten Banken und den Konsumenten. Vor allem wird unterstellt, dass der Bankenintermediär seinen Sitz im gleichen Land wie der Konsument hat. Nur wenn diese Bedingung erfüllt ist, haben nationale Regierungen eine Möglichkeit, die Steuertransaktionen der Bankenintermediäre wirkungsvoll zu überwachen. Nun ist es aber auch für Privatpersonen technisch möglich, rechtlich zulässig und mehr und mehr üblich, auch Konten bei ausländischen Banken zu halten, die für die Abrechnung grenzüberschreitender Internettransaktionen genutzt werden können. Eine Umsatzbesteuerung an den Zahlungsströmen anzusetzen erfordert daher ein weltweites Abkommen zwischen Regierungen, das eine Überwachung der Steuerströme ermöglicht.

Drittens geht aus den resultierenden Zahlungsströmen nicht schlüssig hervor, ob der zugrunde liegende Güter- und Dienstleistungstransfer auf einen Offline- oder einen Online-Handel zurückzuführen ist und ob daher die Umsatzsteuer bereits bei der Zahlung berücksichtigt wurde oder nicht. Das Fehlen eines wirksamen Instruments zur Differenzierung des Online- und Offline-Handels würde ohne Zweifel zu einer erheblichen Anzahl an Rückforderungen von Konsumenten führen, da ein beträchtlicher Anteil des grenzüberschreitenden Handels mit Offline-Gütern einer doppelten Besteuerung ausgesetzt sein würde.

Viertens ist zu beachten, dass eine Umsatzbesteuerung, die an den Zahlungsströmen ansetzt, nur dann alle grenzüberschreitenden Güter- und Dienstleistungstransaktionen erfassen kann, wenn die vereinbarten Zahlungsmodalitäten die Einschaltung eines Finanzintermediäres vorsehen. Dieses ist zwar bei der bei Online-Bestellungen häufig genutzten Abrechnung per Kreditkarte der Fall, allerdings kann die Umsatzbesteuerung durch eine Zahlung mit Bargeld vermieden werden. Unter diesen Bedingungen öffnet ein Umsatzsteuersystem, das an den Zahlungsströmen ansetzt, einer Steuervermeidung Tür und Tor.

Der Chipkarten-Vorschlag

Ein alternativer Vorschlag zur Lösung des Identifikationsproblems im Rahmen des Bestimmungslandprinzips wurde im Jahre 1996 vom US-amerikanischen Finanzministerium unterbreitet (U.S. Department of the Treasury 1996). Die zentrale Idee dieses Vorschlags ist es, Käufe über das Internet nur noch bei der Vorlage einer Chipkarte zuzulassen, mit deren Hilfe der Käufer die nationale Identität des Konsumenten bestimmen kann. Nur wenn der Konsument eine gültige

Chipkartennummer vorweisen kann, bekommt er einen Zugang zu den Gütern und Dienstleistungen, die über das Internet angeboten werden. Der Verkäufer wäre so in der Lage, den Konsumenten mit dem entsprechenden Mehrwertsteuersatz des Bestimmungslandes zu belasten und das entsprechende Steueraufkommen mit Hilfe eines Intermediäres an die zuständigen Finanzbehörden weiterzuleiten.

Da der Verkäufer für die Einziehung der Mehrwertsteuer verantwortlich ist, spielt er eine prominente Rolle im Rahmen des Chipkarten-Vorschlags. Seine Aufgabe ähnelt der von Arbeitgebern bei der Kalkulation und Erhebung der Lohnsteuer im Auftrag der nationalen Finanzbehörden. Aufgrund dieser Analogie entstehen im Rahmen des Chipkartenansatzes ähnliche Überwachungs- und Durchsetzungsprobleme wie bei der Erhebung der Lohnsteuer. So hat der Internetanbieter etwa einen starken Anreiz, die erhobenen Steuermittel nicht oder nicht in vollem Umfang an den Intermediär zu überweisen. Dieser Anreiz entsteht insbesondere dadurch, dass das Wohnsitzland des Verkäufers kaum einen Anreiz hat, zusätzliche Ressourcen für die Überwachung der Steuererhebung zur Verfügung zu stellen, da das Ursprungsland keine zusätzlichen Finanzmittel im Rahmen des Chipkartenansatzes gewinnen würde. Probleme dieser Art ließen sich nur durch den Aufbau eines aufwendigen internationalen Kontrollapparates verhindern.

Obwohl ein internationales Überwachungssystem die Kontroll- und Erhebungsprobleme des Chipkarten-Vorschlags weitgehend beheben könnte, lassen sich die hohen administrativen Kosten einer solchen Behörde angesichts der fehlenden Effektivität des Ansatzes kaum rechtfertigen. Die Kernidee des Chipkarten-Vorschlags ist es, die Nationalität der Konsumenten durch eine Chipkarten-Identifikationsnummer zu identifizieren, die bei jedem Kauf eines Online-Gutes dem jeweiligen Anbieter vorgelegt werden muss. Es ist jedoch zu erwarten, dass das breite Spektrum internationaler Umsatzsteuersätze, das sich zwischen 0 Prozent in Oregon und 25 Prozent in Schweden bewegt, erhebliche Anreize zu einem internationalen Internethandel mit Identifikationsnummern geben würde, der Personen mit Sitz in Niedrigsteuerländern wie Oregon und Luxemburg hohe ökonomische Renten verspricht. Da die vorgeschlagenen Elektronikkarten aus Datenschutzgründen lediglich die Nationalität eines Konsumenten angeben würden, könnten Konsumenten in Hochsteuerländern ohne Risiko Identifikationsnummern aus Niedrigsteuerländern erwerben. Auch der größte administrative Aufwand kann daher nicht verhindern, dass der Chipkarten-Vorschlag auf Basis des Bestimmungslandprinzips letztendlich zu einer Steuerinzidenz gemäß dem Niedrigststeuerlandprinzip führen würde und sich damit im Hinblick auf die Steuereinnahmen kaum von dem gegenwärtigen Ad-hoc-System unterscheiden würde.

Der Richtlinien-Vorschlag des EU-Ministerrates

Im Februar 2002 hat der EU-Ministerrat eine Richtlinie zur Besteuerung des elektronischen Handels in der EU vorgeschlagen, die auf einem Entwurf der EU-Kommission aus dem Jahre 2000 beruht (Europäische Kommission 2000c). Dieser Vorschlag, der noch unter dem Vorbehalt der Zustimmung des Europäischen Parlaments steht, sieht insbesondere vor, die Wettbewerbsnachteile europäischer Internetanbieter gegenüber ihren US-amerikanischen Konkurrenten zu vermindern.

Zum einen sollen EU-Anbieter von Online-Gütern und -Dienstleistungen nicht länger verpflichtet werden, ihre Exporte in Länder außerhalb der EU mit dem Umsatzsteuersatz des Ursprungslandes zu belasten. Zwar garantierte der bestehende Grenzausgleich, das Verkäufe an Importeure außerhalb der EU letztendlich mit dem Steuersatz des Bestimmungslandes belastet werden; für Direktverkäufe an nicht umsatzsteuerpflichtige Konsumenten (B2C-Handel) ist jedoch ein Grenzausgleich grundsätzlich nicht möglich. Zum anderen sollen zukünftig auch Anbieter außerhalb der EU Direktverkäufe an EU-Konsumenten mit der Mehrwertsteuer des Bestimmungslandes belasten. Bisher galt hier das Ursprungslandprinzip, was zur Folge hatte, dass Online-Güter und -Dienstleistungen US-amerikanischer Produzenten aufgrund des dort geltenden Steuermoratoriums für den elektronischen Handel steuerfrei waren. Eine Belastung mit dem Steuersatz des Bestimmungslandes soll dadurch erreicht werden, dass alle ausländischen Anbieter gezwungen werden, sich in einem EU-Mitgliedstaat ihrer Wahl steuerlich registrieren zu lassen. Bei Direktverkäufen an Konsumenten innerhalb der EU haben sie dann den Mehrwertsteuersatz des Bestimmungslandes zu berechnen.

Der Richtlinienvorschlag des EU-Ministerrates wird den umsatzsteuerlichen Wettbewerbsnachteil von EU-Anbietern gegenüber Anbietern in Drittländern tendenziell verringern. Er ist aber nicht in der Lage, das grundsätzliche Identifikationsproblem im elektronischen Handel, vor dem jedes auf dem Bestimmungslandprinzip basierende Steuersystem steht, zu vermindern. Denn eine Belastung der Direktverkäufe mit dem Steuersatz des Bestimmungslandes ist auch im Rahmen des neuen Richtlinienvorschlags nur möglich, wenn Anbieter aus Drittländern die nationale Herkunft ihrer Konsumenten eindeutig bestimmen können. Konsumenten aus Hochsteuerländern haben jedoch in diesem System keinen Anreiz, ihre tatsächliche nationale Identität zu offenbaren, da sie im Zweifelsfall lediglich mit dem niedrigsten in der EU existierenden Steuersatz belastet würden. Der Richtlinienvorschlag des EU-Ministerrates ist daher nicht geeignet, die grundsätzliche Problematik der Umsatzbesteuerung digitaler Güter und Dienstleistungen zu lösen.

Das Ursprungslandprinzip

Das Ursprungslandprinzip basiert auf dem Grundsatz, dass die produzierte Wertschöpfung im Land ihrer Entstehung steuerlich belastet wird. Daher werden bei diesem Besteuerungsverfahren die Nettoexporte mit dem Steuersatz des Ursprungslandes besteuert. Der Exporteur führt die Steuerschuld an die Finanzbehörde im Ursprungsland ab und überwälzt die Steuerbelastung auf den Importeur im Bestimmungsland. Auf diese Weise wird die im Ursprungsland entstandene Wertschöpfung mit dem dort gültigen Mehrwertsteuersatz belastet.

Im Hinblick auf die regionale Steuerverteilung würden bei einer Einführung des Ursprungslandprinzips Nettoexportländer ein höheres, Nettoimportländer ein geringeres Steueraufkommen realisieren als unter den Bedingungen des gegenwärtigen Bestimmungslandprinzips. Die Mehrheit der EU-Mitgliedsländer besteht daher für den Fall eines Übergangs zum Ursprungslandprinzip auf der Einführung eines Clearingsystems, das den Status quo der regionalen Steuerverteilung garantiert. Aus ökonomischer Sicht gibt es kaum ein schlagkräftiges Argument für die Beibehaltung der gegenwärtigen Steuerverteilung. Denn es ist nicht einleuchtend, dass eine regionale Steuerverteilung, die sich an der Höhe der in den jeweiligen Ländern entstandenen Wertschöpfung orientiert, unter Steuergerechtigkeitsaspekten einer Steuerverteilung nach dem Verbrauchsortprinzip unterlegen ist. In der politischen Diskussion dominieren jedoch fiskalpolitische Argumente, so dass ein Ursprungslandprinzip ohne ein makro- oder mikroökonomisches Clearingsystem politisch kaum mehrheitsfähig sein dürfte.

Anders als beim Bestimmungslandprinzip würde bei einer Einführung des Ursprungslandprinzips die Steuerneutralität des grenzüberschreitenden Handels zwischen umsatzsteuerpflichtigen Unternehmen aufgehoben werden. Dies hätte zur Folge, dass Exporteure in Hochsteuerländern aufgrund der höheren Steuerbelastung im Inland eine Verschlechterung ihrer Wettbewerbsposition gegenüber den Exporteuren in Niedrigsteuerländern realisieren würden. Die Veränderung der Wettbewerbsbedingungen dürfte Rückwirkungen auf die Steuerpolitik der EU-Mitgliedsländer auslösen. Denn Länder mit überdurchschnittlich hohen Steuersätzen hätten aufgrund der sinkenden Auslandsumsätze inländischer Unternehmen und der zunehmenden Direktimporte der Konsumenten Einbußen an Steuereinnahmen hinzunehmen. Es ist daher zu erwarten, dass sie aus eigenem Interesse als Gegenreaktion die Steuersätze senken würden. Umgekehrt ergäbe sich in Niedrigsteuerländern ein Spielraum zu einer Anhebung der Umsatzsteuerbelastung, so dass sich die Mehrwertsteuersätze im Standortwettbewerb angleichen würden. Der resultierende internationale Steuerwettbewerb gilt als der Hauptvorteil des Ursprungslandprinzips, da er einen Druck zur Steuersatzsenkung in den Hochsteuerländern auslöst und auf diese Weise zu einem ähnlichen Resultat führt wie eine Ex-ante-Harmonisierung der Steuersätze, ohne jedoch eine Anpassung der Umsatzsteuerbelastung an das höchste in der EU existierende Niveau zu implizieren.

Im Hinblick auf die Besteuerung digitaler Online-Güter weist das Ursprungslandprinzip gegenüber allen Ansätzen, die auf einer Umsatzbesteuerung im Bestimmungsland basieren, zumindest zwei wesentliche Vorteile auf. Zum einen vermeidet es die erheblichen Überwachungsprobleme des Bestimmungslandprinzips, da es keinen Steuerausgleich an nationalen Grenzen erfordert. Der Importeur, sei es ein umsatzsteuerpflichtiges Unternehmen oder ein privater Konsument, wird mit dem Steuersatz des Ursprungslandes belastet, und der Exporteur überweist die entsprechenden Steuereinnahmen an sein zuständiges nationales Finanzamt. Die üblichen indirekten Grenzkontrollen („Hinterlandkontrollen") entfallen. Kontrolliert wird lediglich noch auf der Stufe des Exporteurs. Zum anderen werden im Rahmen des Ursprungslandprinzips alle Konsumenten unabhängig von ihrer Nationalität mit dem Steuersatz des Ursprungslandes belastet, so dass die Identifikationsprobleme des Bestimmungslandprinzips hier keine Rolle spielen.

Allerdings gibt der durch das Ursprungsland induzierte Steuerwettbewerb Anreize, Internetserver in die Standorte mit den niedrigsten Umsatzsteuersätzen zu verlagern. Obwohl ein solcher Steuerwettbewerb positive Anreize zu einer Verringerung der Steuerbelastung in Hochsteuerländern setzt, kann er im Extremfall das Ursprungslandprinzip letztendlich zu einem Niedrigsteuerlandprinzip verkehren. Diese Gefahr ist in der neuen Ökonomie besonders ausgeprägt, da die Standortverlagerung von Internetservern relativ geringe Transaktionskosten verursacht. Ein solcher Effekt könnte durch eine Umsatzbesteuerung am Sitz der Produktionsstätte des digitalen Online-Gutes zumindest teilweise verhindert werden, da die Verlagerung einer Produktionsstätte deutlich höhere Transaktionskosten verursacht als die eines Internetservers (Bleuel und Stewen 1998).

Ein Mischsystem: Gemeinschaftsprinzip und Quellensteuer

Will man das Bestimmungslandprinzip auch bei der Umsatzbesteuerung digitaler Online-Güter und -Dienstleistungen erhalten, so lassen sich Kontroll- und Identifikationsprobleme nur bei einer Kombination des so genannten Gemeinschaftsprinzips mit einer Quellensteuer vermeiden (Stehn 2002).

Im Rahmen des Gemeinschaftsprinzips[103] wird die in allen EU-Mitgliedsländern im innerstaatlichen Handel bevorzugte Vorsteuerabzugsmethode auch auf den grenzüberschreitenden Handel angewendet. Dies hat zur Folge, dass Exporte

---

[103] Vgl. zum Gemeinschaftsprinzip vor allem Biehl (1969, 1986), der als „Entdecker" dieses Besteuerungssystems anzusehen ist und hier vom „Gemeinsamer-Markt-Prinzip" spricht, das an anderer Stelle auch als „Mischsystem" oder wie in dieser Arbeit als „Gemeinschaftsprinzip" bezeichnet wird.

mit dem Steuersatz des Ursprungslands belastet werden und Importe steuerfrei bleiben. Der Importeur kann die im Wert seiner Bezüge enthaltene ausländische Umsatzsteuer von seiner Steuerschuld abziehen. Verkauft er das importierte Gut mit oder ohne Verarbeitung weiter, so wird es mit dem Mehrwertsteuersatz des Bestimmungslands belastet. Für die Besteuerung des grenzüberschreitenden Handels zwischen steuerpflichtigen, vorsteuerabzugsberechtigten Unternehmen wird auf diese Weise eine regionale Steuerinzidenz nach dem Bestimmungslandprinzip gewährleistet. Allerdings weicht die resultierende regionale Steuerverteilung von der des Bestimmungslandprinzips ab, denn der Importeur erhält eine Steuergutschrift von den inländischen Finanzbehörden für die vom Exporteur an die Finanzverwaltung des Auslands abgeführte Umsatzsteuer. Eine Einführung des Gemeinschaftsprinzips hat daher zur Folge, dass sowohl Nettoexportländer als auch Hochsteuerländer im Vergleich zum Bestimmungslandprinzip eine Erhöhung ihres Umsatzsteueraufkommens realisieren, während Nettoimportländer und Niedrigsteuerländer einen Verlust zu tragen haben. Durch die Einführung eines Clearingsystems auf EU-Ebene kann die dem Gemeinschaftsprinzip zugrundeliegende regionale Steuerverteilung der des Bestimmungslandprinzips angeglichen werden.

Die Vorsteuermethode des Gemeinschaftsprinzips ist allerdings grundsätzlich nur auf den Handel zwischen umsatzsteuerpflichtigen Unternehmen anwendbar, da der jeweilige Importeur für den „Grenzausgleich" der Steuersätze verantwortlich ist. Der für den digitalen Online-Handel charakteristische Direktverkauf an Konsumenten kann bei dieser Methode nur dann erfasst werden, wenn den privaten Konsumenten die Pflicht zur Abführung der Mehrwertsteuer auferlegt wird. Da jedoch die korrekte Steuerabwicklung aufgrund der Vielzahl der Einzelfälle nicht kontrollierbar wäre, müssten die Konsumenten einen Anreiz bekommen, sich steuerehrlich zu verhalten. Ein solcher Anreiz könnte durch die Einführung einer EU-weiten Quellensteuer auf alle digitalen Online-Verkäufe gesetzt werden. Diese Steuer würde von den Internetanbietern einheitlich bei allen Verkäufen an in- und ausländische Konsumenten erhoben werden. Eine Herkunftsidentifikation der Konsumenten wäre daher nicht notwendig. Um die gewünschten Anreizwirkungen zu erhalten, müsste der Quellensteuersatz mindestens dem höchsten Mehrwertsteuersatz aller teilnehmenden Länder entsprechen. Da der Quellensteuersatz grundsätzlich über dem nationalen Mehrwertsteuersatz liegen würde, hätten die Konsumenten einen Anreiz, digitale Online-Käufe ihrem Finanzamt zu melden, um eine Rückzahlung in Höhe der Steuersatzdifferenz zu erhalten. Eine solche Meldung könnte etwa im Rahmen der jährlichen Einkommenssteuererklärung erfolgen.

Die Einführung eines solchen WITHVAT-Systems[104] hätte mehrere Vorteile. Erstens würde hierdurch das Problem der Herkunftsidentifikation der Konsumenten bei Beibehaltung des Bestimmungslandprinzips gelöst werden. Zweitens entständen für Internetanbieter im Gegensatz zu anderen Ansätzen keine Anreize zu einem betrügerischen Verhalten, da sie im WITHVAT-System nicht von national differierenden Steuersätzen profitieren könnten. Und drittens erfordert das WITHVAT-System im Gegensatz zum Ursprungslandprinzip kein aufwändiges Clearingsystem, da die Anmeldung steuerpflichtiger Online-Käufe bei den nationalen Finanzbehörden eine dezentrale Reallokation der Steuermittel gemäß dem Bestimmungslandprinzip ermöglichen würde.

4.2.2.2 Einkommensbesteuerung in der neuen Ökonomie

Im Hinblick auf die Einkommensbesteuerung wirft der elektronische Handel weitaus geringere Probleme auf als bei der Umsatzbesteuerung. Allerdings eröffnen sich aufgrund der weitgehenden Ortsungebundenheit des elektronischen Handels zusätzliche Möglichkeiten, von internationalen Steuersatzdifferenzen zu profitieren. Denn die Verlagerung eines Internetservers in das Ausland ist mit erheblich geringeren Transaktionskosten verbunden als etwa der Aufbau einer ausländischen Produktionsstätte. Einkommenssteuerliche Anreize sind daher in der neuen Ökonomie von zunehmender Bedeutung. Das deutsche Einkommenssteuerrecht bietet sowohl inländischen Unternehmen die Möglichkeit, von einem niedrigeren ausländischen Steuerniveau zu profitieren als auch ausländischen Unternehmen Möglichkeiten, bei Aktivitäten auf dem deutschen Markt einer eventuell höheren deutschen Steuerbelastung zu entgehen.

Bei einer Verlagerung von Tätigkeitsfeldern deutscher Unternehmen in das Ausland hängen die steuerlichen Gestaltungsmöglichkeiten wesentlich von der Frage ab, ob mit dem betreffenden ausländischen Staat ein Doppelbesteuerungsabkommen besteht oder nicht. Liegt kein Doppelbesteuerungsabkommen vor, so lässt sich ein niedrigeres ausländisches Steuerniveau nicht über die Gründung einer rechtlich unselbständigen ausländischen Betriebsstätte oder eine Beteiligung an einer ausländischen Personengesellschaft realisieren, da in diesen Fällen der universelle deutsche Steueranspruch bestehen bleibt (Strunk und Zöllkau 2000: 93). Es bietet sich daher lediglich die Möglichkeit, über die Gründung einer ausländischen Kapitalgesellschaft eine Steuerstundung zu erzielen. Aufgrund des so genannten Trennungsprinzips liegt selbst bei einer 100-Prozent-Beteiligung durch die inländische Muttergesellschaft ein eigenständiges Steuersubjekt im Ausland vor, das der dortigen Steuergesetzgebung unterliegt. Werden die Gewinne der ausländischen Kapitalgesellschaft ausgeschüttet, so unterliegen sie

---

[104] Witholding Value-Added-Tax-System.

nicht nur der ausländischen Kapitalertragssteuer, sondern müssen auch von den inländischen Anteilseignern im Inland versteuert werden. Die Anteilseigner können daher lediglich eine Steuerstundung, aber keine endgültige Belastung mit dem Steuersatz des Auslands realisieren. Auf der Unternehmensebene kann es allerdings dann zu einem endgültigen Steuerbelastungsvorteil kommen, wenn die Gewinne der ausländischen Tochtergesellschaft thesauriert werden und später die Beteiligung einschließlich der aus der Thesaurierung resultierenden Wertsteigerung steuerfrei veräußert wird.

Liegt dagegen ein Doppelbesteuerungsabkommen mit dem betreffenden ausländischen Staat vor, so ist neben der skizzierten Steuerstundung auch eine endgültige Steuerminderung für den Anteilseigner erzielbar. Denn in diesem Fall ist die Gründung einer ausländischen Betriebsstätte ausreichend, um die (niedrigere) ausländische Steuerbelastung dauerhaft zu realisieren. Für die Erlangung der Steuerfreistellung ist es dabei unerheblich, ob derjenige, der die Betriebsstätte im Ausland unterhält, eine Kapitalgesellschaft, eine Personengesellschaft oder ein Einzelunternehmen ist. Das inländische Unternehmen führt im Rahmen dieser steuerlichen Gestaltung Geschäfte im Ausland nicht direkt vom Stammhaus im Inland aus, sondern über eine rechtliche unselbständige Betriebsstätte. Hierdurch wird der universelle Steueranspruch des Inlands im Rahmen des Welteinkommensprinzips eingeschränkt und die Gesamtsteuerbelastung des Auslands dauerhaft reduziert (Strunk und Zöllkau 1999: 110).

Im elektronischen Handel der neuen Ökonomie reicht daher grundsätzlich der Aufbau eines Internetservers im Ausland aus, um der inländischen Steuerbelastung zu entgehen. Zu beachten ist lediglich, dass der Server die Voraussetzungen für das Vorliegen einer Betriebsstätte, wie Dauerhaftigkeit, feste Verbindung mit dem Erdboden, Dienlichkeit für das Unternehmen und Verfügungsmacht, erfüllt. Wichtig ist hier vor allem, das der Anscheinsbeweis für eine dauerhafte Nutzung erbracht wird. Hier dürfte der Abschluss eines mehrjährigen Mietvertrages für die Räumlichkeiten, in denen sich der Internetserver befindet, ausreichend sein. Gleichzeitig würde hiermit der Nachweis einer festen Verbundenheit mit dem Erdboden erbracht werden (Strunk und Zöllkau 1999: 111).

Im umgekehrten Sinne können sich ausländische Internetanbieter die Betriebsstättenregelung zu Nutze machen, um einer Besteuerung in Deutschland zu entgehen. Hierfür reicht es aus, eines der Kriterien für das Vorliegen einer Betriebsstätte bewusst zu verletzen. So kann die Verfügungsgewalt über einen Internetserver ausgeschlossen werden, in dem die Dienste eines externen Online-Providers in Anspruch genommen werden, der die Homepage des ausländischen Anbieters über seinen Server verbreitet und den Standort des Internetservers bestimmt. Zusätzlich muss allerdings beachtet werden, dass die in Deutschland beauftragten Personen keine Funktion eines permanenten Agenten oder Repräsentanten wahrnehmen.

Insgesamt verdeutlicht diese kurze Skizze der Steuergestaltungsmöglichkeiten, dass der Steuerwettbewerb in der neuen Ökonomie erheblich an Dynamik zulegen dürfte und Hochsteuerländer daher einem stetig steigenden Druck zur Anpassung ihrer Steuersysteme ausgesetzt sein werden.

4.3 Perspektiven für die weltwirtschaftliche Arbeitsteilung: Digitaler Graben und internationale Regelwerke

4.3.1 Unterschiede im IT-Einsatz zwischen Regionen und Ländern

Die schnelle Verbreitung des Internets und die sehr wahrscheinlich noch stark zunehmende Bedeutung des elektronischen Handels sollten nicht darüber hinwegtäuschen, dass das Internetzeitalter bislang nur in einigen Teilen der Welt angekommen ist. In der entwicklungspolitischen Diskussion, wie sie etwa von der UNCTAD oder der Weltbank geführt wird, gewinnt deshalb die Sorge an Bedeutung, dass ärmere Länder durch einen so genannten „digitalen Graben" von den reichen Ländern getrennt und damit in ihrer wirtschaftlichen Entwicklung behindert werden könnten. Bevor auf die Frage eingegangen wird, ob diese Sorge berechtigt ist oder nicht, wird zunächst ein Überblick über die regional unterschiedliche Verbreitung moderner Informationstechnologien gegeben.

Die weltweite Verbreitung fünf wichtiger Bestandteile des Kommunikations- und Informationszeitalters (Fernseher, Festnetzanschlüsse, Mobiltelefone, Personal Computer und Internethosts pro 1 000 Einwohner) wird in Tabelle 29 entsprechend der Einkommensklassifikation der Länder aufgeführt. Diese Einkommensklassifikation der Länder folgt der Einteilung der Weltbank (2001a). Tabelle 29 zeigt, dass der Abstand zwischen den verschiedenen Ländergruppen erheblich ist und sich mit der zunehmenden Komplexität der Medien erhöht.

Während die Niedrigeinkommensländer mit ihrer Dichte an Fernsehern (32 Prozent) und mit ihrer Dichte an Festnetzanschlüssen 16 Prozent des Weltdurchschnitts erzielen, sind sie bei der Verbreitung der digitalen Medien stärker abgeschlagen. Die Dichte an Mobiltelefonen beträgt in den Niedrigeinkommensländern 3 Prozent, die Dichte an PCs 6 Prozent und die Dichte an Internethosts sogar nur 0,3 Prozent des Weltdurchschnitts. Diese Unterschiede lassen es durchaus als berechtigt erscheinen, einen „digital divide" bzw. „digitalen Graben" zu diagnostizieren (OECD 2001c).

Tabelle 29: Regionale Unterschiede bei der Verbreitung von Kommunikations-
und Informationstechnologien 1999[a]

	Niedriges Einkommen[b]	Unteres Mitteleinkommen[c]	Oberes Mitteleinkommen[d]	Hohes Einkommen[e]	Welt
Fernseher					
pro 1 000 Einwohner	*85*	273	304	693	268
in Prozent des Weltdurchschnitts	*32*	102	113	259	100
Festnetzanschlüsse					
pro 1 000 Einwohner	*26*	102	190	583	158
in Prozent des Weltdurchschnitts	*16*	65	120	369	100
Mobiltelefone					
pro 1 000 Einwohner	*3*	*33*	136	377	86
in Prozent des Weltdurchschnitts	*3*	*38*	158	438	100
Personal Computer					
pro 1 000 Einwohner	*4,4*	*17,7*	60,9	345,9	68,4
in Prozent des Weltdurchschnitts	*6*	*26*	89	506	100
Internethosts					
pro 1 000 Einwohner	*0,05*	*0,36*	*4,85*	98,17	15,25
in Prozent des Weltdurchschnitts	*0,3*	*2*	*32*	644	100

[a]Kursiv abgesetzt sind die Daten mit einer Verbreitung, die weniger als 50 Prozent des Weltdurchschnitts entspricht. — [b]BSP pro Kopf weniger als 755 US-Dollar. — [c]BSP pro Kopf zwischen 756 und 2 995 US-Dollar. — [d]BSP pro Kopf zwischen 2 996 und 9 265 US-Dollar. — [e]BSP pro Kopf über 9 266 US-Dollar.

Quelle: Eigene Berechnungen, basierend auf Weltbank (2001a, 2001b, 2001c).

Weiterhin erreichen die Länder, die als oberes Mitteleinkommen eingestuft sind, ziemlich hohe Verbreitungswerte (über 89 Prozent) im Verhältnis zu dem Weltdurchschnitt für vier Kategorien (Fernseher, Festnetzanschlüsse, Mobiltelefone und PC), während sie bei der Verbreitung an Internethosts auf nur 32 Prozent des Weltdurchschnitts zurückfallen. Da Internethosts die Daten enthalten, die im Internet verfügbar sind, zeigt ihre Verbreitung in einem Land an, inwieweit dieses Land den Inhalt des Internets beeinflusst.

Die ländergenaue Verteilung an Internetnutzern und Internethosts – dargestellt in den Tabellen 30 und 31 – spiegelt auch die Einschätzung eines digitalen Grabens zwischen den hoch entwickelten Industrieländern und dem Rest der Welt wider. Mehr als 90 Prozent aller Internethosts sind in der EU, den Vereinigten Staaten, Kanada oder Japan zu finden. Auch mehr als 72 Prozent aller Internetnutzer sitzen in diesen Ländern. Dabei sind die Vereinigten Staaten mit 62,6 Prozent der Gesamtmenge an Internethosts und 31 Prozent an Internetnutzern das entscheidende Land für die Verbreitung des Internets. Das Vereinigte Königreich und Deutschland, die zwei EU-Länder mit den meisten Internethosts, haben nur ein Zwanzigstel der Internethosts der Vereinigten Staaten. Entwicklungsgebiete wie Afrika und Südamerika besitzen nur 0,24 bzw. 1,07 Prozent aller Internethosts und 0,70 bzw. 3,70 Prozent aller Internetnutzer. Die bedeutenden Unterschiede zwischen den verschiedenen Regionen der Welt werden auch bei der Anzahl an Internutzern pro 1 000 Einwohner deutlich. Während in der EU 396 und in der NAFTA 497 Einwohner pro 1 000 Einwohner „online" sind, sind dies in Afrika nur 4 und in Asien nur 43 Einwohner.

Die vorhandenen ökonomischen Unterschiede zwischen den Industrieländern und den Entwicklungsländern sind – selbstverständlich – zum Teil der Grund für den digitalen Graben zwischen den reichen Ländern und dem Rest der Welt. Instabile Elektrizitätsinfrastruktur, begrenzte Telefonnetze und geringe Kapazitäten der Fernsprechleitungen behindern die Einführung der notwendigen Informationstechnologien für die digitale Wirtschaft. Außerdem sind die Lizenzabgaben für Software und die Verbindungsgebühren für Internetdienstleistungen für viele Benutzer in Entwicklungsländern unerschwinglich hoch.

Die drohende Gefahr eines digitalen Grabens hat allerdings wichtige ökonomische Implikationen. Wenn der projizierte exponentielle Anstieg des Online-Geschäfts als Anteil des Gesamthandels zutrifft, dann könnte die niedrige Verbreitung des Internets in den Entwicklungsländern diese Länder daran hindern, vom wachsenden Gesamtvolumen dieser Geschäftstätigkeiten zu profitieren. Somit könnte sich der ökonomische Abstand zwischen den Ländern weiter vergrößern.

Es gibt jedoch auch optimistischere Einschätzungen. Die neuesten technologischen Innovationen könnten die Entwicklungsländer in die Lage versetzen, komplette digitale drahtlose Netze zu installieren, um damit kostspielige analoge Festnetze zu überspringen. So legt z.B. Hudson (2000) dar, dass es in Uganda mehr Mobiltelefonkunden als Festnetzleitungen gibt und dass die African Communication Group drahtlose Internetkioske einrichtet, um es damit Kleinbetrieben zu ermöglichen, sich auf dem globalen Marktplatz zu etablieren. Es gibt einige Erfolgsgeschichten, in denen Dörfer in Entwicklungsländern, dank der niedrigeren Markteintrittsschranke und verbesserten Kontaktmöglichkeiten, die durch das Internet ermöglicht wurden, ihre Produkte Verbrauchern in den Industrieländern direkt anbieten konnten. Außerdem haben die schnell zunehmenden Exporte der Software-Dienstleistungen von den indischen Unternehmen in die OECD-Länder fast sprichwörtlichen Status in den Diskussionen über das Aufholen der Entwicklungsländer erreicht (Langhammer 2000).

Tabelle 30: Weltweite Verteilung der Internethosts

	Bevölkerung im Jahr 2000	Anzahl der Internethosts im Januar 2002		
	1 000	1 000	in Prozent der Welt	pro 1 000 Einwohner
EU	*375 890*	*21 243*	*17,32*	*56,51*
Großbritannien	59 739	4 370	3,56	73,15
Deutschland	82 150	4 450	3,63	54,16
Italien	57 679	2 523	2,06	43,74
Niederlande	15 919	2 006	1,64	125,99
Frankreich	58 850	1 717	1,40	29,17
Schweden	8 869	1 660	1,35	187,16
Finnland	5 180	989	0,81	190,92
Spanien	39 450	1 157	0,94	29,33
Österreich	8 098	686	0,56	84,73
Belgien	10 252	646	0,53	63,03
Dänemark	5 340	561	0,46	105,02
Griechenland	10 560	198	0,16	18,78
Portugal	10 010	154	0,13	15,37
Irland	3 794	127	0,10	33,38
NAFTA	*410 251*	*83 180*	*67,82*	*202,75*
Vereinigte Staaten	281 550	76 739	62,57	272,56
Kanada	30 735	5 965	4,86	194,08
Mexiko	97 966	475	0,39	4,85
Asien	*3 184 268*	*10 735*	*8,75*	*3,37*
Japan	126 770	6 705	5,47	52,89
Taiwan	22 280	1 985	1,62	89,08
Südkorea	42 275	529	0,43	11,20
Hongkong	6 798	938	0,76	137,92
Singapur	4 018	291	0,24	72,44
China	1 261 100	163	0,13	0,13
Malaysia	23 260	75	0,06	3,22
Indien	1 015 923	49	0,04	0,05
Ozeanien				
Australien	19 195	1 771	1,44	92,26
Neuseeland	3 831	416	0,34	108,56
Südamerika				
Brasilien	170 115	914	0,75	5,37
Argentinien	37 032	291	0,24	7,85
Chile	15 211	108	0,09	7,09
Afrika	*954 123*	*296*	*0,24*	*0,31*
Andere	*1 129 899*	*3 690*	*3,01*	*3,27*
Welt	*6 054 431*	*122 643*	*100,0*	*20,26*

Quelle: Eigene Berechnungen, basierend auf Telcordia Technologies, Inc. (2002) und Weltbank (2002).

Tabelle 31: Weltweite Verteilung der Internetnutzer

	Bevölkerung im Jahr 2000	Anzahl der Internetnutzer im Januar 2002		
	1 000	1 000	in Prozent der Welt	pro 1 000 Einwohner
EU	*375 890*	*148 944*	*26,51*	*396,2*
Großbritannien	59 739	28 540	5,10	479,4
Deutschland	82 150	33 127	5,80	403,3
Italien	57 679	18 812	3,35	326,1
Niederlande	15 919	10 828	1,93	680,2
Frankreich	58 850	18 475	3,29	313,9
Schweden	8 869	6 974	1,24	786,3
Finnland	5 180	3 019	0,54	582,8
Spanien	39 450	8 383	1,49	212,5
Österreich	8 098	4 600	0,82	568,1
Belgien	10 252	4 725	0,84	460,9
Dänemark	5 340	4 063	0,72	760,9
Griechenland	10 560	4 775	0,85	452,1
Portugal	10 010	1 271	0,23	126,9
Irland	3 794	1 253	0,22	330,4
NAFTA	*410 251*	*203 749*	*36,26*	*496,6*
Vereinigte Staaten	281 550	174 403	31,04	619,4
Kanada	30 735	26 059	4,64	847,9
Mexiko	97 966	3 287	0,59	33,6
Asien	3 184 268	135 758	24,16	42,6
Japan	126 770	56 913	10,13	449,0
Taiwan	22 280	10 986	1,96	493,1
Südkorea	42 275	19 075	3,39	403,5
Hongkong	6 798	5 503	0,98	809,6
Singapur	4 018	2 629	0,47	654,4
China	1 261 100	33 867	6,03	26,9
Malaysia	23 260	1 592	0,28	68,4
Indien	1 015 923	5 188	0,92	5,1
Ozeanien				
Australien	19 195	10 504	1,87	547,2
Neuseeland	3 831	1 744	0,31	455,3
Südamerika				
Brasilien	170 115	18 213	3,24	107,1
Argentinien	37 032	1 702	0,30	46,0
Chile	15 211	884	0,16	58,1
Afrika	*954 123*	*3 909*	*0,70*	*4,1*
Andere	*1 129 899*	*36 481*	*6,49*	*32,3*
Welt	*6 054 431*	*561 888*	*100,0*	*92,8*

Quelle: Eigene Berechnungen, basierend auf Telcordia Technologies, Inc. (2002) und Weltbank (2002).

Gleichwohl ist es wahrscheinlich, dass es trotz derartiger Erfolgsgeschichten innerhalb der Entwicklungsländer nicht möglich sein wird, den digitalen Graben zu schließen oder auch nur erheblich zu verkleinern. Die neuen digitalen Technologien sind im beträchtlichen Maße davon abhängig, dass Sachkapital (für Infrastruktur, Hardware und Software), Humankapital (für die Einrichtung, Wartung und Aktualisierung von Computern) und allgemeine Grunddienstleistungen (wie funktionierende Zahlungssysteme) im ausreichenden Maße vorhanden sind.

4.3.2   Notwendige Veränderungen für das Internationale Rahmenwerk

Die schnelle Verbreitung des Internets als Mittel von Geschäftsaktivitäten wurde bislang noch nicht durch entsprechende Veränderungen des internationalen Rahmenwerkes begleitet. Ein grenzüberschreitendes Netzwerk an Geschäftstätigkeiten erfordert internationale Koordination, um klare, überschaubare und nicht diskriminierende Regeln sicherzustellen. Wenn solche Regeln nicht etabliert werden, würde dies zu weniger Investitionen und damit auch zu geringerem Wirtschaftswachstum führen. Die folgenden Abschnitte diskutieren die notwendigen Änderungen, um ein internationales Rahmenwerk zu schaffen, das helfen wird, eine unverzerrte Entwicklung des elektronischen Handels zu fördern, um damit die weltweiten Vorteile der neuen Ökonomie am besten nutzen zu können.

4.3.2.1 *Standardisierung und das Ursprungslandprinzip*

Ein hoher Anteil des internationalen Handels beruht auf Unterschieden in der Ausstattung und in den Produktionsprozessen. Diese Unterschiede führen zu einem Austausch an Waren und Dienstleistungen, der für alle Beteiligten vorteilhaft ist. Jedoch benötigt der Handel in vielen Bereichen gemeinsame Normen und Standards, um die Transaktionskosten bei dem Austausch von Gütern und Dienstleistungen gering zu halten. Soweit die Einhaltung dieser Normen und Standards ausländischen Anbietern schwerer fällt als inländischen, können sie jedoch auch zum Instrument einer nichttarifären Protektion werden. Folglich wird der Handel von Standards gleichzeitig gefördert und behindert (Sykes 1995). Die Notwendigkeit von einheitlichen technischen Standards ist für den elektronischen Handel besonders ausgeprägt, da er in einem hohen Maße von funktionierenden und kompatiblen Netzwerken abhängt. Die Etablierung von Standards kann jedoch auch dazu genutzt werden, eine Art Monopolmacht zu erzielen. Damit besteht die Gefahr des Missbrauches der Handelspolitik, wenn Standards und Normen etabliert werden, die ein bestimmtes Unternehmen oder die Unternehmen eines bestimmten Landes bevorzugen.

In der neuen Ökonomie betreffen wichtige Standardisierungsaspekte Fragen wie:

- Wer setzt die Netznormen fest?
- Wer verteilt die Namen der Domains?
- Wie wird die Kompatibilität zwischen Softwareprogrammen sichergestellt?
- Oder: Wie können verbesserte Methoden alte, aber noch weit verbreitete Geschäftspraktiken ersetzen?

Das Grundprinzip bei der Beantwortung solcher Fragen sollte das Bestreben sein, einen offenen Netzzugang und offene Geschäftspraktiken im elektronischen Handel zu garantieren. Dies würde bedeuten, dass der Gebrauch von existierenden Geschäftspraktiken den Nutzen von allgemeinen Standards ermöglichen würde, während die Möglichkeit der Einführung von verbesserten Anwendungen oder Verfahren die Monopolmacht der etablierten Unternehmen begrenzen würde. Die häufigen Interaktionen zwischen den Marktteilnehmern fördert die Etablierung von allgemeinen Standards innerhalb der Netzwerke und im elektronischen Handel durch einen graduellen, marktorientierten Ansatz. Jedoch sollte es in der Verantwortlichkeit von unabhängigen Behörden oder Einrichtungen liegen, die Bestreitbarkeit aller Marktsegmente sicherzustellen.

Die herausgehobene Stellung der US-amerikanischen Firmen innerhalb der meisten Sektoren der neuen Ökonomie verursacht eine gewisse Abhängigkeit solcher Behörden von der US-amerikanischen Regierung oder von großen US-amerikanischen Unternehmen. Außerdem zeigen Beispiele wie die Ausdauer der Existenz von verschiedenen Standards an Schreibenmaschinentastaturen wie „QWERTY" und „QWERTZ" (obwohl auch an deutschen Computern zunehmend englische Texte geschrieben werden), dass es manchmal sehr schwer ist, etablierte Standards zu ersetzen. Um dennoch die Gesamtwohlfahrt zu maximieren, ist es entscheidend, sich so weit wie möglich einem offenen Zugangsansatz bei Netzwerken und Geschäftspraktiken im elektronischen Handel anzunähern.

Innerhalb der Europäischen Union wird das „Ursprungslandprinzip" in Verbindung mit der Etablierung von allgemeinen Mindeststandards immer mehr zum Leitprinzip im Umgang mit dem elektronischen Handel (Europäische Kommission 2000a). Für grenzüberschreitenden Handel innerhalb der EU sind die Regelungen des Landes des Verkäufers anzuwenden. Damit wird versucht, Verkäufe und Vertrieb über das Internet zu beschleunigen, da die Verkäufer ihre Geschäftspraktiken nicht an die spezifischen Regelungen aller EU-Länder anpassen müssen. Die Kunden haben das Recht, bei Beanstandungen gerichtlich in ihren Heimatländern vorzugehen, jedoch sind die Rechtsnormen des Landes des Verkäufers für das Urteil entscheidend. Die Jurisdiktion des Verkäuferlandes setzt auch alle möglichen Regelungen des Privatrechts außer Kraft, die die Anwendbarkeit der Regelungen eines anderen Landes festsetzen. Die elektronische Handelsrichtlinie der EU-Kommission, die das „Ursprungslandprinzip" für E-Commerce etabliert, ist somit ein guter Ansatz, geschäftliche Transaktionen im Internet zu vereinfachen.

Jedoch besteht die Gefahr, dass die nationale Umsetzung der Richtlinie zu viele Ausnahmeregelungen zu dieser allgemeinen Grundregel mit sich bringt und damit die beabsichtigte Klarheit über die anwendbare Jurisdiktion verwischt.[105] Diese länderspezifischen Ausnahmeregelungen verringern den Wert der Richtlinie beträchtlich. Um die Gefahr übermäßig vieler Ausnahmeregelungen zu überwinden und um die Verbreitung des elektronischen Handels innerhalb Europas weiter zu erleichtern, hat die EU-Kommission vorgeschlagen, die wichtigsten Regelungen für den elektronischen Handel zu harmonisieren. Die Vereinbarung über allgemeine minimale Standards verringert die Informationskosten für die Kunden und kann dadurch grenzüberschreitenden elektronischen Handel auch in komplexeren Geschäftsbereichen, wie bei Versicherungen oder Finanzdienstleistungen, fördern. Jedoch benötigt die Etablierung von allgemeinen Standards gewöhnlich beträchtliche Zeit und verringert die Flexibilität, nationale Eigenheiten und neue Entwicklungen zu berücksichtigen. Eine vergrößerte EU mit 25 Mitgliedern am Ende dieser Dekade ist der Gefahr ausgesetzt, zu langsam auf technologische Innovationen bei der Anpassung der gemeinsamen harmonisierten Standards zu reagieren. In dieser Hinsicht berücksichtigt der gewählte Ansatz der Priorität des Ursprungslandprinzips über der Etablierung eines Standards die schnell veränderlichen Gegebenheiten der neuen Ökonomie.

Die Etablierung des Ursprungslandprinzips erfordert die klare Erkennbarkeit der anzuwendenden Jurisdiktion für eine Internetseite und folglich für darauf basierende Transaktionen. Außerdem ist es auch für die Online-Unternehmen außerhalb der EU von Interesse, Haftungspflicht im Rahmen von ausländischen Gesetzen zu vermeiden. Daher haben diese Unternehmen den Anreiz, die Kunden darauf hinzuweisen, dass die Nutzung der Internetseite den Gesetzen und Regelungen des Landes des Inhabers der Internetseite unterliegt. Es ist sehr wahrscheinlich, dass zukünftige Websites deutlich die relevante Jurisdiktion anzeigen und weitere Details über die verschiedenen gesetzlichen Regelungen anbieten werden. Die Marktforscher von Forrester Research (2000) erwarten, dass Internetnutzer schon bald innerhalb ihres Internetbrowsers Präferenzen spezifizieren können, die ihre Vorgaben über akzeptable Jurisdiktionen, Datensicherheit, Vertragseigenschaften, Steuerfragen oder Verbraucherschutzkriterien berücksichtigen. Diese persönlichen Präferenzen werden dann automatisch mit den Gegebenheiten der Internetseite verglichen. Dadurch ist es möglich, Diskrepan-

---

[105] Bei Fristende der Implementierungsphase der EU-Richtlinie für den elektronischen Handel am 16. Januar 2002 hatten erst 5 der 15 EU-Länder die Richtlinie in nationales Recht umgesetzt.

zen schnell zu ermitteln, und der Kunde kann dann entscheiden, ob er die Aktivitäten auf dieser Website fortführen will.

Weltweite allgemeine Standards sind für die grundlegenden Regelungen für den elektronischen Handel notwendig, um einen freien und nicht diskriminierenden Zugang zu den nationalen Netzwerken, eine minimale Stufe des Datenschutzes und die Rechtssicherheit zu garantieren und um die Gewährleistung von eindeutigen Internetadressen, des Copyright- und Warenzeichenschutzes und von sicheren elektronischen Unterschriften zu garantieren (Senti 2001). Außerdem ist es wahrscheinlich, dass sich im Laufe der Zeit auch allgemeine Standards hinsichtlich verbotenen Inhalts im Internet wie im Falle von Kinderpornographie, Rassismus, Terrorismus oder Bauplänen von Bomben etablieren werden.

4.3.2.2 Internationale Koordination

Die Argumente für die Errichtung von offenen allgemeinen Standards verdeutlichen auch die erhöhte Notwendigkeit der internationalen Koordination, die neue technologische Entwicklungen berücksichtigen kann. Im Allgemeinen gilt, dass das dezentrale Internet am besten auch dezentral reguliert wird. Selbst wenn das Internet die Fähigkeit von Regierungen einschränkt, Gesetze effektiv umzusetzen, so ist es weder vorhersehbar noch erstrebenswert, dass Länder ihre Gesetzgebung einer globalen Rechtsinstitution überlassen.

Vielmehr ist es notwendig, die internationale Koordination zu erhöhen, damit die Länder international kompatible Rahmenwerke festlegen können. Während nationale Regulierungsunterschiede möglich und sogar wünschenswert sind, um Konkurrenz zu fördern, müssen diese Unterschiede mit der Teilnahme aller Länder an der globalen neuen Ökonomie vereinbar sein. Die internationale Koordination muss zu klaren Verfahrensregeln führen, einschließlich einer bestimmbaren nationalen Zuständigkeit, wenn sich die Gesetzgebungen der Länder unterscheiden.

Verschiedene internationale Organisationen haben in den letzten Jahren versucht, mögliche Bereiche für internationale Koordination und gemeinsame Umsetzung zu etablieren. Eine „Electronic Commerce Task Force" der Welthandelsorganisation (WTO) hat verschiedene Gebiete für eine erhöhte Koordination untersucht, wie z.B. gemeinsame Produkt- und Dienstleistungskategorien, konsistente Ursprungslandregeln, konsistente Beurteilung des Zollwertes von Waren und Dienstleistungen, erhöhte Transparenz und verbessertes Copyright sowie Schutz von Markennamen (WTO 2001). Außerdem hat die WTO im Kontext der zunehmenden Bedeutung des elektronischen Handels wiederholt auf die Notwendigkeit hingewiesen, weitere Fortschritte bei die Öffnung der Märkte, der Angleichung und der Reduzierung der Zollbelastung zwischen Ländern und auch zwischen Kategorien zu erzielen und die Meistbegünstigungsregel auf Dienstleistungen auszudehnen (WTO 1998). Es wurde weiterhin empfohlen, Wettbewerbsrichtlinien innerhalb der allgemeinen Vereinbarung über Handel mit Dienstleistungen (General Agreement on Trade in Services, GATS) zu etablieren (Bronckers und Larouche 1997). Innerhalb des GATS wurden vier verschiedene Modi des Dienstleistungshandels definiert:

– grenzüberschreitender Handel,
– Konsum im Ausland,
– geschäftliche Niederlassung,
– (zeitweilige) Migration von Personen.

Es ist noch nicht klar, ob elektronischer Handel zwischen Produzenten als Modus 1 oder als Modus 2 behandelt wird, während der Handel zwischen Produzenten (B2B) eindeutig dem Modus 1 zuzurechnen ist.

Die neue Ökonomie führt zu höheren Ansprüchen an das multilaterale Regelwerk, da die zunehmende gegenseitige Abhängigkeit auch eine beträchtliche Zunahme an Koordination bedarf. Jedoch werden die nationalen Unterschiede in Präferenzen nicht kleiner bzw. konvergieren nicht mit der gleichen Geschwindigkeit wie die internationalen Geschäftspraktiken. Folglich könnte argumentiert werden, dass die Etablierung von gemeinsamen und eindeutigen Handelsregeln sogar schwieriger wird – trotz oder gerade wegen der neuen Ökonomie. Diese Entwicklung könnte die positiven Effekte des auf Regeln basierenden Handelsystems gefährden. Die Schwierigkeiten beim Start in die Doha-Runde der WTO und die wesentlichen Unterschiede in der Beurteilung von Ländern bezüglich der weiteren Liberalisierung der verschiedenen Arten des Dienstleistungshandels offenbaren die Schwierigkeiten in der Vereinfachung des grenzüberschreitenden elektronischen Handels.

Sogar Länder mit vergleichbarem Pro-Kopf-Einkommen unterscheiden sich beträchtlich in ihrer Beurteilung der notwendigen Liberalisierungsschritte im Dienstleistungshandel. So ist zum Beispiel die EU tendenziell eher bereit, staatliche Intervention zu akzeptieren, um Verbraucher zu schützen oder um nationale Identität sowie regionale Kultur zu unterstützen, während die Vereinigten Staaten eher dazu neigt, Liberalisierung ungeachtet von historischen oder kulturellen Besonderheiten anderer Nationen durchzusetzen. Diese Unterschiede in der Einschätzung von weiteren Liberalisierungsschritten im Dienstleistungshandel sind zwischen den Industrieländern und den Entwicklungsländern um einiges größer. Daher überrascht es nicht, dass die Verhandlungen über den Abbau von Barrieren im Dienstleistungshandel wegen der zunehmenden Komplexität der Materie mehr und mehr Zeit benötigen.

Für die WTO ergeben sich zwei Hauptaufgaben: Erstens sollte der Ansatz der stufenweisen Liberalisierung fortgesetzt werden. Diese weiteren Liberalisierungsschritte müssen auch den Dienstleistungsbereich umfassen, besonders die

Etablierung der Inländerbehandlung und des Marktzuganges für die entscheidenden Sektoren der Wertschöpfungskette im elektronischen Handel und in der Informationstechnologie.[106] Jedoch ist es wahrscheinlich, dass die Verhandlungen um zukünftige zusätzliche Handelsliberalisierung zwischen 144 (Anfang 2002) WTO-Mitgliedern beträchtliche Zeit erfordern wird. Zweitens sollte sich die WTO dafür einsetzen, dass die nationalen Regelungen für den elektronischen Handel transparent, berechenbar und bezogen auf die Art der Erbringung der Dienstleistung neutral sind (Senti 2001).

Es ist auch überlegenswert, innerhalb der WTO Gremien einzurichten, die sich mit handelsbezogenen Fragen des Konsumenten- und Datenschutzes befassen. Mit ihrer Datenschutzrichtlinie treibt die EU eine Harmonisierung der Datenschutzstandards voran (Europäische Kommission 2000b). Mit dieser Richtlinie versucht die Kommission implizit, nicht nur eine Harmonisierung der Datenschutzstandards innerhalb der EU, sondern weltweit zu erreichen. Solange jedoch, wie die Behörden nicht in der Lage sind, den regionalen Standort eines Computers zu bestimmen, wird diese Richtlinie nur teilweise umgesetzt werden können. Folglich wird es von dem Kunden abhängen sicherzustellen, dass die Standards bezogen auf den Datenschutz mit den eigenen Vorstellungen übereinstimmen. Wie oben beschrieben wurde, könnte dieser Vergleich der eigenen Präferenzen mit den Geschäftspraktiken auch automatisch vorgenommen werden.

Eine vermehrte internationale Koordination wird auch für weitere wichtige E-Commerce-Regelungen notwendig sein, wie zum Beispiel bezüglich der intellektuellen Eigentumsrechte, Verschlüsselung, Authentizitätsfestsetzung, Beglaubigung, Zertifizierung und auch der Kreditkartenhaftung. Diese Regelungen müssen eine diskriminierungsfreie Behandlung der verschiedenen Dienstleistungsarten sicherstellen. Ähnliche Transaktionen auf traditionellem Wege oder per E-Commerce müssen in der gleichen Weise behandelt werden. Insgesamt sollten bei der Koordinierung der Behandlung des elektronischen Handels folgende Grundsätze beachtet werden (OECD 2000c):

- Effizienz – die Kosten zur Einhaltung der Regelungen werden minimal gehalten,
- Transparenz und Einfachheit – die Regelungen sind klar und leicht verständlich,
- Wirksamkeit und Fairness – die Regelungen halten Schlupflöcher möglichst klein,
- Flexibilität – die Regelungen sind in der Lage, veränderte Techniken und Geschäftspraktiken zu berücksichtigen.

---

[106] Die existierenden Barrieren in der Wertschöpfungskette des elektronischen Handels werden von Krancke (2000) ausführlich dargestellt.

Die in vielen Ländern andauernde Deregulierung im Telekommunikationsbereich und der technische Fortschritt werden dazu führen, dass die Kosten weiter sinken und die Zugangsmöglichkeiten zum elektronischen Handel erleichtert
werden. Es sind eben aber auch klare, möglichst verzerrungsfreie und international koordinierte Regeln notwendig, um ein geeignetes Rahmenwerk für die neue
Ökonomie zu etablieren.

4.3.3   Strategien zum Überwinden des digitalen Grabens

Die Etablierung der Grundprinzipien ist entscheidend, um ein Regelwerk herzustellen, das nicht Länder oder Unternehmen bestimmter Regionen diskriminiert.
Es ist jedoch auch notwendig, die speziellen Probleme anzugehen, die die Entwicklungsländer hindern, an der neuen Ökonomie teilzunehmen. So existiert ein
beträchtlicher digitaler Graben zwischen den reichen Ländern und dem Rest der
Welt. Es könnte sein, dass dieser Graben kleiner ist als bei früheren technologischen Entwicklungen (Dampfmaschinen, Telefone, Elektrizität), da der Anschluss an das Internet und die Implementierung von digitalen Hilfsmitteln weniger Fixkosten benötigen als frühere Weiterentwicklungen. Daher könnte argumentiert werden, dass auch der digitale Graben mit der Zeit kleiner wird, bis die
Unterschiede in der Verbreitung an Computern und Internethosts nur die unterschiedlichen Stufen der ökonomischen Entwicklung während des Aufholprozes-
ses reflektieren. Jedoch unterstreichen die stark ansteigende Bedeutung des Internets in der letzten Dekade und die Prognosen über das zukünftige Online-Geschäft innerhalb einiger Jahre die Notwendigkeit, eine „technologische Apart-
heid" zu verhindern, die die ökonomischen Unterschiede sogar verstärken würde.
Der Erfolg indischer Städte wie Bangalore, Bombay, Hyderabad und Neu
Delhi im Export von Softwaredienstleistungen basiert auf der verhältnismäßig
hohen Kapitalbindung, wie z.B. in der lokalen Infrastruktur, und in einer verhältnismäßig hoch entwickelten Stufe des Humankapitals für bestimmte Bevölkerungsgruppen. Ein vergleichbares Niveau an Sach- und Humankapitalbindung
wird jedoch in den meisten anderen Regionen Indiens und auch in vielen anderen
Entwicklungsländern nicht erreicht. Zwar dürften einige aufstrebende Märkte
wie Brasilien, China, Russland, Mexiko und Südkorea in der Lage sein, lokale
Zentren mit vergleichbaren Qualifikationen zu schaffen, die einen komparativen
Vorteil bei dem Angebot von Software und Internetdienstleistungen haben. Die
meisten Regionen in den Entwicklungsländern verfügen aber nicht über die nötige Infrastruktur und eine genügend große Basis an gut ausgebildeten Einwoh-
nern, um sich erfolgreich dem Wettbewerb in der neuen Ökonomie zu stellen.
Um den digitalen Graben zwischen den Ländern zu vermindern, ist es notwendig, verschiedene Aufgaben anzugehen. Dabei ist es besonders wichtig, die

Teilnahme der Bevölkerung in den Entwicklungsländern an der neuen Ökonomie durch computergestützte Ausbildung und Schulung zu erhöhen. Möglicherweise könnte Indien hier eine Vorbildrolle einnehmen. Die indische Regierung begann in den fünfziger und sechziger Jahren, durch technische Fachhochschulen gezielt die Basis an Ingenieurwissen und Computerfähigkeiten zu erweitern (Mann et al. 2000: 185). Dies hat die Grundlage für den jetzigen Exportboom in der Softwareindustrie gelegt, die mehr als 600 Unternehmen umfasst und 300 000 Computerexperten beschäftigt. Darüber hinaus bieten einige Regionen in Indien, wie Bangalore, bestimmte Steueranreize für Softwareexporteure an.

Für Sachkapital sind ähnliche Anstrengungen, die auf die Anforderungen der neuen Ökonomie eingehen, nötig. Der Zugang zum Internet muss sichergestellt werden, indem verschiedene spezifische Aspekte wie Infrastruktur, Erschwinglichkeit und Zuverlässigkeit berücksichtigt werden. Im Kontext der Entwicklungsländer gibt es verschiedenen Strategien, um die Internetzugriffsmöglichkeiten zu erhöhen. Hudson (2000) schlägt die Nutzung von Serviceverpflichtungen, regional differenzierte Beihilfen, Telekommunikationsfonds für ländliche Gebiete und die Lizenzierung von ländlichen Netzbetreibern vor. Die Verbesserung der Zugangsmöglichkeiten für ländliche, abgelegene und arme Gegenden ist nicht nur aus Gerechtigkeitsgründen wünschenswert, sondern auch ratsam, um über Netzwerkeffekte gesamtwirtschaftliche Nutzen sicherzustellen.

Auch die OECD (2001c) betont, dass es neben allgemeinen Ansätzen zur Reduzierung des digitalen Grabens, wie die Erweiterung der Infrastruktur und der Computerfähigkeiten, besonders wichtig ist, Internetzugang zu niedrigen Kosten anzubieten. Durch Computer und Internetplätze, die in öffentlichen Einrichtungen wie Bibliotheken, Postämtern, kommunalen und regionalen Verwaltungen, Schulen usw. verfügbar sind, können Einzelpersonen Vertrautheit mit der Informationstechnologie aufbauen und wichtige Computerfähigkeiten entwickeln. Besonders könnte die Bereitstellung von preiswerten und subventionierten Zugangsmöglichkeiten in den Schulen helfen, eine gute Basis an Computerbildung bei den zukünftigen Beschäftigten zu etablieren und die Verbreitung der relevanten Kenntnisse für die neue Ökonomie zu verbessern.

Die Entwicklungsländer können darüber hinaus von der Erfahrung der Liberalisierung der Telekommunikations- und Informationstechnologiemärkte in den Hocheinkommensländern lernen. Diese Erfahrungen zeigen das beträchtliche Wachstumspotential und die erhebliche Verringerung der Benutzerkosten in den liberalisierten Marktsegmenten. Es gibt zunehmende Belege dafür, dass auch innerhalb der Entwicklungsländer eine erhöhte Konkurrenz in den Telekommunikationsmärkten zu ähnlich vorteilhaften Effekten führen könnte, wie zum Beispiel in den drahtlosen Fernsprechnetzen einiger Länder (OECD 2001c). Da viele Teilbereiche des Telekommunikationsmarktes innerhalb der Entwicklungsländer noch stark reguliert und monopolisiert sind, gibt es dort beträchtliche

Möglichkeiten für Marktliberalisierung und dazugehörige ökonomische sowie soziale Nutzen.

Kurz zusammengefasst: Nicht nur auf nationaler, sondern auch auf internationaler Ebene ist es wichtig, alle Verzerrungen zu beseitigen, die den elektronischen Handel behindern, und internationale Regeln aufzubauen, die den elektronischen Handel fördern. Die Regeln für die neue Ökonomie müssen transparent, nicht diskriminierend, einfach, durchsetzbar und untereinander abgestimmt sein. Die verschiedenen Regelwerke der einzelnen Länder können voneinander abweichen, und es ist weder wahrscheinlich noch wünschenswert, dass die gesetzliche Behandlung des elektronischen Handels zu einem einzigen Korpus der Gesetzgebung konvergieren wird. Vielmehr müssen die verschiedenen Regelwerke der einzelnen Länder miteinander vereinbar sein, um die Teilnahme aller Länder am weltweiten (digitalen) Austausch von Gütern, Dienstleistungen und Ideen zu sichern. Um einen digitalen Graben zu verhindern, sind spezielle Strategien für die Entwicklungsländer nötig. Eine solche Herangehensweise wird weitere Investitionen und weiteres Wachstum im elektronischen Handel erleichtern und dazu beitragen, die Vorteile der neuen Ökonomie in allen Ländern zu ermöglichen.

5 Zusammenfassung: Ansichten und Aussichten der neuen Ökonomie

Fundamentale Umbrüche lassen sich immer erst im Nachhinein sicher diagnostizieren. Aber vieles deutet darauf hin, dass sich gerade beim Aufbruch in ein neues Jahrhundert und ein neues Jahrtausend, ein grundlegender Wandel in den Wirtschaftsstrukturen vollzieht, der den endgültigen Schlussstein der Industriegesellschaft setzt und das Tor zur Informationsgesellschaft weit öffnet. Das deutlichste Anzeichen ist die rasante Verbreitung moderner Informationstechnologien, die mit dem Auf- und Ausbau des Internets, aber auch mit dem Vordringen mikroelektronischer Steuerungen in praktisch alle Wirtschafts- und Lebensbereiche zur beherrschenden Querschnittstechnologie werden.

Einen ähnlichen Schub könnte schon bald die Biotechnologie auslösen, die das Potential hat, als zweite zentrale Querschnittstechnologie zu wirken. Dabei sind Informations- und Biotechnologie auf bestem Wege, eine Symbiose einzugehen, wobei heute vor allem die Biotechnologie von der Informationstechnologie profitiert, während für die Zukunft auch entgegengesetzte Wirkungsrichtungen vorstellbar sind. Insgesamt hat der technologische Wandel damit eine Schubkraft, die es durchaus gerechtfertigt erscheinen lässt, vom Aufbruch in den fünften Kondratieff-Zyklus zu reden.

Die Hoffnung auf neue Wachstumspotentiale und neue Märkte erfasste in den zurückliegenden Jahren zuerst die Börse, und zwar auf eine derart überzogene Weise, dass eine gigantische spekulative Blase entstehen konnte. Mit dem Platzen der Blase ist bei vielen die gesamte neue Ökonomie in Misskredit geraten. Dies ist jedoch eine verzerrte Perspektive. Zwar sind die Geschäftserwartungen vieler Dot.coms zerplatzt, aber die Verbreitung der Informationstechnologien setzt sich ungehindert fort. In gewissem Sinne können die Dot.coms als Spurensucher auf dem Weg in die neue Ökonomie gelten, denn viele ihrer Geschäftsmodelle, die ihnen selbst oftmals kein Glück gebracht haben, sind mittlerweile von etablierten Unternehmen erfolgreich adaptiert worden. So gesehen hat der „Hype" an den neuen Märkten das Kapital bereitgestellt für einen großen Trial-and-Error-Prozess, der viel neues, gesamtwirtschaftlich nutzbares Wissen hervorgebracht hat – allerdings auf Kosten mancher Kapitalanleger.

Aufbruch in den fünften Kondratieff

Prägendes Merkmal der neuen Ökonomie ist das Vordringen von Informationsgütern in praktisch alle Bereiche der Wirtschaft. Nicht nur beim Output, sondern
vor allem beim Input der Unternehmen wird Information immer wichtiger. Die
typische Entwicklung ist nicht, dass materielle Güter der alten Ökonomie durch
Informationsgüter der neuen Ökonomie verdrängt werden, sondern dass der Informationsgehalt der Güter steigt und damit traditionelle Güter durch informa-
tionsintensivere Güter verdrängt werden. Beim Automobil sind es die elektronischen Sensoren und Steuerungen, beim Flugzeug ist es die Avionik und bei der
Werkzeugmaschine ist es die CNC-Steuerung, die einen Großteil des Wertes
dieser Produkte ausmachen und die immer mehr zum entscheidenden Qualitäts-
faktor für das Produkt insgesamt werden. Darüber hinaus gewinnen informationsintensive Dienstleistungen immer stärker als Vorleistungen an Bedeutung;
Finanzierung, Werbung und PR, Rechtsberatung und strategische Unternehmens-
beratung sind die Inputfaktoren mit den höchsten Zuwachsraten, während die
mechanische Materialbe- und -verarbeitung kontinuierlich an Bedeutung verliert.

Ihren statistischen Niederschlag findet dieser Wandel der Produktionsstrukturen nicht zuletzt im Wandel der Berufsstrukturen. In den vergangenen zwanzig
Jahren ist der Anteil der Erwerbstätigen, die einen informationsverarbeitenden
Beruf ausüben, an allen Erwerbstätigen in Deutschland von 40 auf 50 Prozent
gestiegen. Selbst im Bergbau und verarbeitenden Gewerbe stieg dieser Anteil
deutlich, und zwar von 28 auf 34 Prozent.

Entsprechende internationale Vergleichszahlen, an denen der gesamtwirtschaftliche Strukturwandel zur neuen Ökonomie ablesbar wäre, sind nicht verfügbar. Wer die relative Position Deutschlands gegenüber anderen Ländern abschätzen will, muss auf Daten zurückgreifen, die sich auf die neue Ökonomie im
engeren Sinne beziehen, d.h. auf den IT-Sektor. Er erreicht in Deutschland einen
Anteil von 6,1 Prozent am Bruttoinlandsprodukt, was gegenüber 7,4 Prozent im
OECD-Durchschnitt und über 8 Prozent in Nordamerika und Skandinavien auf
einen gewissen Rückstand hindeutet.

Solow-Paradoxon ungelöst

Enttäuschend im Vergleich zu Nordamerika ist auch die gesamtwirtschaftliche
Produktivitätsentwicklung, und zwar nicht nur in Deutschland, sondern ebenso
im übrigen Europa. Der Produktivitätsschub, der in den Vereinigten Staaten zur
Mitte der neunziger Jahre einsetzte, blieb hierzulande aus. Mittlerweile ist er
allerdings auch jenseits des Atlantiks wieder abgeklungen, und es ist nach wie
vor nicht vollständig geklärt, inwieweit er den Strukturwandel zur neuen Ökonomie reflektierte oder lediglich ein zyklisches Phänomen darstellte. Autoren
wie Robert Gordon, die zunächst die gesamte neue Ökonomie für einen statisti-

schen Messfehler hielten, sind heute allerdings deutlich in der Minderheit. Mittlerweile herrscht weitgehender Konsens, dass moderne IT durchaus spürbar zum gesamtwirtschaftlichen Produktivitätsfortschritt beitragen, und zwar nicht nur in den Hersteller-, sondern auch in den Anwenderbranchen. Gleichwohl hat sich das Solow-Paradoxon, nach dem der Computer überall sichtbar ist, nur nicht in den Produktivitätsstatistiken, bislang nicht aufgelöst.

Nach wie vor fehlt es allerdings nicht nur an einer verlässlichen statistischen Basis für die Beantwortung dieser Fragen (insbesondere in Europa), sondern auch das altbekannte Identifikationsproblem aus der Wachstumstheorie ist ungelöst. Die tatsächlich beobachtete Veränderung in der Rate des gesamtwirtschaftlichen Produktivitätsfortschritts lässt sich sowohl auf verstärkten technischen Fortschritt als auch auf verstärkte Faktorakkumulation zurückführen – je nachdem, welche Art des technischen Fortschritts (Hicks-, Harrod- oder Solow-Neutralität) unterstellt wird.

Unternehmen werden breiter und flacher

Deutlicher erkennbare Spuren hinterlässt die neue Ökonomie dagegen auf der mikroökonomischen Ebene, und zwar nicht zuletzt in den Unternehmensstrukturen. Nach dem Transaktionskostenansatz von Ronald Coase (1937) und Oliver E. Williamson (1975) lässt sich die Existenz hierarchisch organisierter Unternehmen überhaupt nur dadurch erklären, dass die Koordination sämtlicher wirtschaftlicher Aktivitäten über den Markt an zu hohen Transaktionskosten scheitern würde. Da die modernen IT die Transaktionskosten senken, wäre deshalb zu erwarten, dass das typische Unternehmen der neuen Ökonomie klein, flexibel und vernetzt wäre.

Diese Argumentation ist nicht falsch, aber unvollständig. In der neuen Ökonomie verlieren traditionelle Größenvorteile an Bedeutung, aber es entstehen neue Größenvorteile, die mit der steigenden Bedeutung so genannter Headquarter Services zusammenhängen. Diese Input-Leistungen, die etwa aus dem Aufbau einer Unternehmensreputation oder der Bereitstellung technologischen und organisatorischen Wissens bestehen, ermöglichen das Erzielen von Skalenerträgen zwischen Unternehmen eines Marktes und begünstigen damit die horizontale Konzentration. Es ist kein Zufall, dass sich das Aufblühen der neuen Ökonomie etwa zeitgleich mit der jüngsten Welle internationaler Megafusionen vollzog und dass in dieser Fusionswelle die horizontalen Zusammenschlüsse dominieren.

Neue Größenvorteile entstehen auch dadurch, dass Arbeitsabläufe komplexer und weniger kontrollierbar werden, so dass langfristige Bindungen zwischen Arbeitgebern und Arbeitnehmern an Bedeutung gewinnen. Da zugleich – in Übereinstimmung mit dem Transaktionskostenansatz – die vertikale Integrationstiefe durch Outsourcing verringert wird, werden die Unternehmen gleichsam breiter und flacher. Insgesamt ist in der neuen Ökonomie mit einem Nebeneinander überwiegend horizontal integrierter Großunternehmen und kleiner, flexibler Nischenanbieter zu rechnen. Das Bild unterscheidet sich deshalb aus der Vogelperspektive nicht wesentlich von dem der alten Ökonomie, doch für das einzelne Unternehmen kann es dennoch einen massiven Anpassungsbedarf bedeuten. Denn die Gründe dafür, weshalb in einem Fall das Großunternehmen und im anderen Fall das Kleinunternehmen einen Vorteil hat, wandeln sich grundlegend, so dass sich viele Unternehmen massiv umstrukturieren müssen.

Innovative Wettbewerbsstrategien

Einen wichtigen Grund für den Anpassungsbedarf bei den Unternehmen stellt der Strukturwandel auf den Gütermärkten dar. Nicht nur die zunehmende Bedeutung des elektronischen Handels, sondern auch und gerade die Verbreitung von Informationsgütern (über elektronische und nichtelektronische Märkte) erfordert grundlegend andere Wettbewerbsstrategien. Ein Beispiel ist die Preisdiskriminierung. Wo möglich, wird sie auch in der alten Ökonomie genutzt, denn sie wirkt in der Regel gewinnsteigernd. In der neuen Ökonomie dagegen kann sie für die Unternehmen überlebenswichtig sein, da ein privatwirtschaftliches Angebot ohne Preisdiskriminierung oftmals kaum kostendeckend möglich ist.

Hier stellt die neue Ökonomie die Unternehmen also vor neue Probleme, aber sie hält auch Lösungen bereit. Während die Konzepte dazu seit langem in der ökonomischen Theorie diskutiert werden, ist eine Umsetzung in größerem Stil erst durch die gesunkenen Transaktionskosten möglich geworden. Auktionen sind ein Beispiel, Bündelung ein anderes. Bündelnde Firmen können Vorteile gegenüber nicht bündelnden haben, da durch Bündelung Menükosten gesenkt, Nachfrage homogenisiert und Risiko reduziert werden kann. Erst durch die gesunkenen Grenzkosten wurde Bündelung in großem Stil möglich. Auch Auktionen gibt es schon lange; eine breite Anwendung dieses Preisfindungsmechanismus scheiterte bisher aber an den hohen Transaktionskosten der Teilnahme. Durch die IT sind auch diese Kosten gesunken.

Neben den verschiedenen Preisstrategien spielt der Differenzierungsgrad künftig eine immer wichtigere strategische Rolle. Bei den meisten Produkten wird man mehr Diversität beobachten. Aufgrund neuer Produktionsmöglichkeiten (mass customiziation) ist Vielfalt billig bereitstellbar; im Wettbewerbsumfeld sind, insbesondere bei Informationsgütern, Nischen unerlässlich, um Renten abschöpfen zu können, die die Fixkosten decken können. Massenwaren werden hingegen in Industrien mit starken Netzwerkeffekten vorherrschen. Nur ein superiores Produkt setzt sich durch. Von Zeit zu Zeit können neue Produkte die dominante Stellung des etablierten Unternehmens in Frage stellen.

Bei schwer differenzierbaren Informationen, die eine breite Nachfrage haben (z.B. Aktienkurse), ist davon auszugehen, dass die Finanzierung weiter größtenteils über Werbung und andere komplementäre Produkte funktioniert. Ist Differenzierung möglich und der Wettbewerbsvorteil haltbar, werden wir hingegen eine Vielzahl verschiedener Preisstrategien beobachten. In beiden Fällen ist die Zahl der auf diese Weise anbietbaren Produkte durch die Fixkosten der Bereitstellung begrenzt.

Vertrauen schaffen ist für Unternehmen wichtiger denn je. Unternehmen können selbst Reputation aufbauen oder ihre Qualität durch Vermittlung Dritter belegen lassen. Vertrauen in ein Unternehmen kann die Erwartungen zugunsten des unternehmerischen Produkts kippen lassen und damit hohe Marktanteile bei Netzwerkgütern schaffen. Erfahrungsgüter wie Informationsgüter oder physische Güter mit hohem Informationsanteil können nur von renommierten Unternehmen verkauft werden. Mittler spielen insgesamt eine wichtige Rolle. Sie schaffen nicht nur Vertrauen, sondern stellen unabhängige, für beide Marktseiten zugängliche Handelsplattformen bereit, aggregieren Nachfrage und Angebot und unterstützen das Individuum bei seiner Suche nach Information.

Neue Rolle für die Banken

Eine besondere Herausforderung stellt der Übergang zur neuen Ökonomie für die Mittler an den Finanzmärkten dar, d.h. für die Banken. Ihre traditionelle Aufgabe besteht darin, Geldanbieter und Geldnachfrager zusammenzubringen und dabei eine Fristentransformation vorzunehmen; ihr traditioneller Wettbewerbsvorteil liegt bei den Skalenerträgen aufgrund von Transaktionskostenersparnissen. Wenn nun die Transaktionskosten technologisch bedingt stark sinken (etwa durch die Entstehung von Internetplattformen für Sparer und Kreditnachfrager), könnte die Wettbewerbsposition der Banken in ihrem ureigensten Kerngeschäft gefährdet sein. Mit den Worten von Bill Gates: "Banking is essential, banks are not."

Tatsächlich dürften Banken allerdings auch in der neuen Ökonomie unverzichtbar sein, aber sie müssen sich auf spürbar veränderte Wettbewerbsbedingungen einstellen. Spezialisierte Anbieter, die die Vorteile des Internets zu nutzen wissen, könnten den Banken in Teilbereichen ihres traditionellen Geschäfts Konkurrenz machen – insbesondere dort, wo Geschäftsentscheidungen auf „harten" Faktoren beruhen, etwa auf Bilanzdaten. Ihren komparativen Vorteil haben die etablierten Banken jedoch dort, wo „weiche" Faktoren wichtiger sind, etwa beim Screening der Kreditwürdigkeit anhand der persönlichen Merkmale eines Kunden.

Die neue Ökonomie verschiebt jedoch nicht nur die relative Wettbewerbsposition von traditionellen und neuen Finanzintermediären, sondern führt zu einem Wandel der internen Geschäftsprozesse. Die Möglichkeiten des Online-Banking nutzen heute schon zwischen 5 und 15 Prozent (je nach Geschäftsfeld) aller Bankkunden, und diese Anteile steigen. Hinzu kommen beträchtliche Rationalisierungspotentiale durch den Einsatz moderner Informationstechnologien in den internen Geschäftsabläufen. All diese Entwicklungen schaffen Raum für Skalenerträge, und dieser Raum wird nicht zuletzt durch verstärkte Fusionsaktivitäten ausgefüllt. Die allgemeine Feststellung, dass neue Ökonomie und Fusionswelle nicht zufällig zeitgleich aufgetreten sind, gilt auch für den Bankensektor.

Qualifikationsanforderungen steigen

Die größten Herausforderungen bringt die neue Ökonomie allerdings für die Arbeitsmärkte. Der Wandel der Produktionsstrukturen zieht einen weitreichenden Wandel der Beschäftigungsstrukturen nach sich. Dies gilt in vorderster Linie für die Qualifikationsanforderungen an die Arbeitskräfte, wobei sich sowohl die intersektorale als auch die intrasektorale Beschäftigungsstruktur verändert. Der IT-Sektor und die Medienwirtschaft gehören zu den am stärksten wachsenden Wirtschaftsbereichen. Sie beschäftigen heute zwar erst rund 5 Prozent aller Erwerbstätigen in Deutschland, aber dieser Anteil steigt rasch. Der Vergleich mit anderen OECD-Ländern zeigt, dass Deutschland hier immer noch einen Nachholbedarf hat, und allein schon die Bewältigung dieses Nachholbedarfs wird weitere intersektorale Beschäftigungsverschiebungen verursachen. Hinzu kommt der weltweit zu beobachtende Trend, nach dem die Beschäftigung dieser Sektoren mit rund 2 Prozent pro Jahr wächst.

Hinzu kommt der intrasektorale branchenübergreifende Strukturwandel zugunsten informationsintensiver Tätigkeiten. Besonders deutlich wird dieser Wandel daran, dass noch vor zwei Jahrzehnten nur etwa ein Fünftel aller Arbeitsplätze mit Computern ausgestattet waren, während es heute mehr als drei Fünftel sind. Und der Anteil der Beschäftigten, die Informationsberufe ausüben, ist im gleichen Zeitraum um rund zehn Prozentpunkte auf fast die Hälfte gestiegen.

Doch nicht nur die Art der am Arbeitsmarkt nachgefragten Qualifikation wandelt sich, sondern auch das Niveau. Insgesamt ist das geforderte Qualifikationsniveau in der neuen Ökonomie eindeutig höher als in der alten Ökonomie. Im IT-Sektor ist der Anteil von Beschäftigten ohne Berufsausbildung nur halb so hoch wie in der Industrie, derjenige von Beschäftigten mit Hochschulabschluss dagegen mehr als dreimal so hoch. Die oft vertretene Hypothese, dass es zu einer Polarisierung der Qualifikationsanforderungen komme, steht zu den Fakten eindeutig im Widerspruch.

Dieser Strukturwandel am Arbeitsmarkt wird zum Strukturproblem, weil gering qualifizierte Arbeitskräfte schon heute stark überdurchschnittlich von

Arbeitslosigkeit betroffen sind. Für jene, die im Strukturwandel nicht mithalten können, dürften die Arbeitsmarktperspektiven künftig eher noch schlechter werden. Das Gegenstück dieser Mismatch-Arbeitslosigkeit ist der Mangel an IT-Fachkräften, der zwar schwer zu beziffern ist, an dessen Existenz aber kaum zu zweifeln ist. Er stellt eine spürbare Bremse auf dem Weg in die neue Ökonomie dar und liefert zumindest eine Teilerklärung für den oben konstatierten Rückstand Deutschlands gegenüber anderen Ländern.

Während der Wandel in den Qualifikationsanforderungen unübersehbar ist, zeigt sich der von der neuen Ökonomie ausgehende Wandel in der Arbeitsorganisation erst in Ansätzen. Dabei sind zwei gegenläufige Tendenzen auszumachen: Einerseits werden in vernetzten Produktionsprozessen Flexibilität und temporäre Kooperationen wichtiger, andererseits veranlasst die steigende Bedeutung des Humankapitals als Produktionsfaktor die Unternehmen dazu, ihre Mitarbeiter möglichst langfristig an sich zu binden. Die Arbeitsbeziehungen in der neuen Ökonomie werden somit nicht zwangsläufig instabiler und kurzfristiger sein als in der alten Ökonomie; allerdings nimmt die Bedeutung des individuellen Humankapitals deutlich zu. Hohes Einkommen und sichere Arbeitsplätze werden nur bei ständiger Bereitschaft der Arbeitnehmer zur flexiblen Humankapitalakkumulation möglich sein.

In jedem Fall ist damit zu rechnen, dass erfolgsabhängige Entlohnungen an Bedeutung gewinnen werden, denn die Arbeitsleistung des Einzelnen lässt sich immer schwerer anhand quantitativer Indikatoren beurteilen. In den Informationsberufen werden heute schon rund 12 Prozent aller Beschäftigten erfolgsabhängig entlohnt; in den übrigen Berufen liegt dieser Anteil bei 5 Prozent. Und in beiden Gruppen ist ein steigender Trend zu beobachten.

Telearbeit und Zeitarbeit sind zwei weitere Bereiche, die in der neuen Ökonomie eine hohe Bedeutung gewinnen werden. Die Anteile dieser Arbeitsformen an allen Beschäftigungsverhältnissen sind derzeit allerdings noch recht gering. Dabei ist gerade die Zeitarbeit eine vielversprechende Antwort auf Mismatch-Arbeitslosigkeit, denn sie verbessert die Abstimmung von Arbeitsangebot und -nachfrage und bietet darüber hinaus den Arbeitskräften die Möglichkeit, schrittweise ihr individuelles Humankapital an veränderte Arbeitsmarkterfordernisse anzupassen. Wie die aktuelle arbeitsmarktpolitische Diskussion in Deutschland zeigt, wird der Beitrag, den die Zeitarbeit zur Lösung von Arbeitsmarktproblemen leisten kann, auch der Öffentlichkeit immer stärker bewusst.

Neue Anforderungen an staatlich gesetzte Rahmenbedingungen

Braucht die neue Ökonomie mehr oder weniger staatliche Regulierung als die alte Ökonomie? Insbesondere auf den Märkten für Informationsgüter sowie auf elektronischen Märkten für alle Arten von Gütern gibt es auf der einen Seite vielfältige Gründe für potentielles Marktversagen. Dies könnte zu dem Schluss verleiten, dass hier der Staat gefordert sei, um die Funktionsfähigkeit der Märkte zu gewährleisten.

Auf der anderen Seite steht das so genannte Coase-Theorem, nach dem es auch in Fällen von Marktversagen grundsätzlich möglich ist, durch direkte Verhandlungen zwischen den Betroffenen zu einer effizienten Lösung zu gelangen und damit eine gesamtwirtschaftlich optimale Allokation sicherzustellen. Voraussetzung dafür ist allerdings, dass derartige Verhandlungen nicht an prohibitiv hohen Transaktionskosten scheitern (Coase 1960). Diese Transaktionskosten wiederum bestehen in erster Linie aus Kosten der Information und Kommunikation, die durch den technologischen Fortschritt spürbar gesunken sind. Die modernen Informationstechnologien ebnen also nicht nur der neuen Ökonomie den Weg, sondern sie schaffen prinzipiell auch bessere Voraussetzungen dafür, potentielles Marktversagen ohne staatliche Eingriffe zu überwinden.

Tatsächlich erscheinen direkte staatliche Eingriffe in die Gütermärkte auch in der neuen Ökonomie nicht nur weitgehend als entbehrlich, sondern auch als schädlich, da sie der Entfaltung neuer wirtschaftlicher Aktivitäten nur im Wege stehen würden. Wie bei der Analyse der Wettbewerbsstrategien auf den Gütermärkten gezeigt, sind die Pioniere der neuen Ökonomie äußerst einfallsreich und innovativ, ihre Probleme selbst zu lösen. Gleichwohl ist der Staat gefordert, denn die neue Ökonomie braucht klare und verlässliche Rahmenbedingungen, die sich in mancher Hinsicht von jenen der alten Ökonomie unterscheiden.

Selbst in einer perfekten Coase-Welt mit lauter rationalen Wirtschaftssubjekten und ohne jegliche Transaktionskosten ist Rechtssicherheit eine unabdingbare Voraussetzung für gesamtwirtschaftliche Effizienz. Deutschland ist hier in den vergangenen Jahren große Schritte vorangekommen. Ausgehend vom Telekommunikationsgesetz, das die Grundlage für die Liberalisierung der Telekommunikation schuf, folgten das Teledienstegesetz, das Teledienstedatenschutzgesetz sowie die Neufassung des Signaturgesetzes, in denen unter anderem Informationspflichten der Anbieter, Haftungsregeln und die Rechtsverbindlichkeit von Verträgen im elektronischen Handel geregelt werden. All diese Regelungen wurden erst vor rund fünf Jahren oder später in Angriff genommen. Dies war spät, aber nicht zu spät, um die Entfaltung der neuen Ökonomie auf sicherem Rechtsgrund zu ermöglichen. Insgesamt haben es sowohl der deutsche als auch der europäische Gesetzgeber erfolgreich geschafft, für die nötige Rechtssicherheit im elektronischen Handel zu sorgen.

Damit sind allerdings nicht alle Aufgaben für alle Zukunft gelöst. Eine besondere Herausforderung stellt der Schutz personenbezogener Daten dar, denn auf elektronischen Märkten gibt es vielfältige Möglichkeiten, derartige Daten ohne Wissen der Betroffenen zu sammeln und wirtschaftlich zu verwerten. Der Schutzbedarf ist hier allerdings in weiten Bereichen eher kurzfristiger Natur. Auf längere Sicht ist damit zu rechnen, dass die Bevölkerung sensibler für dieses Thema wird und mehr private Vorkehrungen zum eigenen Schutz trifft und dass die technologische Entwicklung bessere Möglichkeiten schafft, diesen Schutz zu vertretbarem Aufwand auch tatsächlich in Anspruch zu nehmen.

Reformbedarf entsteht auch bei den Regeln zum Schutz geistigen Eigentums – etwa im Bereich der Software. Einerseits haben Software-Entwickler ein berechtigtes Interesse an einem gewerblichen Rechtsschutz, da sie nicht von Imitatoren um den wirtschaftlichen Ertrag ihrer Arbeit gebracht werden wollen. Andererseits baut neue Software oftmals zwangsläufig auf Bausteinen alter Software auf, so dass ein umfassender Patentschutz die technologische Entwicklung spürbar bremsen könnte. Ähnliche Probleme könnten sich künftig im Bereich der Biotechnologie stellen, wo die technologische Entwicklung durch den Patentschutz für Genstrukturen oder für organische Wirkstoffe behindert werden könnte. Es ist kein Zufall, dass die heutige Ausgestaltung des gewerblichen Rechtsschutzes im Wesentlichen mit dem Aufblühen der Industriegesellschaft entstanden ist. Es wäre nicht abwegig, sie mit dem Auslaufen der Industriegesellschaft erneut auf den Prüfstand zu stellen. Wo sich diese Regeln als Bremsklötze auf dem Weg in die neue Ökonomie erweisen, muss über grundlegende Reformen des Schutzes geistigen Eigentums nachgedacht werden.

Reformdruck entsteht auch in der Wettbewerbspolitik – insbesondere bei den Kriterien der marktbeherrschenden Stellung sowie bei der Missbrauchsaufsicht. Auf den Märkten für Informationsgüter sind temporäre Monopolstellungen weitaus häufiger als auf anderen Märkten. Deshalb können sich die Wettbewerbsbehörden weniger als früher auf aktuelle Marktanteile als Vermutungstatbestände der Marktbeherrschung stützen und müssen die potentielle Konkurrenz verstärkt mit in den Blick nehmen. Das amerikanische Wettbewerbsrecht ist hier flexibler als das deutsche oder europäische, da es auf die Behinderung des Wettbewerbs und nicht auf die Marktbeherrschung abstellt. Durch entsprechend flexible und problemadäquate Rechtsanwendung ist es allerdings auch in Deutschland und der EU möglich, potentielle Konkurrenz angemessen zu berücksichtigen. In der Fachwelt herrscht deshalb weitgehende Einigkeit, dass es keiner Änderung der Rechtsnormen zur Marktbeherrschung bedarf, um den Wettbewerbsbedingungen in der neuen Ökonomie gerecht zu werden.

Schwieriger ist die Situation bei der Missbrauchsaufsicht, die marktbeherrschenden Unternehmen strenge Regeln für die Preisdiskriminierung auferlegt. Um die hohen Fixkosten zu decken, kann personelle Preisdifferenzierung in Märkten für Informationsgüter überlebenswichtig sein (modern à la William Shakespeare: $2B \vee \overline{2B}$). Das heutige Instrumentarium der Wettbewerbspolitik reicht kaum aus, um zwischen wettbewerbsbehindernder Preisdiskriminierung und überlebensnotwendiger (und damit wettbewerbsfördernder) Preisdifferenzierung zu unterscheiden. Ähnliches gilt für das Verbot „räuberischen Preisverhaltens". Verkäufe deutlich unterhalb der Stückkosten mag in traditionellen Märkten unfairen Verdrängungswettbewerb darstellen, während er in der neuen Ökonomie zur Überwindung kritischer Massen bei Netzwerkgütern unverzichtbar sein kann.

In der Telekommunikation setzt der Gesetzgeber nicht nur auf die Ex-post-Wettbewerbskontrolle, sondern auch auf die Ex-ante-Marktregulierung. Die Monopolkommission (2002) hat in ihrem jüngsten Hauptgutachten die weitergehende Frage aufgeworfen, ob nicht auch andere netzgebundene Industrien ex ante reguliert werden müssen, und hat dafür die Schaffung einer allgemeinen Regulierungsbehörde, die auch die Aufgaben der heutigen Regulierungsbehörde für Post und Telekommunikation übernehmen soll, vorgeschlagen. Für jene Industrien, in denen physische Netzwerke dominieren (Telekommunikation, Strom, Gas, Wasser, Eisenbahnen), erscheint dieser Vorschlag durchaus angemessen, da der Wettbewerb dort bislang trotz freiwilliger Verbändevereinbarungen und Missbrauchsaufsicht durch die Kartellbehörden immer noch schwach ist. Für die Software-Industrie dagegen, die durch virtuelle Netzwerke geprägt ist, sollte eine solche Behörde nicht zuständig sein (dies sieht auch die Monopolkommission so). Weitgehend unbeachtet ist bislang allerdings das Netzwerk der Backbones des Internets geblieben. Aktuell besteht hier angesichts der vorhandenen Überkapazitäten kein Regulierungsbedarf, doch dies könnte sich in Zukunft ändern, zumal derzeit unzureichende Investitionsanreize für den Ausbau des Backbone-Netzes bestehen.

Sozialpolitik und Steuerpolitik unter Anpassungsdruck

Die innovativen Informationstechnologien der neuen Ökonomie haben nicht nur Auswirkungen auf den Regulierungs-, sondern auch auf den Sozialstaat. Denn sinkende Transaktionskosten im internationalen Handel verringern die Substitutionselastizität zwischen in- und ausländischen Arbeitnehmern, da unter den Bedingungen einer zunehmenden weltwirtschaftlichen Integration nationaler Märkte selbst geringfügige Veränderungen in den relativen Faktorkosten die internationale Wettbewerbsposition von Unternehmen beeinflussen können.

Eine leichtere Substituierbarkeit inländischer durch ausländische Arbeitnehmer, etwa durch den Aufbau ausländischer Tochtergesellschaften, die ihre Headquarter Services von der Muttergesellschaft im Inland beziehen, schwächt die Verhandlungsposition der Arbeitnehmer gegenüber den Arbeitgebern. So wird es in der neuen Ökonomie für die Arbeitnehmer immer schwerer und kostspieliger, eine Verbesserung ihrer Arbeitsbedingungen, wie etwa die Lohnfortzahlung im Krankheitsfall, eine Ausweitung des bezahlten Urlaubs, eine Erhöhung der Arbeitsplatzsicherheit oder einen Ausbau anderer Lohnzusatzleistungen, zu erreichen. Aufgrund der gestiegenen Elastizität der Arbeitsnachfrage müssen Arbeitnehmer einen größeren Teil der Kosten einer Erhöhung der Lohnzusatzkosten über eine Senkung ihres Lohnniveaus oder eine Erhöhung ihres Arbeitsplatzrisikos mitfinanzieren. In der neuen Ökonomie werden die Arbeitsmärkte darüber hinaus anfälliger für externe Schocks wie etwa eine Veränderung der relativen Güterpreise oder schockartige Erhöhungen oder Verringerungen der Arbeitsproduktivität. Als Folge nimmt die Stetigkeit und Kalkulierbarkeit der Arbeitseinkommen ab.

Die durch eine höhere Elastizität verursachte Unsicherheit über die Stetigkeit und die Sicherheit zukünftiger Arbeitseinkommen dürfte die Arbeitnehmer in der neuen Ökonomie dazu veranlassen, stärker als bisher eine staatliche Absicherung vor den außenwirtschaftlichen Risiken des Strukturwandels einzufordern, da ihre Verhandlungsposition gegenüber den Arbeitgebern in der neuen Ökonomie wesentlich geschwächt ist. Neue Ansprüche an den Sozialstaat wären die Folge. Einige Anzeichen deuten darauf hin, dass in OECD-Ländern seit langem angestrebt wird, die außenwirtschaftlichen Risiken, denen insbesondere geringer qualifizierte Arbeitnehmer ausgesetzt sind, durch eine staatliche Einkommensumverteilung zu kompensieren. So ging die Intensivierung der weltwirtschaftlichen Arbeitsteilung in den Vereinigten Staaten, Japan, Deutschland, Frankreich und dem Vereinigten Königreich bis Mitte der achtziger Jahre einher mit einer stetigen Ausweitung der staatlichen Sozialausgaben. Danach haben sich die Sozialtransfers dieser Länder auf einem hohen Niveau stabilisiert. Sozialpolitische Transfers sollten im Anpassungsprozess jedoch lediglich eine untergeordnete Rolle spielen. Dies gilt insbesondere auch deshalb, weil den Einkunftserzielungsmöglichkeiten des Staates in der neuen Ökonomie aufgrund zahlreicher Probleme bei der Besteuerung des grenzüberschreitenden digitalen Handels enge Grenzen gesetzt sind.

So ist es den Mitgliedstaaten der EU bisher nicht gelungen, ein effizientes System zur Umsatzbesteuerung des grenzüberschreitenden elektronischen Handels zu entwerfen. Dies überrascht nicht, beruht doch das gegenwärtige System der Mehrwertsteuer auf dem Bestimmungslandprinzip in Kombination mit unterschiedlichen Steuersätzen in den EU-Mitgliedsländern. Alle grenzüberschreitenden Güter und Dienstleistungen sollen mit dem im Land des Konsumenten geltenden Steuersatz (Bestimmungsland) belastet werden. Ein solches System funktioniert nur dann reibungslos, wenn es nationale Steuergrenzen gibt, an denen die Steuerbelastung der des Bestimmungslandes angepasst wird und an denen die korrekte Abwicklung dieses Verfahrens von den Steuerbehörden kontrolliert werden kann. Schon seit der Aufhebung der Grenzkontrollen im Zuge der Vollendung des Binnenmarktes 1993 schlägt sich die EU mit diesem Problem herum. Sie konnte es bisher – mit hohem administrativen Aufwand für Unternehmen und Steuerbehörden – durch eine fiktive Verlagerung der Steuergrenzen in die Lager der Importeure mehr schlecht als recht lösen. Beim Handel im grenzenlosen Cyberraum lässt sich jedoch selbst diese Fiktion aus zwei Gründen nicht mehr aufrechterhalten.

Zum einen werden im grenzüberschreitenden E-Commerce grundsätzlich keine Importeure eingeschaltet: Der Konsument kauft in der Regel direkt beim ausländischen Anbieter (B2C-Commerce), so dass eine Kontrolle der korrekten Steuerabwicklung beim Importeur nicht länger möglich ist. Zum anderen steht der ausländische Internetanbieter vor einem schwer lösbaren Identifikationsproblem: Um den Konsumenten mit dem Steuersatz des Bestimmungslandes zu belasten, muss er dessen nationale Herkunft identifizieren. Beim Kauf digitaler Online-Güter wie Software oder Musik, die digital an den PC des Konsumenten gesendet werden, kann der Empfänger seine Herkunft jedoch verschleiern. Der Steuerstaat steht hier vor einem drängenden Reformbedarf. Dies gilt umso mehr, als auch im Rahmen der Einkommensbesteuerung die Steuergestaltungsmöglichkeiten und der internationale Steuerwettbewerb unter den Bedingungen der neuen Ökonomie zunehmen werden.

Das Ursprungslandprinzip ist nicht nur eine geeignete Grundlage zur Lösung grenzübergreifender Besteuerungsprobleme, sondern auch ein leistungsfähiges Prinzip zur Ausgestaltung internationaler Normen und Standards, die notwendig sind, einen offenen Netzzugang und offene Geschäftspraktiken im grenzüberschreitenden elektronischen Handel zu sichern. Nach diesem Muster ist heute schon das Haftungsrecht im elektronischen Handel in der EU geregelt.

Neue Regeln für die Weltwirtschaft

Vom Ursprungslandprinzip sollten auch die Verhandlungen geleitet werden, die im Rahmen der Doha-Runde der WTO zur Liberalisierung des elektronischen Handels geführt werden. So wie Freihandel und Globalisierung insgesamt sowohl den reichen als auch den armen Ländern nützen, so könnte eine Liberalisierung des elektronischen Handels dazu beitragen, den „digitalen Graben" zwischen reichen und armen Ländern zu überbrücken. Denn die Eröffnung von Export- und Importpotentialen dürfte die Verbreitung moderner Informationstechnologien in Entwicklungsländern spürbar beleben. Derzeit ist dieser Graben allerdings noch sehr ausgeprägt. Die Dichte an Mobiltelefonen beträgt in Niedrigeinkommensländern 3 Prozent, die PC-Dichte 6 Prozent und die Dichte an Internethosts sogar nur 0,3 Prozent des Weltdurchschnitts.

Dieses Defizit ist als ernstzunehmendes Entwicklungshemmnis anzusehen. Zu erwägen ist deshalb, inwieweit internationale Hilfsprogramme Prioritäten bei Sachinvestitionen für den Internetzugang setzen sollten und inwieweit computergestützte Schulung und Ausbildung gestärkt werden sollten. Vieles haben die Entwicklungsländer aber auch ganz allein in ihrer Hand: Sie sollten sich die positiven Erfahrungen, die in Industrieländern mit der Liberalisierung und Privatisierung der Telekommunikation gemacht wurden, zunutze machen und eine ähnliche Strategie verfolgen. Die Defizite in diesem Bereich sind nach wie vor groß.

So ist die neue Ökonomie auf bestem Wege, nicht nur die Volkswirtschaften hoch entwickelter Industrieländer grundlegend zu verändern, sondern auch der weltwirtschaftlichen Entwicklung insgesamt ihren Stempel aufzudrücken. Die Wirtschaftspolitik wird keinen Einfluss darauf haben, ob sich die neue Ökonomie auf breiter Front durchsetzt oder nicht. Sie kann aber darauf hinwirken, dass sich dieser Strukturwandel möglichst reibungslos und möglichst vorteilhaft für alle vollzieht. Letztlich gilt für jeden Einzelnen sowie für ganze Gesellschaften: Nur wer der neuen Ökonomie offen und flexibel begegnet, wird ihre Potentiale wirklich ausschöpfen können.

Anhang

1 Konferenzen und Publikationen zum Projekt „Die neue Ökonomie – Erscheinungsformen, Ursachen und Auswirkungen"

Konferenzen

"Economic Policy in the New Economy". Nixdorf MuseumsForum, Paderborn, 15.–16. Mai 2001.

"Microeconomics of the New Economy". Institut für Weltwirtschaft, Kiel, 21.–22. September 2001.

„Die New Economy wird erwachsen – Wachstumspotentiale nach dem Börsenkater". DZ-Bank, Berlin, 14. Februar 2002.

"Economics of Information and Network Industries". Institut für Weltwirtschaft, Kiel, 30.–31. August 2002.

Publikationen

Buch, C.M., und S.M. Golder (2000). Finanzdienstleister in der Neuen Ökonomie: Eine neue Rolle der Banken? *Die Weltwirtschaft* (4): 390–429.

Christensen, B. (2001). Qualifikationsanforderungen und Arbeitsformen in der Neuen Ökonomie. Kieler Arbeitspapiere 1081. Institut für Weltwirtschaft, Kiel.

Gundlach, E. (2001). Interpreting Productivity Growth in the New Economy: Some Agnostic Notes. Kiel Working Paper 1020. Kiel Institute for World Economics, Kiel.

Kleinert, J., und H. Klodt (2000). Megafusionen: Auf dem Weg in die Unternehmensstrukturen der Zukunft? *Zeitschrift für Wirtschaftspolitik* (49), 2: 169–176.

Kleinert, J., und H. Klodt (2000). Neue Strategien für die „New Economy". *Handelsblatt* vom 14.11.2000.

Klodt, H. (2001). Die Neue Ökonomie: Aufbruch und Umbruch. *Die Weltwirtschaft* (1): 78–98.

Klodt, H. (2001). The Essence of the New Economy. Kiel Discussion Papers 375, Kiel Institute for World Economics, Kiel.

Klodt, H. (2001). Und sie fliegen doch: Wettbewerbsstrategien für die Neue Ökonomie. In J.B. Donges und S. Mai (Hrsg.), *E-Commerce und Wirtschaftspolitik.* Stuttgart.

Klodt, H. (2002). Grenzüberschreitende Fusionen als treibende Kraft des Strukturwandels. In Bundesminsterium für Wirtschaft und Arbeit (Hrsg.), *Österreichs Außenwirtschaft.* Jahrbuch 2001/2002. Wien.

Klodt, H. (2002). Wettbewerbsstrategien für Informationsgüter. In W. Schäfer (Hrsg.), *Konjunktur, Wachstum und Wirtschaftspolitik im Zeichen der New Economy.* Schriften des Vereins für Sozialpolitik. Berlin. (In Vorbereitung.)

Krancke, J. (2000). Marktordnung und Barrieren im grenzüberschreitenden Handel mit Telekommunikationsdienstleistungen: Dienstleistungen der Informationstechnologie. Kieler Arbeitspapiere 1008. Institut für Weltwirtschaft, Kiel.

Piazolo, D. (2001). The New Economy and the International Regulatory Framework. Kiel Working Paper 1030. Kiel Institute for World Economics, Kiel.

Piazolo, D. (2001). The Digital Divide. *CESifo Forum* (3): 29–34.

Sailer, K. (2001). Wettbewerb in elektronischen Märkten. In C. Smekal und H. Starbatty (Hrsg.), *Old and New Economy auf dem Weg in eine innovative Symbiose?* Köln.

Sailer, K. (2001). Regulierungsbedarf in Netzwerken? Implikationen für die Internetökonomie. *Die Weltwirtschaft* (4): 350–378.

Schertler, A. (2001). Venture Capital in Europe's Common Market: A Quantitative Description. Working Paper 01-4. The United Nations University, Masstricht.

Schertler, A., und M. Stolpe (2000). Venture Mania in Europe: Causes and Consequences. Kiel Discussion Papers 358. Kiel Institute for World Economics, Kiel.

Siebert, H. (2000). The New Economy—What Is Really New? Kieler Arbeitspapiere 1000. Kiel Institute for World Economics, Kiel.

Siebert, H. (Hrsg.) (2002). *Economic Policy Issues of the New Economy.* Berlin.

Stehn, J. (2002). Leviathan in Cyberspace: How to Tax E-Commerce. Kiel Discussion Papers 384. Kiel Institute for World Economics, Kiel.

2 Strukturwandel, technischer Fortschritt und Arbeitsmarkt aus theoretischer Sicht

Die Veränderung der Arbeitskräftenachfrage, wie in Abschnitt 3.3 an mehreren Stellen beschrieben, kann grafisch wie in Abbildung A1 dargestellt werden. Es wird dabei von einer Volkswirtschaft mit zwei Sektoren (Sektor 1 und Sektor 2) und einem gesamten Arbeitskräfteangebot L ausgegangen. In beiden Sektoren hängt die Arbeitsnachfrage negativ vom Reallohn w ab (Kurven N_1, N_2), wobei die Arbeitsproduktivität in Sektor 1 höher als in Sektor 2 ist.

Abbildung A1: Strukturwandel in einer Volkswirtschaft mit 2 Sektoren

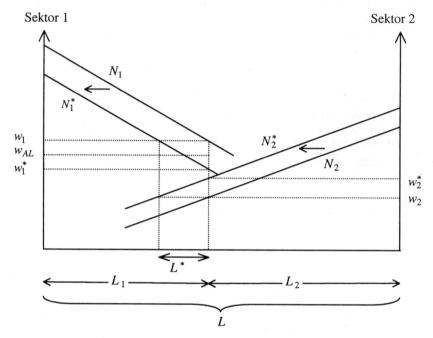

Quelle: Eigene Darstellung, in Anlehnung an Paqué (1996: 116).

Des Weiteren wird von einer Situation der Vollbeschäftigung ausgegangen, so dass sich die beiden sektoralen Beschäftigungsniveaus L_1 und L_2 genau zum Arbeitskräfteangebot L ergänzen. Die Löhne innerhalb der Sektoren sind homogen und betragen in Sektor 1 w_1 und in Sektor 2 w_2, wobei $w_1 > w_2$ gilt.[107]

Findet nun ein Strukturwandel[108] statt, so verschieben sich die beiden Arbeitsnachfragekurven (N_1^*, N_2^*). In dem grafisch dargestellten Fall verringert sich die Arbeitsproduktivität in Sektor 1, während sie in Sektor 2 steigt. Durch die veränderte Arbeitskräftenachfrage können vier Szenarien eintreten, die jeweils sehr unterschiedliche Konsequenzen für die Volkswirtschaft haben:

---

[107] Diese Annahme wird getroffen, da im Folgenden von einer Abnahme der Arbeitskräftenachfrage in Sektor 1 und einer Zunahme in Sektor 2 ausgegangen wird. Bei einem Wechsel von Sektor 1 zu Sektor 2 geht in der Regel eine erhebliche Menge an Humankapital verloren. Somit spiegelt ein niedrigerer Lohn in Sektor 2 ein realistisches Bild für einen potentiellen Wechsel aus dem ersten Sektor wider.

[108] Strukturwandel wird hier als eine veränderte Arbeitskräftenachfrage bei konstantem Lohn (also veränderte Arbeitsproduktivität) verstanden.

1. Die Löhne bleiben in den beiden Sektoren unverändert: In diesem Fall steigt die Arbeitsnachfrage in Sektor 2 um L^*, während sie in Sektor 1 um den gleichen Betrag fällt. Sofern die Arbeitskräfte mobil sind, d.h. das akkumulierte Humankapital von einem Sektor in den anderen zumindest zum Teil übertragbar ist und die Arbeitskräfte jeden Lohn der Arbeitslosigkeit vorziehen, wird die Beschäftigung in Sektor 2 auf $L_2 + L^*$ ansteigen, während sie in Sektor 1 auf $L_1 - L^*$ sinkt. Es herrscht weiterhin Vollbeschäftigung in der Volkswirtschaft, allerdings erhalten L^* Arbeitskräfte einen um $w_1 - w_2$ geringeren Lohn.

2. Die Löhne in beiden Sektoren sind nach unten rigide und die Arbeitskräfte sind immobil: Solch ein Fall tritt beispielsweise dann ein, wenn die Gewerkschaften keine Lohneingeständnisse machen und die Arbeitnehmer ein fixes Arbeitslosengeld (ohne zeitliche Befristung) in Höhe von w_{AL} erhalten. Wenn dieses Arbeitslosengeld höher als der Alternativlohn in Sektor 2 ist ($w_{AL} > w_2^*$), haben die Arbeitnehmer aus Sektor 1 keine Anreize, den Sektor zu wechseln; sie präferieren die Arbeitslosigkeit, die in diesem Fall im Ausmaß L^* auftritt. Die Beschäftigung in Sektor 1 sinkt auf $L_1 - L^*$, während in Sektor 2 die Beschäftigung konstant bleibt, die Löhne jedoch auf w_2^* steigen.

3. Die Löhne sind vollkommen flexibel und die Arbeitskräfte immobil: In diesem Fall bleibt die Beschäftigung in beiden Sektoren unverändert, allerdings sinkt der Lohn in Sektor 1 auf w_1^*, während er im Sektor 2 auf w_2^* ansteigt. Es herrscht weiterhin Vollbeschäftigung.

4. Qualifikationsmaßnahmen können die Arbeitsproduktivität in einem Sektor erhöhen: Sofern die Arbeitnehmer eines Sektors (ohne Kosten) qualifiziert werden können, so dass sie die Arbeitsproduktivität positiv beeinflussen können, wäre theoretisch eine Vollbeschäftigungslösung ohne Lohnsenkungen möglich. Könnte beispielsweise durch Qualifizierungsmaßnahmen der Mitarbeiter in Sektor 1 die Arbeitsproduktivität konstant gehalten werden (N_1^* wird wieder zu N_1 verschoben), werden zwar in Sektor 2 verstärkt Arbeitskräfte nachgefragt, für die Mitarbeiter aus Sektor 1 bestehen jedoch keine Lohnanreize, den Sektor zu wechseln, da $w_1 - w_2^*$. Somit bleibt die Beschäftigung in beiden Sektoren konstant, lediglich der Lohnsatz in Sektor 2 steigt auf w_2^*.

Die Darstellung des Strukturwandels lässt sich auch auf den technischen Fortschritt übertragen. In Abbildung A2 sind die Auswirkungen einer Verlagerung der Arbeitskräftenachfrage weg von gering qualifizierter Arbeit und hin zu qualifizierter Arbeit dargestellt. Anstelle der Einteilung der Volkswirtschaft in zwei Sektoren wird nun eine Einteilung in hoch qualifizierte und gering qualifizierte Arbeit vorgenommen (dargestellt durch die Indizes h und g).

Die Arbeitsproduktivität wird durch den technischen Fortschritt für hoch qualifizierte Arbeit erhöht und für gering qualifizierte Arbeit gesenkt. Dieses führt bei konstanten Löhnen zu einer erhöhten Nachfrage nach hoch qualifizierter

Abbildung A2: Technischer Fortschritt in einer Volkswirtschaft mit gering und hoch qualifizierten Arbeitskräften

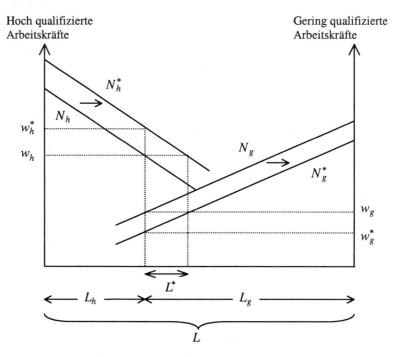

Quelle: Eigene Darstellung, in Anlehnung an Fehn (1997: 120).

Arbeit (N_h wird zu N_h^*) und zu einer geringeren Nachfrage nach gering qualifizierter Arbeit (N_g wird zu N_g^*). Bei vollkommen flexiblen Löhnen kann die Beschäftigung in beiden Qualifikationsgruppen konstant bleiben. Der Lohn für hoch qualifizierte Arbeit wird von w_h auf w_h^* ansteigen, während der Lohn für gering qualifizierte Arbeit von w_g auf w_g^* fällt. Sind die Löhne jedoch nach unten rigide, kann Arbeitslosigkeit unter den gering qualifizierten Arbeitnehmern in Höhe von L^* nur verhindert werden, wenn L^* gering qualifizierte Arbeitnehmer zu qualifizierten Arbeitnehmern weitergebildet werden. Dann bleiben die Löhne in beiden Arbeitnehmergruppen konstant, nur die mengenmäßige Zusammensetzung der Gesamtbeschäftigung hat sich hin zu hoch qualifizierter Arbeit verschoben.

Bezüglich des letztgeschilderten Falls erscheint es jedoch unwahrscheinlich, dass sich die gering qualifizierten Arbeitnehmer aus eigener Motivation zu höher qualifizierten Arbeitnehmern weiterbilden, denn aufgrund der geringeren Arbeitsproduktivität der gering qualifizierten Arbeitnehmer gegenüber den hoch qualifizierten hätten die gering qualifizierten Arbeitnehmer auch ohne den technischen Fortschritt einen deutlichen Lohngewinn $(w_h - w_g)$ bei einer Höherqualifizierung erzielt. Wäre es ihnen also möglich gewesen, sich höher zu qualifizieren, so hätten sie dieses aus eigenem Interesse gemacht.[109] Des Weiteren ist es fraglich, ob Arbeitnehmer überhaupt in gewünschtem Umfang in der Lage sind, neue Qualifikationen zu erlernen.

---

[109] Bei dieser einfachen Betrachtung werden die humankapitaltheoretischen Aspekte der Kosten-Nutzen-Analyse einer Weiterbildung nicht näher beleuchtet. Der technische Fortschritt kann in der Tat zu einem Anstieg der Höherqualifizierung führen, da der erwartete Lohngewinn aus der Weiterbildung von $w_h - w_g$ auf $w_h^* - w_g^*$ steigt und eine Weiterbildung für eine größere Gruppe der Arbeitnehmer lohnend wird.

3   Klassifizierung der Informationsberufe im SOEP

Tabelle A1: Informations- und Nichtinformationsberufe im SOEP auf ISCO-2-Steller-Basis

	Berufsbezeichnung und ISCO-2-Steller-Nummer im SOEP
Informations-berufe	Chemiker (1); Architekten, Ingenieure (2); Ingenieure, Techniker (3); Flug- und Schiffsingenieure (4); Naturwissenschaftler (5); Mathematiker (8); Wirtschaftswissenschaftler (9); Buchprüfer (11); Juristen (12); Lehrkräfte (13); Publizistische Berufe (15); Bildhauer, Kunstmaler (16); Musiker, Darsteller (17); Wissenschaftler (19); Gesetzgebende Körperschaften (20); Führungskräfte Privatwirtschaft (21); Bürovorsteher (39); Ausführende Verwaltungsbedienstete (31); Stenographen (32); Buchhalter, Kassierer (33); Bediener von Datenverarbeitungsanlagen (34); Postverteiler (37); Telefonisten (38); Bürokräfte und verwandte Berufe (39); Geschäftsführer Handel (40); Tätige Inhaber Handel (41); Verkaufs-Aufsichtskräfte Einkauf (42); Technische Verkäufer (43); Versicherungsvertreter (44); Verkäufer (45); Geschäftsführer in Gaststätten (50); Tätigkeiten Inhaber Gaststätten (51); Sendestationsbediener (86); Drucker und verwandte Berufe (92).
Nicht-Informations-berufe	Ärzte, Zahnärzte, Tierärzte (6); Verwandte ärztliche Berufe (7); Seelsorger (14); Berufssportler (18); Aufsichtskräfte im Transportwesen (35); Schaffner (36); Hauswirtschaftliche Aufsichtskräfte (52); Köche, Kellner (53); Hausgehilfinnen (54); Gebäudereiniger (55); Wäscher, Bügler (56); Friseure und verwandte Berufe (57); Sicherheitsbedienstete (58); Dienstleistungsberufe (59); Landwirtschaftliche Verwalter (60); Landwirte (61); Land- und tierwirtschaftliche Arbeitskräfte (62); Forstarbeitskräfte (63); Fischer, Jäger (64); Aufsichtskräfte der Produktion (70); Bergleute, Steinbrecher (71); Hüttenwerker, Gießer (72); Holz- und Papierhersteller (73); Chemiewerker (74); Spinner, Weber, Färber (75); Gerber, Fellzurichter (76); Nahrungsmittelhersteller (77); Tabakwarenhersteller (78); Schneider, Näher (79); Schuhmacher (80); Möbeltischler (81); Steinbearbeiter (82); Werkzeugmacher, Grobschmied (83); Maschinenschlosser, Maschinenmonteure (84); Elektromechaniker- und Elektronikwerker (85); Rohrinstallateure (87); Schmuckwarenhersteller (88); Glasverformer, Töpfer (89); Gummiwarenmacher (90); Papierwarenmacher (91); Maler, Baumaler (93); Gütererzeugende Berufe (94); Maurer, Zimmerer, Bauarbeiter (95); Bediener stationärer Anlagen (96); Bewegungsgerätebediener (97); Transporteinrichtungsbediener (98); Handlanger- und ungelernte Handarbeiter (99); Soldaten (101); Offiziere (102).

Quelle: Eigene Erstellung, in Anlehnung an Dostal (2000b: 162).

Literaturverzeichnis

Adams, W.J., und J.L. Yellen (1976). Commodity Bundling and the Burden of Monopoly. *Quarterly Journal of Economics* 90 (3): 475–498.

Allen, F., und A. Santomero (2001). What Do Financial Intermediaries Do? *Journal of Banking and Finance* 25 (2): 271–294.

Almquist, E., und K. Roberts (1997). Managing Brands as Strategic Assets. A Mercer Commentary. O.O.

Aoki, M., und S. Dinc (2000). Relational Financing as an Institution and Its Viability Under Competition. In M. Aoki und G. Saxonhouse (Hrsg.), *Finance, Governance and Competitiveness in Japan*. Oxford.

Armstrong, M. (2001). The Theory of Access Pricing and Interconnection. In M. Cave, S. Majumdar und I. Vogelsang (Hrsg.), *Handbook of Telecommunications Economics*. Amsterdam.

Atkeson, A., und P.J. Kehoe (2002). Measuring Organization Capital. NBER Working Paper 8722. National Bureau of Economic Research, Cambridge, Mass.

Autor, D.H. (2000a). Why Do Temporary Help Firms Provide Free General Skills Training? NBER Working Paper 7637. National Bureau of Economic Research, Cambridge, Mass.

Autor, D.H. (2000b). Wiring the Labor Market. NBER Working Paper 7959. National Bureau of Economic Research, Cambridge, Mass.

Avery, Ch., P. Resnick und R. Zeckhauser (1999). The Market for Evaluations. *American Economic Review* 89 (3): 564–584.

Baily, J.P. (1998). Electronic Commerce: Prices and Consumer Issues for Three Products: Books, Compact Disks, and Software. Unclassified Document (DSTI/ICCCP/IE (98) 4/Final). OECD, Paris.

Bakos, Y., und E. Brynjolfsson (2000). Aggregation and Disaggregation of Information Goods: Implications for Bundling, Site Licensing, and Micropayment Systems. In B. Kahin und H. Varian (Hrsg.), *Internet Publishing and Beyond: The Economics of Digital Information and Intellectual Property Rights*. Cambridge, Mass.

Barro, R.J. (1999). Notes on Growth Accounting. *Journal of Economic Growth* 4 (2): 119–137.

Barro, R.J., und X. Sala-i-Martin (1995). *Economic Growth*. New York.

Barro, R.J., N.G. Mankiw und X. Sala-i-Martin (1995). Capital Mobility in Neoclassical Models of Growth. *American Economic Review* 85 (1): 103–115.

Baumwol, W., J.C. Panzar, and R.D. Willig (1982). *Contestable Markets and the Theory of Industry Structure*. New York.

Beitel, P., und D. Schiereck (2001). Value Creation at the Ongoing Consolidation of the European Banking Market. Arbeitsbericht 05/01. Institute for Mergers and Acquisitions (IMA), Witten/Herdecke.

Belaisch, A., L. Kodres, J. Levy und A. Ubide (2001). Euro-Area Banking at the Cross-roads. IMF Working Paper 01/28. International Monetary Fund, Washington, D.C.

BellSouth (1999). The Internet and Beyond: Banking in the New Millenium. Online-Quelle: http://www.bellsouth.com/business/resource_library/whitepap_internet.html

Ben-Shahar, D., und A. Jacob (2001). Preach for a Breach: Selective Enforcement of Copyrights as an Optimal Monopolistic Behavior. Mimeo.

Berger, A. (2000). The Integration of the Financial Services Industry: Where Are the Effi-ciencies? *North American Actuarial Journal* 4 (3):25–52.

Berger, A., und G.F. Udell (2002). Small Business Credit Availability and Relationship Lending: The Importance of Bank Organizational Structure. *Economic Journal* 112 (February): F32–F53.

Berger, A.N., N.H. Miller, M.A. Petersen, R.G. Rajan, und J.C. Stein (2001). Does Function Follow Organizational Form? Evidence from the Lending Practices of Large and Small Banks. Kellogg School of Management Working Paper 288, December. Northwestern University, Evanston, Ill.

Berger, A.N., R. DeYoung, und G.F. Udell (2001). Efficiency Barriers to the Consolida-tion of the European Financial Services Industry. *European Financial Management* 7 (1): 117–130.

Berger, R., &Partner (1995). *Strategische Bedeutung der Telearbeit für die Wettbewerbs-fähigkeit von Unternehmen*. Frankfurt am Main.

Bertscheck, I., und H. Fryges (2002). The Adoption of Business-to-Business E-Com-merce: Empirical Evidence for German Companies. ZEW Discussion Paper 02–05. Zentrum für Europäische Wirtschaftsforschung, Mannheim.

Best, R., und H. Zhang (1993). Alternative Information Sources and the Information Con-tent of Bank Loans. *Journal of Finance* 48 (4): 1507–1522.

Billet, M., M. Flannery, und J. Garfinkel (1995). The Effect of Lender Identity on a Bor-rowing Firm's Equity Return. *Journal of Finance* 50 (2): 699–718.

Biehl, D. (1969). *Ausfuhrland-Prinzip, Einfuhrland-Prinzip und Gemeinsamer-Markt-Prinzip*. Köln.

Biehl, D. (1986). Die Beseitigung der Steuergrenzen in der EG: Die neue Strategie der EG-Kommission. *Wirtschaftsdienst* 66 (10): 518–524.

BITKOM (Bundesverband Informationswirtschaft, Telekommunikation und neue Medien e.V.) (2001). *Wege in die Informationsgesellschaft. Status quo und Perspektiven Deutschlands im internationalen Vergleich*. Berlin.

Bleuel, J., und M. Stewen (1998). Grundlegende Probleme einer Besteuerung von Internet-Transaktionen. *Wirtschaftsdienst* 78 (3): 104–110.

Blind, K., und J. Edler (2001). Mikro- und makroökonomische Implikationen der Patentierbarkeit von Softwareinnovationen: Geistige Eigentumsrechte in der Informationstechnologie im Spannungsfeld von Wettbewerb und Innovation. Forschungsprojekt im Auftrage des Bundesministeriums für Wirtschaft und Technologie (Forschungsauftrag 36/00). Online-Quelle (Zugriff am 31.10.2002): http://www.bmwi.de/textonly/ Homepage/download/technologie/Softwarepatentstudie.pdf

Blinder, A.S., und A.S. Yellen (2001). *The Fabulous Decade. Macroeconomic Lessons from the 1990s.* A Century Report. New York, N.Y.

Blömer, W.M., und F. Moos (2002). Datenschutz und Datensicherheit. In B. Kaminski (Hrsg.), *Rechtshandbuch E-Business: Rechtliche Rahmenbedingungen für Geschäfte im Internet.* Neuwied.

bmb+f (Bundesministerium für Bildung und Forschung) und BMWi (Bundesministerium für Wirtschaft und Technologie) (1999). Innovation und Arbeitsplätze in der Informationsgesellschaft des 21. Jahrhunderts. Aktionsprogramm der Bundesregierung, Berlin.

BMWi (Bundesministerium für Wirtschaft und Technologie) (2001). *Der Beitrag der am Neuen Markt gelisteten Unternehmen für die Beschäftigung in Deutschland.* Berlin.

Boot, A., und A. Schmeits (2000). Market Discipline and Incentive Problems in Conglomerate Firms with Applications to Banking. *Journal of Financial Intermediation* 9 (3): 240–273.

Boot, A.W.A., und A.V. Thakor (2000). Can Relationship Banking Survive Competition? *Journal of Finance* 55 (2): 679–713.

Boskin, M.J., und L.J. Lau (2000). Generalized Solow-Neutral Technical Progress and Postwar Economic Growth. NBER Working Paper 8023. National Bureau of Economic Research, Cambridge, Mass.

Brainard, S.L. (1993). A Simple Theory of Multinational Corporations and Trade with a Trade-off between Proximity and Concentration. NBER Working Paper 4269. National Bureau of Economic Research, Cambridge, Mass.

Bresnahan, T.F. (2002). The Economics of the Microsoft Case. Stanford Law School Working Paper 232. Palo Alto, Calif.

Bresnahan, T.F., und M. Trajtenberg (1992). General Purpose Technologies. "Engines of Growth?". NBER Working Paper 4148. National Bureau of Economic Research, Cambridge, Mass.

Bronckers, M.C., und P. Larouche (1997). Telecommunications Services and the World Trade Organization. *Journal of World Trade* 31 (3): 5–48.

Brooks, R.A. (2002). *Flesh and Machines: How Robots Will Change Us.* New York.

Brown, J.R., und A. Goolsbee (2002). Does the Internet Make Markets More Competitive? Evidence from the Life Insurance Industry. *Journal of Political Economy* 110 (3): 481–507.

Brynjolfsson, E. (1994). Information Assets, Technology, and Organization. *Management Science* 40 (12): 1645–1662.

Brynjolfsson, E., und C. Kemerer (1996). Network Externalities in the Microcomputer Software: An Econometric Analysis of the Spreadsheet Market. *Management Science* 42 (12): 1627–1647.

Brynjolfsson, E., und M. Smith (2000a). Frictionless Commerce? A Comparison of Internet and Conventional Retailers. *Management Science* 46 (4): 563–585.

Brynjolfsson, E., und M. Smith (2000b). The Great Equalizer? Consumer Choice Behavior at Internet Shopbots. Working Paper. Online-Quelle (Zugriff am 01.10.2002): http://ebusiness.mit.edu/erik/TGE%202000-08-12.pdf

Buch, C.M., und G. DeLong (2002). Determinants of Cross-Border Mergers: Is Europe Different? Institut für Weltwirtschaft, Kiel. Mimeo.

Büchtemann, C.F., und K. Vogler-Ludwig (1997). Das deutsche Ausbildungsmodell unter Anpassungszwang: Thesen zur Humankapitalbildung in Deutschland. *Ifo Schnelldienst* 17/18: 15–20.

Bundesverband der Deutschen Industrie und Price Waterhouse Coopers (2000). *Corporate Governance in Deutschland*. BDI Drucksache Nr. 322. Berlin.

Bundesverband deutscher Banken (2000). *Banken 2000: Fakten, Meinungen, Perspektive*. Berlin.

Bundesverband deutscher Banken (2001). *E-Commerce als Bankdienstleistung. Daten, Fakten, Argumente*. Berlin.

Bureau of Labor Statistics (2000a). Output per Hour in Manufacturing, 14 Countries or Areas, 1950–2000. Online-Quelle (Zugriff am 01.10.2002): http://www.bls.gov/news.release/prod4.t01.htm

Bureau of Labor Statistics (2000b). Productivity and Costs. Online-Quelle (Zugriff am 01.10.2002): http://www.bls.gov/lpc/home.htm

Buttler, F., und M. Tessaring (1993). Humankapital als Standortfaktor: Argumente zur Bildungsdiskussion aus arbeitsmarktpolitischer Sicht. *Mitteilungen aus der Arbeitsmarkt- und Berufsforschung* 26 (4): 467–476.

BZA (Bundesverband Zeitarbeit Personal-Dienstleistungen e.V.) (2000a). Studie: 4 Millionen neue Arbeitsplätze möglich. Großes Potenzial für Personal-Dienstleister in Deutschland. Pressemitteilung vom 10. November.

BZA (Bundesverband Zeitarbeit Personal-Dienstleistungen e.V.) (2000b). Zeitarbeit hat sich durchgesetzt. Bundesregierung erkennt arbeitsmarktpolitische Bedeutung an. Pressemitteilung vom 10. November.

BZA (Bundesverband Zeitarbeit Personal-Dienstleistungen e.V.) (2001). Zeitarbeit: Ungebremster Aufschwung. Auch im ersten Halbjahr 2000 wieder zweistellige Zuwachsrate. Pressemitteilung vom 24. Januar.

Carstensen, V., K. Gerlach und O. Hübler (1995). Erfolgsbeteiligung von Arbeitnehmern: Motive, Ausgestaltung und empirische Befunde. In K. Semlinger und B. Frick (Hrsg.), *Betriebliche Modernisierung in personeller Erneuerung: Personalentwicklung, Personalaustausch und betriebliche Fluktuation*. Berlin.

Christensen, B. (2001a). Qualifikationsanforderungen und Arbeitsformen in der Neuen Ökonomie. Kieler Arbeitspapiere 1081. Institut für Weltwirtschaft, Kiel.

Christensen, B. (2001b). Mismatch-Arbeitslosigkeit unter Geringqualifizierten. *Mitteilungen aus der Arbeitsmarkt- und Berufsforschung* 34 (4): 506–514.

Claessens, S. T. Glaesser, und D. Klingebiel (2000). Electronic Finance: Reshaping the Financial Landscape Around the World. Worldbank Financial Sector Discussion Paper 4. Washington, D.C.

Clay, K., R. Krishnan und E. Wolff (2001). Prices and Price Dispersion in the Web: Evidence from the Online Book Industry. NBER Working Paper 8271. National Bureau of Economic Research, Cambridge, Mass.

Clemons, E.K., I.-H. Hann und L.M. Hitt (2002). Price Dispersion and Differentiation in Online Travel: An Empirical Investigation. *Management Science* 48 (4): 534–549.

Coase, R. (1937). The Nature of the Firm. *Economica* 4: 386–405.

Coase, W. (1960). The Problem of Social Cost. *Journal of Law and Economics* 3 (1): 1–44.

Council of Economic Advisers (2001). *Economic Report of the President*. Washington, D.C.

Cranor, L.F., und P. Resnick (2000). Protocols for Automated Negotiations With Buyer Anonymity and Seller Reputations. *Netnomics* 2: 1–23.

Cybo-Ottone, A., und M. Murgia (2000). Mergers and Shareholder Wealth in European Banking. *Journal of Banking and Finance* 24 (6): 831–859.

Dahiya, S., M. Puri und A. Saunders (2001). Bank Borrowers and Loan Sales: New Evidence on the Uniqueness of Bank Loans. Georgetown University, Stanford University und New York University. Mimeo.

David, P.A. (2000). The Digital Technology Boomerang: New Intellectual Property Rights Threaten Global „Open Science". Department of Economics Working Paper 00-016. Stanford University, Palo Alto, Calif.

Deutsche Börse AG (lfd. Jgg.). *Factbook*. Frankfurt am Main.

Deutsche Bundesbank (1997). Asset Backed Securities: The Sale and Securitisation of Loans by German Credit Institutions. Monthly Report July. Frankfurt am Main.

Deutsche Bundesbank (1998). Fünfzig Jahre Deutsche Mark. CD-ROM. Frankfurt am Main.

Deutsche Bundesbank (2001). *Ergebnisse der gesamtwirtschaftlichen Finanzierungsrechnung für Deutschland 1991 bis 2000*. Frankfurt am Main.

Deutsche Bundesbank (2002). *Kapitalmarktstatistik*. Frankfurt am Main.

Diamond, D.W. (1938). Financial Intermediation and Delegated Monitoring. *Review of Economic Studies* 51 (166): 393–414.

DiNardo, J.E., und J.-S. Pischke (1997). The Returns to Computer Use Revisited: Have Pencils Changed the Wage Structure Too? *Quarterly Journal of Economics* 112 (1): 291–303.

DIW (Deutsches Institut für Wirtschaftsforschung) (2001). Weiterhin unbefriedigende Situation in Unterricht und Ausbildung an Schulen – Modellrechnungen zum Lehrerbedarf bis zum Jahre 2020. *DIW-Wochenbericht* 68 (27): 399–409.

Dixit, A.K., und J.E. Stiglitz (1977). Monopolistic Competition and Optimum Product Diversity. *American Economic Review* 67 (3): 297–308.

Dostal, W. (1995). Die Informatisierung der Arbeitswelt – Multimedia, offene Arbeitsformen und Telearbeit. *Mitteilungen aus der Arbeitsmarkt- und Berufsforschung* 28 (4): 527–543.

Dostal, W. (2000a). Anwerbung kann Ausbildung nicht ersetzen: „Greencard" für Computerfachleute. *IABkurzbericht* 3: 1–7.

Dostal, W. (2000b). Die Informatisierung der Arbeitswelt – Ein erster Blick auf die Ergebnisse der BIBB/IAB-Erhebung. In W. Dostal et al. (Hrsg.), *Wandel der Erwerbsarbeit: Arbeitssituation, Informatisierung, berufliche Mobilität und Weiterbildung.* Nürnberg.

Economides, N. (2001). The Microsoft Antitrust Case. *Journal of Industry, Competition and Trade: From Theory to Policy* 1 (1): 7–39.

EITO (European Information Technology Observatory) (2001). *Figures and Tables.* Frankfurt am Main.

Ellison, G., und S.F. Ellison (2001). Search, Obfuscation, and Price Elasticities on the Internet. Preliminary Paper. Online-Quelle (Zugriff am 31.10.2002): http://web. mit.edu/gellison/www/search2.pdf

Empirica (2001). Stand und Entwicklungsperspektiven des elektronischen Geschäftsverkehrs in Deutschland, Europa und den USA unter besonderer Berücksichtigung der Nutzung in KMU in 1999 und 2001. Gutachten, Abschlussbericht für das Bundesministerium für Wirtschaft und Technologie vom November. Bonn.

Entorf, H., und F. Kramarz (1997). Does Unmeasured Ability Explain the Higher Wages of New Technology Workers? *European Economic Review* 41 (8): 1489–1509.

Europäische Kommission (2000a). Proposal for a Directive of the European Parliament and of the Council on a Common Regulatory Framework for Electronic Communications Networks and Services. COM (2000) 393, Brüssel. Online-Quelle (Zugriff am 01.10.2002): http://europa.eu.int/comm/information_society/policy/framework/pdf/com2000393_en.pdf

Europäische Kommission (2000b). Proposal for a Directive of the European Parliament and of the Council Concerning the Processing of Personal Data and the Protection of Privacy in the Electronic Communications Sector. COM (2000) 385, Brüssel. Online-Quelle (Zugriff am 01.10.2002): http://europa.eu.int/comm/information_society/policy/framework/pdf/com2000385_en.pdf

Europäische Kommission (2000c). Proposal for a Council Directive Amending Directive 77/388/EEC as Regards the Value Added Tax Arrangements Applicable to Certain Services Supplied by Electronic Means. Brussels.

Europäische Zentralbank (2000). Mergers and Acquisitions Involving the EU Banking Industry – Facts and Implications. Frankfurt am Main.

Falvey, R. (1981). Commercial Policy and Intra Industry Trade. *Journal of International Economics* 11 (4): 495–511.

Falvey, R., und H. Kierzkowski (1984). Product Quality, Intra Industry Trade and (Im)Perfect Competition. Discussion Paper 85. Graduate Institute of International Studies, Genf.

Fama, E. (1985). What's Different About Banks ? *Journal of Monetary Economics* 15 (1): 29–36.

Farrell, J., und G. Saloner (1986). Installed Base and Compatibility: Innovation, Product Preannouncements and Predation. *American Economic Review* 76 (5): 940–955.

Federal Reserve Board (2002). Flow of Funds Accounts of the United States. Online-Quelle (Zugriff am 01.10.2002): http://www.federalreserve.gov/releases/Z1/Current/data.htm

Fittkau&Maaß GmbH (2002). W3B Browserwatch. Online-Quelle (Zugriff am 01.10.2002): http://www.w3b.org/trends/browserwatch.html

Fehn, R. (1997). *Der strukturell bedingte Anstieg der Arbeitslosigkeit in Europa: Ursachen und Lösungsansätze.* Baden-Baden.

Fontagné, L., und M. Freudenberg (1997). Intra-Industry Trade: Methodological Issues Reconsidered. Document de Travail 97-01. Centre d'Etudes Prospectives et d'Informations Internationales, Paris.

Foros, Ø., H.J. Kind und L. Sørgard (2001). Access Pricing, Quality Degradation, and Foreclosure in the Internet. Discussion Paper 3. Norwegian School of Economics and Business Administration. Department of Economics. Bergen.

Forrester Research (2000a). *Regulating Global E-Commerce.* Forrester Report. Cambridge, Mass.

Frankfurter Allgemeine Zeitung (2002a). Härtere Auslese im Markt für Commercial Paper. 27.02.2002: 31.

Frankfurter Allgemeine Zeitung (2002b). Der Nemax geht, der Tec-Dax kommt. 01.11.2002: 19.

Franz, W. (1999). *Arbeitsmarktökonomik.* Berlin.

Freedman, S. (2000). Regulating the Modern Financial Firm: Implications of Disinterme-diation and Conglomeration. Discussion Paper 2000-21. University of St. Gallen, Department of Economics. St. Gallen.

Gandal, N. (1994). Hedonic Price Indices for Spreadsheets and an Empirical Test of the Network Externalities. *Rand Journal of Economics* 25 (1): 160–170.

Gandal, N. (2001). The Dynamics of Competition in the Internet Search Engine Market. *International Journal of Industrial Organization* 19 (7): 1103–1117.

Goodfriend, M. (1991). Money, Credit, Banking, and Payment System Policy. *Federal Reserve Bank of Richmond Economic Review* 77 (1): 7–23.

Gordon, R.J. (2000). Does the "New Economy" Measure up to the Great Inventions of the Past? *Journal of Economic Perspectives* 14 (4): 49–74.

Greenwald, A.R., und J.O. Kephart (1999). Shopbots and Pricebots. Paper vorgelegt im Workshop "Agent Mediated Electronic Commerce" im Rahmen der Konferenz "16th Internationale Joint Conference on Artificial Intelligence (IJCAI)" vom 31.07.–06.08.1999. Stockholm.

Grossman, S.J., und O.D. Hart (1986). The Costs and Benefits of Ownership: A Theory of Vertical and Lateral Integration. *Journal of Political Economy* 94 (4): 692–719.

Gruen, D., und G. Stevens (2000). Australian Macroeconomic Performance and Policies in the 1990s. Reserve Bank of Australia, July. Online-Quelle (Zugriff am 29.10.2002): http://www.rba.gov.au/PublicationsAndResearch/Conferences/2000/GruenStevens.pdf

Gust, C., und J. Marquez (2000). Productivity Developments Abroad. *Federal Reserve Bulletin* (October): 665–681.

Haisken-DeNew, J.P., und C.M. Schmidt (2001). Money for Nothing and Your Chips for Free? The Anatomy of the PC Wage Differential. Discussion Paper 86. IZA (Forschungsinstitut zur Zukunft der Arbeit), Bonn.

Hart, O., und J. Moore (1990). Property Rights and the Nature of the Firm. *Journal of Political Economy* 98 (6): 1119–1158.

Harte-Hanks Market Intelligence (2001). *Statistiken über installierte Technologie. Europa – Juni 2001.* Online-Quelle (Zugriff am 01.10.2002): http://www.europe.hartehanksmi.com/german/downloads/Lastcatgermany.pdf

Hauswald, R., und R. Marquez (2000). Relationship Banking, Loan Specialization and Competition. Kelley School of Business (Indiana University) and Robert H. Smith School of Business (University of Maryland). Mimeo.

Hayek, F.A. von (1968). Der Wettbewerb als Entdeckungsverfahren. Kieler Vorträge N.F. 56. Institut für Weltwirtschaft, Kiel.

Heitger, B., K. Schrader und J. Stehn (1999). *Handel, Technologie und Beschäftigung.* Kieler Studien 290. Tübingen.

Helfrich, M. (2000). Datenschutz. In Th. Hoeren und U. Siebert (Hrsg.). *Handbuch Multimedia Recht. Rechtsfragen des elektronischen Geschäftsverkehrs.* Teil 16. München.

Helpman, E. (Hrsg.) (1999). *General Purpose Technologies and Economic Growth.* Cambridge, Mass.

Hoffmann, D.L., und T.P. Novak (2000). Advertising Pricing Models for the World Wide Web. In B. Kahin und H. Varian (Hrsg.). *Internet Publishing and Beyond. The Economics of Digital Information and Intellectual Property Rights.* Cambridge, Mass.

Holmström, B.R., und J. Roberts (1998). The Boundaries of the Firm Revisited. *The Journal of Economic Perspectives* 12 (4): 73–94.

Hudson, H. E. (2000). Extending Access to the Digital Economy to Rural and Developing Regions. In E. Brynjolfsson und B. Kahin (Hrsg.), *Understanding the Digital Economy – Data, Tools, and Research.* Cambridge, Mass.

Hulten, C. (2000). Total Factor Productivity: A Short Biography. NBER Working Paper 7471. National Bureau of Economic Research, Cambridge, Mass.

INRA (Institut National de la Recherche Agronomique) (2000). Measuring Information Society 2000. A Eurobarometer Survey Carried Out for the European Commission by INRA (Europe) – the European Coordination Office. Online-Quelle (Zugriff am 30.10.2002): http://europa.eu.int/ISPO/basics/measuring/eurobaro/eurobaro53/i_eurobaro53.html

Institut der Deutschen Wirtschaft (2001). IT-Ausbildung: Hochschulen machen dicht. *Argumente zu Unternehmensfragen* 5. Köln.

Institut für Demoskopie Allensbach (2000). *AWA 2000. Allensbacher Marktanalyse, Werbeträgeranalyse: Märkte.* Allensbach.

Jaeger, T., und A. Metzger (2002). *Open Source Software: Rechtliche Rahmenbedingungen der freien Software.* München.

Jorgenson, D.W. (2002). Information Technology and the US Economy. In H. Siebert (Hrsg.), *Economic Policy Issues of the New Economy.* Berlin.

Jorgenson, D.W., und K.J. Stiroh (2000). Raising the Speed Limit: U.S. Economic Growth in the Information Age. OECD Working Papers Vol. VIII/No. 87. Paris.

Jupiter MMXI (2001). Zwei Jahre Online-Forschung: Meilensteine des WWW. GfK Studien im Geschäftsfeld Medien. Online-Quelle (Zugriff am 01.10.2002): http://www.gfk.de

Kashyap, A., R. Rajan und J. Stein (2002). Banks as Liquidity Providers: An Explanation for the Co-existence of Lending and Deposit Taking. NBER Working Paper 6962. National Bureau of Economic Research, Cambridge, Mass.

Katz, L. (1999). Technological Change, Computerization, and the Wage Structure. Paper presented at the Conference on "Understanding the Digital Economy: Data, Tools, and Research", Washington, D.C.

Katz, L., and A.B. Krueger (1999). The High-Pressure U.S. Labor Market of the 1990s. *Brookings Papers on Economic Activity* (1): 1–87.

Kelly, K. (1998). *New Rules for the New Economy.* New York, N.Y.

Klein, B. (2001). What Can a Dominant Firm Do to Defend Its Market Position? *Journal of Economic Perspectives* 15 (2): 45–62.

Klein, B., R.G. Crawford und A.A. Alchian (1978). Vertical Integration, Appropriable Rents, and Competitive Contracting Process. *Journal of Law and Economics* 21 (2): 297–326.

Kleinert, J., und H. Klodt (2000a). Megafusionen: Auf dem Weg in die Unternehmensstrukturen der Zukunft? *Zeitschrift für Wirtschaftspolitik* 49 (2): 169–176.

Kleinert, J., und H. Klodt (2000b). Neue Strategien für die „New Economy". *Handelsblatt* vom 14.11.2000.

Kleinert, J., A. Schimmelpfennig, K. Schrader und Jürgen Stehn (2000). *Globalisierung, Strukturwandel und Beschäftigung.* Kieler Studien 308. Tübingen.

Klenow, P.J., und A. Rodriguez-Clare (1997). The Neoclassical Revival in Growth Economics: Has It Gone Too Far? *NBER Macroeconomics Annual* 12: 73–102.

Klodt, H. (2001a). Conflicts and Conflict Resolution in International Antitrust: Do We Need International Competition Rules? *The World Economy* 24 (7): 877–888.

Klodt, H. (2001b). The Essence of the New Economy. Kiel Discussion Papers 375. Kiel Institute for World Economics, Kiel.

Klodt, H. (2001c). Die Neue Ökonomie: Aufbruch und Umbruch. *Die Weltwirtschaft* (1): 78–98.

Klodt, H. (2001d). Und sie fliegen doch: Wettbewerbsstrategien für die Neue Ökonomie. In J.B. Donges und S. Mai (Hrsg.), *E-Commerce und Wirtschaftspolitik*. Stuttgart.

Klodt, H. (2002). Wettbewerbsstrategien für Informationsgüter. In W. Schäfer (Hrsg.), *Konjunktur, Wachstum und Wirtschaftspolitik im Zeichen der New Economy*. Schriften des Vereins für Socialpolitik. Berlin. (In Vorbereitung.)

Klodt, H., R. Maurer und A. Schimmelpfennig (1996). *Tertiarisierung in der deutschen Wirtschaft*. Kieler Studien 283. Tübingen.

Klodt, H., C.-F. Laaser, J.O. Lorz und R. Maurer (1995). *Wettbewerb und Regulierung in der Telekommunikation*. Kieler Studien 272, Tübingen.

Klös, H.-P. (2000). Im Blickpunkt: Zeitarbeit – Entwicklungstrends und arbeitsmarktpolitische Bedeutung. *IW-Trends* 27 (1).

Kölling, A. (2001). Fachkräftebedarf und unbesetzte Stellen – Ergebnisse des IAB-Betriebspanels 2000. Beitrag für das „Beschäftigungskolloquium – Praxis trifft Wissenschaft" des Instituts für Arbeitsmarkt- und Berufsforschung, Nürnberg.

Krancke, J. (2000). Marktordnung und Barrieren im grenzüberschreitenden Handel mit Telekommunikationsdienstleistungen: Dienstleistungen der Informationstechnologie. Kieler Arbeitspapiere 1008. Institut für Weltwirtschaft, Kiel.

Kroszner, R. (1998). On the Political Economy of Banking and Financial Regulatory Reform in Emerging Markets. University of Chicago und National Bureau of Economic Research. Mimeo.

Krueger, A.B. (1993). How Computers Have Changed the Wage Structure: Evidence from Microdata, 1984–1989. *Quarterly Journal of Economics* 108 (1): 33–60.

Krugman, P. (1999). A Self-Defeating Prophecy. *Fortune*. Monthly column "No free lunch", Dec. 1999. Online-Quelle (Zugriff am 05.11.2002): http://web.mit.edu/krugman/www/dow.htm

Krugman, P. (2000). Technology, Trade and Factor Prices. *Journal of International Economics* 50 (1): 51–71.

Kuhn, P., und M. Skuterud (2000). Internet and Traditional Job Search Methods, 1994–1999. Paper presented to the IRPP and CERF Conference on Creating Canada's Advantage in an Information Age, May.

Laaser, C.-F. (1991*). Wettbewerb im Verkehrswesen. Chancen für eine Deregulierung in der Bundesrepublik*. Kieler Studien 236. Tübingen.

Laffont, J.-J., P. Rey und J. Tirole (1998). Network Competition: I. Overview and Non-discriminatory Pricing. *Rand Journal of Economics* 29 (1): 1–37.

Laffont, J.-J., und J. Tirole (2000). *Competition in Telecommunications*. Munich Lectures in Economics. Cambridge, Mass.

Landes, D.S. (1969). *The Unbound Prometheus. Technological Change and Industrial Development in Western Europe from 1750 to the Present*. London.

Landes, D.S. (1998). *The Wealth and Poverty of Nations*. New York.

Langhammer, R.J. (2000). Developing Countries as Exporters of Services: Looking Beyond Success Episodes. Kieler Arbeitspapiere 992. Kiel Institut for World Economics, Kiel.

Lannoo, K. (2002). The Structure of Financial Market Supervision in the EU and the Required Adaptations in View of Market Integration. Background paper to the European Financial Services Roundtable Report on "The Benefits of a Working European Retail Market for Financial Services". Brussels.

Lee, H.G. (1998). Do Electronic Market Places Lower the Price of Goods? *Communications of the ACM* 30 (6): 73–80.

Lindbeck, A., und D.J. Snower (2000). Multitask Learning and the Reorganization of Work: From Tayloristic to Holistic Organization. *Journal of Labor Economics* 18 (3): 353–376.

Litan, R.E. (2001). Law and Policy in the Age of the Internet. Working Paper 01-04, Feb. AEI-Brookings Joint Center for Regulatory Studies. Online-Quelle (Zugriff am 6.11.2002): http://aei.brookings.org/admin/pdffiles/working_01_04.PDF

Llewellyn, D. (1999). *The New Economics of Banking.* SUERF Studies 5. Amsterdam.

Lown, C., C. Osler, P. Strahan und A. Sufi (2000). The Changing Landscape of the Financial Services Industry: What Lies Ahead? *Economic Policy Review* 6 (4): 39–54.

Lowrisk.com (2002). Historical p/e Ratios. Online-Quelle (Zugriff im März 2002): http://www.lowrisk.com/sp500pe.htm

Lucking-Reiley, D. (2000). Auctions on the Internet: What's Being Auctioned, and How? *The Journal of Industrial Economics* 48 (3): 227–252.

Lyman, P., und H.R. Varian (2000). How Much Information? Online-Quelle (Zugriff am 01.10.2002): http://www.sims.berkeley.edu/research/projects/how-much-info

Lynch, L.M., und S. Nickell (2001). Rising Productivity and Falling Unemployment: Can the US Experience Be Sustained and Replicated? Paper presented at a Conference of the Sustainable Employment Initiative at Amelia Island, Florida.

Maddison, A. (1987). Growth and Slowdown in Advanced Capitalist Economies: Techniques of Quantitative Assessment. *Journal of Economic Literature* 25 (2): 649–698.

Magvas, E., und E. Spitznagel (2000). Arbeitskräftemangel – Bremse für Wachstum und Beschäftigung? *IABkurzbericht* 10: 1–9.

Malone, T.W., und R.J. Laubacher (1999). Vernetzt, klein und flexibel – Die Firma des 21. Jahrhunderts. *Harvard-Business-Manager* 21 (2): 28–36.

Mann, C.L., S.E. Eckert und S.C. Knight (2000). *Global Electronic Commerce. A Policy Primer.* Institute for International Economics, Washington, D.C.

Mantel, B. (2000). Why Don't Customers Use Electronic Banking Products ? Towards A Theory of Obstacles, Incentives, and Opportunities. Emerging Payments Occasional Papers Series EPS-2000-1. Federal Reserve Bank of Chicago, Chicago, Ill.

Markusen, J.R. (1984). Multinationals, Multi-plant Economies, and the Gains from Trade. *Journal of International Economics* 16 (1): 205–226.

Markusen, J.R. und A.J. Venables (1998). Multinational Firms and the New Trade Theory. *Journal of International Economics* 46 (2): 183–203.

Menning, T. (2000). Die IT-Branche – ein innovativer Ausbildungsbereich mit überproportionalen Entwicklungschancen. In H.J. Schlösser (Hrsg.), *Berufsorientierung und Arbeitsmarkt*. Bergisch Gladbach.

Merrill Lynch und Company (2000). *The Knowlegde Web: People Power – Fuel for the New Economy*. New York, N.Y.

Moeschel, W. (2001). *Wettbewerbspolitik für den Cyberspace*. Veröffentlichung des Wissenschaftlichen Beirats beim Bundesministerium für Wirtschaft und Technologie. Berlin.

Monopolkommission (lfd. Jgg.). Hauptgutachten. Baden Baden.

Monopolkommission (2000). *Wettbewerbspolitik in Netzstrukturen*. Hauptgutachten der Monopolkommission, 13. Baden-Baden.

Monopolkommission (2002). *Netzwettbewerb durch Regulierung*. Hauptgutachten 2000/2001. Baden-Baden.

Moore, G. (1965). Cramming More Components onto Integrated Circuits. *Electronics* 38(8). Online-Quelle (Zugriff am 01.10.2002): http://www.intel.com/research/silicon/moorespaper.pdf

Morton, F.S., F. Zettelmeyer und J.S. Risso (2000). Internet Car Retailing. NBER Working Paper 7961. National Bureau of Economic Research, Cambridge, Mass.

Muris, T.J. (2001). Merger Enforcement in a World of Multiple Arbiters. Prepared Remarks before Brookings Institution Roundtable on Trade and Investment Policy. Online-Quelle: http://www.ftc.gov/speeches/muris/brookings.pdf

National Association of Securities Dealers (2002). Market Data. Online-Quelle (Zugriff im März 2002): http://www.marketdata.nasdaq.com/asp/Sec2IndexInt.asp

Nelson, R.R., (1973). Recent Exercises in Growth Accounting: New Understanding or Dead End? *American Economic Review* 63 (3): 462–468.

Niedenhoff, H.-U., und S. Reiter (2000). *Gewerkschaften 2000*. Dossier 18. Institut der Deutschen Wirtschaft, Köln.

OECD (Organisation for Economic Co-Operation and Development) (1997). *The OECD Input-Output Database*. Paris.

OECD (Organisation for Economic Co-Operation and Development) (1999a). *The Economic and Social Impacts of Electronic Commerce: Preliminary Findings and Research Agenda*. Paris.

OECD (Organisation for Economic Co-Operation and Development) (1999b). *OECD Employment Outlook*. Paris.

OECD (Organisation for Economic Co-Operation and Development) (2000a). Electronic Commerce: Implementing the Ottawa Taxation Framework Conditions. Committee on Fiscal Affairs. June 2000. Paris. Online-Quelle (Zugriff am 01.11.2000): http://www.oecd.org/pdf/M000013000/M00013739.pdf

OECD (Organisation for Economic Co-Operation and Development) (2000b). Leitlinien für den Verbraucherschutz im Zusammenhang mit dem elektronischen Geschäftsverkehr. Online-Quelle (Zugriff am 05.11.2002): http://www.econsumer.gov/english/contentfiles/pdfs/oecd-german.pdf

OECD (Organisation for Economic Co-Operation and Development) (2000c). *Measuring the ICT Sector*. Paris.

OECD (Organisation for Economic Co-Operation and Development) (2001a). Bank Profitability – Financial Statements of Banks. CD-ROM, edition 02#2001.

OECD (Organisation for Economic Co-Operation and Development) (2001b). Report by the Technical Advisory Group on Taxation (TAG). Paris. Online-Quelle (Zugriff am 08.11.2002): http://www.oecd.org/pdf/M000015000/M00015516.pdf

OECD (Organisation for Economic Co-Operation and Development) (2001c). Understanding the Digital Divide. Paris. Online-Quelle (Zugriff am 08.11.2002): http://www.oecd.org/pdf/M00002000/M00002444.

Ogaki, M., und A. Atkeson (1997). Rate of Time Preference, Intertemporal Elasticity of Substitution, and Level of Wealth. *Review of Economics and Statistics* 79 (4): 564–572.

Oliner, S.D., und D.E. Sichel (2000). The Resurgence of Growth in the Late 1990s: Is Information Theory the Story? *Journal of Economic Perspectives* 14 (4): 3–22.

Panzar, J.C. (1989). Technological Determinants of Firm and Industry Structure. In R. Schmalensee und R.D. Willig (Hrsg.), *Handbook of Industrial Organization*. Band I. Amsterdam.

Panzar, J.C., und R.D. Willig (1977). Economies of Scale in Multi-Output Production. *Quarterly Journal of Economics* 91 (2): 481–493.

Paqué, K.-H. (1996). Flexibilität und Differenzierung der Lohnstruktur: Einige grundsätzliche Gedanken. *Wirtschaftswissenschaftliches Studium* 25 (3): 112–118.

Perry, M.K. (1989). Vertical Integration: Determinants and Effects. In R. Schmalensee und R.D. Willig (Hrsg.), *Handbook of Industrial Organization*. Band I. Amsterdam.

Petersen, M. (2001). Information Hard and Soft. Northwestern University, Evanston, Ill. Preliminary paper. Online-Quelle (Zugriff am 07.11.2002): http://www.kellogg.northwestern.edu/faculty/petersen/htm/papers/softhard.pdf

Petersen, M., und R. Rajan (1996). The Effect of Credit Market Competition on Lending Relationships. *Quarterly Journal of Economics* 110 (2): 407–443.

Pischner, R., G.G. Wagner und J. Haisken-Denew (2000). Computer- und Internetnutzung hängen stark von Einkommen und Bildung ab: Geschlechtsspezifische Nutzungsunterschiede in der Freizeit besonders ausgeprägt. *DIW-Wochenbericht* 67 (41): 670–576.

Pryor, F.L. (2001). Will Most of Us Be Working for Giant Enterprises by 2028? *Journal of Economic Behavior & Organization* 44 (4): 363–382.

Quah, D.T. (1999). The Weightless Economy in Growth. *The Business Economist* 30 (1): 40–53.

Rad, A.T., und L. van Beek (1999). Market Valuation of European Bank Mergers. *European Management Journal* 17 (5): 532–540.

Rajan, R. (1992). Insiders and Outsiders: The Choice Between Informed and Arm's-Length Debt. *Journal of Finance* 47 (4): 1367–1400.

Rajan, R. (1996). Why Banks Have a Future: Toward a New Theory of Commercial Banking. *Journal of Applied Corporate Finance* 9 (2).

Rajan, R.G., und L. Zingales (2000a). The Governance of the New Enterprise. NBER Working Paper 7958. National Bureau of Economic Research, Cambridge, Mass.

Rajan, R.G., und L. Zingales (2000b). The Firm as a Dedicated Hierarchy: A Theory of the Origin and Growth of Firms. NBER Working Papers 7546. National Bureau of Economic Research, Cambridge, Mass.

Regulierungsbehörde für Telekommunikation und Post (2001). *Ortsnetzwettbewerb 2000. Situationsbericht zum deutschen Ortsnetzwettbewerb.* Referat für Presse- und Öffentlichkeitsarbeit, Bonn.

Reinberg, A. (1999). Der qualifikatorische Strukturwandel auf dem deutschen Arbeitsmarkt – Entwicklungen, Perspektiven und Bestimmungsgründe. *Mitteilungen aus der Arbeitsmarkt- und Berufsforschung* 32 (4): 434–447.

Resnick, P., und R. Zeckhauser (2002). Trust Among Strangers in Internet Transactions: Empirical Analysis of eBay's Reputation System. In M.R. Baye (Hrsg.), *The Economics of the Internet and E-Commerce.* Advances in Applied Microeconomics, Bd. 11. Amsterdam. (In Vorbereitung.)

Richardson, J. (1995). Income Inequality and Trade: How to Think, What to Conclude. *Journal of Economic Perspectives* 9 (3): 33–55.

Richardson, J., und M. Stephenson (2000). Some Aspects of Regulatory Capital. Occasional Paper 7. Financial Services Authority, London.

Rodrik, D. (1997). *Has Globalization Gone Too Far?* Washington, D.C.

Rudolph, H., und E. Schröder (1997). Arbeitnehmerüberlassung: Trends und Einsatzlogik. *Mitteilungen aus der Arbeitsmarkt- und Berufsforschung* 30 (1): 102–126.

RWI (Rheinisch-Westfälisches Institut für Wirtschaftsforschung e.V.) (2000). *Wachstums- und Beschäftigungspotenziale der Informationsgesellschaft bis zum Jahre 2010.* Endbericht zum Forschungsauftrag 30/99 des Bundesministeriums für Wirtschaft und Technologie, Essen.

Sachverständigenrat zur Begutachtung der gesamtwirtschaftlichen Entwicklung (lfd. Jgg.). Jahresgutachten. Stuttgart.

Sachverständigenrat zur Begutachtung der gesamtwirtschaftlichen Entwicklung (2000). *Chancen auf einen höheren Wachstumspfad.* Stuttgart.

Sailer, K. (2001a). Regulierungsbedarf in Netzwerken? Implikationen für die Internetökonomie. *Die Weltwirtschaft* (4): 350–378.

Sailer, K. (2001b). Wettbewerb in elektronischen Märkten. In C. Smekal und H. Starbatty (Hrsg.), *Old and New Economy auf dem Weg in eine innovative Symbiose?* Köln.

Salzburg Research Forschungsgesellschaft mbH (2000). *Development of Digital TV in Europe.* 2000 Report. Salzburg.

Santomero, A., und D. Eckels (2000). The Determinants of Success in the New Financial Services Environment: Now that Firms Can Do Everything, What Should They Do and Why Should Regulators Care? Center for Financial Institutions Working Paper 00–32. Wharton School Center for Financial Institutions, University of Pennsylvania, Pa.

Schertler, A. (2001). Venture Capital in Europe's Common Market: A Quantitative Description. Working Paper 01-4. The United Nations University, Maastricht.

Schertler, A., und M. Stolpe (2000). Venture Mania in Europe: Causes and Consequences. Kiel Discussion Papers 358. Kiel Institute for World Economics, Kiel.

Schimmelpfennig, A. (2000). *Structural Change of the Production Process and Unemployment in Germany.* Kieler Studien 307. Tübingen.

Schmidt, R., A. Hackethal und M. Tyrell (1999). Disintermediation and the Role of Banks in Europe: An International Comparison. *Journal of Financial Intermediation* 8 (1/2): 36–67.

Schönig, W., und R. L'Hoest (2001). Bildungs- und Arbeitsmarktpolitik für die Informationswirtschaft: Beschäftigungspotenzial und Handlungsempfehlungen. Friedrich-Ebert-Stiftung, Bonn.

Schrader, K., und J. Stehn (2003). Intra-Industry Trade and Employment. Kiel Working Paper. Kiel Institute for World Economics, Kiel. Forthcoming.

Schröder, H., und T. Zwick (2000). Identifizierung neuer oder zu modernisierender, dienstleistungsbezogener Ausbildungsberufe und deren Qualifikationsanforderungen. Endbericht von ZEW/Infas an das BMWi. Mannheim.

Schüler, M. (2002). Integration of the European Market for E-Finance – Evidence from Online Brokerage. Discussion Paper 02-24. ZEW, Mannheim.

Schumpeter, J.A. (1939). *Business Cycles: A Theoretical, Historical, and Statistical Analysis of the Capitalist Process.* Vol 1. New York, N.Y.

Senti, R. (2001). Die Welthandelsordnung der Telekommunikation – Gegenwärtige Ansätze und Probleme bei der Regelung des internationalen Telekommunikationsmarkts. Aussenwirtschaft 56 (1): 43–68.

Shapiro, C., und H. Varian (1998). *Information Rules: A Strategic Guide to the Network Economy.* Boston.

Shy, O. (2000). The Economics of Copy Protection in Software and Other Media. In B. Kahin und H. Varian (Hrsg.), *Internet Publishing and Beyond. The Economics of Digital Information and Intellectual Property Rights.* Cambridge, Mass.

Siebert, H. (2000). The New Economy – What Is Really New? Kieler Arbeitspapiere 1000. Kiel Institute for World Economics, Kiel.

Siemens Financial Services (2001). Siemens Financial Services platziert Forderungsportfolios. Pressemitteilung vom 08.03.2001.

Simon, H. (1996). Designing Organization for an Information-Rich World. In D.M. Lamberton (Hrsg.), *The Economics of Communication and Information.* Cheltenham.

Smith, A. ([1776] 1976). *An Inquiry into the Nature and Causes of the Wealth of Nations.* Oxford 1976.

Smith, M.D., J. Bailey und E. Brynjolfsson (2000): Understanding Digital Markets: Review and Assessment. In E. Brynjolfsson und B. Kahin (Hrsg.), *Understanding the Digital Economy.* Cambridge, Mass.

SOEP (Sozio-oekonomisches Panel) (1999). Projektgruppe Sozio-oekonomisches Panel. Deutsches Institut für Wirtschaftsforschung. Berlin.

Solow, R.M. (1956). A Contribution to the Theory of Economic Growth. *Quarterly Journal of Economics* 70 (1): 65–94.

Solow, R. M. (1957). Technical Change and the Aggregate Production Function. *Review of Economics and Statistics* 39 (3): 312–320.

Spulber, D.F. (1999). *Market Microstructure: Intermediaries and the Theory of the Firm.* Cambridge, Mass.

Stadler, T. (2001). Die Verantwortlichkeit der Inhaltsanbieter nach der E-Commerce-Richtlinie und dem EGG.Juramail-Symposium in Berlin am 19.05.2001. Online-Quelle (Zugriff am 01.10.2002): http://www.afs-rechtsanwaelte.de/egg.htm

Stehn, J. (2002). Leviathan in Cyberspace: How to Tax E-Commerce. Kiel Discussion Papers 384. Kiel Institute for World Economics, Kiel.

Stein, J. (2002). Information Production and Capital Allocation: Decentralized vs Hierarchical Firms. *Journal of Finance* 57 (5): 1891–1922.

Stigler, G.J. (1961). The Economics of Information. *Journal of Political Economy* 69 (3): 213–225.

Stiglitz, J. (2000). The Contributions of the Economics of Information to Twentieth Century Economics. *Quarterly Journal of Economics* 115 (4): 1441–1478.

Stolz, S. (2001). The Relationship Between Bank Capital, Risk-Taking, and Capital Regulation: A Review of the Literature. Institut für Weltwirtschaft, Kiel. Mimeo.

Strunk, G., und Y. Zöllkau (2000). Ertragssteuergestaltung im Electronic Commerce. In G. Strunk (Hrsg.), *Steuern und Electronic Commerce: Möglichkeiten und Grenzen der Steuergestaltung.* Neuwied.

Sykes, A.O. (1995), *Product Standards for Internationally Integrated Goods Markets.* Washington, D.C.

Telcordia Technologies, Inc. (2002). Current Stats for Top Internet Penetrated Countries. Morristown, N.J.

Tirole, J. (1988). *The Theory of Industrial Organization.* Cambridge, Mass.

U.S. Department of the Treasury (1996). *Selected Tax Policy Implications of Global Electronic Commerce.* Washington, D.C.

Usher, B. (2001). The Myth of Bond Market Disintermediation. *Capco Institute Journal of Financial Transformation* 4 (1): 33–37.

Varian, H. (2000). Versioning Information Goods. In B. Kahin und H. Varian (Hrsg.), *Internet Publishing and Beyond: The Economics of Digital Information and Intellectual Property Rights.* Cambridge, Mass.

Vogler-Ludwig, K., et al. (2000). *Telearbeit in der postindustriellen Gesellschaft.* Stuttgart.

Voigt, Fritz (1965). *Verkehr. Bd. 2: Die Entwicklung des Verkehrssystems.* Erste Hälfte. Berlin.

Weber, B. (2000). Telearbeit als Arbeitsform der Zukunft? In H.J. Schlösser (Hrsg.), *Berufsorientierung und Arbeitsmarkt.* Bergisch Gladbach.

Weltbank (1999). *World Development Report: Knowledge for Development.* Washington, D.C.

Weltbank (2001a). GNI Per Capita 2000, Atlas Method and PPP. Washington, D.C. Online-Quelle (Zugriff am 30.10.2002): http://www.worldbank.org/data/databy topic/GNPPC.pdf

Weltbank (2001b). The Information Age. Washington, D.C. Online-Quelle (Zugriff am 30.10.2002): http://www.worldbank.org/data/wdi2001/pdfs/tab5_10.pdf

Weltbank (2001c). Power and Communications. Washington, D.C. Online-Quelle (Zugriff am 30.10.2002): http://www.worldbank.org/data/wdi2001/pdfs/tab5_9.pdf

Weltbank (2002). Population 2001. World Bank, Washington, D.C. Online-Quelle (Zugriff am 30.10.2002): http://www.worldbank.org/data/databytopic/POP.pdf

Welsch, J. (2001). *Wachstums- und Beschäftigungsmotor IT-Branche: Fachkräftemangel, Green Card und Beschäftigungspotenziale.* Friedrich-Ebert-Stiftung, Bonn.

Whinston, M.D. (2001). Assessing the Property Rights and Transaction-cost Theories of Firm Scope. *American Economic Review* 91 (1): 184–188.

Williamson, O.E. (1975). *Markets and Hierarchies: Analysis and Anti-Trust Implications.* New York, N.Y.

Williamson, O.E. (1989). Transaction Cost Economics. In R. Schmalensee und R.D. Willig (Hrsg.), *Handbook of Industrial Organization.* Band I. Amsterdam.

Wood, A. (1995). How Trade Hurt Unskilled Workers. *Journal of Economic Perspectives* 9 (3): 57–80.

Wrigley, E.A. (1988). *Continuity, Chance and Change.* New York, N.Y.

WTO (World Trade Organization) (1998). *Electronic Commerce and the Role of the WTO.* Genf.

WTO (World Trade Organization) (2001). Electronic Commerce in the WTO. Genf. Online-Quelle (Zugriff am 01.10.2002): www.wto.org/english/tratop_e/ecom_e/ ecom_e.htm

Schlagwortregister

Economic Policy Issues of the New Economy

Herausgegeben von Horst Siebert

Berlin · Heidelberg 2002. 251 Seiten. Fester Einband. ISBN 3–540–43698–7

Berlin · Heidelberg: Springer-Verlag (http://www.springer.de)

KIELER STUDIEN · KIEL STUDIES

Institut für Weltwirtschaft an der Universität Kiel

Herausgeber: *Horst Siebert* · Schriftleitung: *Harmen Lehment*

Mehr Informationen über Publikationen des Instituts für Weltwirtschaft unter http://www. uni-kiel.de/ifw/pub/pub.htm, mehr Informationen über das IfW unter http://www.uni-kiel.de/ifw

---

Berlin · Heidelberg: Springer-Verlag (http://www.springer.de)